港の世界史

高見玄一郎

講談社学術文庫

目次

港の世界史

プロローグ　未発達な港湾研究

本書は、古代から現代までの世界の港の発達と、それをうながす生産、流通関係などの歴史を描いたものである。その中心は欧米においた。なぜ欧米を中心としたかといえば、資本主義経済の歴史的発展が、欧米を中心として展開されたからである。その政治形態、貿易、海運、港湾といった文化も例外ではない。筆者は、その中のそれぞれの時代の、港の発展の法則性を求めようと努力した。しかし、港湾の研究というものは世界的にまだ未発達な分野で、資料不足のため体系的に理論化することはなかなか困難である。したがってこの本は、一つの「物語」として書かれている。

いうまでもなく、現代資本主義はヨーロッパに始まり、アメリカで高度の成長をとげた。こうした基本的な流れの中で後世の資本主義を準備した古代、中世を含めて、「港」がどのように成長したかをたどった。その流れのなかには、一般的な法則があるはずである。こうした発展の法則と、それぞれの国によって異なる発展の特殊性を比較することによって、それぞれの国の港をより良く理解することが出来ると思う。筆者がこの本を書いた目的の一つは、そこにある。

港というところは、工場のように自ら品物をつくり出すところではないので、発展あるいは変革の主導的役割を果たすことは出来ない。しかしどの時代でも、その時代の生産力と生産関係、とくに海運と貿易によって決定的影響を受ける。したがって本書では、それに多くのページが割かれている。

こうしたことはこの本の焦点をぼかしてしまう危険があるので、最初に、筆者が考えている港湾発達の歴史のあらましを記しておきたい。

港の発生は、古代の漁撈から始まると考えられる。このことは、数年前（一九八三年）福井県の鳥浜遺跡の発掘によって、考古学的に実証された。ヨーロッパでも中国でも、この原則は同じであろう。このころは港という概念はまだなかったが、それは、非常に単純な、丸木舟をつなぎとめるための単なる船着き場であった。この時代にはまた、原始的な宗教が大きな役割を持っていた。漁に出るにしても航海をするにしても、神の意向をたよりにするという古代信仰があり、大漁と航海の安全を神に祈ることは、不断に行われていたにちがいないのである。

原始的な共同体社会から抜け出して次の発展段階、即ち地方的な王権あるいは豪族の支配権が確立すると、港はそれらの権力者たちが支配するようになる。さらに、地方的な王権が統一されて国家が成立すると、主要な港は国の主権者のものとなる。『万葉集』などに、しばしば出てくる「御津《みつ》」という言葉は、天皇の港という意味である。これまたヨーロッパにおいても、中国においても変わらないであろう。

ホメロスが『イリアス（イリアッド）』や『オデュッセイア』の中で語っている青銅器時代末期（紀元前一〇〇〇—同五〇〇年）のエーゲ海の港にはすでに地方的王権が確立していたが、なお共同体の名残があって、長老たちの同意を得た上で航海を決定している。船を漕ぐ労働力は共同体的賦役であり、船の所有もまた共同体的所有であった。この伝統は、ギリシアのポリス（都市国家）にも引きつがれた。またポリスの海外への植民地建設などは、しばしば守護神の神託によって行われた。

オリエントで、人類最初の都市国家をつくったシュメール（スーメリア）人は、紀元前四〇〇〇年ごろのウルや少し年代の下がるニップルなど城壁にかこまれた都市の中に、神殿の港と王権に属する都市の港をつくっていた。オリエントにおいてもエジプトにおいても、神殿は当時の経済の中心であった。大ローマ帝国時代のデロスにおいても、アポロン神殿の港と商取引の港が二つならんで存在した。共和制時代のローマの外港であったナポリ湾のプテオリでは、防波堤兼船着き場であったユニークな施設の上に神殿が設けられていたが、君主制時代のオスチアの港では神殿のかげが薄れている。

このようにして、古代の港は国王あるいは神殿が所有するもので、外国との貿易もまた国王と国王との商品の交換、あるいは属国からの貢物《みつぎ》のやりとりの場であった。この後者については中国もまた同様で、軍事的、政治的傾向の強いものであった。こうした点が、古代港湾の一般的な特徴であったと考えられる。

今日のような商取引をする港が、歴史的にいつごろ出現したかはいろいろ議論のあるところであるが、筆者はこれを、東ローマ帝国のコンスタンチノープル、ビザンチウムに求めている。ビザンチウムは、いうまでもなくシルクロードの終わるところ、ヨーロッパへの交易のはじまるところで、東西交易の中心であった。その港は「黄金の角《つの》」と呼ばれるボスフォロス海峡から入りこんだ良好な入り江にあった。

ここには、東地中海の諸国や、エジプト、アラビア、ギリシア、ローマなどの多くの商人の船が群れ集まっていた。そして、国王の特許を得てそれぞれの小さな船着き場や商館を持っていた。ここでは、国王や貴族自身が商人的性格を持っていたので、王宮の中に絹織物工場制手工業《マニュファクチュア》があったりした。これは後に、民間の同業組合《ギルド》に発展する。中でも海運ギルドは最も有力なものであった。多くの種類のギルド制度は王権の経済支配の道具であったが、それは商人による独立した商取引の芽生えとなった。港もまた、大ローマ帝国時代の国家的大土木事業としてつくられたものではなく、多くの商人たちの小さな私的施設として現れたものである。

ビザンチウムの経済的伝統は、やがてベネチアに引き継がれる。ベネチアは近代海運と貿易の発祥の地とされている。ここは封建的な国王ではなく、商人自身が国をつくったところである。三回にわたる十字軍に船を提供し、東地中海で莫大な利益を得たベネチアの大商人たちは、ビザンチウムのギルド制を引き継ぎながらも、ここに近代海運と商取引についての新しい制度をつくりあげた。

北イタリア・ロンバルディアの諸都市に発達した銀行業務は、ビザンチウムの両替制度の発展した形であり、やがて近世ヨーロッパの金融を支配するようになる。ロンドンの有名な金融街は今日でもロンバード街と呼ばれており、シェークスピアの『ベニスの商人』は、当時の金貸し業者が金融を支配している形、即ち貿易、海運に対する資金の前貸し制度を示している。これは、ベネチアにおけるコレガンツァという制度にもとづいている。

ベネチアにおける大商人《アルティ・マジョーリ》の組合に属する商人たちは、大運河の岸に邸宅を構えて、自分の家の前を船着き場として自分の船をつけ、自分の家の中庭で商品の取引を行った。この伝統はそのまま、一七世紀のアムステルダムに引き継がれる。また、英国植民地時代のアメリカのボストンのロングワーフと呼ばれる埠頭にまでその形態が残っている。これは、帆船時代に商業資本が海上交通と貿易を支配した「商人船主」の時代を示し、同時に港湾の生産関係を表している。港湾の生産関係とは、誰が港を所有し、誰がどのように働き、利益がどのように分配されるかという経済学上の、所有と分配に関する用語である。この時代は商人が自分の船を持ち、その船で貿易を行い、商人が使用する労働者が作業をしていた時代である。デューマの『モンテクリスト伯』を読まれた方は、物語が、自分の持ち船の難破から始まっていることを思い出されるであろう。

一五世紀の大航海の時代、一六世紀のスペイン、ポルトガルの時代を通じて、歴史は大きく転換する。地中海貿易や北ヨーロッパのハンザ同盟の時代を経て、アメリカの発見による大西洋の時代、喜望峰回りの東洋との海上交通の時代が始まる。この「世界を包括する貿易」の時代を代表するものが、一七世紀のアムステルダムである。

アントワープを含む当時のネーデルラントは、面白いことに、ベネチアと全く同じような歴史的経過をふまえている。ベネチアは、ロンバルド（ロンバード）に追われた人々が、潮入り江《ラグーン》の小さな島に逃げこんでつくった都市であった。ネーデルラントもまた異教徒としてスペインを追われたアラビア人やユダヤ人、それにフランスを追われたユグノー教徒が逃げこんだところである。手工業の達人や商売上手なこれらの人々は、ヨーロッパで最初に発達した毛織物の工場や世界との貿易をつくりあげた。最初にアントワープが、次いでアムステルダムが世界貿易の中心となる。

ローマ法王が、世界を二つに分けて、ポルトガルとスペインに与えた「教皇子午線」などに見られるように、ヨーロッパの中世は、ローマ法王と教会の力が絶大であった。そうした宗教や政治上の束縛に抗して現れたのが、海洋自由論である。アムステルダムの九人の商人が、初めて東インド会社の前身である「遠い土地のための会社（Compagnie《コンパニー》 van《ファン》 Verre《フェルレ》）」を株式組織によって設立したのは一五九四年であった。これが、約二〇〇年にわたって続く後年の特権的貿易会社時代の幕開けであった。

アムステルダムは「北欧のベネチア」とも「水の都」ともいわれて、市内にたくさんの水路が走っている。なぜあのような形の都市をつくりあげたのかを考えてみると、多くの商人たちが、ベネチアの商人たちと同じように、自分の家の前に船をつなぎとめることを希望したからではなかろうか。他にも理由があるとしても、それが非常に重要な要素であると考えられる。アムステルダムを訪れた方は、水路の岸にならんでいる独特の形をした家屋の正面の壁の一番上に、滑車をかけて荷物を捲き上げるための木の杭が出ているのに気づかれたであろう。あれは、当時の商人たちが、船から揚げた貨物を、自分の家に保管するための仕掛けだったのである。

次のさらに発展した時代の港は、それまでの商人船主支配の解体から始まり、ロンドンに現れる。英国は、よく知られているように産業革命の発生地であり、港湾もまたこれによって非常に大きな変化をとげたのであった。

産業革命の結果、内陸に工場がたくさん出現し、都市が発達する。工場で作った商品、たとえば綿糸や綿布、機械などを大量に港から海外に輸出する。海外から原料品や食糧、その他の商品を大量に輸入する。しかも内陸の都市と港を鉄道が結び、海洋に汽船が走るようになると、港の貨物量はたちまち拡大して、これまでのやり方では始末におえないことになる。

この経済的変化の過程でまず最初に起こったことは、商人船主の、貿易商人と船主への分化である。この商人船主の解体は、まずロンドンで一九世紀の初めに現れた。次にこの解体の過程で、港にドック会社という自立した生産資本が現れた。たとえば、西インド・ドック会社は一七九九年に、東インド・ドック会社は一八〇二年に、それぞれ株式会社による設立の認可が与えられている。さらに港湾における労働組織が、古い同業組合によるギルド・システムから、ドック会社に直接雇用される賃金労働者に変わったことである。この労働者の雇用の形が変化する過程で、今日まで続いている直傭と臨時（日傭）という形態を生じた。ここに、古典学派のいう土地と労働と資本の三位一体、即ち港湾における資本主義的経営の形が成立した。

次の大きな変化は、港に「通過《トランジット》機能」が現れたことである。中世以来の帆船時代の港は、フランス人のいうアントルポーであった。アントルポーとは、倉庫あるいは品物を蓄えておくところといった意味で、輸入された商品は港で売買され、また港で買い集めた品物が港から輸出された。港自体が商品市場であり、一八世紀から一九世紀にかけてのロンドン港は、まさに世界最大の商品市場であった。ハンブルクなどでも、古いビンネン・ハーフェンの埠頭の上に壮麗な商品取引所があり、ロンドンではロイヤル・エクスチェンジが設けられ、それぞれのドックが商品の保管と取引の場所であった。わが国の横浜港なども開港後、明治年間を通じてアントルポーであった。

同じ英国においてもリバプールは、アメリカから綿花やその他の品物を輸入して、背後のマンチェスターやバーミンガム、ランカシャーに送り、アメリカに対してはこれらの都市で生産した機械や綿糸布を輸出するという、貨物を通過させる機能と設備とを持つトランジット・ポート*としての機能が急速に発達した。わが国の産業革命期の神戸の港が、これに似た性格を持っている。ロンドンは、世界中から集まってくる商品、特にその植民地から輸入する商品をヨーロッパに販売するための商品市場であり、この伝統は長い間存在していたが、それでもなお、この国内へのトランジット機能は次第に大きくなっていった。

＊　トランジットとは、英語の transit で、通過、横断というような意味を持っている。港で使用するトランジット・シェッドというのは、定期船に貨物を積み降ろしするために、整理して並べておく上屋《うわや》のことであり、トランジット・ポートとは、貨物を通過させる港という意味である。中世では、貨物は港で取引されていた。産業革命後、内陸に都市が発達して、港にトランジット機能を生じた。

一九世紀を通じて、港湾の経営資本にも大きな変化が始まっていた。拡大する貨物量、大型で高速化する船舶に対して古いドック・システムが対応できなくなり、またヨーロッパ大陸においても、ロッテルダムやハンブルクのような新しい港が発達して、ロンドン港をおびやかしていた。このためにロンドンでは、港を再組織する必要に迫られ、二〇世紀の初めに、多くのドック・システムと河川を管理していたテムズ・コンサーバンシーとを吸収合併して、「ポートオーソリティ」というものがつくられた。これによって港は、統一された巨大な資本体となったのである。

それまでロンドンでは、それぞれのドックが港を意味しており、それらのものを統一する概念はなかった。ポートオーソリティの設立によって初めて、ラテン系の言葉であるポートという包括的な概念が用いられるようになった。ラテン語のポルトという言葉は都市的な概念であって、世界地図を広げてみると、ポルトあるいはポートという言葉を冠した地名がたくさんある。ある場合にはたとえば、ポルトガルやポルトリコ（プエルトリコ）といったように、国名にさえなっている。

北欧、たとえばゲルマン系のハーフェンという言葉もまた、アングロサクソンのドックという概念と同じように、狭い地域の船着き場あるいは「港」を意味したもので、オランダにおけるハーブン、フランスにおけるアーブル、それから英語のハーバーも同じ意味に使われている。ポートにしてもハーバーにしても、英語にとっては外来語だったのである。そして港の規模が大きくなった今日では、多くのドックあるいはハーフェンが集まって、一つのポートを形成することになり、ポートという概念が一般的に使用されるようになった。従ってポートは、経済学的に見るならば、巨大な資本あるいは行政によって統一された港を意味する。

こうした新しいポートという概念は、第一次世界大戦後の貨物定期船の国際的なネットワークの形成という現代的な形態となって現れた。定期船業務というのは、非常に金のかかる仕事である。船会社は配船のスケジュールをつくり、定められた港に船を寄港させるので、それぞれの港に支店あるいは代理店を置かなければならない。本船は定められたスケジュールに従って入港し、出港する。その間の港に在泊する時間が限られているために、支店、代理店は、本船が入港する前に貨物を集めたり、配送の準備をしたり、作業の準備あるいは官庁に対する手続きをしたりしなければならない。

また、それまで本船の仕事であった荷役作業が、陸上に組織された労働者によって行われるようになった。船長の仕事であった船荷証券の作成や署名が陸上に移された。船会社の支店、代理店は大いそがしである。本船に対する燃料炭や油や水や食料の補給から、船員の在泊中の世話にいたるまで、多くの仕事をかかえるようになった。また、荷主との折衝や、海上保険、銀行との取引などが必要になり、港に船会社を中心とする業務の体系が出来上がる。埠頭には、貨物の積み降ろしを速くするために岸壁に起重機《クレーン》が設けられ、貨物を秩序正しく積み降ろしするために上屋制度が発達する。こうしたことは、第二次産業革命期といわれる第一次世界大戦後の世界の工業化、あるいは工業生産の発達によって、膨大な海上貨物量を生じたことに起因している。作業にスピードが要求されるようになり、作業の秩序と体系化とが必要になった。

発展の速度が著しくなったので、港湾は一定の計画に従って、次々に拡張しなければならなくなった。現代の港湾計画の初期的な概念が、この時代に生まれた。あたかも海運論、交通論が、学問の体系の中に加えられた時代で、カウツのような港湾計画論も現れた。また港湾の建設に要する莫大な資金を調達しなければならなくなった。資本主義的に発達した港ではポートオーソリティがそれを行い、ある場合には、国家資金や州あるいは市の投資が行われた。経済が遅れて発達した国々では、もっぱら国家資金によって港の建設が行われるようになり、国自身が主要な港の管理を行う形が出現した。

現代の最も発達した港を、アメリカ、特にニューヨークによって代表させたい。世界の貿易、海運及び金融の中心は、第一次世界大戦後は、ロンドンからニューヨークに移った。

アメリカは「中世を持たないヨーロッパ」であるといわれている。ヨーロッパの資本主義の伝統を受け継ぎ、南部では黒人奴隷を使用する大農場制度を、北部に工業を発達させた。そして、海運と貿易は、北部大西洋岸に集中したのであった。初期植民地時代のボストンやフィラデルフィアからニューヨークへ、その覇権が移ってゆく過程には壮大なドラマがある。これを知ることは、今日のアメリカを理解する上で重要なことである。

今日の輸送の技術革新が、最も早く、また最も優れた形で現れたのは、ニューヨークであった。その第一は、コンテナの海上輸送である。アメリカでのコンテナ輸送は内陸から始まったもので、コンテナのことをバン（van）と呼んでいる。バンという言葉は、箱型の馬車あるいはトレーラーで引っ張る移動式の家屋（caravan）のバンである。一九六〇年代の初めに、筆者がアメリカへ行ったときに、すでに陸上輸送はすべてコンテナ化していたが、海上にはまだ、在来船が走っていた。これが、初めて広く国際海上輸送に使用されるようになったのは、一九六六年にシーランド社が、ニューヨークからロッテルダムへ、フルコンテナ船*の第一船を就航させてからである。この時のヨーロッパの興奮は、たいへんなものであった。

もともと第二次大戦中の軍需物資の海上輸送**から始まったもので、日本でも終戦直後の米軍が占領していた横浜港のノース・ピーヤで、米軍家族の引っ越し荷物などがコンテナで送られてきていた。これが国際海上輸送で使用されるようになったのは、海運の大革命であった。

このために、港の様子も一変してしまった。ニューアーク・プログラムと呼ばれた計画に従って、ニューヨーク港のニュージャージー側の一角に四角の広大な面積を持つエリザベス・ピーヤがつくられ、高速ガントリー・クレーン***が建ち並んだ有り様は、全く新しい港が出現したことを物語るものであった。これがたちまち世界中に広まって、コンテナ時代を迎え、ニューヨークは世界のコンテナ・ポートとしての偉容をほこることになった。

＊　フルコンテナ船（full container ship）とは、コンテナだけを積み取るために特別に設計された船倉を持つ専用船である。これに対して、在来船を改造し、コンテナも積めるような設備を持った船を、セミコンテナ船（semi container ship）という。港では、前者をフルコン船、後者をセミコン船と略して呼んでいることが多い。

＊＊　ノース・ピーヤとは、横浜で米軍が専用使用している瑞穂埠頭のことである。ピーヤ（pier）とは、二一一ページに詳しく説明するが、アメリカで埠頭を意味する言葉である。

＊＊＊　ガントリー・クレーンとは、コンテナの積み降ろしのために特別に設計されたヤグラ型の高速クレーン、すなわち起重機である。本船へのコンテナの積み降ろしを、通常一サイクル二分間で行う。在来の荷役作業の七〇倍くらいの能力を持っている。

その第二は、コンピュータを駆使する貿易および輸送業務の情報システムである。これもまた、ニューヨークから始まった。一九五七年になって米国陸軍は、軍需物資の海上輸送に関する情報システムの開発をブルックリンの港湾輸送司令部で始め、一九六三年に太平洋岸で稼働させた。これがたちまち民間に普及して、今日では、国連の欧州経済委員会（ＥＣ

E）が中心になって世界の専門家の会議を持ち、システムや通信ルールの国際的標準化にまで発展しつつある。

こうした急速な情報システム化の動きは、もともとコンテナの管理から始まったもので、一九六四年に筆者たちが初めてエリザベス・ピーヤに本拠をかまえたばかりのシーランド社を訪ねたときに、すでにコンピュータ・センターが設けられており、そこにヨーロッパその他各地からの情報が集められ集中処理が行われていた。港湾における情報センターの構想は、すでに一九六〇年代初めの米軍のシステムの中に明確に現れている。

コンテナとコンピュータ、この現代の技術革新が海上輸送に出現したのは、アメリカの有名な経済学者のガルブレイスがいっているように、戦後の工業生産の規模がおどろくほど大きくなったからである。世界のすみずみまで工業化の波が押しよせるとともに、進んだ工業国では新しい技術を応用して、莫大な資本金を投じて次々に巨大企業が成長した。このために、世界の海上貨物の量がとてつもなく拡大した。このために、輸出入業務や貨物処理が、手作業では追いつかなくなったのである。

また、ドイツの経済学者エルネスト・マンデルは、現代資本主義の特色の一つは、固定資本の回転が著しく速くなったことであるといっている。固定資本の回転が速くなれば、流動資本の回転も速くなり、総体としての資本の回転が速くなる。このことは、物の流れ自体に高度のスピードと正確さが要求されると同時に、輸送費をどれだけ切り下げることができるかが、企業にとって切実な問題となってきたことを意味する。こうしたことが、輸送の技術革新を必要とするようになった歴史的背景である。

一九六〇年代の初めから、「物流」という言葉がさかんに使われるようになった。筆者はシカゴで、アメリカ人から「お前の国の道路の車線《レーン》はいくつあるのか」という質問を受けたことがあった。シカゴはいうまでもなく、アメリカの陸上交通の中心で、このアメリカ人はシカゴの輸送力の大きなことを誇りたかったのであろう。筆者は、輸送の量をレーンという言葉で表現していることに興味を持った。日本に帰ってきてから、これを流体力学の考え方、

$$V = vs$$ *

と結びつけて、一つの物流理論を考えついて、これを「カーゴ・レーンの理論」**（The Theory of Cargo Lanes）と名づけた。レーンとは、輸送の具体的な様式、船とか自動車とか、そうした具体的な形を捨ててしまって、ただ「物の流れ」という抽象概念に置きかえたものである。輸送というものを学問的に処理しようとするときに必要な抽象であって、アメリカでも一九五七年に米軍が輸送の情報システムを開発したときに、同じような手法によって、「輸送のパイプライン」という概念をつくりあげたのであった。これが、実は現代の物流と情報システムを結びつけて、その構造をときあかすための有力な手がかりとなった。本書では、そうしたことをⅧ章にしめくくりとして示してある。そしてこれはまた、将来の港湾の情報センターが、内地と海外とのマーケット、即ち商取引や貨物や船舶の情報を集中して、それらのものをコントロールする機能を持つであろうということに対する筆者の提言でもある。

筆者のカーゴ・レーンの理論では、終局的にはそれぞれのレーンが、生産資本の回転であ

る、という考え方に導いてゆく。これは、現代の物流が運送業者の概念ではなくて、荷主の概念にまで変化したことを意味する。こうして、第一次大戦後の港湾が船会社の定期船業務を中心として組織されたのに対し、現代の港湾は荷主の物流とマーケティングの概念の中に取り入れられつつあることを感じるのである。

本書が、港湾の歴史的発展を体系づけたものでないことは、最初に述べた通りである。しかし、その筋道だけはつけたつもりである。ある人々にとっては、本書の内容が体系的でない、突っ込み方が足りないと思われるであろう。ある人々にとっては、難解であると感じるかもしれない。本書が、学術書であるか、一つの物語、あるいは読みものであるかということも、それぞれの読者の判断におまかせするとして、プロローグを終わる。

＊　$V=vs$というのは、流体力学の原理である。ここでVとはvolume即ち、全体の量を表し、vとはvelocityで速さ、sとはsize、大きさである。即ち「一つのパイプの中を流れる水の量Vは、パイプの断面積（サイズ）と、流水の速度（ベロシティ）の積に等しい」という意味である。筆者のカーゴ・レーンの理論では、一つのレーンを流れる貨物の量は、レーンの大きさと輸送の速度の積に等しいということになる。この場合レーンの大きさ即ちサイズとは、抽象化された輸送手段の大きさであって、本船の大きさとかコンテナの大きさ、クレーンの容量とか、そうしたものの総合されたものである。この考え方は、現代の物流を考える上から、非常に産出力の大きなものである。

＊＊　カーゴ・レーンが、終局的に生産資本の回転を意味するとは、現代の貿易情報システムの分析から得た結論である。そしてここでは、一つ一つのレーンが、最も単純な、最も基本的な貨物の流れとしてとらえられる。この貨物輸送の最小単位への分割は、システム開発の上から、極めて重要な意味を持っている。

I　古典古代

1　ペロポネソスの遺跡

人と海との出合い

ギリシアのペロポネソス半島にある約一万年前の中石器時代に属するフランシチの洞窟遺跡から、人骨やたくさんの動物の骨とともに、黒曜石で作った石器や大型の魚の骨が発見されている。黒曜石の石器は、この地方ではエーゲ海のミロス島のみに産出するもので、考古学者は、これによって当時の洞窟の住人が海へ乗り出していた証《あか》しと考えている。深海性の大型の魚の骨もまた、このことを証明する有力な材料であった。[1]

ヨーロッパの中石器時代とは、旧石器時代と新石器時代の中間にあり、旧石器時代の動物や木の実の採取経済から、新石器時代の農耕に移行する移り変わりの時代で、旧石器時代の生活様式がまだ濃厚に残っている半面、家畜としての犬の飼養であるとか、野菜類の採取や漁撈が、新しい生活様式として発生する。これはわが国の縄文時代に相当し、日本の最も古い貝塚の一つである横須賀市の夏島貝塚が、いまから約九〇〇〇年前のものとされるから、いずれも地球上での人と海との出合いが裏付けられるのは、この時代のころと見ることが出来る。

旧石器時代の終わりころの約一万一〇〇〇年前に、地球上では大きな変化がおこっている。最後の氷期とされるウルム氷期が終わり、地球の表面を広くおおっていた氷の一部が解けて、南極と北極へ氷は後退した。気候は温暖になったが、まだかなり寒い後氷河期であった。やがて海進がはじまり、海水は次第に陸地を埋めつくしていった。それ以前のウルム氷期の最も発達した約二万年前には、海面の水位は、現在よりも約一〇〇メートルも低かったとされており、わが国が大陸と陸つづきで東京湾や瀬戸内海はまだ陸地で、これらの大草原に、たくさんのナウマン象が住んでいた時代である。

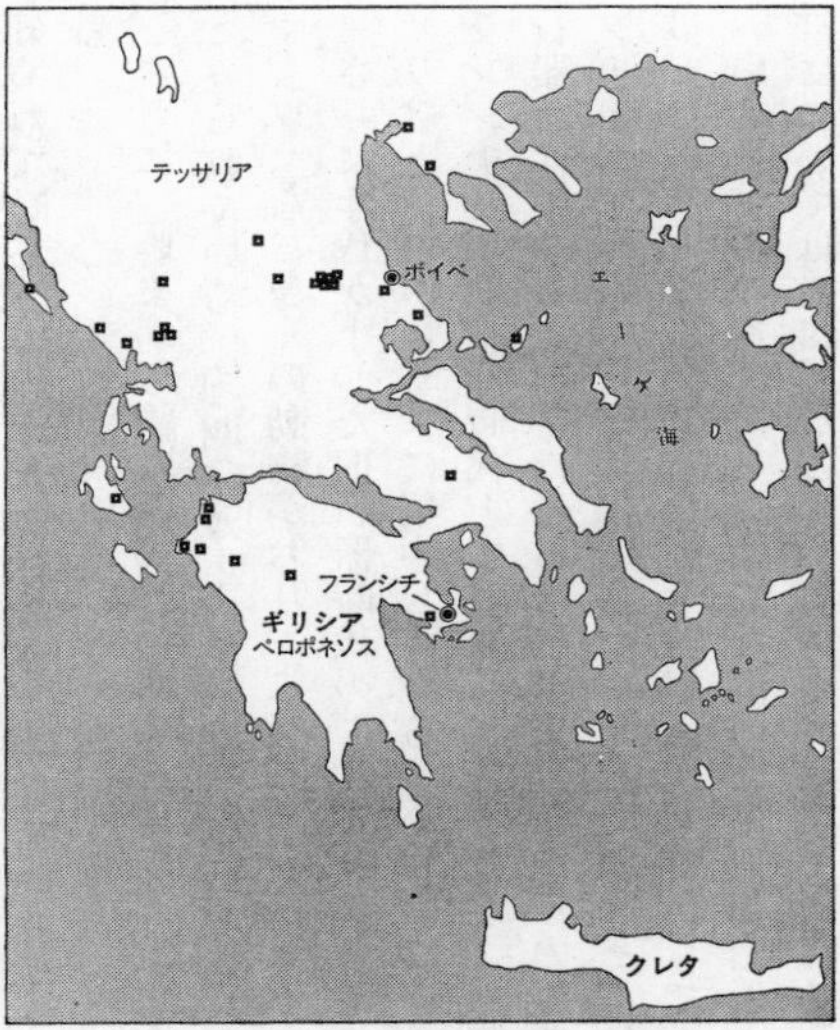

1　ギリシアにおける旧石器時代の遺跡　◉印は中石器時代遺跡の分布。地名は現在名

　こうした変化は、ヨーロッパでも同様であったと思われる。ただしこの地方は、地殻変動の非常に大きな地帯で、かつて海中にあったものがせり上がってヨーロッパ・アルプスをつくった地殻褶曲《しゅうきょく》時代に、現在のギリシアからクレタ、トルコを結ぶ半円形の大陸、アイガイ地塊を形成した。そのことは、ギリシア神話の「神々の座」として

知られているオリンポスの山頂が、見事な水成岩の層をなしていることから立証されている。

さらに、いまから約五〇〇万年前に、再び大地が沈下し地中海の海水が複雑に入りこんだとみられている。約四〇万年以前の第二氷期が終わったころにはマンモス、トナカイ、クマ、ウマなど多くの動物がおり、二〇万年前になるとネアンデルタール人もいた。

さらに年代が下った旧石器時代のギリシアの遺跡の分布をみると、1のように遺跡はテッサリアとペロポネソスに集中している。その中で、テッサリアのボイベとペロポネソスのフランシチとは旧石器時代と中石器時代の遺物が、重層的に出土している点で注目される。新石器時代になると遺跡はさらに広汎に分布するのであるが、漁撈の開始という点で、フランシチとボイベの中石器時代遺跡を重視したい。それは、最もプリミティブな形で、端初的な港がこのあたりに成立している可能性があるからである。

いうまでもなく、最も原始的な港の形である船着き場は、海岸と河川に発生する。河川の港については後に述べるが、海の港について考える限り、ヨーロッパではまずエーゲ海を挙げなければならない。ポール・オーファンによれば、地中海で、人間が最初に海に乗り出した場所がエーゲ海である[2]。

ところで筆者は、港の成立について、自然的条件、社会的条件、経済的条件をもって、港の「定在」であると定義している。定在とは、人間の意識に初めて港というものが現れたという哲学的概念であるが、それは完成した港の姿が見当たらなくとも、港の条件が「そこに在る」という意味にも使用される。

古代の人々が、丸木舟にしろ、いかだにしろ、それを使って海上に乗り出した場所があるはずである。その場所は住居から近く、かつまた海上に乗り出すのに便利な、自然の入り江の砂浜のようなところにあったにちがいない。こうした行為がくりかえし行われるとすれば、端初的な「港」の概念が成立するであろう。

こうした原始的港は、何ら人工の施設を持たず、船はそのまま海岸に引き上げられていたと考えられる。特にギリシアにおいては、ホメロスの『イリアス』あるいは『オデュッセイア』の物語に始まり、後年の大理石の柱を建て並べた船庫に至るまで、そうした習慣が見られるのである。

2　東のかたエデン

チグリスとユーフラテス

旧約聖書の創世記を読むと、主なる神が天地を創造し、植物をつくり、人間を作って生命を与え、それを東のかたエデンの園に置いたときから人間の歴史が始まることになっている。現在もなお、イラクの農民が語り継いでいるエデンの園の物語は、そのまま人類最初の農耕文明の神話であり、ここから人類の船と港の歴史も始まっているようである。

この有名な物語は、そのあるものは現実の反映であり、あるものは理念的創作であるとみられるが、エデンの園を流れる河が四つに分かれ、その中にチグリスとユーフラテスの名が記されている。[3]この両河の名こそ、私は「港の創世記」を意味するものであると考えている。なぜなら、ここに人類の最も早いころの農耕文明が始まり、そこに港があったからである。

先年エーゲ海のクルーズに出かけた折、アテネの書店で求めたペンシルベニア大学のジョージ・F・バース編『航海の歴史』という本の中に、インダス河流域のロータルが、これまで知られている最初の人工的な港を持った都市であると記されていた。[4]

ところがその後、三笠宮崇仁編『古代オリエントの生活』を読んでいるうちに、アジア経済研究所の糸賀昌昭氏の論文「地球最古の農民生活」「都市国家の誕生」の中に人類最初の都市文明をつくりあげたメソポタミアのシュメール人の神殿都市、ウルおよびニップルの都市構造の中に、明らかに最も古い港が存在していることを発見した。[5] インダス文明は紀元前三〇〇〇年から一〇〇〇年の間に位置づけられているのに対して、シュメール文化のウル期は紀元前四〇〇〇年ころからはじまっており、この方がさらに古いのである。

従って、歴史的な港の発生、それも制度としての港の発生は、メソポタミアに求めなければならないのではないかと思っている。

同じ古代文明社会で、メソポタミアと比較されるのがナイルの古代エジプトの文明である。ところが同時代のナイルの流域には、施設としての港が見当たらないようである。トロント大学のジョセフ・W・ショー教授もその著『ギリシアおよびローマのハーバーワーク』[*]の中で、要約すると次のようにのべている。

エジプトにおいては、非常に古い時代から船が使用され、ファラオーの記録の中にも造船所のことが記されている。しかし、ナイルにおける最もよく知られている船着き場は、ピラミッドをつくるときに設けられた、王墓に対する河川からの入り口の埠頭で、日常の使用というよりは、特殊目的のために使用されたものである。[6]

これは、ナイルとチグリス、ユーフラテスとの河川の性質の違いに由来するのではないだろうか。

＊ハーバーワークとは、港湾の建設事業を指している言葉である。

ナイルの特色

古代エジプト文明に対するナイル河の存在の意義は偉大なものであるが、ナイルは長大な流れの両岸に沿ったわずかばかりのところに緑があるだけで、その先はすべて砂漠である。ナイルの古代文明は、この両岸に細長く続いている農耕社会を基礎として成り立ったものである。はるかに南の方、青ナイルの上流にあたるエチオピア方面で、雨期に降った雨が七月ころになって下流の方で増水して、静かに氾濫する。そして一〇月ころをピークに、静かに減水する。毎年規則的にくりかえすこの自然のサイクルがあって、氾濫のあとに種を播けば、それが豊かな実りとなったのである。

このような条件のもとでは、固定した河岸の港は存在し得ないので、おそらく常に変化する河岸にそって、船は岸に引き上げられていたであろう。

ところが、メソポタミアのチグリス、ユーフラテスは、ナイルにくらべると荒々しい河で、度々大規模な氾濫をくりかえし、そのたびに都市や農地を破壊した。この地をラルースの歴史地図でみると、陸地が海面上一〇〇メートルまで高くなるのは、河口から六〇〇キロないし七〇〇キロも奥地のバグダッドのあたりである。おそるべき平坦さであるが、その先がすぐに急峻なトルコ方面の山岳地帯に続いており、東北はイランのザグロス山系が壁のようにそそり立っている。

それで、北部の山岳地帯に降った雨あるいは春の雪解け水が、この平坦な土地にドッと流れおちると、たちまち大洪水を引きおこすのである。チグリスという名前自体が、「速い河」というのだそうで、ニネベから出土した粘土板文書に記された大洪水の伝説を、糸賀氏が前掲論文で、次のように紹介している。

暴風雨はすさまじく一束になって襲いかかり／大洪水は一挙に祭祀の地を一掃する／七日七夜／大洪水は全土をおおいつくし、／大きな船は風雨のために大浪にうちあたり……[7]。

シュメールの古代都市国家

この地形から考えて、海進のピーク時には、海は数百キロの奥地まで入りこんでいたと思われるが、その後に来る沖積平野の形成は比較的早かったであろう。そして、河川の氾濫のあとに多くの湖水や湿地帯が残った。まさに古代の原始的農耕には、うってつけの土地であった。このようにして「肥沃なる半月形」といわれる人類最古の農耕地帯と、そこに形づくられた最古の都市国家が出現するのである。

『ケンブリッジ古代史』によれば、この土地へやって来て、最初に農耕を始めたのは、ザグロス山系の遊牧民で、紀元前八九〇〇年ころとされている。彼らは山地から次第に平地に降りて来て、メソポタミア、即ちギリシア語で「二つの河の国」を意味するこの肥沃な土地に農耕社会を形成した。[8]

遊牧民は、北、東からばかりでなく、シリア台地からも羊を追いながらやって来た。ウル第三王朝の後に、バビロニアに流入したのはまさに彼らであった。

こうして、何回となくたくさんの遊牧の部族あるいは部族の連合が侵入したものと考えられる。彼らが最初に求めたのは、水と牧草であった。しかし、この湿潤な土地が農耕に最も適していることを知って、次第に定着するようになり、遂に都市国家を形成するに至る。

農耕の村落共同体から都市国家に成長する過程は、水との闘いであったと思われる。耕作や交通のための水路や運河をつくるには、いくつかの共同体との連合が必要であったし、これを統轄するための権力者の出現を必要とした。

太田秀通氏は、その著『東地中海世界——古代におけるオリエントとギリシア』の中で、住民は村落共同体に対する貢納、賦役の義務があり、これが国家権力の物質的基礎であったことを指摘している。これらの村落共同体を基礎にして、その上に専制君主と神殿とがあって、都市を形成した。都市の中には、戦争によって捕らわれた人々や、その他の理由で奴隷となり、あるいは半自由民として王権や神殿に寄食するような手工業者、運送人などがいた。[9]

太田氏の指摘のように、村落共同体こそが都市国家存立の基礎であり、これらの村落共同体の農耕を維持するための灌漑組織や水路の維持こそが、都市の死命を制するものであった

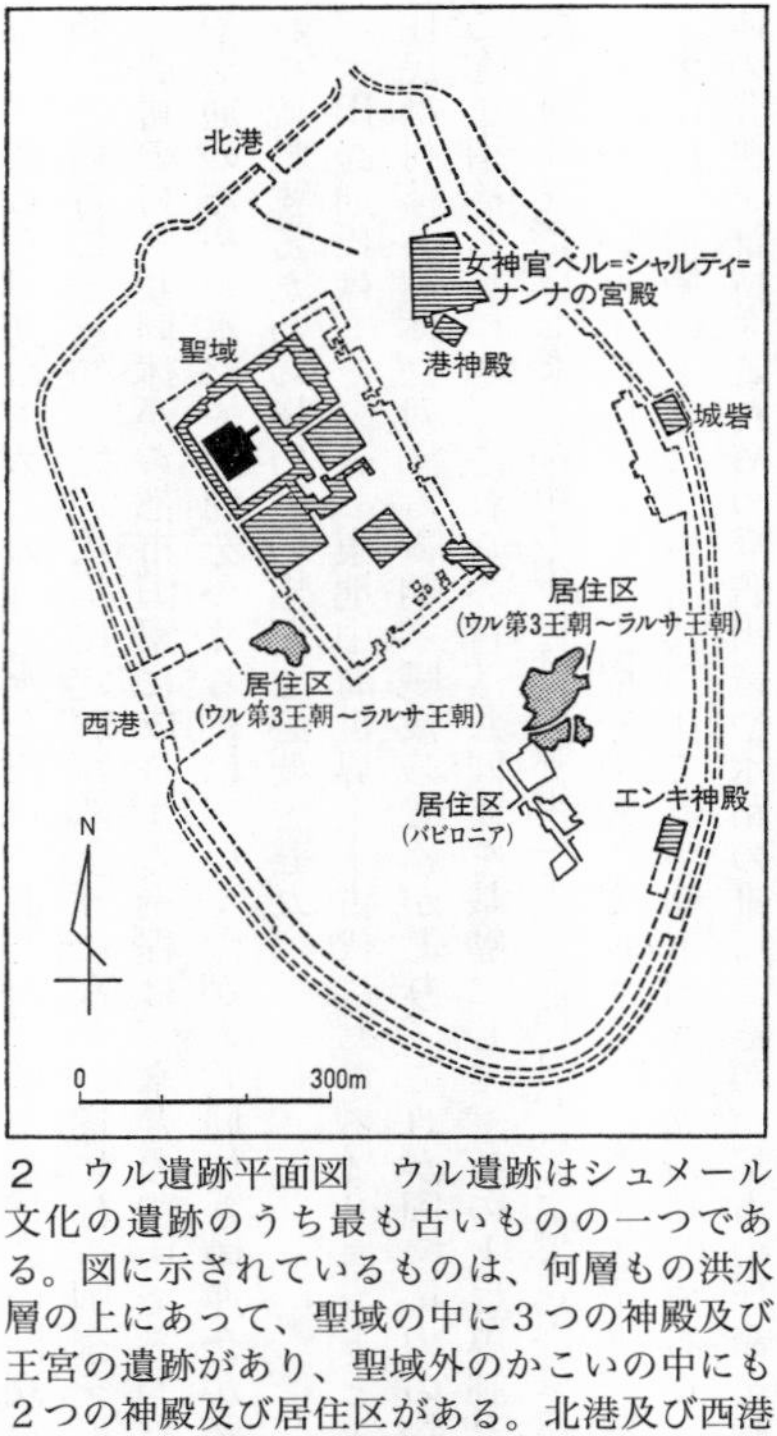

2　ウル遺跡平面図　ウル遺跡はシュメール文化の遺跡のうち最も古いものの一つである。図に示されているものは、何層もの洪水層の上にあって、聖域の中に3つの神殿及び王宮の遺跡があり、聖域外のかこいの中にも2つの神殿及び居住区がある。北港及び西港という、掘り込みの船着き場があるが、これはかなり規模の大きなものである

と思われる。

ここに引用するのは、糸賀昌昭氏の前掲論文の中の図版である。ウル遺跡平面図（2）には、北港と西港とがあり、北港の背後に神殿がある。おそらくこれは、神殿に所属する港であろう。

この当時、かなり豊富な食糧の余剰が出来ていたであろう。それは農民からの収奪、あるいは戦闘による略奪を含むものであったに違いないが、都市住民や、王権、神殿に所属する人々の食糧となったであろう。特に、粘土板に刻まれたニップルの都市計画の中に、運河や

船溜りのほかに、大規模な倉庫が現れていることに注目したい。この図面（３）は、紀元前一五〇〇年ころのものと推定されており、ウル遺跡平面図よりも、さらに年代が下っている。同様の倉庫は、インダス渓谷のロータルの古代都市の遺跡の中からも見つかっている。ロータルの遺跡にも、船着き場、神殿、居住区、井戸、倉庫があったのである。

　これらのことから、古代都市国家における港の存在理由は、第一に、神殿および王権が租税として徴収する穀物の積み降ろしの場ではなかったかという推定が成り立つ。これらの穀物は、神殿や王権に隷属する労働力に対する現物給与であると共に、都市住民を支える食糧であったにちがいない。穀物その他の食糧のほかに、都市の建設資材などもまた、ここで積み降ろしされたであろう。

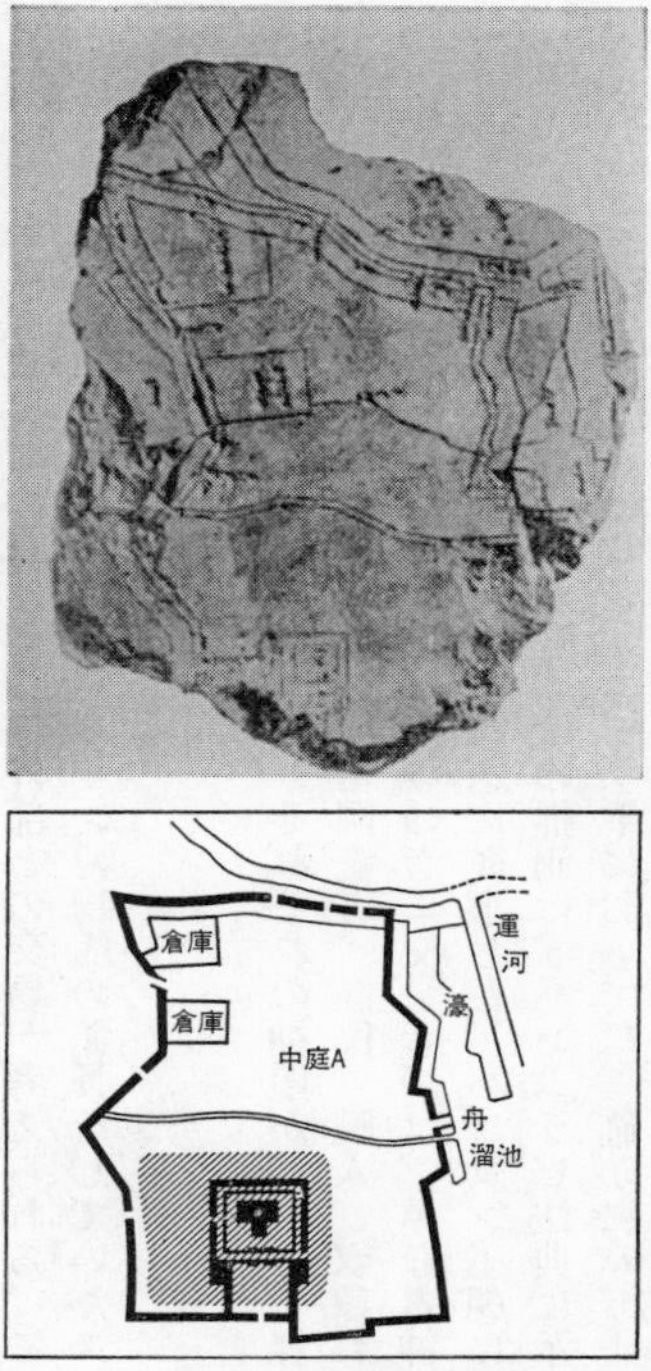

３　ニップルの都市構造　1889年アメリカのペンシルベニア大学のニップル発掘隊が掘り出した多くの粘土板の一つに紀元前1500年ころのものと推定される上図があった。中庭の中に２つの倉庫があるのに注目したい

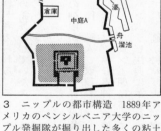

第二に、王権あるいは神殿による、外部との交易が考えられる。このことについては、ギリシアの有名な考古学者で、イラクリオン博物館の館長をしていたスティリヤノス・アレクシューが、次のように書いている。

初期のスーメリア社会においては、それぞれの神殿が、主たる経済単位をなしていた。それぞれの神殿は、神官、兵士、家畜飼養者、漁民、職人、奴隷および交易者から成る共同社会の核を形成していた。特に最後の者（交易者）は、単なる神殿の使用人であって、租税を査定し、神殿の名において輸送に従事した。バビロン王朝においては、大いなる自由があったといわれる。しかし、この推測は、ハンムラビ法典に示されている、職人に与えられた低い地位と矛盾する。エジプトにおいては、確かにバザールが存在し、そこで市民たちは、限られた価格内で果物、野菜、壺、魚、履物、織物などを物々交換することができた。しかし、外国貿易は、完全に国王だけの権限のものであった。王は余剰生産物を輸出し、船を配船し、貨物の保護のために兵士を乗船せしめた。神殿もまた、時として、外部との交易を行った。[10]

このようにして船を操る者、すなわち船頭や乗組員もまた、船と共に王権や神殿に付属する使用人であった。ハンムラビ法典には、船頭の責任について明記してあったといわれる。それは、貨物の積み降ろしの量の確認に対する責任、航行の安全に対する責任等々であって、今日の海商法の、そもそもの始まりであるとされている。

古代においては、主権者だけが外国貿易の当事者であったということは、その後の西ヨーロッパにおいても、東洋、即ち古代の中国や朝鮮やわが国においても、全く同じである。それは、シバの女王からソロモンに贈り物をしたというような、ロマンにみちた物語の場合もあったであろうし、国威を示すための何らかの外交手段として、高価なめずらしい物を贈ったというような例もあったろうし、弱者から強者への貢納といった場合もあったであろう。あるいは都市の建設のために、外国から石や木材や金属を持って来るというような例もあったであろう。

当時の船は、ユーフラテスの下流の農民が現在も使用している葦船などに端を発しているものと思われる。大洪水のおりに、上流から流れて来る樹木や葦の束などに、鳥や獣が乗っているのを見かけたであろう。時として、人間がすがりついていたかも知れない。こうして、流れを下り、人間を乗せる「船」という思想が生まれたに違いない。

紀元前三〇〇〇年以降になると、粘土板に描かれた船や航行に関する記録が豊富になる。メソポタミアにおける灌漑や運河の必要性は、この荒々しい両河を制御し、乾いた土地をうるおして、農

4　メソポタミアの船　(上) ワディ・ハンママトの岩に刻まれた船の絵で、紀元前4000年期のものとされている
(下) 紀元前2900年ころの壺に描かれた船の図。帆の出現に注目したい

業を定着させるために生じたものであるが、河川や多くの運河や水路が、同時に有効な交通路をなしていた。平野からもたらされる穀物、遠方の山岳地帯から河を運ばれて来る石や木材、ペルシア湾を通して輸入される金属類が、これらの河川に入り、それから神殿あるいは都市に向かって運ばれたであろう。これらの古代の船は、人間の手によって漕がれ、ある時は、岸の上から人間の手によって引き船された。

メソポタミアのラガシュのバウ神殿から出土した粘土板に、河川を航行する船の乗組員とその数が記されている。

船引き人	二人
綱取り人	二人
水深看視人	一人
デッキ看視人	二人
作業員	五人
記録人	一人

この記録によって、引き船が重要な仕事であったことがわかる。このことは、メソポタミアの古代の船（４）の構造にも、大いに関係があったものと考えられる[11]。

さらに、バウ神殿の記録によると、この神殿の漕ぎ手、舵取り人、乗組員は、全部で一二五人おり、このほかに多数のポーター、荷役作業員がいて、これらの多くのものが奴隷として使用される外国人であった。

大型の船は、ペルシア湾のオマーンの岸のどこかにあったとされる、マガン、メルクーカーから木材や各種の物資をもたらした。ウル第三王朝のシャル・ガニ・シャリ王が海上遠征軍を送ったのは、この海上ルートを確保するためのものであったとされている。最も重要な海外の港は、ディルムンと呼ばれ、「ディルムン船」は象牙《ぞうげ》、木材、黄金、銅などを、そのころの重要な都市であったウル、ラガシュ、アガーデにもたらした。このディルムンは、ペルシア湾のバーレーン島であったとされているが、この島はそうした品物は産出しない。最近の考古学的成果によると、その交易は遠くインダス渓谷にまで延長されるのである。

3　華麗なるエーゲ海

クレタの謎

港の起源が、人類最初の都市文明をつくりあげたシュメール人の運河と、四角な掘り込みの港であったろうということは、まだ一つの仮説である。筆者はこれと共に、いま一つの仮説を持っている。それは、エーゲ海に起源をもつ海の港である。

古代ギリシア語で、エーゲ海のことをアイガイオンという。この言葉の語源はさだかでない。一説によると、古代都市アイガエ（現在のリミニ）からきているという。他の説によると、小アジア北辺の遊牧民で、弓の上手な女軍として知られているアマゾンの女王で、この海に没したアイガエに由来するという。また一説によると、この海に身を投じたテシウスの父アイガイウスの名をとったものであるともいう。

いずれにしても、非常に古い時代、人間が農耕を知り、壺をつくることを覚える以前から人々は船をあやつり、海に乗り出し、風や海流や太陽や星を意識し、海を渡って他の部族と交わり、多くのことを学んだであろうことは確実である。

現代のエーゲ海とは地中海の東北部、西にギリシア本土、東にトルコ領小アジアに囲まれ、北はダーダネルス、ボスフォロス海峡によって黒海に通じ、南は、クレタ島によってふたをしたような多島海を指していう。この多島海は地質的に見ると、最初はアイガイ地塊と称するアドリア海からトルコに連なる半円形の陸地であった。それが一度海中に沈み、再び隆起して、また沈んだとされる。

まことにヘラクレイトスがいった「万物は流転する」という言葉のように、極めて変化に富む地質である。現在の島々を見ると、古生代の地層の断片はすべて海中に沈み、小アジアの山脈に続く重なり合い折れ曲がった新生代の地層からなり、それも大部分は海中に沈んでいる。その中には、古代のテラ、現在のサントリーニ島のように、火山の巨大な爆裂火口のあとも見られる。

島々の群れは、二つのグループに大別される。ギリシア本土に沿って、東南の海中に散在するシクラデス（キクラデス）諸島、それから現在のトルコ領に沿って散在し、ギリシア最大の島であるエビアの北の海上に達するスポラデス諸島である。

島から島へ、温暖な気候と比較的静かな海、たえず吹いている風に送られて、古代の人々が、キオス、プサラ、スキロスを通ってスポラデスへ、サモス、イカリア、ミコノス、アンドロスを通ってエビアの東南の岬へ、ロードス、カルパトス、クレタ、セリゴを通ってペロポネソスの東南の岬へ達することが出来たはずである。また年代が下って船の構造がしっかりしてくると、東地中海のビブロス、キプロスやエジプトのナイルの河口から、直接クレタに達することもできた。

ポール・オーファンは、その著書『地中海の歴史』の中で述べている。

古代の人々が、地中海の海上を横断しようとした跡をたずねるとするならば、それはエーゲ海に越したものはない。そのわけは、エーゲ海が静かな海であったからではない。反対にこの海では、いろいろの風が吹きまくり、夏の晴天の折でさえも、風が白波を立て航海を不快にするほどである。それにもかかわらず、エーゲ海には、いたるところに、この時代の小さな船を入れるにふさわしい避難場所があり、島と島との距離は、他の島影を見いだすまでに一つの陸地を見失わないほどのものであった。これが、古代の人々の航海を容易にした大きな理由であった。[12]

ペンシルベニア大学のジョージ・F・バース教授は、ギリシア人が海に乗り出したのは、いまから一万年も前のことであったろうと、次のように述べている。

ギリシアに、羊飼いや農夫が現れる以前から、そこには船乗りが存在していた。人間が狩猟や食料をさがしまわることによって生きていたいまから一万年も前に、これらの航海者たちはエーゲ海の探索に乗り出していたことが、推定されている。彼らは、メロス（ミロ）島の南にまで達し、固い火山性の石で鋭い刃を持つ小刀や、ヘラの類をつくるのに適した黒曜石を発見していた。西暦紀元前八〇〇〇年頃のものと見られるこれらのガラスのような材質の石器類が、ペロポネソスの洞窟から発見された。同時に大型の魚の骨も発見されているので、このことは、人々が海に向かって出て行っていたことを、さらに追加的に証明するものである。さらに、シクロス島の中石器時代の住民は海を渡ることによってのみ、この島に達することが出来たのである。それから約一〇〇〇年後に、どこからやって来たのか明確でないが、新石器時代の農耕者がキプロスおよびクレタの島々に現れた。[13]

古代エーゲ海文明は、地域的に①クレタ、②シクラデス（キクラデス）諸島、③ギリシア本土、④トロードの四つのグループに分けられている。

この四番目のトロードとは、〝トロイの土地〟というほどの意味で、小アジア西部、レムノス、レスボス、キオス、サモスの島々を含むもので、他の三つのものとは多少異なり、ヒッタイト文明の流れをくむものと見られている。

これらの紀元前二五〇〇年から一〇〇〇年ころにかけての四つの青銅器文化は、それぞれ①ミノア文化、②シクラディック文化、③ヘラディック文化、④トローディック文化と呼ばれている。

それらのものは、それぞれ初期、中期、後期青銅器文化に分かれ、クレタを除くギリシア本土や島々の後期青銅器文化は、ミケナイ文化ないしはミケナイ文明と呼ばれるようになる。古代地中海文化の中心的地位にあったのはクレタのミノア文化だったので、ギリシアの文化を語るには、まずミノア文化に始まり、次いでミケナイ文化に及ぶのが順序とされている。[14]

さてそのクレタの文化であるが、クレタは古代の大海運国であり、オリエントの影響、特にエジプトの影響を強く受けているようである。クレタの文化が、著しく発達を見せたのは、紀元前一九〇〇年ころとみられている。このころ、クレタの社会組織に大きな変化があり、王権が確立し、旧王宮時代（前一九〇〇―同一七〇〇年）が始まる。そして、クノッソス（5）やファイストスに宮殿建設が始まるのである。

5　クノッソスの宮殿遺跡　王宮の後方の左端部分

オリエントの場合と同様に、国王は宗教的な最高権威者であるとともに王宮は宗教の中心であり、また政治、経済の中心でもあった。スティリヤノス・アレクシューが書いている。

宮殿は、経済活動の核心であった。それは農業および手工業の本営であり、外国貿易とは、一方においてはクレタの諸王と、他方においてはオリエント及びエジプトの支配者との間の、贈り物の交換であった。[15]

たしかに、非常に古い時代から、外部との交易が行われていたようである。クレタの古代線文字の解読によって、輸出、輸入、船主などの語意が出てきたことは、これを裏付けるものであろう。これらの交易は、新王宮時代（前一七〇〇―同一四五〇年）になっていよいよ盛大となり、クレタの農産物、木材、金属や手工業品が、フェニキアやエジプトに大量に輸出されるようになる。エジプトの第一八王朝の王墓の記録に、「緑の海の島」からの使者や贈り物のことが多く記されており、クレタのクノッソス宮殿から発掘されたシリア産の象牙、キプロス産の銅塊、エジプトの青色猿のフレスコなどからみても、交易が多方面にわたっていたことを物語っている。

こうした交易の発展は、強力な海運の存在を裏付けるものである。最近になって、ミノアの植民地であったテラの遺跡から、みごとな海上遠征の船団の壁画が発掘された。この壁画は、一つの島、多分テラからクレタへ向かって、物資を輸送する船団と見られている。第一の島では、多くの人々が船の進む方向を見つめている。第二の島では、人々が船の来る方向を見ている。船団は六隻の大型船と二隻の小型船から成り、送る方と迎える方との中間に船団を置き、この行為を二つの島（宮殿）の間で関係づけている。

船型はかなり大型化している点が注目される。下甲板に多数の漕ぎ手を使って漕ぐ多櫂《かい》式の船で、櫂の数は片側二三ないし二五を数えるので、四〇人ないし五〇人で漕いでいる絵である。上甲板には、使者あるいは宮殿の使用人である商人の姿が、九人あるいは一〇人くらい描かれている。船団の中のあるものは油船で、オリーブ油を積んでいるものと見られている。このほかに、穀物、金属製品、織物などが貢納品として運ばれたであろう。

この壁画で注目すべき点は、船着き場が、極めて単純な形、即ち自然のままの海岸として描かれていることである。クレタにも確かに古代の港は存在していた。たとえば北岸のクノッソス（宮殿遺跡とは少し離れている）、ハギオイ・テオドロイ、南岸のファイストスは、この島の代表的港であったとされている。しかし、人間が苦心してつくった人工の港という概念は、まだ存在しなかったのではなかろうか。

ところで、この古代地中海にけんらんたる文化を残した新王宮時代が、紀元前一四五〇年ころ突如として地球上から消えうせるのである。これは、古くから大きな謎とされてきた。

いくつかの説がある。その一つは、ギリシア本土からの侵攻によって滅ぼされたとするものである。他のものは、テラの火山の大爆発により、地震と津波で滅んだとするものである。アテネの科学アカデミーなどは後者の説をとっているようである。テラの大爆発は、紀元前一五〇〇年と同一四五〇年の二回にわたって起こっており、特に後者が激しかった。これはクレタ文化の消滅と年代的に一致する。

ギリシアの考古学者スピリドン・N・マリナトス教授は、テラと同じ性質の火山の爆発の例を求め、一八八三年のインドネシアのスンダ海峡にあるクラカトア火山と比較し、火山灰や火山礫の降下堆積、大地震と巨大な津波による直接被害を推定して、この結論を出した。また、ザクロス宮殿の発掘の結果、この宮殿が外部からの何らかの力によって一時に崩れ落ちたと結論づけ、それがテラの爆発に伴う地震によるものだとされている。[16]

これに反対の説もある。それは、たとえばH・G・ブンダーリッヒで、彼はクノッソスにそれほど厚い火山灰や軽石の層がないこと、大津波もここまでは達しなかったであろうという、火山性の毒ガスも山にさえぎられて到達しなかったのではないかとしている。ブンダーリッヒはまた、クノッソスの宮殿自体が宮殿ではなく墓場であると、この遺跡の発掘者で宮

6　サントリーニ島　町は水面から約150メートルのすさまじい爆裂火口の上に延々と続いている。船着き場（手前右）からジグザグにロバの背にゆられながら登っていく

殿説をとるエバンズ卿の説を真っ向から否定しているのである。[17]

このようにして、依然として謎は残るのであるが、サントリーニ島（昔のテラ＝6）の爆発はまことにすさまじいものであった。爆裂火口のあとは一五〇メートル以上と思われる赤茶けた島の断崖となっており、島の半分が吹き飛んだ様相を示していた。プラトンは、エジプトの神官がギリシアの賢人ソロンに語ったというアトランティス物語をその著、『ティマイオス』に、

> 異常な大地震と大洪水が度重なって起こった時、苛酷な日がやって来て、その一昼夜の間に、あなた方の国の戦士はすべて、一挙にして大地に呑み込まれ、またアトランティス島も同じようにして、海中に没して姿を消してしまったのであった。[18]

と書いているが、これは、テラの爆発と結びつけて考えられている。

デロスの港

エーゲ海のデロスは、7のようなまん丸な港が二つ並んでいて、一方を「商《あきな》いの港」、もう一つを「聖なる港」と呼んでいる。後者は、古代には神殿領で、アポロンの例祭などには遠くエジプトやフェニキア、それに付近の島々、ギリシア、ローマからも商人たちが船を着けたところである。

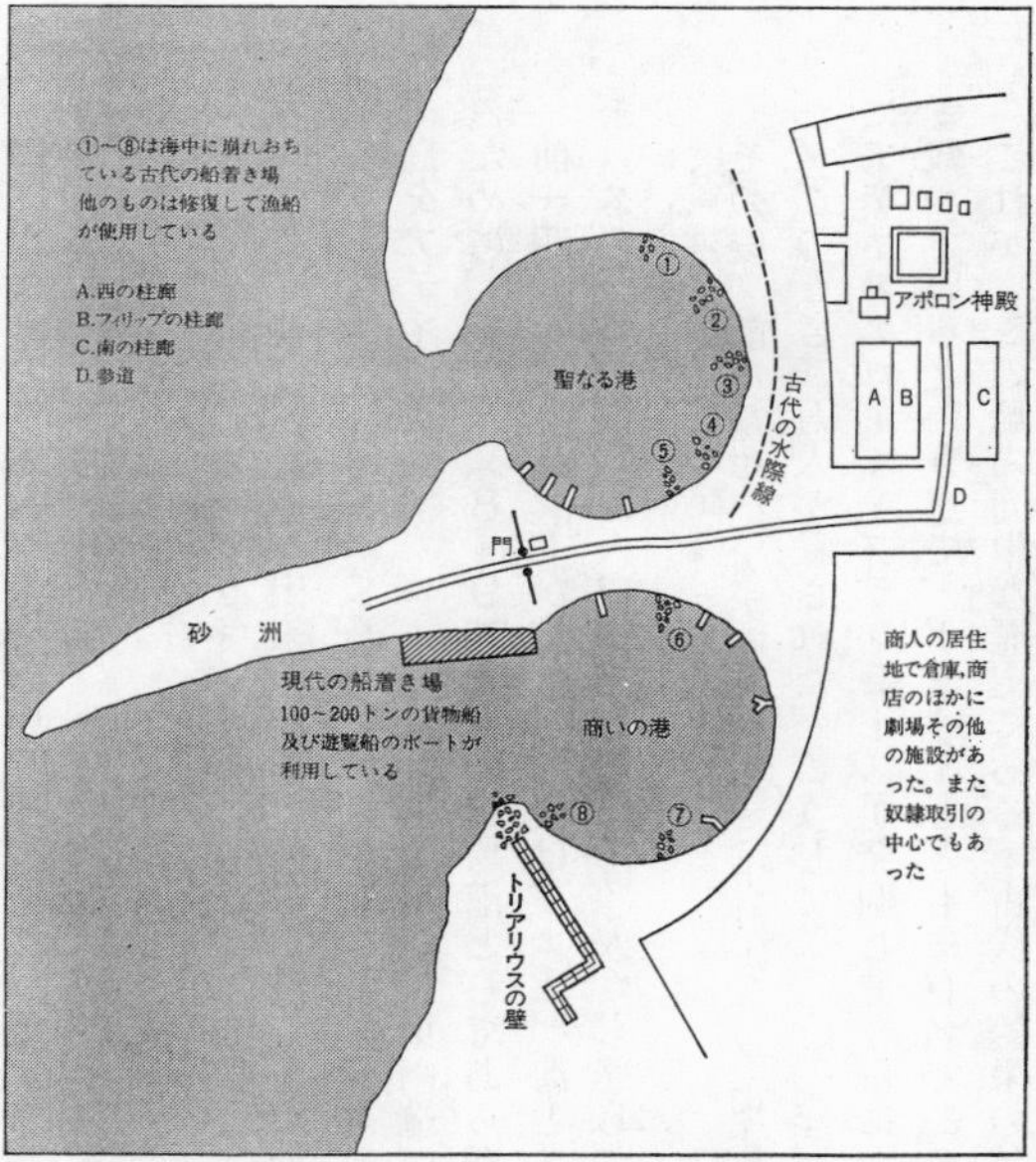

7　デロスの見取り図

ここでちょっと、この島の歴史にふれておく必要がある。デロス島は、シクラデス（キクラデス）諸島のほぼ中央、ミコノス島のすぐ隣にある大小二つの小さな島から成っている。ここに人が住みついたのは、紀元前三〇〇〇年ころであるとされている。

前一〇〇〇年ころからイオニア人の植民が始まり、前七〇〇年ころからナクソスの保護のもとにアポロンの生まれた土地という伝説を伴って、宗教上の聖地となった。アポロンが生まれたと伝えられる池があって、今は水はないが、そのまわりを大理石のライオンたちが守っている。

前五五〇年ころからアテネの支配下に入り、前四七七年にアテネとエーゲ海の島々との軍事同盟（デロス同盟）が出来上がる。前三一四年から同一六六年まで独立。以後、エジプトの、次いでマケドニアの支配下に入る。前一六八年に、ローマがマケドニアを征服し、デロス島をアテネにかえす。ローマは、エーゲ海の東南端にある交易の中心地ロードスと対抗するために、デロス（8・9）を自由貿易港としてあらゆる特権を与えた。

前一四六年にコリントが没落して後は、エーゲ海とオリエントとの交易の中心となった。デロスの全盛時代には人口が二万五〇〇〇人にも達していたというから、その盛況がうかがわれる。

その後、前八八年にアテネの将軍ミトリダテスによって徹底的に破壊されて廃墟となった。このとき二万人が殺された。こうして二〇〇〇年近くもうずもれていたが、一八七三年にアテネのエコール・フランセーズが発掘して今日に至っている。古代の生活様式がそのまま残っているという点で、ポンペイとともに有名である。

これが、この島の簡単な歴史である。古代の繁栄の基礎には、デロスのアポロン神殿がデロスの農地の大部分のみならず近くのミコノス、レネイアに広大な神殿領をもち、これらの土地は富裕な市民に賃貸され、奴隷によって耕作されていたという事実がある。

また交易のために、デロスに住んでいるエジプト、フェニキア、ローマ、その他の国の商人に対する土地の私的な賃貸によっても、デロスの土地を独占していたアテネの市民の中から富裕な階層を生じ、穀物や奴隷の取引を通じて、商人＝高利貸資本が形成されていた。ミトリダテスが怒ったのは、これら富裕な商人たちがアテネでなくて、むしろローマになびいていたということにあるようである。

今日デロスを訪ねると、「商いの港」の背後には、かつての商人たちの住居や倉庫の遺跡が建ち並んでいる。また、アポロン神殿を囲んで多くの、商取引の場であったアゴーラや柱廊《ポルティク》がある。

8　デロス島のアポロン神殿跡より「聖なる港」を望む　神殿では毎年春に例祭、4年目ごとに大祭があり、オリエント、エジプト、ギリシア、ローマなどから商人が集まって市が開かれた

9　デロス島の「商いの港」　後方に見えるのが商人の居住地で、倉庫、住宅、劇場などがあった。クレオパトラやディオニソスのモニュメントもこの中にある。手前に見える石積みの跡は、古代船着き場の遺跡。デロスでは、このように砂浜に舟を引き上げるプリミティブな段階から、原始的な人工の船着き場へと発展し、そこに多くの船をつなぎとめるようになった。これは港湾の発展の第1の段階であると考えられる

10　デロス島アポロン神殿表参道跡　両側はアゴーラ、柱廊の遺跡

アゴーラ（10）とは、商取引の場所、市場あるいは商館に類するものである。ポルティクとは、アゴーラが大理石の柱を建て並べた回廊様式であったことから、その外見上の名称をとったもので、その機能はアゴーラと全く同じものであったと見られる。

　アゴーラとは、もともとミケナイの部族社会の伝統を引くものである。ブリストル大学のハモンド教授によれば、ミケナイ社会においては、すべての政治的権力は国王に集中していた[19]。王は部族の長老たちの集まりである長老会及び人民（デモス）集会の召集者であった。王は彼らにいろいろのことを相談したが、決定権は王だけが持っていた。長老たちは、それぞれの家族群の首長であって、政治や宗教や裁判についての相談にあずかった。こうした集会がアゴーラと呼ばれる広場で行われた。宗教的な行事、政治問題の討議、戦争のような場合には、人民は国王の召集をうけてアゴーラに集まって、そこで王や長老たちの話を聞いた。しかし彼らには決定権はなく、賛成のときには称賛し、不賛成のときには沈黙して彼らの意思を表した。

　もちろん、この広場で物々交換なども行われたのであるが、部族社会が崩壊してから後は、アゴーラの経済機能、即ち商取引の場の機能だけが残り、かつ発達したのであった。デロスのアゴーラやポルティクは、その発達した形として理解されるのである。港にも面白い特色がいくつか見られる。まず同じような港が二つ並んでいることである。一つは神殿の港、一つは商取引の港と、それぞれ機能を別にしている。こうした区別は、さきのウルの古代都市にも見られた。アテネの外港であるピレウスにも本港の外側に二つの円形の軍港があった。ロードス島は、十字軍が駐屯していたことで有名であるが、城門のすぐ前の港に並んで、他の二つの港がつくられていた。カルタゴの港は円形の軍港と四角な掘込み式の商港とが並んでおり、二つは水路によって結ばれていた。ローマの外港オスチアは、外港と内港とが接続してつくられていた。

こうしたことは、古い地中海の慣行とも受け取られるのであるが、考えられることは、港を支配する権力機構はそれぞれちがっても、港が持つ社会的、経済的条件は同じだといったことであったかもしれない。デロスの場合には、神殿経済を維持し、神殿の権威と神聖を示すためにも神殿自身の港を持つ必要があったとすれば、商人たちの商取引の場としてのいま一つの港が必要となる。デロスにおける商取引が神殿の祭りを中心として行われるとすれば、神殿のすぐ近くに港をつくるのが便利である。こうして神殿を中心に都市が形成され、船に対する水や食料の供給、あるいは乗組員の宿泊施設など、都市の中で一緒にまかなった方が合理的である。こうしたことが、二つの港を並べてつくった理由となるのではなかろうか。

デロスでいま一つ注目されるのは、港は二つとも完全な円形をしていることである。エーゲ海には至るところに円形の小さな港がある。これは自然の地形によるとも考えられるが、小型のたくさんの船を安全に碇泊させるには、円形がいちばん良いのではなかろうか。つまり、円形が一番たくさん船を収容し得るということである。さらにもっと古い時代の部族社会の港を考えると、共同して行う漁撈あるいは軍事行動の場合、指揮者が円の中心にいるのが合理的である。カルタゴの円形の軍港では、真ん中の島に司令官が住んでいたというような例がある。船舶のオペレーションの上からの合理性である。

さらに、石積みの極めて原始的な船着き場が港の水際線にたくさん並んでいる。これは現代もデロスの漁民たちがそうしているように、この石積みの船着き場に船をつなぎとめるためのものであった。一つの施設にできるだけ多くの船をつなぐためにY字形のものがあり、他には半円形に突出した施設があった。ひと昔前のホメロスの時代には、船はすべて砂浜に引き上げられていたようであるが、船型の大型化と船の数が多くなったことによって、こうしたものが必要になったのではなかろうか。そしてこれは、現代の埠頭の最もプリミティブな形であると考えられるのである。

ホメロス的港湾

トロイの戦争の英雄詩である『イリアス（イリアッド）』、あるいはトロイの戦争の後で、海の神ポセイダイオン（11）の怒りにふれ、帰国の途、海上をさまようイタケーの王オデュッセウスの物語『オデュッセイア』は、紀元前一〇〇〇年から同五〇〇年くらいの間につくられたといわれており、わが国の『平家物語』のように吟遊詩人が、竪琴《たてごと》をかきならして弾き語りをしたものである。

両書ともホメロスの作とされるが、実は『平家物語』の場合と同じく多くの詩人たちの手に成るもののようで、あたかもこの時代は、青銅器文化末期のミケナイ文化を象徴している。この中で、特に後者に船と港の物語がたくさん出てきて、古代国家成立以前の部族社会の、港や航海の様子をうかがい知ることができるのである。

太田秀通氏は、その著『東地中海世界』の中で、ミケナイ社会には、その原始共同体の諸関係を再生する条件として、オリエントのように幾つもの共同体が連合して巨大な灌漑事業を行わなければならないような風土が存在しなかったこと、及びこの工事を組織するための専制君主の絶大な権力を必要としなかったことを挙げ、ミケナイ的共同社会は、それぞれの土地の王を中心に、自主的な発展をとげたと述べている。[20]

要するに、特に強力な専制君主権力を成立させるような物的基礎がなく、従ってギリシアを統一するような強力な王国が形成されず、多くの王が競合し、たとえばトロイ戦争のような大規模な軍事行動にさいしても多数の王、即ち部族の首長の連合として、ギリシア本土やエーゲ海の島々から、軍隊を集めているのである。アガメムノンは、これらの王から選ばれた指揮者に過ぎなかったのである。

11　スーニオン岬の南の丘にある海の神ポセイダイオン神殿の遺跡

こうした事態を背景として、それぞれの王たちの武勇がうたわれているのが『イリアス』であり、『オデュッセイア』である。英雄詩とは、統一された国家権力が成立する以前の、部族の王たちの武勇をたたえるという歴史的背景を持つものである。

　このような背景を持つ物語であるが、筆者たちの関心は、ミケナイ社会、即ち古代の共同体の中での港のあり方について、ある程度の理解を得ることにある。もちろん、『イリアス』にしても『オデュッセイア』にしても、物語であって歴史ではない。しかしながら、その中には歴史の真実も述べられている。

　シュリーマンが、トロイの発掘をするにあたって、『イリアス』の中に記された、

　二つの流れる河、シモエイスとスカマンドロスが　流れを混じえるところ[21]

にトロイがあったということ、及びトロイの英雄ヘクトールとアルゴスの王アキレウスとが、城のまわりを三たびかけまわって戦ったという物語から、城の位置と大きさとを推定して、遂に遺跡を発見したという有名な話がある。

　また、ここに語られていることは、紀元前一〇〇〇年から同五〇〇年ころの人々が、事実として疑わなかった生活習慣が描かれている。したがって、それが貴重な史料となるのである。たとえば、『オデュッセイア』には次のようなくだりがある。

　しかし都にさしかかると、それを取り巻く囲壁《かこい》の高い矢倉だの、城のお山の両側にある

立派な港が（見えてまいります）、その入り口は狭いのですが、両端《りょうはじ》の反りまがっている船がいくつも道のはたに引き上げてある、のは市民のめいめいがみな船置き場を持っているからです。そこにはまた集会場が、立派なポセイダーオーンの社傍《わき》に、ありまして、引っ張って来た巨石を、地面を掘って埋めたのが並べてある、[22]

これは、当時の港のありさまを眼に見えるように表現している。「市民のめいめいがみな船置き場を持っている」という表現にも注目したい。おそらく船は共同体の所有であって、その管理がそれぞれの市民に割り当てられていたと考えられる。これは共同体的土地所有と全く同じ原理によるものである。当時、土地は共同体の所有であって、耕作権がそれぞれの市民に割り当てられていたのであった。

さらに集会場、即ちアゴーラがあった。アゴーラには、客人や長老たちが腰をおろすための石が埋めてあった。また海の神ポセイダイオンの社《やしろ》があった。これは、わが国で古代の港に住吉神社があるのと同じく、海事に関する宗教的な慣行である。

とうとく畏《かし》こいアルキノオスは、パイエーケスの人々の集会場へと出かけていった、船置き場の傍らに設けられたその場所に着くと、磨いた石（で造られた座席）の上に腰をおろした、互いに並んで。[23]

これは、オデュッセウスが、パイエーケスの一族にたすけられて、国へ送りかえしてもら

うために競技と饗宴の場におもむく最初の書き出しであるが、王はアゴーラに人々を集め、

よく聞いてくれ、パイエーケスの指導者たちや世話役の方々、〔私がこれから言うところを。それは私の胸中の心が命ずる言葉なのだ。[24]〕

と語りかける。部族の長老たちを集めて、自分の館を頼って来たものを送り届けなかったことはないと説得していう。

さればさあ、黒塗りの船を、輝やく海へ、引きおろそうではないか、造りたての、初航《はっ》海のを。また若者らを、五十と二人、国中から選《え》りすぐって出すように、前から腕利《うでっこ》きといわれている連中を。[25]

物語は、このようにして饗宴と競技に入る。オデュッセウスは、トロイの落城の歌を聞いて涙を流し、ついにその身分を明かすことになるが、アルキノオス王の言葉の中に、五〇と二人の若者を集めよというのは共同体的賦役である。また「黒塗りの船」というのは、「へさきの曲った船」という表現と共に、しばしばホメロスの詩の中に出て来る。これは軍船などに使用する大型の船で、五〇櫂《かい》くらいのかなり大きなものが、この時代にすでに存在していたことは、さきのテラの壁画からも推定されるのである。物語の中には、帆を立てる話も出てくるので、すでに帆の使用も始まっていたに違いないのである。

ホメロスの詩、特に『オデュッセイア』の中には、こうして、ミケナイ社会の港についておぼろげながら説明してくれるものがある。そして、筆者はこれを「ホメロス的港湾」という言葉で表しているが、デロスの場合には、今少し時代が進んで、経済の発達のありさまがうかがわれる。それは、商館としてのアゴーラの存在で、その中に個人の名を冠したものもあることは、それがアテネあるいはローマの貴族、あるいは富裕な商人であるとしても、私的資本の存在をうかがわせるものである。

ギリシア世界の成立と港

リヨン大学でギリシア古代史を教えているミカエル・B・サケラリウ教授は、現代考古学の成果をふまえて、紀元前一一二五年から同八〇〇年にかけて、ドーリア人、アイオティア人、テッサリア人、ボイオチア人、イオニア人など多くの部族が、北方から南下してミケナイの諸都市を占拠するという民族の大移動があったことを説明している。[26]このあとで紀元前八世紀には、スパルタ、アルゴス、コリント、メガラ、アテネ、エビアなどのギリシアの主要都市国家が成立する。トロイの戦争は単にトロイ地方のトロード文化を滅亡させただけでなく、戦いに勝ったミケナイをも衰退させた悲劇の戦争であった。ホメロスの詩が、あれほど深く人々の心をとらえたのは、まさにこの悲劇性にあったということがいえる。

新しくやって来たギリシアの部族は、ミケナイの職人たちを従え、ミケナイの村落共同体を再編成しつつ、分割地の私有という独自の制度をつくり出した。また太田秀通氏は、このころ鉄器文化をもつヒッタイト帝国が滅亡して、鉄器の製作と使用とが西の方に伝わってギリシア社会が鉄器時代に入ったことが、ギリシア社会の速やかな発展の基礎にあったことを指摘している。[27] ここに、ギリシアのポリス共同体が成立するのである。

このポリス共同体では、太田氏によれば、上層部に共同体の代表的メンバーとしての貴族層があり、その下に自由な小土地所有者がいて自給自足の経済基盤に立ち、人格的に独立した戦士団を形成していた。すべてのポリスが、同じであったわけではない。アテネのように典型的なギリシアの民主的ポリスもあれば、スパルタのように、征服した土地の住民を武力で支配するための強権的ポリスもあったのである。

いつから始まったかはっきりしないが、ギリシア本土におけるポリスの成立後間もなく、エーゲ海を渡ってトルコ方面の沿岸に大規模な植民地がつくられ、海外への進出が始まる。初期には、アテネを中心とするイオニア人がシクラデス諸島を伝って、テオス、エフェソス、ミレトスなど、小アジアの西海岸に植民地をつくった。その北側にスポラデス諸島を伝って、テッサリア人の植民地が形成され、コリントを中心とするドーリア人は、南方のクレタ、ロードス、ハリカルナソスに入植し、後年になると、黒海沿岸をはじめとしてシシリー島やイタリア南部ネアポリス（ナポリ）、マッサリア（マルセイユ）にまで達するのである。

こうしたギリシア人の海外発展の理由についてはいろいろ議論されているが、代表的な考え方を二つだけ紹介することにする。その一つは、太田氏らに代表される土地問題である。

太田氏によると、ギリシア人の植民都市には二種類あって、母都市から独立したもの（アポイキアー）、および母都市の市民権を持ったまま入植し、植民都市が母都市の延長と考えられていたもの（クレルーキアー）があった(12)。

これらの植民地への大量の人口移動は、本国におけるポリス共同体の農地の割り当てでは人口を養いきれなくなったことが基本的理由とされている。このほかに、天災や政治的不満、経済的利益の追求などの理由も追加されるであろう。

太田氏は、テラ（サントリーニ）からキレーネ（キュレネ）へ送り出した植民に関するヘロドトスの記述を示している。非常に興味があるので引用させていただく。

（一）七年間の旱魃に対する方策としてリビュアへの植民をデルポイの神託が命じた。
（二）テラ人の植民者送り出しの決議には次の三点が盛りこまれ、五十橈《かい》船二隻が送り出された。
(a) 複数の兄弟の中から一人を籤引きで送るべきこと（独り子の除外）。
(b) 七つの全地区から植民者を送るべきこと。
(c) バットスを植民団の指揮者かつ王とすべきこと。
（三）植民者は中途で本国に帰っても上陸をゆるされなかった。[28]

このように、植民は神の神託ということで権威づけられ、あらかじめ王が定められ、植民地ポリスにおいては神殿がつくられ、新しく取得した土地を耕地として市民に割りあてると共に、神殿領が献じられたであろう。当然のことながら、住民の協力（隷農化）または征服による奴隷化が行われたものと考えられる。奴隷は、本国においても、徐々に普及し始めており、デロスなどは奴隷取引の中心となっていた。この当時、すでに鉄器と耕牛とを使用し

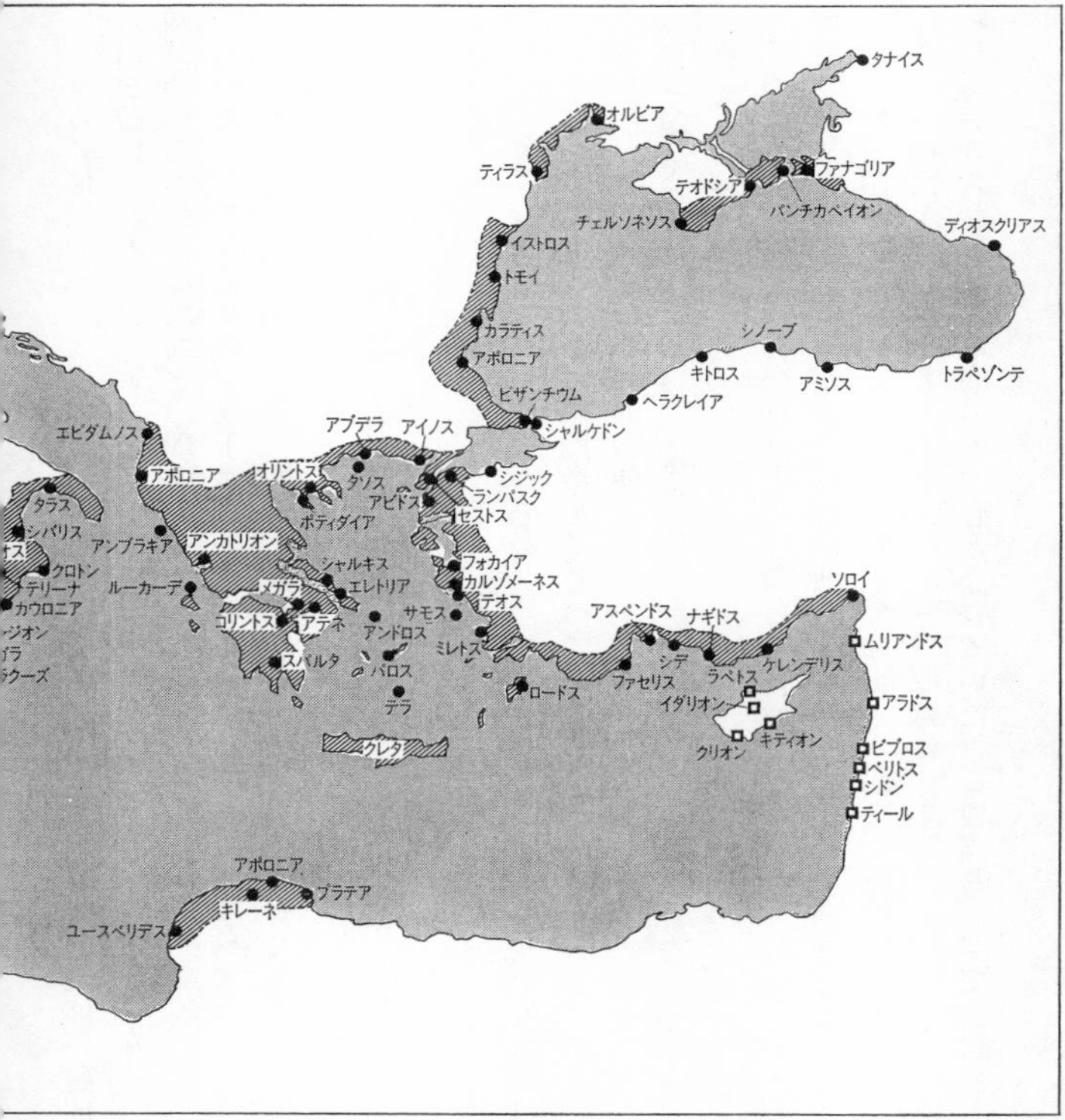
タナイス
オルビア
ティラス
ファナゴリア
テオドシア
パンチカペイオン
チェルソネソス
ディオスクリアス
イストロス
トモイ
カラティス
アポロニア
シノープ
キトロス
アミソス
トラペゾンテ
ビザンチウム
ヘラクレイア
シャルケドン
エピダムノス
アブデラ
アイノス
アポロニア
オリントス
タソス
シジック
ランパスク
アビドス
セストス
タラス
ポティダイア
シバリス
アンブラキア
アンカトリオン
クロトン
シャルキス
フォカイア
カルゾメーネス
テリーナ
ルーカーデ
メガラ
エレトリア
テオス
カウロニア
コリントス
アテネ
サモス
ソロイ
アスペンドス
ナギドス
アンドロス
ミレトス
ムリアンドス
スパルタ
パロス
シデ
ケレンデリス
ファセリス
ラペトス
ロードス
アラドス
イダリオン
テラ
キティオン
クリオン
クレタ
ビブロス
ベリトス
シドン
ティール
アポロニア
プラテア
キレーネ
ユースペリデス

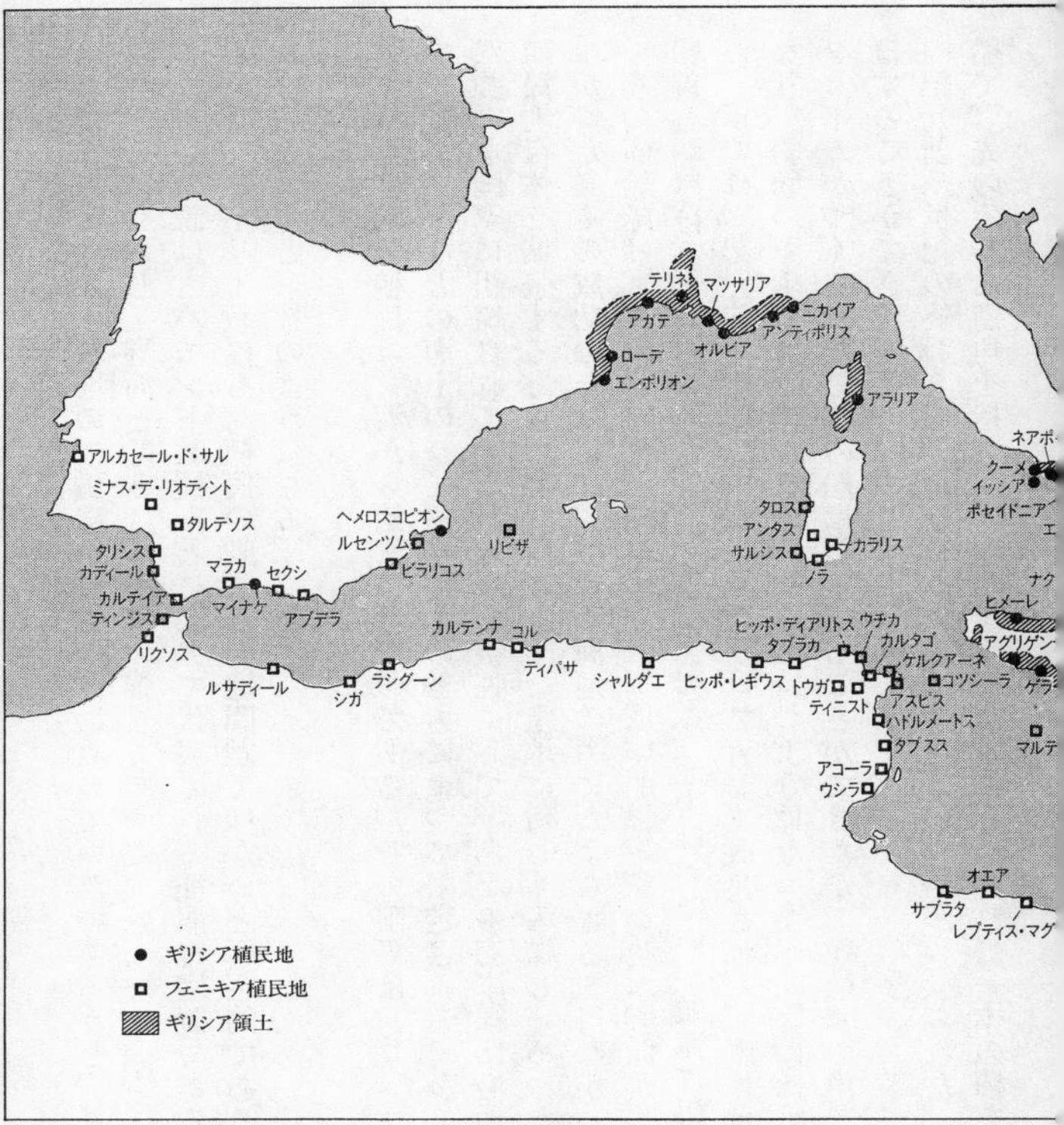

12　ギリシア世界とフェニキア植民地

ていたギリシア人は、現地の住民に対して優位に立っていたであろうし、都市は必要な場合には城壁をめぐらし、港湾と船とは不可欠の施設であった。

いま一つの説は、ハモンド教授などによって代表される征服意図説である。ケンブリッジのJ・B・バーリー教授も、植民の動機は土地問題ではないと否定的である。[29] ハモンド教授の説を紹介すると、次のようになる。

ギリシア人の植民は、海から始まったものである。その限界は、フェニキア、エトルリア、エジプトなどの海上のライバルたちの勢力によって限定される。多くの植民地は、まだ強力な国家に組織されていない人々を犠牲にして、島々や海岸線に沿ってつくられた。植民地自体を拡張するときにも、同じような土地に新しく入植し、めったに奥地には入らなかった。その成功のためには、彼らの海運の力にたよらざるを得なかった。

その商船隊は、青銅器時代と同じように、広い船幅、深い吃水、曲がった胴体を持ち、船首と船尾は高くはね上がっていた。小型で、速力はおそいが航海に耐えるものであった。軍船は、紀元前九世紀から八世紀にかけて著しく改良された。胴体は低く、一直線になり、船底のキールは延長されて、衝角《ラム》を持つようになった。船側には戦闘用のプラットフォームがつくられた。この船は帆走することができたが、舵取りの単一の座《バンク》によって操縦することができた。

紀元前八世紀の終わりに、コリントによって新しい軍船がつくられた。これは長い低い船で、先の尖った衝角を持ち、甲板が無く、両舷にそれぞれ二一本の櫂をそなえていた。

前六世紀にはほとんどこのタイプの軍船となったが、やがて三〇櫂のトライコンター、九〇フィート、五〇櫂のペンテコンターの二種類に標準化され、これらのものは速力が速く、敵船に対する機動力が増大した。[30]

こうして、敵対勢力であったフェニキアの軍船に対する優位を保つことができたのである。さらにこのころ、青銅製の冑、コルセット、すね当てで身をつつみ、円形の盾と鉄製の槍を持った重装備の歩兵集団が現れ、圧倒的な軍事力を示した。

さらにまた、紀元前五世紀から同四世紀になると、ギリシアに三段櫂船が出現した。前四八〇年のペルシア王クセルクセスのギリシア侵入の後には、東地中海ではこのタイプの軍船が支配的となった。このような軍事的優位が、海外進出の勇気をふるい立たせ、多くの植民地を形成する力となった。

紀元前六世紀から同五世紀になると、多くの植民地の設定やギリシア海運の発達に伴って、人工的な港湾建設の技術が発達した。それは、風浪を防ぐための人工的な防波堤の建設、陸上の建築技術の発達に伴う港の要塞化、あるいは軍船を保管するための船庫の出現等々である。

黒海からの穀物輸送ルートに当たっているレスボス島のミティレーネおよびシジカス、西部トルコの古代スミルナは、海面に突出した岬の上に城塞を設け、その両側に二個の港があって、岬の平坦部に水路をつくり、双方の船が行き来することができるようになっていた。

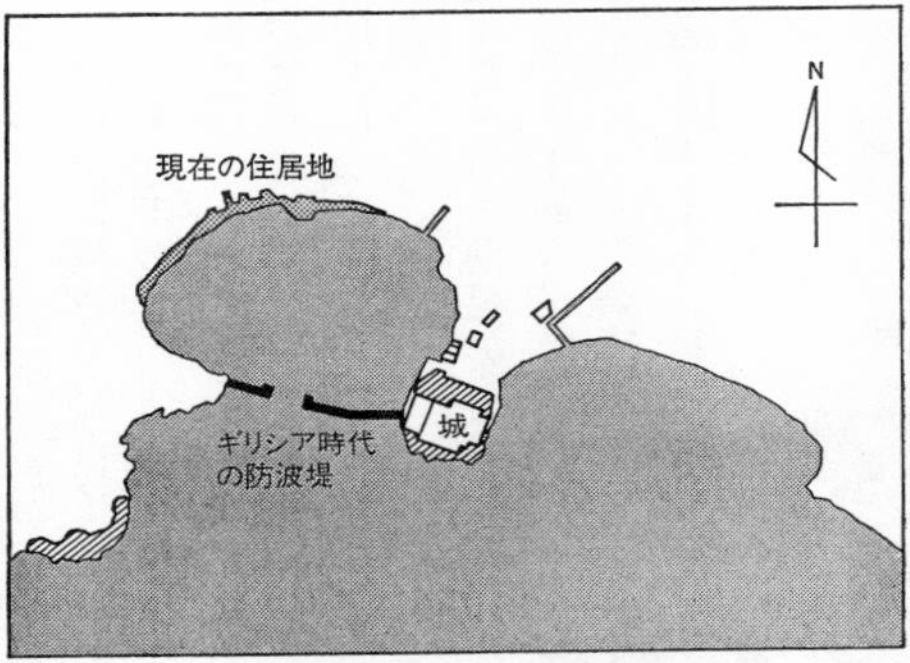

13　ハリカルナソス（ボードラム）港概念図　岬の城は現在残っているのは中世のものであるが、ここに古代の城塞があった

これによって、アクロポリスへの外敵の侵入をふせぐ役割をもっていた。

かつてのドーリア人の植民地であったハリカルナソス（13）は、スポラデス諸島の南部、ロードス島に近いトルコ領となり、現在ではボードラムと呼ばれているが、深い入り江の奥に堅固な港をつくっていた。突出した岬の内ふところに円形の港があり、防波堤で囲まれている。現在残っている防波堤は、ギリシア時代のものといわれている。岬の上に城塞を設けるという一般的な様式が、ここにも見られるのである。

アギーナ島の港は、軍港と商港とを区別するために、石灰石のブロックを積みあげた厚い壁がつくられ、海岸から海上に突き出ており、その両わきに港に出入りする狭い水路があった。アテネの外港であるピレウスでは、都市を囲んだ城壁が、そのまま海上に出て港の入り口をまもる防波堤の役をしていた。

東西の海上ルートと、南北の海上ルートとが交わる位置にあるコリントは、その外港として、城壁にかこまれた二つの港をもっていた。西方のコリント湾に面したレカエウム、東方のサロニカ湾に面したケンシェレアイがそれである。

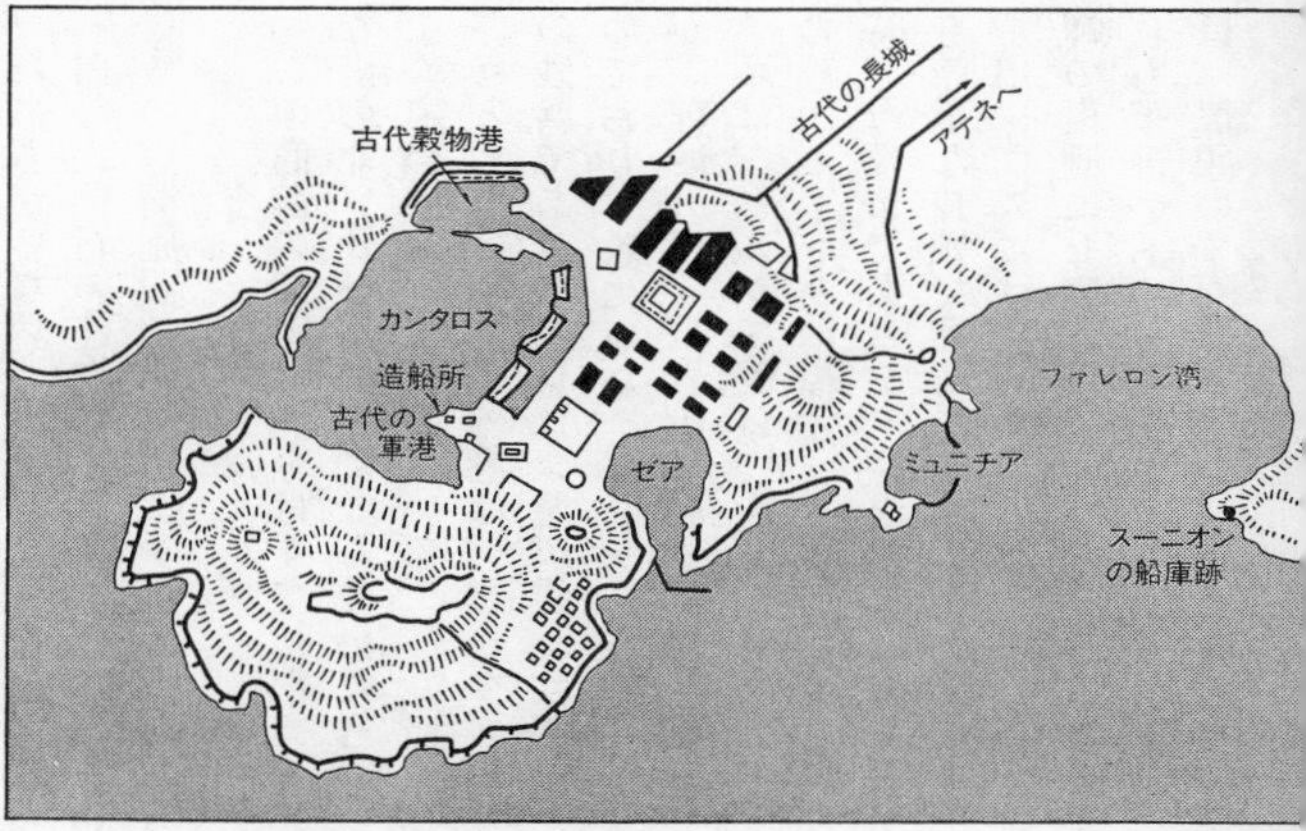

14　ピレウスの略図

シラクーズ（シラクサ）、ニーサエ（ニース）、スニドスでは、港のすぐ前に島があって、自然の防波堤をなしていた。

ピレウスの港

ピレウスの港は、現在ではギリシア第一の港で、エーゲ海クルーズの基地にもなっている。美しい町で、埠頭のすぐ後ろに噴水があり、その奥にエキゾチックなギリシア正教の教会がある。

今も昔も、ここはアテネの外港であり、軍港であると共に、穀物やオリエントの高価な商品の取引の中心でもあった。トロント大学のJ・W・ショー教授は、『ギリシアおよびローマのハーバーワーク』でこう書いている。

その昔、海上からピレウス（14）を訪れる船乗りたちは、心のおどる思いをしたにちがいない。大理石の柱を建てならべた五つのポルティコ、即ち商店の家並み、まっ白な大理石の建物が、アッチカの明るい太陽のもとで、青い空を背景にして輝いていた。この港湾施設こそは、アテナイ人が誇りとしていたものである。[31]

この商館の遺跡は、今はすでに消え失せているが、多分、カンタロスと呼ばれる一番大きな港の北、及び東の岸に並んでいたものと思われる。その昔の水際線も、今では埋め立てによってわからなくなっている。

もともとアテネの外港は、ピレウスのすぐ東隣の聖なるスーニオンの岬にかこまれた自然の砂浜であるファレロン湾が使われていた。しかしこの湾は、湾口が広く外海に向かって開いており、敵に攻めこまれる危険があるので、ペルシア戦争に際して海将テミストクレスが、前四九三年に岩山に囲まれた半島のピレウスに移し、要塞化したものである。当時のアテネは、ペルシアだけでなく近くのコリントやアエギナとも敵対関係にあり、港湾を通じてこの輸送ルートを確保するために、この措置が必要だったのである。テミストクレスはこの時、母都市であるアテネと共に、ピレウスを城壁で囲み、アテネとピレウスとの間の交通路も厳重な長城で囲んでしまった。

ピレウスには、三つの港がある。主港をカンタロスといい、商港と軍港とを兼ねていた。岬の東側にゼア（パッサリマニ）及びミュニチア（トウールコリマノ）があり、古代はいずれも軍港であったが、いまではきれいなヨットハーバーとなっている。特にミュニチアでは、埠頭のすぐわきがレストランになっており、生きのいい魚料理を食べさせてくれる。

カンタロスは、港の入り口を城壁を延長した防波堤で囲み、入り口にはそれぞれ塔をもっていた。有事の際はこの入り口を鎖で閉ざした。この慣行はおそらく紀元前五世紀のピレウスに始まったもので、その伝統は中世の西ヨーロッパにまで残っている。

軍港には、軍船を陸に引き上げて保管するたくさんの船庫が並んでいた。これについては後に述べる。カンタロス港の東側は商業地区であって、地中海や黒海、エーゲ海の各地から商人が集まって、ここで取引した。これら商人の入港に際しては、港湾及び税関へ料金や税金を支払い、その後で荷役を行うことができた。商取引は、大理石の巨大な柱を並べた柱廊または商館で行われ、これは「長い店」とも呼ばれた。またダイクマと呼ばれる商品の見本を並べている店もあった。貨幣の両替店もあった。穀物の輸入は、アテネにおいてもローマと同様に重要な課題であった。黒海沿岸の多くの植民地や、北アフリカ、特にリビアへの植民地建設には、穀物の取得という目的があったように思われる。

船庫と円形港湾

ミケナイの部族社会においては、船はすべて砂浜や陸上の道路わきに引き上げられていた。その後時代が下り、経済社会が発達すると共に、船型はますます大きくなり、特に軍船では、三階櫂のようなものが現れた。ギリシア人は、こうした大型船もその伝統にしたがって大理石の柱を建て並べた船庫に格納したのであった。

この船庫（15）の遺跡は、ピレウスにもあるが、スーニオンのポセイダイオンの神殿のある岬の南の山すそに、見事な遺跡が残っている。ピレウスの場合には古文書がよく保存され

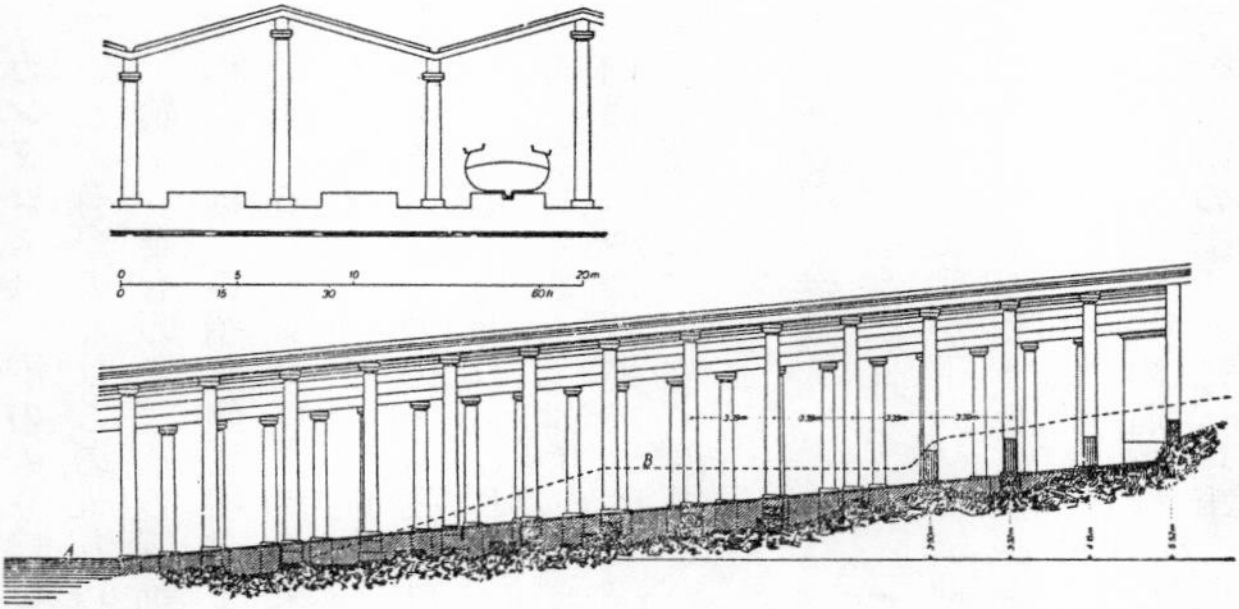

15　ピレウスの船庫復元図　ギリシア時代の大型船、とくに軍船を格納した船庫である

ているので、史料として貴重なものがある。15に示してあるような船庫が、カンタロスには前四世紀ころに三七二隻分あり、ゼアには四ないし八隻分があったとされている。

　こうした船庫は、地中海やエーゲ海の多くの港にもあった模様で、いま知られているものは西部ギリシアのオエニアデ、キレナイカのアポロニア、レスボスのピラー、それにロードス、クリミヤのチェルソネソス等々である。

　その構造を見ると、海岸の斜面に滑走台《スリップウエー》を設け、大理石の建築で囲み、いざという時には、すみやかに海上に下ろすことのできる機動性を考えた施設であった（16・17・18）。

　船庫に次いで、いま一つギリシアの港湾で注目すべきものは、まん丸な円形をした港がいたるところにあることである。円というのが、ギリシアにおける港湾構築の原理ではなかったかと筆者は考えている。もとより地形上そのような形のものが多くあったということも考えられるが、明らかに、人工的に円を追求したと思われるものがあるのである。

たとえば、南トルコのカスの港（19）である。現在は人口一〇〇〇人ばかりの小さな漁村だが、古代はドーリア人の植民地で、そのころはアンティフィロと呼ばれていた。ギリシアの野外劇場の遺跡などもあるが、古代の原始的な防波堤がそのまま残っており、何ヵ所かは崩れ落ちて波に洗われている。この防波堤を見る限り、それは明らかに円を追求したものと

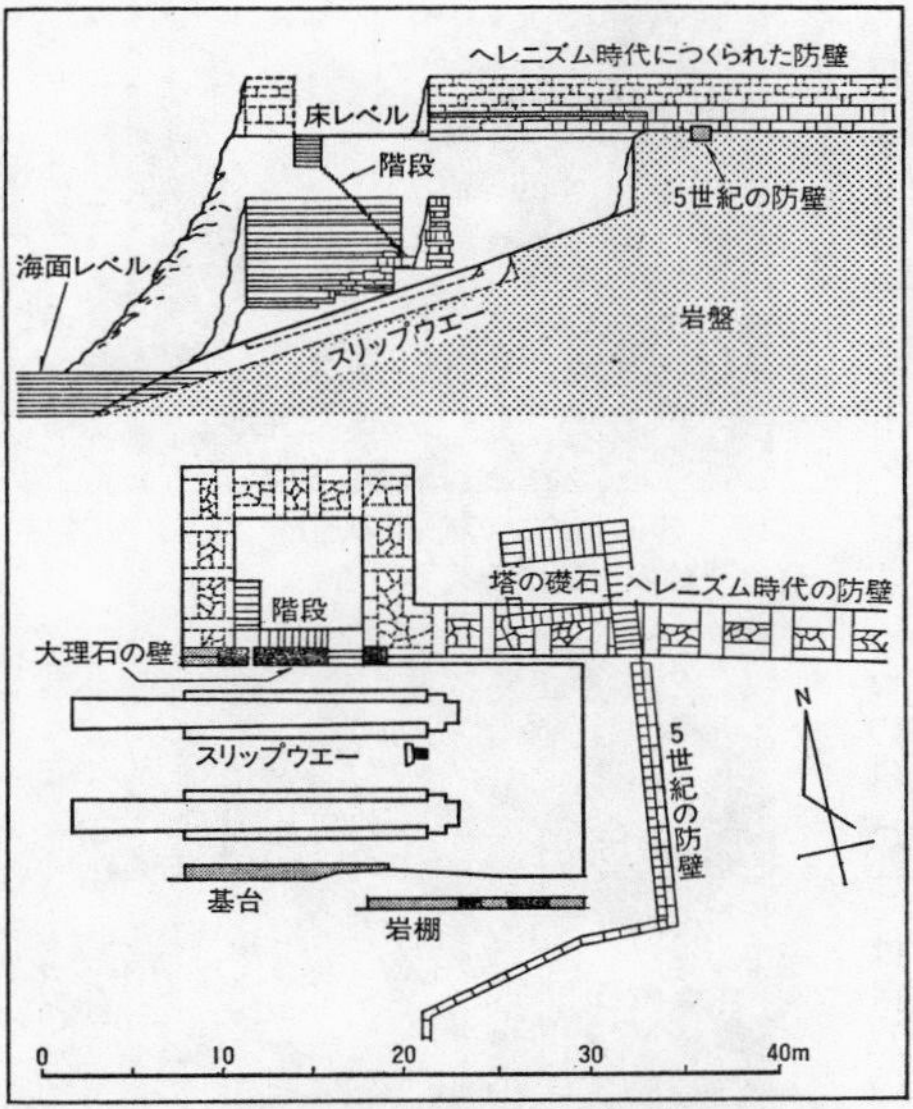

16　スーニオンの船庫復元図（上・断面図、下・平面図）

考えられる。

ロードス島のリンドスの聖パウロの港（20）は自然のままの円形の港である。ロードス島は、古代オリエントとギリシア、ローマとの交易の中継地で、東地中海の海運の中心であった。ここで、古代の東地中海の海上運送や商取引の慣行を集めた「ロード法」が成立したことで有名であり、今日その全文は残っておらずローマ法の中に散在するのみであるが、これが、後年の西ヨーロッパの海商法の起源とされている。

ところで、20で示した古代の港は、リンドスのアクロポリスのアテナイ神殿遺跡から二〇

17　スーニオンの船庫の遺跡　まん中に建物の遺跡の一部がみえる

18　スーニオンの船庫のわきの、小型船を格納した洞窟の跡

○ミリの望遠レンズで撮影したもので、聖パウロが伝道のためにここに上陸したというい
つたえがある。キリスト教とエーゲ海とは歴史的に非常に関係の深いところで、成立間もな
いエルサレム教会が、さかんにこの方面に伝道を行った。使徒行伝によると、パウロも三回
にわたってエーゲ海地域の伝道を行い、その後ローマに入っている。
この港には、左の方に二つの入り口があって、古代では有名な港であったらしい。ホメロ

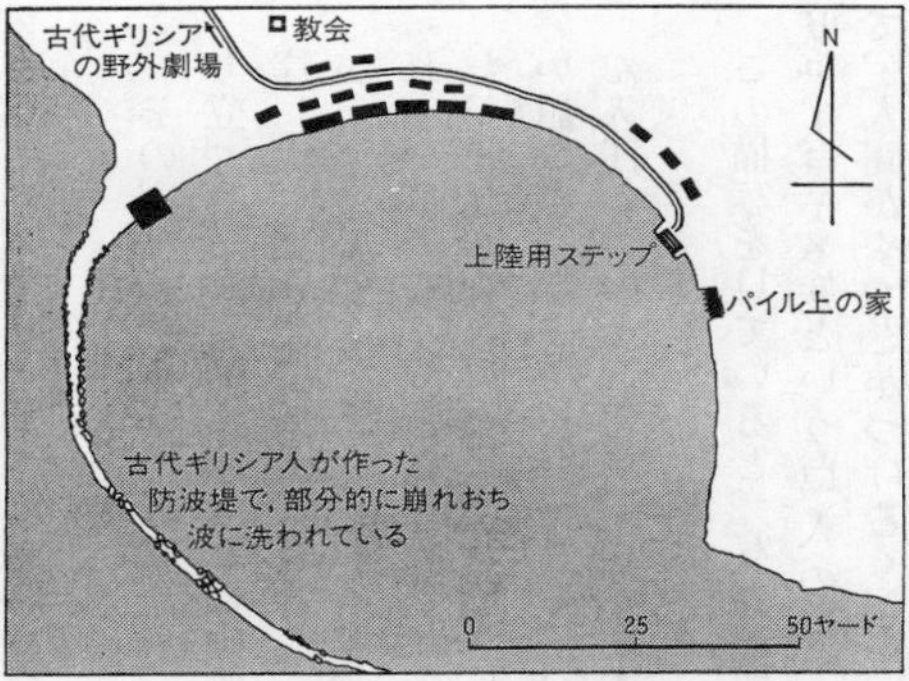

19　南トルコのカスの港　古くからのギリシアの植民地で、アナトリアのカステロリソとして知られている。現在は人口1000人ほどの漁村であるが、かつては木材の積み出しを行っていた。現在エーゲ海クルーズのヨットの泊地として使用されている。古代ギリシアの典型的な円形の港である

20　リンドスの聖パウロの港　ホメロスの『オデュッセイア』にも出てくる

スの『オデュッセイア』に面白い話が書かれている。

その国で私どもは世に名高い、そこの港に着いたのですが、周囲《まわり》にはぐるりにずっと切り立った崖が、絶え間なしに両側ともつづいていて、港口には、両方から向かいあう岬が岸に沿い突き出ていました、したがって港にはいる通路はごく、狭められてはいるのですが、（ともかく無事に）そこも通過し、仲間たちみな両側の反《そ》り曲った船を港の中に入れ、今はみなうつろに広い入江の内に、接近しあって繋留しておいたのでした、というのも、港自体の内側は、けっして波が、大きいにも小さいにも立つことがなく、一帯が明るい凪《なぎ》の穏やかさで。さて私は、ひとりだけ港の外へ、黒塗りの船を控えてとめた、いちばん入江の端《はし》のところへ、岩《いわ》へと太いともづなを結えつけまして。[32]

この描写を見ていると、写真の地形にぴったりの表現である。ところが、ここはライストリューゴネス族という巨人《ギガンテス》の国で、やがてその連中が、八方から数知れぬほど集まって来て、人間がやっとかつげるくらいの大石を、岩山からもぎ取っては投げ、もぎ取っては投げ、岩に打たれて死ぬ人々を魚のように串刺しにして食事の料《しろ》に持っていったという。こうしたフィクションが、そっくり当てはまりそうな港である。

余談になったが、円形港湾の追求ということを考えると、ギリシア人は哲学的に、円は完全なものであると考えていた。また、船を岸へ引き上げるにしても、共同のオペレーションをするにしても、円形というものは最も収容量が大きく、かつ合理的なのである。

4　ローマへの展開

地中海のフェニキア人

筆者の二つの仮説は、すでに説明した。その一つは、チグリス、ユーフラテス流域の古代都市に始まる掘り込み港湾の出現であり、その二は、エーゲ海起源の円形港湾である。この二つのものが、ローマにおいて集大成されたと筆者は考えている。

この道程、即ち、ローマへの展開を説明する前に、二つの仮説の中に含まれている根本的な性質の違いを述べなければならない。それは、オリエントの君主専制政治《デスポティズム》とエーゲ海のデモクラシーである。後者は、ギリシア、ローマを経て西ヨーロッパにつながっている。

かつて、アジア的生産様式論が盛んであったころ、広大な地域に対する人工的灌漑と、これを実行するために強大な権力が王権に集中したため、その下部組織である村落共同体の経済的発展が停滞したことが挙げられた。こうしたデスポティズムは、メソポタミアにおいてもエジプトでもインドや中国においても共通するものであって、古代の朝鮮を通じてわが国にも影響を及ぼしている。

このことから、世界の港湾の発達に二つの大きな流れを生じた。筆者は、すでにデロスの港において、私的資本の端初的な発生を見たのであるが、ローマやビザンチウムに至って、国王や富裕な貴族の商人化の傾向が著しくなり、ベネチアに至って完全な商人自身による港に発達する。ギリシアやローマにおいても、港は農地と同じく公共のものという観念があったが、アテネにおいて自由な小農民が生まれたのと同様に、港においても自由な小商人が生まれていることに注目しなければならない。

これは、やがて西欧における資本主義経済の成立につながっていくが、オリエントのデスポティズムの流れの中では遂にこうした発展形態は生じなかったのである。

ここで注目にあたいするのが、地中海におけるフェニキア人の活動である。フェニキア人は、最終的には植民地カルタゴに拠ってローマと戦って敗れるのであるが、古くはカナーンの地に住んでいたセム族に近い移住民族であるとされている。

彼らは南方のエジプト、北方のヒッタイトに圧迫されてビブロス、ティルス（ティール）、シドンなど、東地中海沿岸の交易都市に集まり、これらは紀元前一一五〇年から同八五〇年のあいだに、完全な独立都市となった。海洋交易民族としてキプロス、シチリア西部、サルディニア、スペイン南部、及び西地中海のアフリカ北岸（その中心はカルタゴであった）を占拠して、多くの植民都市をつくった。

フェニキア人の最初の植民活動は、紀元前九世紀の終わりにキプロスに向けて行われ、古くからあったレバノン方面との交易を復活させたといわれる。ギリシア人も、すでにこのころからキプロス及びその東側のシリアとの交易を行っていたようである。このころのギリシア人とフェニキア人は、交易のパートナーで、商品の取引をしたり、地中海についての情報交換をしていたと考えられる。

前八世紀の半ばになって、彼らは、いっせいに西方に向かって勢力を伸ばしたが、ギリシア人がまだシチリア島の東側にとどまっているときに、フェニキア人はスペインにまで達している。

フェニキア人が、いち早くスペイン南部や西アフリカの地中海岸を占拠した理由は、航海術にすぐれていたからであって、ギリシア人の植民が、新しい土地を求めて海外に出たのに対して、フェニキア人はもっぱら交易を目的としていた。彼らは根っからの船乗りであり、かつ商人であったわけである。

彼らは、西地中海に、オリエント様式の掘り込み港湾（21）をもたらしたことで知られている。彼らが西地中海につくった人工の港は、今日の考古学者の研究によれば、ギリシアのものよりも年代が古く、おそらく地中海で最初の人工の港であろうとされている。

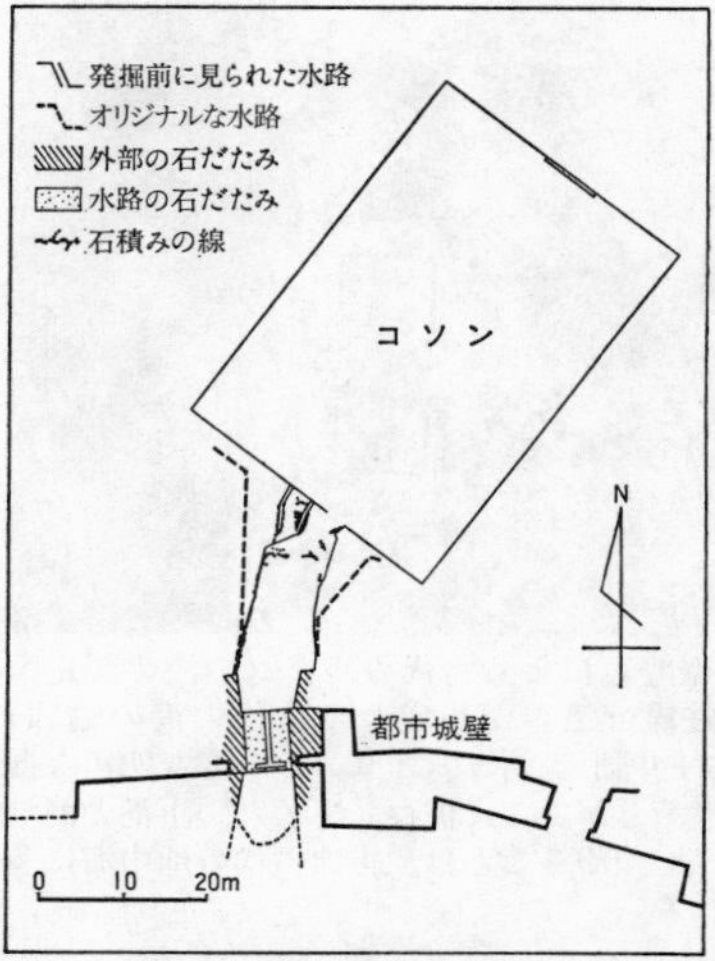

21　フェニキア人の港　フェニキア様式の掘り込み港湾

その構造の特色は、内陸に水路をつけて掘り込んだもので、四角な内港は、コソンと呼ばれていた。21に示したものは、紀元前三九七年に滅びたシシリー島西部のモティアの港の復元図である。比較的狭い水路によって外海に通じ、石を敷きつめた水門があり、後になって、倉庫であるとか、船庫のようなものが建てられた。

不思議なことにこの様式の港

22　航空写真による古代カルタゴの港の想定復元図（破線は筆者が想定した古代の港の輪郭）ギリシア的円形港湾と、オリエント的な四角な掘り込み港湾とがここに併存していた。軍港と商港とを並べてつくることは、古典古代の地中海に多く見られる

は、フェニキアの母都市や東地中海に見られない。従って今日のところ、これは西地中海だけのものと見られている。カルタゴの港（22）などは、同じ掘り込み式ながら、円形の軍港と四角なコソンの商港とが、並んで存在している。カルタゴの港については、まだ学問的調査が十分に行われていないが、商港と見られる長方形の港は三三〇ヤード×五五〇ヤード、その隣の円形の軍港は直径三六〇ヤードとされている。この両者は、かつて水路で結ばれていた。

ローマの船と港

さて、これからローマの船と港について語りたい。

紀元前四世紀、及び三世紀に、ローマの共和制がイタリア全土に広がりはじめたころ、ローマ人はほとんど航海の経験を持っていなかった。海外に領土を拡張し、それらを統治するようになってから、初めて海上勢力を志向し始めるのであるが、当初は、十分の海軍も商船隊もなかったのである。

ペンシルベニア大学のピーター・スロックモートン教授は、ローマが地中海の海洋勢力として成長するのは、一〇〇年間に及ぶカルタゴとのポエニ戦争の結果であるとしている。[33]

最終的に、カルタゴが敗北したのち、地中海は比較的に平和になった。エーゲ海では、多かれ少なかれ海洋に依存する小さな独立国の群れがあり、その最強のものはロードス島であったが、この島はマケドニアとエジプトの二つの勢力にはさまれ、紀元前三〇〇年代に入る直前にローマに救援を求めてきた。こうして、ローマの勢力が東方に伸び、紀元一〇〇年には、東西の地中海の制海権を握り、大ローマ帝国が形成される。ローマの海洋帝国による地中海の支配、さらに小アジアからオリエント、あるいは西ヨーロッパの征服による安定した世界が出来上がる。この政治と経済の一時期の安定を、パックス・ロマヌムと彼らは呼んでいた。

大ローマ帝国の形成によって、地中海の交易㉓は、ローマに集中した。ローマ人のパンはエジプト及び北アフリカの小麦粉で焼かれた。ローマの貴婦人は、中国の絹を身にまとった。コスメチックは、アラビアからもたらされた。香料はインド及びアジア地域から輸入された。ブドウ酒はギリシアからとりよせた。ローマの都市の建設には、ナイルの石材とギリシア及びマルモラ海の大理石が用いられた。ローマよりもずっと古くから知られていたスペインの銀、キプロスの銅や鉄、ティルスの織物などが、たくさん輸入されている。

これらのものが、すべてローマに集中したのである。

「すべての道はローマに通ず」。この言葉は、確かにローマの偉大さを語っているのであるが、ローマに集中する経済や政治の流れの構造をも意味している。そしてここに大ローマ帝

●印はローマのセッツルメント
○印は港湾都市
パンティカパエウム
オルビアア
テオドシア
ティラス
チェルソネスス
トラペズス
トミ
シノーペ
オデッスス
ビザンチウム
ニコメディア
ニーサエ
アンフィポリス
ディラーシウム
テッサロニカ
トロアス
トラスス
アンティオキア
ポンペイオポリス
シデ
スミルナ
エフェソス
ミレトス
サラミス
トリポリス
ベリトウス
ロードス
ティルス
アテネ
コリントス
カエサレア
クノッソス
ガザ
ペルシウム
ニコポリス
アレキサンドリア
メンフィス
シレーネ
プトレマイス
アポロニア
ベレニス
アポロニア
ブルンディシウム
レーギウム
ッサナ
ラクサエ
プティスマグナ

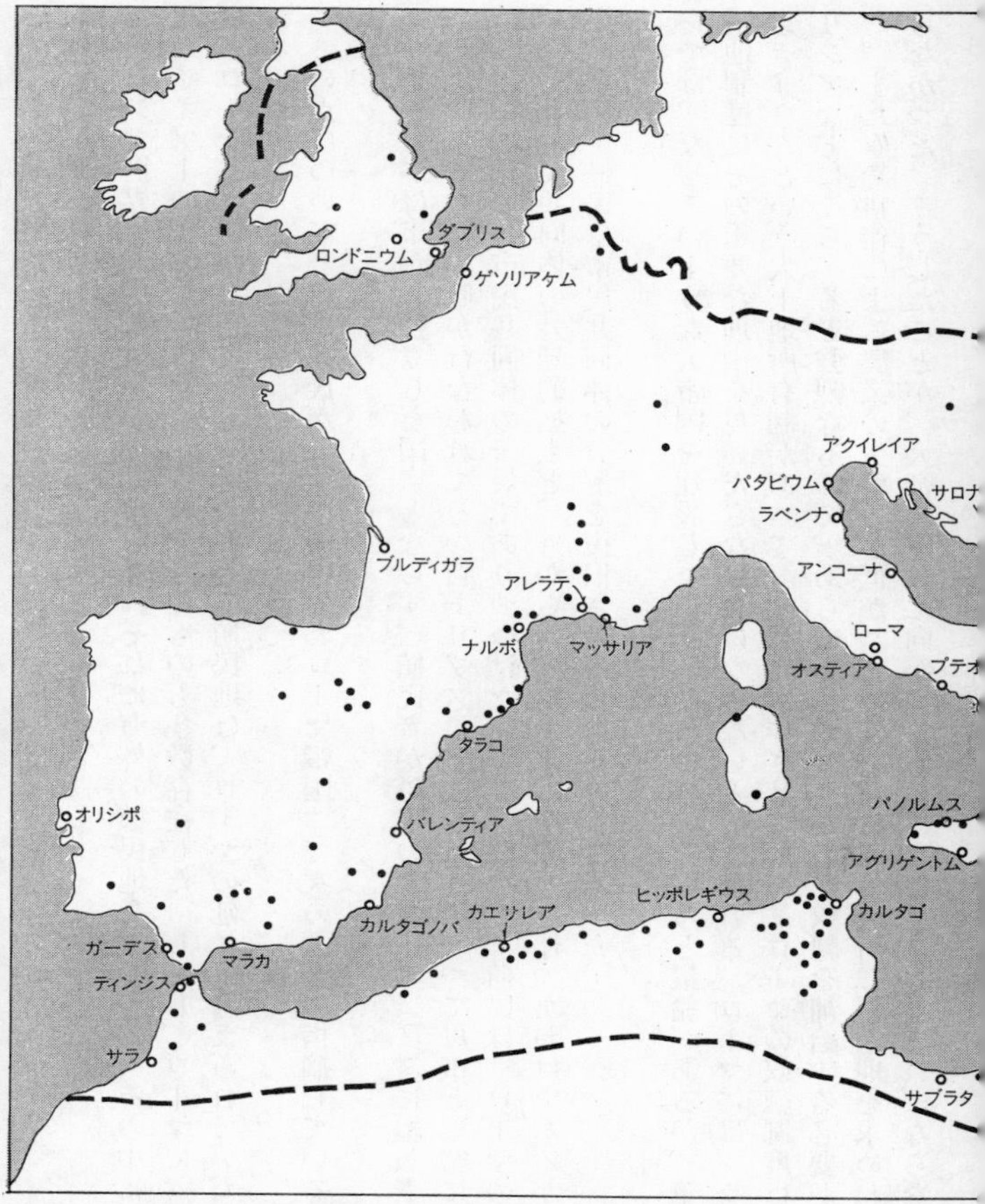

23 大ローマ帝国の港湾 破線は境界線

国の構造の特色が見いだされる。

ギリシア世界には、幾つかの母都市がそれぞれに海外の植民地をつくって、その中には、アポイキアーのように、母都市から独立したものも多数存在した。しかし、ローマにおいては、ローマだけが母都市であり、かつ海外の植民地は、ローマの延長と考えられていたのである。

この点について、弓削達氏が『地中海世界とローマ帝国』で次のように指摘している。

植民市が母市から独立した国家とならず、植民者が母市のトリブス（区）に編入されるか新トリブスの設置が行なわれてその新トリブス員となることによって母市と緊密に結ばれ、正にローマ市民共同体の一員でありつづけたということ……。植民は、ローマの場合には、市民共同体の外延的拡大と、外からの補給による増強とを伴ったわけであるが、このさい、植民は市民共同体の分解を復旧させる重要な方策であった。[34]

では、なぜこのような大帝国を建設したのか。これにはいろいろと議論があるが、筆者は土地制度にその重要な理由を見いださなければならないと考えている。ローマには、ラチフンディウムという大土地所有制があって、奴隷に耕作させていた。ローマの奴隷制度は、ギリシアなどにくらべると強烈なもので、あらゆる労働に、たえず奴隷を補給する必要があった。また奴隷耕作による農業の生産力が低かったので、常に海外に新しい土地を求めねばならなかった。こうしたことが、大帝国建設に向かってしゃにむに突進しなければならない原動力となったのではなかろうか。

やがて、市民権をもたない下層の貧しい人々の間にキリスト教が広がってゆく。シェンキエービッチの小説『クオ・バディス』に描かれた帝制ローマ社会、あるいは末期の奴隷集団スパルタクスの反乱といった事態が、やがてローマの滅亡を導くことになる。

そのローマの船と港について触れたい。ペンシルベニア大学のスロックモートン教授は、古代ローマの軍船あるいは商船の、海底からの発掘調査について報告しているが、ローマ独特の船というものは、あまり見当たらないようである[35]。初期の共和制時代のものと見られるのは、多くギリシア船である。また、帝制時代のオスチア港の発掘によって理解されることは、ここに多くの外国人が住んでいたことである。古代ローマの海軍基地とされるラベンナやミゼヌムの墓地から発見された墓碑銘には、多くのギリシア名あるいはエジプト名がある。

第一次ポエニ戦争当時、ローマは一二〇隻の軍船で戦ったが、その大部分がギリシア型の船であった。有名なローマのガレー船も、ギリシア型のものである。これら、軍船あるいは商船の漕ぎ手には、奴隷を使用していた。船自体も、外国から持って来たものを使用していたかも知れない。スロックモートン教授もいっている。

（ギリシアからローマへ）文明が移り変わっても、海は変わらない。船大工の道具も材料も変わらない[36]。

こうしたことから、ローマ人がギリシアやカルタゴやエジプトの造船技術を学んで、いくらかの改良を加えることはあっても、それほど異なったものをつくったり、新しい開発をしたりすることは、海運に関するかぎりあまりなかったのではないかと判断せざるを得ない。

船については以上の通りであるが、港についてはかなりの進歩が見られる。それは、コンクリート工法による防波堤や埠頭の出現である。また、ギリシアの円形の港とフェニキアの掘り込み港湾との技術の集大成と見られる港湾、たとえばオスチアのような新しい様式の港の出現である。さらにこれらの港の中に、直線埠頭が出現していることである。

プテオリとオスチア

地図で見てわかるように、イタリア半島の海岸線は比較的単純である。天然の良港といったものにあまり恵まれていない。ただ、西地中海に面したナポリ湾、ギリシアの植民地であったネアポリスには、いくつかの良港がある。ナポリ民謡で知られているサンタルチア、あるいはソレントは小規模ではあるが港町である。またナポリ湾の北の端、二重に湾入している場所に、古代ギリシアの植民地であり、かつ初期のローマの外港であったプテオリがある。現代はポッツォーリと呼ばれているが、ここは歴史的に記念すべき港なのである。

この港は、古い時代から北アフリカ、シチリア及びエジプトのアレキサンドリアからの小麦を陸揚げした港である。ローマを流れるテベレ河の河口に、人工の大港湾オスチアができるまでローマの外港であって、ここで揚げられた貨物はローマに陸送され、あるいはテベレ河の河口に運んで、そこで、はしけ積みしてローマに輸送された。

24の図は、古代プテオリの復元図である。図の左下は防波堤である。五つのアーチ形の構造物があり、中部イタリアのカンパニア地方の壁画によれば、防波堤の先の方に灯台があった。石造りの防波堤の上部は遊歩道となり、全長四〇七ヤードに及ぶもので、下部に船着き場をもっていたといわれる。

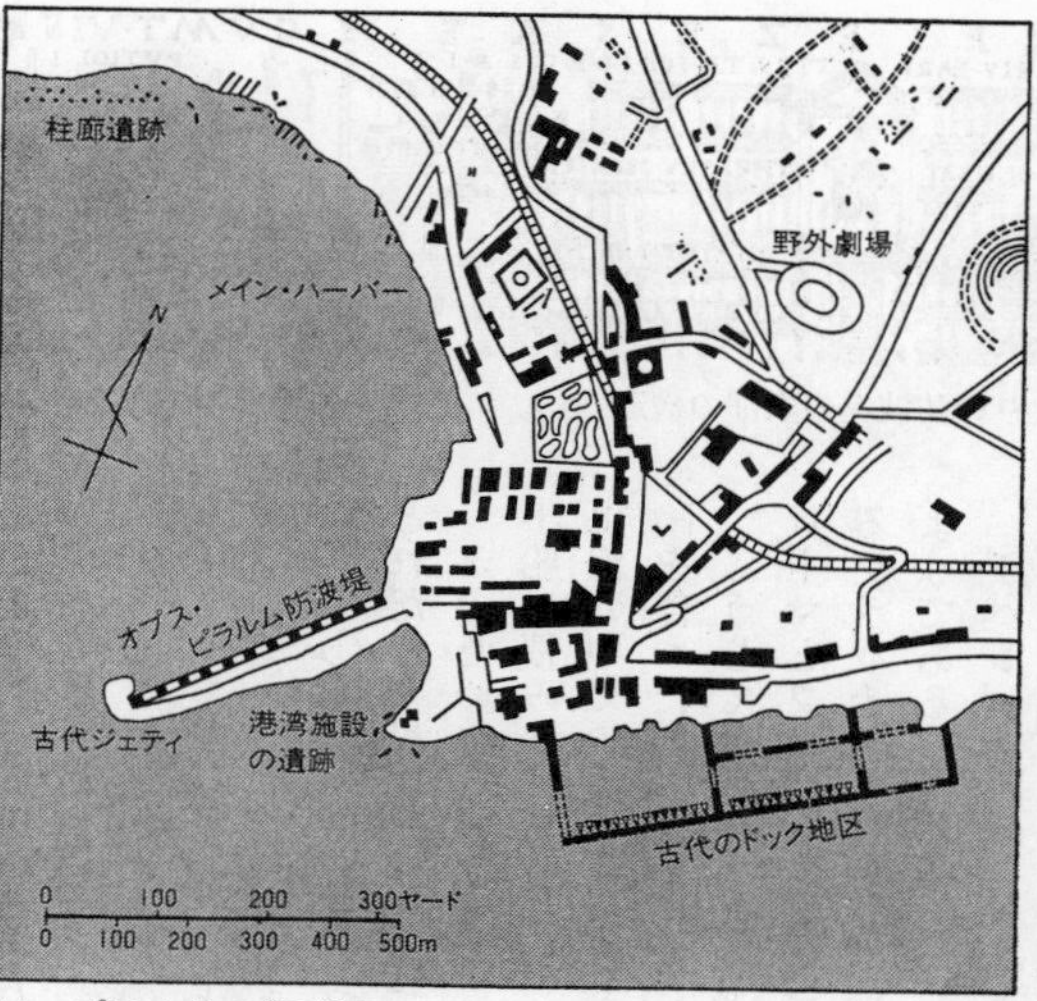

24　プテオリの復元図

また、防波堤の上部構造（25）として、ローマ風の凱旋門《がいせんもん》や神殿があり、市民や船乗りたちが群がり集まる場所になっていたようである。およそ今日の防波堤とは、おもむきを異にするものであった。

この防波堤の下部構造に、コンクリート工法が用いられた。最初に防波堤の基礎づくりとして、樫の木のパイルを海底に打ちこみ、その中に石灰、砕石をポッツォーラナという、この地方の火山性の粘着性のある土でこねて流しこんでいる。

プテオリの港が、共和制時代のローマの代表的港であったとすれば、

25　プテオリの防波堤の上部の構造

その後、テベレ河の河口につくられたオスチアの港は、君主制時代の代表的港である。

プテオリは確かに天然の良港であったが、ローマの市街からあまりにも遠く離れていることに難点があった。今日、ローマから「太陽の道《ハイウエー》」を車でナポリまで走るのにかなりの時間を要する。まして、二〇〇〇年もの昔、プテオリからローマまで貨物を運ぶのに、どれだけの日数を要したであろうか。

このために、プテオリからテベレ河の河口まで船で運び、そこで小船に積みかえてローマまで河を上ることが考えられた。しかし、風浪の中での積みかえ作業あるいは海上荷役ということは、常に危険を伴ったのであった。

こうしてローマの為政者は、いろいろのプロジェクトを考えた。ローマとプテオリを運河で結ぶとか、ローマとプテオリの中間にあるテラッチーナに、新しい港をつくるとか、いくつかの案があったようである。

テベレ河の河口に、人工の大港湾をつくることを考えたのは、シーザーとアウグスッスであったらしい。実際の工事が始まったのは、紀元四二年のクローディウス帝の時代で、次の皇帝ネロが完成したといわれる。

26に示したものは、オスチア港の復元図で、今日ではフィミッチノ空港の下に埋もれている。

トラヤヌス港の周囲の建物は、税関その他の国の機関、護衛の兵士の宿舎、商人や運送人の住居、倉庫等のほかに、浴場や劇場などもあったと思われる。

ギリシア様式の円形港湾が、ローマ様式の、内側に直線埠頭を持つ港に発達したという筆者の考え方は、その中間項の出現によって証明されると思う。北アフリカのリビアに残っているレプティス・マグナの遺跡は、ローマの港湾土木の特色をよく現したものといわれてい

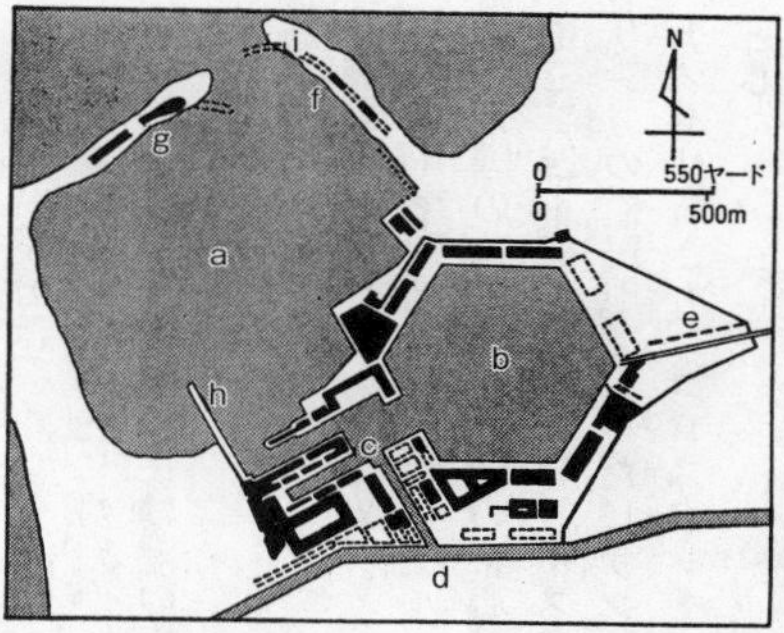

26　オスチア港の復元図　a　オスチアの外港で、クローディウス港あるいはポルツスと呼ばれる。ポルツスとは、ラテン語の「港」という意味である　b　内港は、トラヤヌス帝によって完成された。六角形の内部の直線埠頭が、ローマのハーバーワークの特色を示している。ギリシア様式の円形港湾の内側を直線で裁断し、直線埠頭をつくり、ここに船舶を横づけにすることができるようにした。これがローマ特有の形式である　c　テベレ河に通じる水路で、ここにドックヤード（造船所）があった　d　テベレ河に通じる運河。この岸に多くの倉庫が建てられていた　e　導水渠　f、g　ポッツォーラナでつくられた防波堤　h　トラヤヌス堤防　i　灯台のあったところ

る。港の右半分は、古いギリシア式の円形の港で、左半分に三つの角をもった直線埠頭がつくられている。その先に灯台があり、後に紀元二〇〇年ころまで、倉庫及び神殿があったとされている。神殿の存在は港の古さを象徴するもので、オスチアに至るまでの中間項であると、筆者は見ている。

海の支配者ビザンチウム

大ローマ帝国の西部が、ゲルマンの大移動によって混乱におちいっていた紀元三〇〇年代に、帝国の政治及び経済の中心は、東の方に移動した。こうして、コンスタンチヌス帝（在位三二四―三三七年）は、ボスフォロス海峡(27)の、ヨーロッパ側の丘の上の、かつてギリシアの植民地であったビザンチオン――ローマ人がビザンチウムと呼び、後にコンスタンチノポリスとも、コンスタンチノープルとも呼ばれた現在のイスタンブールの地――を首都とした。

この地は、シルクロードの終着点にあたり、一三世紀にベネチアが興るまでの約一〇〇〇年にわたり、東洋と西洋との交易の中心をなした。西ローマ帝国が、ゲルマンの侵入でヨーロッパとの交流をあらゆる面で断たれたのに対し、東ローマ帝国、即ちビザンチウムは、単に経済的面ばかりでなく、政治、宗教、文化の面で絶大な影響を西ヨーロッパに及ぼした。そればかりでなく、地中海の支配者《ミストレス》でもあったのである。ギボンは『ローマ帝国衰亡史』の中で書いている。

27　ボスフォロス海峡からイスタンブールの古ビザンチウムの丘を望む

ローマ市が変化してのちも東帝国（東ローマ帝国）はまだ依然としてアドリア海以東・エティオピア及びペルシアの辺境に達するまでの諸国民を包容した。ユスティニアヌスは六十四州と九百三十五市を統治した。彼の版図は有利な地味や位置や気候をもって自然に恵まれていた。そして改善進歩した人工は地中海の沿岸及びナイルの河岸一帯にまんべんなく伝播されていた。昔アブラハムは好く知れ渡ったエジプトの豊作によって救済された。この同じ国土は狭くて人口稠密《ちゅうみつ》でありながらも今なお年々四十二万石余の小麦をコンスタンティノポリス用として輸出することができた。そしてユスティニアヌスの首府はホメロスの詩にうたわれて以来、すでに十五世紀間を経過したシドンの製作物を供給された。年々の農産力は、二千回の収穫によって疲労せしめられるどころか却って熟練した農業と豊かな肥料と時宜にかなった休養とによって更新し活気づけられた。家畜の繁殖は無限に増加した。人間の寿命よりももっと長く保つところの耕作地・建物・労働及び贅沢の種々の機関は連綿とした各時代の配慮で次第に蓄積された。伝説は保存されて経験は単純化され、諸芸術も一般的常用と共に、社会は生産の労力と交易の便宜との分立によって富まされた。こうして一人一人のローマ人は数千人の勤労によって衣食住を供給された。[37]

それは、ビザンチウムの地中海支配には、古いローマ帝国と異なった新しい要素が加わっている。それは、独立した商人たちによる交易であった。ロンドンのキングス・カレッジのジェラルド・A・J・ハジェット教授は、最近のヨーロッパ中世史研究の新しい発展をレビューしながら、この点について、次のように述べている。

六世紀以降、ビザンチウムの商人たちは、ペルシア戦争によって東方との交易が困難になったので、西方に対する関心を強めた。ペルシア戦争が、中国との交易をさまたげたのであった。六世紀に、ネストリア派の牧師が、中国から蚕の卵を東ローマ帝国にもたらしたが、絹の生産は思わしくなかった。さらに、ユスティニアヌス帝の時代に、帝が北アフリカ、イタリアの大部分、及びスペインを再度征服したので、地中海の航海が安全となった。……こうして、地中海の交易は、七世紀の終わりに至るまで、拡大しつつあったのであるが、七世紀の終わりころから、イスラム教徒の地中海に対する進攻によって、著しくさまたげられた。[38]

東ローマ帝国が、地中海を完全に支配したのは、五二〇年代から六二〇年代に至る約一〇〇年の間であった。六五〇年には、すでにアラブの勢力が、アフリカの北岸をつたって急速に西進し始めている。それに比例するように、ビザンチウムの勢力は次第に縮小するのである。

全盛期のビザンチウム、即ちユスチニアヌス帝（28）によって再建された東ローマ帝国は、全く海洋帝国であって、首都から発する海上ルートのネットワークによって、帝国は維持されていた。大ローマ帝国以来の国境防備のための要塞と、港湾が整備され、地方の軍隊が防衛戦を行っている間に、本国の海軍が、多くの兵員をのせて殺到する方式がとられていた。

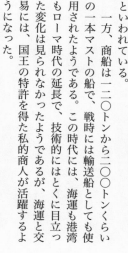

ビザンチウムの兵船は、ドローモン、即ち「走者」と呼ばれる軽い速力の速い船であった。五三三年のビザンチウム艦隊は、九二隻のドローモンと、五〇〇隻の輸送船から成っていた。これによって、三万人の水兵と一万人の陸兵及び六〇〇〇の騎兵を運ぶことができたといわれている。

28　ローマのユスチニアヌス帝記念碑

一方、商船は一二〇トンから二〇〇トンくらいの一本マストの船で、戦時には輸送船としても使用されたようである。この時代には、海運も港湾もローマ時代の延長で、技術的にはとくに目立った変化は見られなかったようであるが、海運と交易には、国王の特許を得た私的商人が活躍するようになった。

経済の面でのビザンチウムの特色は、何といっても貨幣経済の著しい浸透で、特にそのソリドス金貨は、国際通貨として有名であった。再びハジェットを引用する。

一〇世紀の後半に行われた、交易の著しい復活は、自然経済に対する貨幣経済の勝利であった。西欧における貨幣経済の発達は、ビザンチウムにおけるソリドス金貨の高品位と、四〇〇年から七〇〇年にかけての国際的流通に負うものであった。この金貨は、ギリシアではノミスマと呼ばれ、西欧においてはハイペルペロンと呼ばれ、モズレムはこれをディナールと呼んでいた。[39]

中央アジアの争乱によって、陸路を閉ざされたシルクロードは、九世紀ころから海路を通るようになり、再び中国やインド方面との交易が盛んになった。ビザンチウムは、再び東西交易の中心となって多くの通貨が持ちこまれ、商品の売買はソリドス金貨で行われた。一〇〇年以上にもわたってその品位が変わらなかったということの中に、国際通貨としての権威が示された。こうして、ビザンチウムには多くの両替商が成長し、やがてこれがベネチアやフィレンツェなどにおける銀行業の興隆に寄与するのである。

船舶を所有することと、個人による商取引の自由は、国王が特許を与えるという形で保証されていた。その代償として、商人には国王の使用人としての一定の義務が課せられていた（ユスチニアヌス法）。それぞれの職業別に同業組合《ギルド》が組織され、国王の権威が衰退してからは、私的ギルドとしてそれぞれの活動を行った。

中国の絹は王室の独占貿易とされ、絹織物は王宮内の工場制手工業《マニュファクチュア》において、宮廷ギルドの手によってつくられた。教会で使用する儀式用の金糸入り絹布、黄金及び象牙細工、鉄製品、宝石類は、宮廷内マニュファクチュアの重要な産物であった。これらの産物の輸出には、すべて国の刻印が押された。宮廷外にも多くのクラフト・ギルドが生まれたが、すべて国王の強力な支配のもとに置かれていた。貿易や海運に従事するマーチャント・ギルドもまた、国王の強力な支配下にあった。

このようにして、シルクロードが栄えた初期の六世紀ころから、王室自体が大商人化してゆく。これについて、ステフェン・ランシマンが、痛烈に記述している。

> 王宮は、その絹織物取引の独占によって、コンスタンチノープルにおける最大の商館であった。歴代の皇帝は、商人以上のものではなかった。ニケフォルスは穀物投機によって、莫大な利益をあげた。ジョン・ファタテスは、家禽飼養によって、新しい王冠を買いとるのに十分の利益をあげた。貴族もまた、しばしば商取引に従事していた。寡婦ダニエリスは、カーペット製造業者であった。レオ六世のお気に入りのムジクスは、テッサロニカ港での貿易を独占していた。[40]

すべての輸入品について、一〇パーセントの税金が課された。商取引は多くの法規によってしばられており、中世的な特許による独占と特権とが強力に支配していた。貿易上の特権は、後にロシア人やベネチア人にも与えられた。そして、これが一二世紀のベネチアの繁栄につながってゆくのである。

金銭の貸与にも、法律によって一定の金利が定められていた。ユスチニアヌス法によれば、それは一二パーセントを最高としていた。海運への投資については一六・六六パーセントと定められていた。ただしこれは後述するように、ベネチアのコレガンツァの二五パーセントという利益配分の数字よりも低いものである。これらの海商法に関する定めは、ノモス・ノーティコス、またはロード法の中に規定されている。

ビザンチウムの海運については、F・V・ドールニンスクが次のように述べているのが注目される。

ローマ時代を通じて、ナビクラリーと呼ばれる、大土地所有者の資金によってまかなわれる国家の商船隊が出現した。ナビクラリーに属する貿易商人ギルドは、国の目的のために船舶を建造し、かつ運航することができた。このギルドに属することは、通常、非常に重い市民の義務であると考えられていたが、王室政府は、大型船の減少とともに、この制度を維持することに困難を感じるようになった。いずれにしても、六世紀の終わりころまでの間に、国有商船隊を維持する政策から、より小型の、独立商人の船をチャーターする制度に移りかわった。同時に、さらに一層経済的な造船技術が開発されて、多くの中産階級が、小型の商船を持つことができるようになった。

これらの独立船主たちをノークレロイと呼び、七世紀を通じて、ビザンチウム帝国の経済に、重要な役割を果たすようになった。彼らは、その海上取引の慣行を、ノモス・ノー

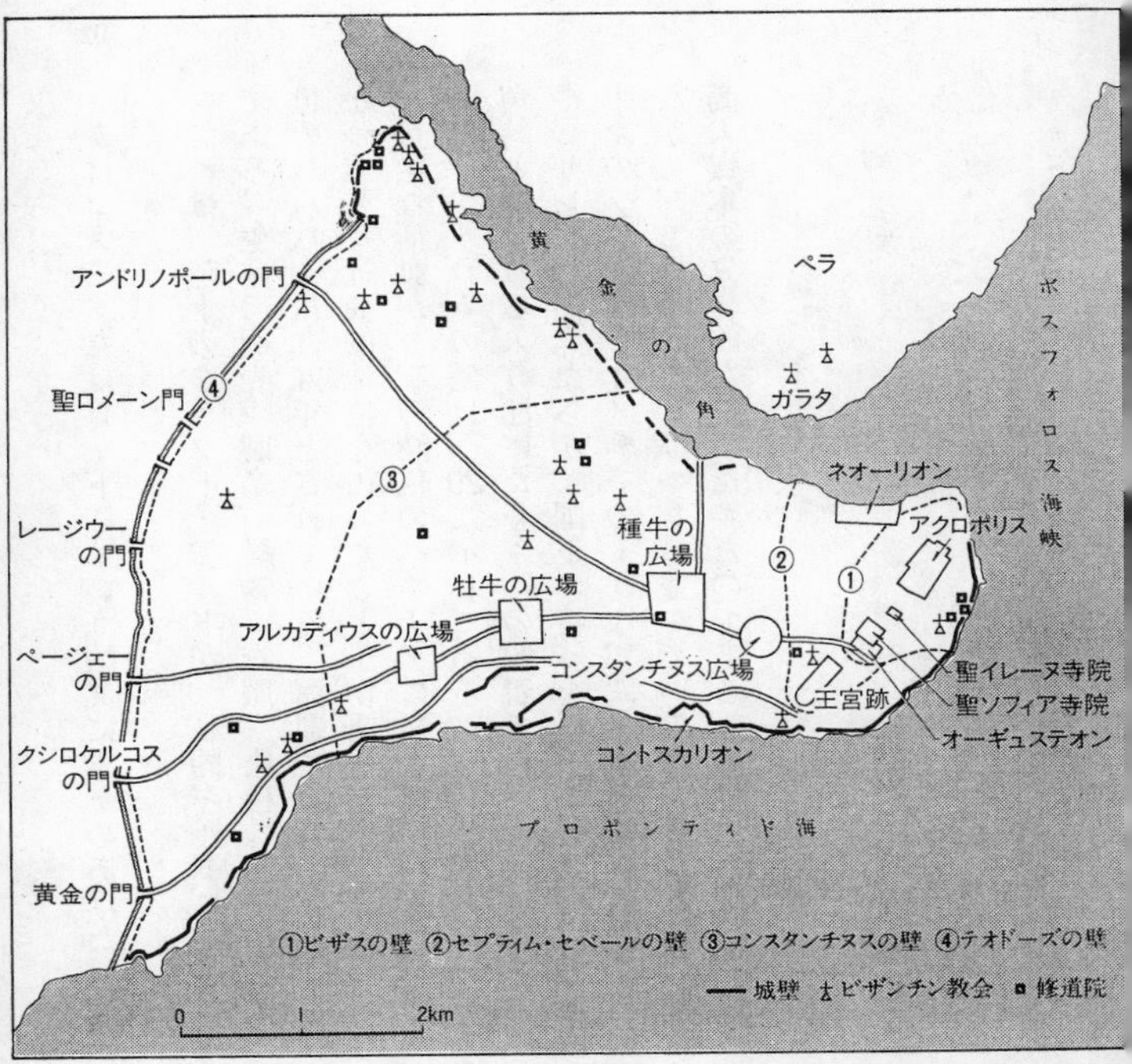

29　コンスタンチノープル　ビザンチウムは、紀元前７世紀のギリシアの植民地ビザンチオンの上にコンスタンチヌス帝の命令によって紀元324年から330年にかけてつくられた要塞都市である。最初は半島の突端の小さな町であったが、その後、②③④と拡大された。古いギリシア植民地時代のアクロポリスは、トルコの占領後、トルコの王宮となったが、現在ではトプ・カプ・サライの王宮博物館となっている

ティコス、またはロード法という法文にまとめあげた。[41]

これは、陸上のクラフト・ギルドが、私的ギルドに発達した年代よりも、ずっと早い時期である。生糸の販売、製糸、織物、衣服、染色などに、私的ギルドが生まれるのは、レオ六世の八八八―八九九年とされている。海運や貿易における市民の経済力が、最も早く伸び、かつ重要な社会的地位を占めたことを物語るものである。そして、これら商人の王権を離れた自由な活動が、次の時代のベネチアに引き継がれるのである。

ビザンチウムの港は、29に示してあるように、ボスフォロス海峡から入りこんだ「黄金の角」と呼ばれる入り江にたくさんの船着き場がつくられていた。この入り江に、外国の商人やビザンツの商人たちが、国王の特許を得て、それぞれの埠頭をつくっていたのである。ローマのプテオリやオスチアのような、大土木工事をほどこした埠頭は見当たらない。しかしながら、この小さな、びっしり並んでいる古い船着き場の跡こそ、次の時代を開いていった商人資本の先駆的な施設だったのである。

II　中国の古代水運と港湾

1　中国の港の二つの起源

海港より早い河の港

古代の中国は、ある時期においては、西ヨーロッパよりも進んだ文明を持ち、唐、宋の時代には、ヨーロッパと対等の立場にあったようである。筆者はこれを、古典古代の漢とローマとの紐帯《ちゅうたい》、中世の唐とアラブとの紐帯として、とらえている。元の時代においてさえも、マルコ・ポーロの『東方見聞録』に書かれていることから推測すると、中国は、西欧よりもはるかに大きなスケールの経済を持っていたように思われるのである。その後、中国は、経済や文化の上で停滞が始まった。

中国の古代の海運や港湾についての研究は、これまで全くの空白であった。たまたま一九八五年、北京で開かれた中国交通部海洋運輸管理局とのシンポジウムにおいて、中国側からいくつかの研究論文が発表された。張増輝氏の「中国海港の現状と国家の港湾に対する政策」、林元旦氏の「わが国の海上コンテナ運輸」、王钟嶙氏の「中国の古代海港発展の概要」などである。このとき中国交通部海洋運輸管理局・内河運輸管理局編『中国の対外開放港湾』という新しく外資に開放された一四の港湾の歴史と現状をまとめた本が手に入った。また、帰国後、王钟嶙氏から『水運文物』*のコピーを送っていただいて、中国の古代についてのある程度の空白が埋まったのである。

その後、上海、広州、天津、秦皇島などの港史が発表されている。中国の港湾の研究、特に港湾の経済的研究は、いまようやく動きはじめたといってよい。一九八七年九月、上海で行われた国際港湾博の学術会議に、欧米をはじめ日本も参加して、三日間にわたる会議、研究発表とシンポジウムが行われたが、この折にも、筆者たちの提案によって、港湾経営論が会議の重要課題として取りあげられ、それを機会に、これまでひたすら技術面のみを追い求めていた中央、地方の機関が、港湾経済についての研究スタッフを、多数任命した模様である。そういう事情から、日本側も中国の港についての研究を、少しずつ進めている。

中国で、港がどのようにして発生したかを考えてみよう。中国の場合も、河川に起源する港と、海洋に起源する港の二つを考えなければならない。二つを比べると、河川の港の出現の方が早かったのではないかと思われる。それは、中国の文明が、黄河を中心とする中原に始まるからである。すでに紀元前七〇〇年ころの春秋時代の初め、黄河の渡河地点として現在の河南から山西に至る三門峡近くの茅津《マオチン》、成周（洛陽）の北方の盟津《モンチン》**、さらに下流の燕の近くに棘津《チイチン》があった。これらは、いずれも中国で最も古い、新石器時代の仰韶《ヤンシャオ》文化の遺跡が集中しているところで、後年の洛陽の都を中心とする黄河の中流域にあった（30・31）。その他、多くの道路と中小河川の交わるところには、多くの津《しん》が設けられていたはずである。津とは、河の浅瀬の船着き場を意味する。また、「集まる」という意味を持っており、船や

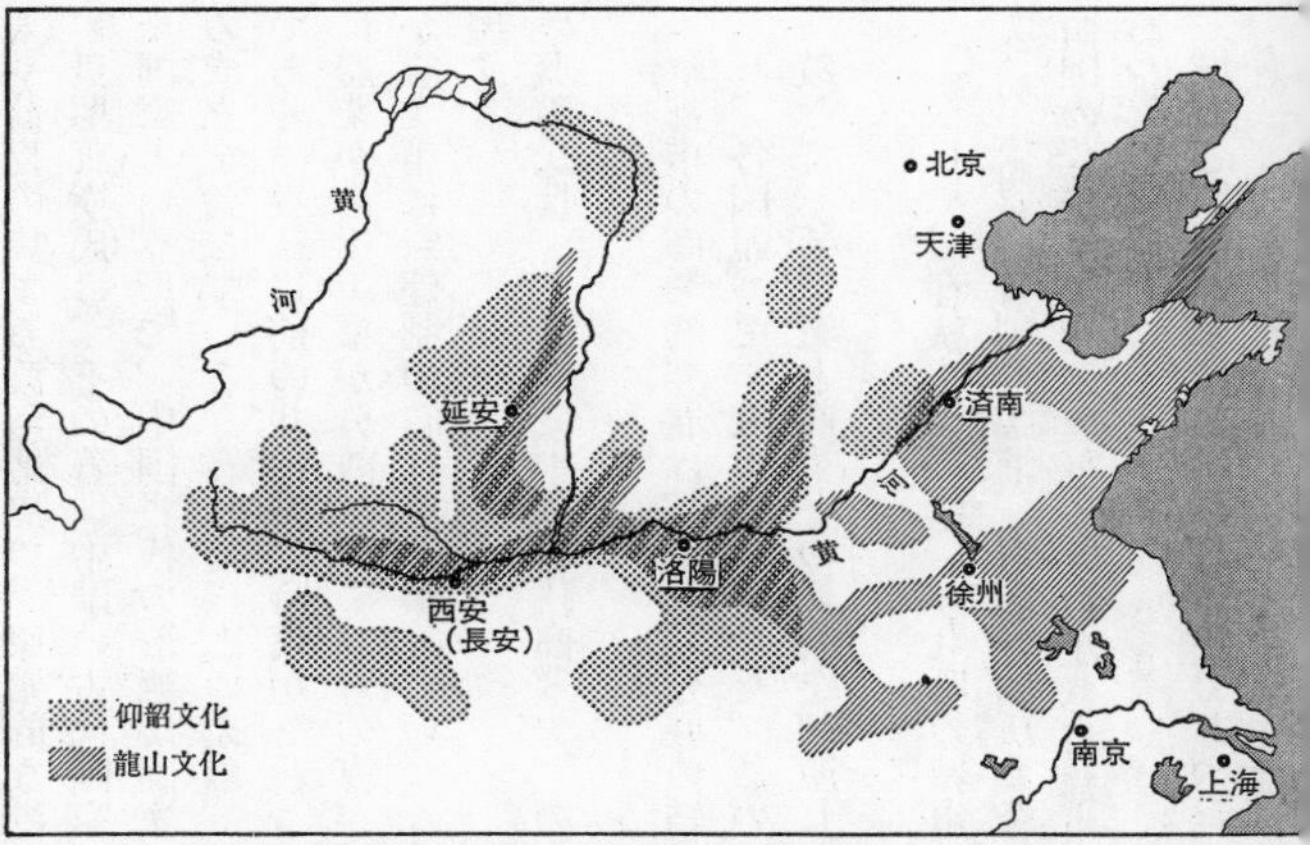

30　黄河流域新石器時代の仰韶文化、龍山文化遺跡の分布図　龍山文化は、山東から海を渡って遼東半島に達している

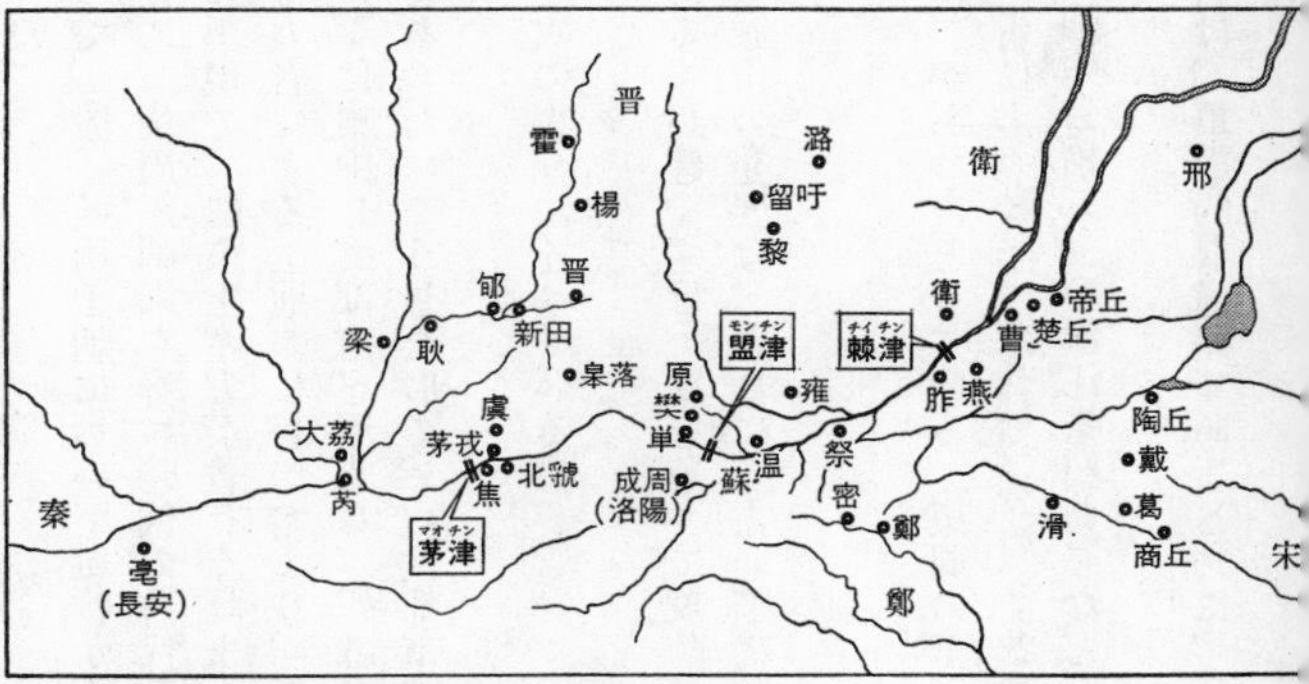

31　春秋時代、黄河中流域（秦・晋）の概念図

人や荷物の集まる渡河地点で、原始的な港であった。

貝塚茂樹氏は、その著『中国の古代国家』の中で、殷、西周王朝において遊牧から定着戦士国家という形で、中国古代の形態が固まった後に、東周王朝即ち春秋時代の古代都市国家の成立を論じている。[2] 春秋時代といえば、鉄器の出現で、農業生産力が著しく高まった時代である。春秋以前の井田《せいでん》制の時代が終わって、権力者による土地の私有が始まり、これと共に農業から手工業が分離し、これらの富が領主の手に集中して都市を形成し、奴隷制の時代から次第に封建制の時代へと移っていった時代であった。こうした形で、古代都市国家が出現する。

呉慧氏は、その著『中国古代商業史』の中で、次のように述べている。

> 都市の商業的発展は、生産の結果である。封建領主は、覇を争って攻防に明け暮れ、各国競って、城市をつくった。このような城市の発展は、さらに、古い階級制限を打破して、手工業と商業との発展を刺激した。[3]

こうして、春秋時代には、一九座の城市《チエンシ》（都市）があったとしている。東周の王城の洛邑《ルオイ》（今の洛陽）、斉国の臨淄《リンズー》、晋国の曲沃《クウアオ》（今の山西省侯馬）、楚国の郢都《インドウ》（今の湖北省江陵）、衛国の濮陽《プウヤン》、呉国の呉邑《ウウパー》（今の江蘇省蘇州）、越国の会稽《フイチイ》（今の浙江省紹興）などが有名であった。

城市と城市とを結ぶ道路が必要であった。それは、軍事的な道路であると共に、商品輸送の道路でもあった。特に、古代の中国では戦闘に戦車を用いたので、戦車部隊を移動させるための「馳道《チイタオ》」が必要であった。すでに早く、西周の時期から、道路行政には十分の注意が払われていた模様で、「周道如砥、其直如矢」即ち、周道砥の如し、その直なること矢の如し、といわれていた。[4] 道路を分かって五等級としていて、広狭それぞれの定めがあった。牛馬を通す道路、大車を容れる道路、それぞれ乗車一軌、二軌、三軌を容れる道路が定められた。路容三軌とは、いわば三車線の道路で、その規模は、かなりのものであったろうと思われる。

またこの時代に、運河の開発が大いに行われた。江淮（長江と淮水《わいすい》）を結ぶ有名な邗溝《ハンコウ》（後年の大運河の一部）が出来上がったのが、春秋末期の紀元前四八〇年であった。また、斉水と泗水とを結ぶ人工の運河黄溝があった。こうして、人工の水上交通網もまた、この時代に出来上がりつつあった。水上交通は、船によって軍隊、物資及び人を大量に運ぶことが出来るので、経済の発展に寄与することが大きかったであろう。さらに注目すべきことは、呉の国と越の国の造船技術が大いに発達して、山東半島に至る海上ルートが開発されたことである。このようにして、中国の古代港湾の成立の条件が、徐々に出来上がってくるのである。

傅筑夫氏は『中国封建社会経済史』の中で《中国古代商業は、春秋時期に至ってにわかに発達したが、これは、水陸交通の発達がこの時期に始まったことによるもので、両者の関係は不可分に結びついていた。春秋以前の井田制度の時期は、ヨーロッパにおける荘園制度の時期と全く同じで、自然経済が、絶対的に支配していた》[5] としているのである。

この時代に、内陸交通の制度が出来上がった。即ち、《大道に沿って、十里廬《ルウ》あり、三十里宿あり、五十里市あり》といわれている。廬とはいおりあるいは家を意味し、旅人の休憩の場所であったろう。日本流にいえば、さしずめ茶店に当たるかも知れないが、この時代には、おそらくそこまで経済が発達していないので、旅人が使用する無人の建物と考えた方がよいかも知れない。旅宿には交通用具として、車及び馬を配し、多くの河川の渡河地点には津が設けられ、必要によって船と津人（船頭あるいは渡し守）が配置されていたであろう。

津人操船若神　　荘子・達生
横江館前津吏迎　　李白・横江詞

「津人船を操ること神のごとし」の津人とは、船頭＝渡し守のことで、「横江館前津吏迎う」の津吏とは、津を管理する役人のことである。これはずっと後の時代の表現であるが、交通制度としての津が存在することを、よく表している。西周から春秋時代の初めのころ、さきに述べた黄河の渡河地点を、津と呼び、津という言葉が普通名詞として使われているところを見ると、津という制度は、確かに存在していたと考えてよいであろう。

＊　『水運文物』とは、中国の古代からの船に関する史料を集めたもので、現在市中で入手することは困難である。王钟嶙氏から送られたものは、同氏が図書館に行ってコピーしたものであった。
＊＊　盟津というのは、周の武王が、殷（商）の紂王を伐つために、黄河を渡ったところとして、司馬遷の『史記』に記されている。翦伯賛《せんはくさん》の『中外歴史年表』によると、この年は紀元前一〇六六年にあたり

「兵車四千乗、師を牧野に会す」とあり、四万の兵を渡河させている。このことは、すでに、かなり高度の船と水運があったことを示すもので、中国における水運の発達の一つの指標となるものである。

2　水運の遺跡は語る

南方に多い考古学的遺跡

中国の津《しん》という概念は、確かに中原に発生した。しかしながら、それよりももっと古い時代、考古学的時代になると、意外に南の方に水運の遺跡が多いのである。貝塚茂樹氏の『中国古代再発見』によると、これまで、中国の文明は黄河の流域に発生したというのが久しい間の定説で、今日も変わっていないが、長江（揚子江）流域においても、それにおとらず古い時代から文明があったことがわかってきた。

長江下流である江西省の東北部の万年県大源の仙人洞の洞穴遺跡が一九六二年以後二回にわたって発掘された。その最下層から出土した粗い砂の混った紅陶は低い温度で焼かれた原始的土器であった。その年代は放射性炭素（C14）によって紀元前六六二五年ごろと測定された。中国人の祖先が、氷河期が終って洞穴の住居からしだいに平原に進出し、原始的な土器を製造しはじめた痕跡は、黄河流域ではなくて、長江下流において確かめられたのである。[6]

貝塚氏は、さらに紀元前五〇五〇年ころと推定される浙江省余姚県の河母渡《かもと》遺跡の最古の層から、みごとな黒文土器が発見され、中央部の木造建築の遺構は、柱をくり抜いて梁をはめこんだ高度の建築技術を持ち、この層には、大量の稲穀が堆積していたことを指摘している。これは、中原の仰韶文化を代表する西安の半坡《はんぱ》遺跡（前四七七〇―同四二九〇年）よりも、さらに古いものである。そして、仰韶文化が粟などの農耕を行い、集落を形成し、家畜を飼養し、これとならんで狩猟と漁撈を行っていたのと同じく、河母渡遺跡においても、稲作を行う定着した集落を形成し、豚、犬、水牛を家畜化し、あわせて狩猟と漁撈を行っていたものと考えられている。

筆者は、このあたりに、中国における最古の原始的船着き場が生まれていたのではないかと考えている。それは、一九八三年に発掘されたわが国の、福井県鳥浜遺跡の船着き場のように、単純に棒杭を打ちこんで木を渡したような、極めて原始的なものであっても、それは、人間の定着を条件にしているからである。新石器時代の最も古い人間の定着の跡があり、そこで漁撈を行っていたとすれば、この考え方は成り立つのである。

これについて、中国交通部水運規劃設計院の王钟嶙氏が「中国の古代海港発展の概要」の中で、この河母渡遺跡から、紀元前五〇〇〇年のものとされている木槳（木製の櫂《かい》）が出土したことを指摘している。[7]

また一九五六年に浙江省杭州の水田畈と、一九五八年に呉興銭山漾から別々に出土した木製の櫂（32）は、約四〇〇〇年前のものとされている。幅の広いものと狭いものと二種類あり、前者は幅が約二六センチ、厚さが一・五センチで、木を削ってつくった平面と、末端の尖った部分から成り、短い柄と一体となっている。後者は、長条形をなして曲線を描き、幅一九センチ、長さ九六・五センチ、柄の長さ八七センチの木製であった。[8] さらに年代が下ると、船についての記録や遺跡が出てくる。船については、商（殷、紀元前二〇〇〇―同一〇二七年）代の銅鼎に描かれた花紋（模様）に33のような船上で荷をかついでいる者と、船を操っている者とを描いたものがある。

一九三五年に、河南の汲県山彪鎮出土の戦国時代の銅器には、陸上と水上との戦闘の様子が描かれている（34）。船の方は、船上に棚を設け、下段に船をこぐ人々、上段の棚の上に弓や矛を持った戦士が描かれている。王钟嶙氏は、中国古代の海運は、軍事的要素が強かったことを指摘しているが、[9] 貝塚茂樹氏も、その著『中国の古代国家』の中で、殷、西周王朝を、戦士国家と規定している。[10]

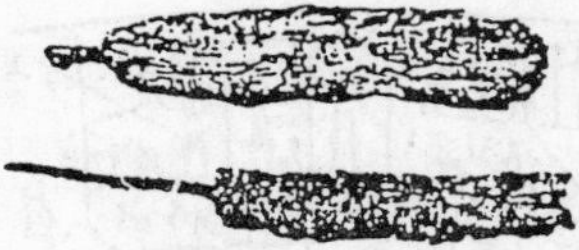

32　（上）杭州水田畈出土の櫂
（下）呉興銭山漾出土の櫂

33　商代銅鼎花紋

さらに、一九七四年から一九七八年にかけて発掘された河北平山県の葬船坑は、紀元前三〇〇年ころの、戦国中期の中山国王の墓とされており、三隻の大船を中央にならべ、その両側に、各一隻ずつの小型船が発見された。これは戦国時代の木船の実物遺跡であって、船首と船尾が方形になっており、船上に棚を設けた兵船ではないかといわれている。船の

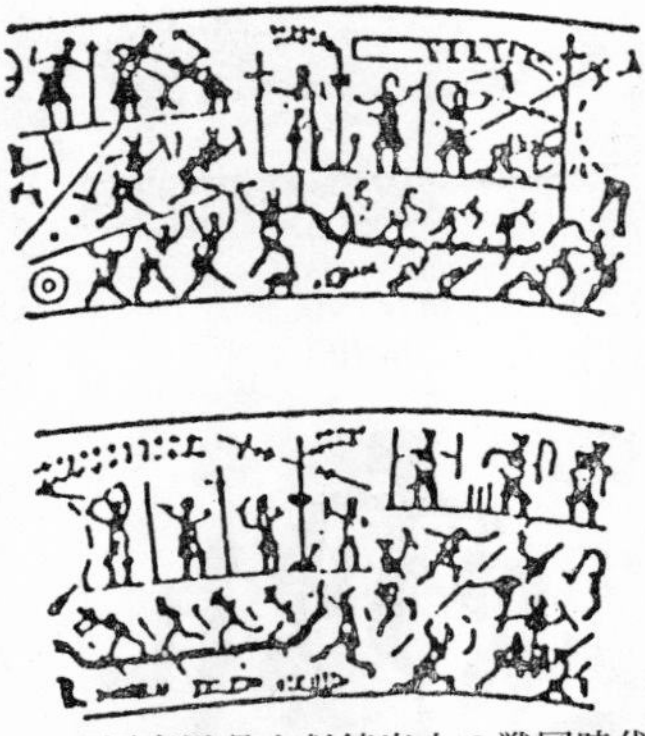

34　河南汲県山彪鎮出土の戦国時代の銅器に描かれていた陸上と水上の戦闘

長さは一三・三五メートル、幅は約二メートル、舷板の高さは約〇・七五メートルで、特に船板が大小の鉄製のタガで締めつけられていた[11]のが注目される。

古代中国の造船史の上で何といっても注目しなければならないのが、一九七五年に秦の時代の番禺（現在の広州）で発見された造船所の遺跡である。土木工事中に地下五メートルから現れたもので、造船用の船台と、木工工場跡が出土した。船台は、二組の滑道《スリップウエー》から成り、それぞれのスリップウエーは、下面に枕木をならべ、その上にタテに二列の滑木が置かれていた。そのうち、一組のスリップウエーは長さ八八メートル、幅八メートルだった。専門家は、この船台で長さ三〇メートル、幅八メートル、積載能力六〇トンの大船をつくることが出来たとしている。秦といえば紀元前二〇〇年代の国であって、この時代にこれだけの船が造られたということは、驚くべきことである。その技術的基礎は、すでに春秋・戦国の時代に出来ていたと見るべきであろう。

大運河の建設

春秋（前七七〇—同四〇三年）、戦国（前四〇三—同二二一年）といえば、前にも述べた

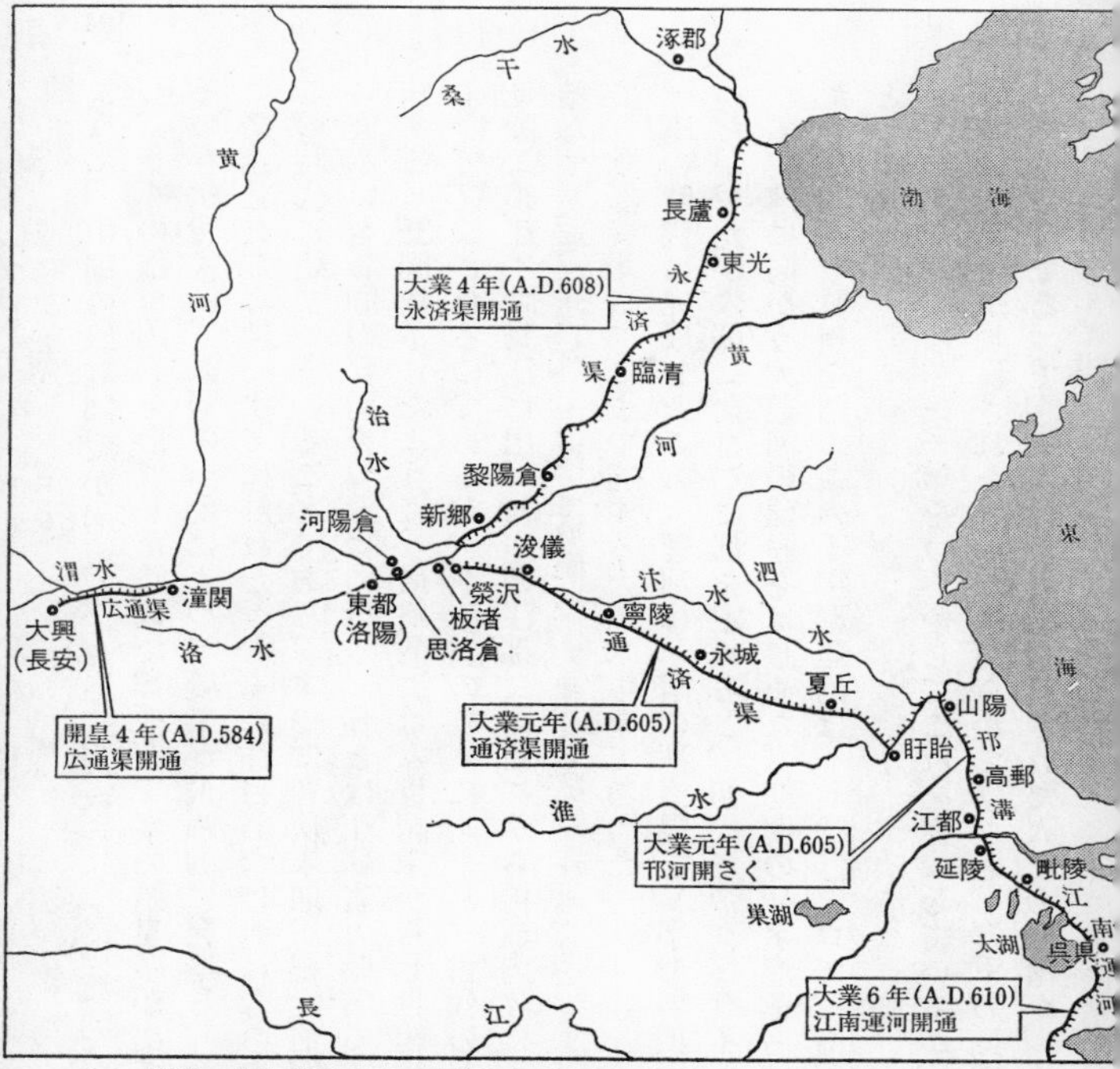

35　隋代大運河概要図　大運河の歴史は非常に古い。すでに春秋末期、紀元前480年に、呉の国が、長江から淮水に至る間の邗溝を開いている。その後、それぞれの時代に少しずつ建設され6世紀から7世紀の初めにかけて大土木工事を行い、隋の煬帝の時代に完成したといわれる

ように、中国の奴隷制度が崩壊し、封建制へ移行する過渡期で、多数の地方的王権が確立し、多くの都市国家を形成した時代で、やがて秦の始皇帝が出て統一国家をつくりあげる。その春秋時代は、鉄器の出現によって農業が飛躍的に発達し、商業、交通、特に水運が大いに発達したことは、すでに触れた。とくに注目しなければならないのが、大運河の建設が、この時代に始まっていることである。すでに春秋末期、紀元前四八〇年に、呉の国が長江から淮水《わいすい》に至る間の邗溝《ハンコウ》をつくっている。[12] 邗とは江蘇省の県名であり、溝はもちろん水路を意味する。35図に示したように、最終的には六世紀末から七世紀の初めにかけて、隋の煬帝によって完成されるのであるが、浙江省の杭州に始まり、古代の呉の都呉県（蘇州）を通り、延陵（鎮江）で長江に出、対岸の江都（揚州）から再び内陸に入り、多くの湖水と河川とを結んで黄河に達し、東都（洛陽）、大興（長安）に至り、さらに洛陽からは北東に向かって、涿郡（北京）にまで達する大土木事業であった。

　隋の時代に完成したこの大運河は、隋の都洛陽《ルオヤン》をV字形の頂点として大陸深く入りこんでいたが、元が大都《タアドウ》（北京）に都を定めると、初代皇帝クビライカン（世祖）が、大都からまっすぐ南に向かう大運河の建設をはじめた。初期のV字形運河は、全長二五〇〇キロであったが、大都―杭州を結ぶこのI字形運河は一七〇〇キロで、漕運の距離を著しく短縮することが出来た。

　クビライカンは、一一年をついやしてこれを完成しているが、この工事のためにどれだけの農民、兵士が動員されたか、つまびらかではない。万里の長城とならび称せられる世界の大土木事業であって、工事のために動員された人々の集落が、後に都市を形成して物資流動の中心となり、そこに、運河に沿って港も発生した。河岸を斜めに削って石段を積み、歩み板を渡して、人や物の積み降ろしをした。現在、わが国の地方の港に見られるものと、全く同じ様式のもので、現在でもなおその遺跡が残っている。[13]

この巨大な内陸水路が、中国の経済や文化に及ぼした影響は、はかり知れないものがある。この運河の建設の直接的な動機は、南方の米を運ぶことであったと思われる。秦および西漢（前漢）の時代の宮中の糧食は、河南、河北から集められた。隋、唐の時代になって南方の米が宮中の主食となり、軍人、貴族、富商などが、さかんに米を食するようになって、大量の米の消費が始まった。こうして、漕運ということが、政府の重要な政策となったのである。また、この大運河を通じて、中原の文化が南方に普及した。唐の李白のような詩人も、しばしば運河の旅をしているし、外国の使臣、僧侶、学者が、この運河を通って都に上っている。水運による大量輸送と低コストが、南北の経済の発達に及ぼした影響も大きい。江蘇、浙江の両省が、中国で経済の最も発達した地域となったのも、この運河の恩恵によるものと考えられる。浙江の絹織物、商品作物としての棉や茶業の発達にもその影響が現れている。その利益は少なかったかも知れないが、大量の米の販売による経済的余力が、農業生産を発達させ、農業から手工業の分離をうながしたと考えられるのである。

3　海港への展望

山東の調査旅行から

中国ではいま、盛んに港史が発刊されている。これらはすべて海港であるが、歴史をさかのぼった海の原始的な港についての研究は、まだ少ない。一九八八年の調査旅行のさいにやっと一冊見つけ出したのが項観奇『悠久の古代歴史』である。同書によると、中国で最初に外海に乗り出したのは山東人であるとしている。いささかお国自慢と思われるふしもあるが、そのいうところを聞いてみよう。[14]

山東は、中国の東方にあって、北は渤海に面し、東南は黄海に接する半島をなし、その海岸線の延長は三〇〇〇キロメートル余、幾多の良港を持っている。この自然的条件と、古代文化の発生地であるという関係から、中国で最初に海に乗り出したのは、山東の人民であると考えられる。

この点については、不断に出土する考古学的史料が証明している。仰韶《ヤンシャオ》文化（その下限は、紀元前二三〇〇年ころとされている）及び龍山《ロンシャン》文化（仰韶文化の上層部から発見されたもので、歴史的下限は、紀元前一五〇〇年ころとされている）時代に、山東半島の沿海の人々が、海に乗り出していた形跡がある。これは、近年、半島東北部の長島の発掘によって、この時代の石錨《せきびょう》*が多く出土していること、あるいは長島と向かい合っている蓬萊《ポウライ》（唐代の登州）の水域からも石錨が出土していることから、推測される。

さらに年代が下って、夏王朝の時代の帝芒曾《ぼうそう》について、『竹書紀年』の中に、「東狩于海获大魚」という簡単な記述がある。夏王朝の活動範囲は、中原一帯であって、〝東狩于海〟とは、山東を意味するものであるとしている。

商（殷）王朝の時代に入って、甲骨文字によって判読するところによると、すでに木を組み合わせてつくった構造船があり、帆の使用も始まっていた。有名な殷墟《いんきょ》の発掘の中から、南海で獲れる亀の甲や、鯨の骨が発見されることから、その時代には外海への航海が、かなりの程度に発達していたのではないかとみられている。

商時代における山東一帯の沿海の集落は、夏人にくらべて、かなり発達した航海技術を持っていたようである。すでに山東から、島々を伝って遼東半島に至る航路と、沿岸を南に下る航路が開発されていたものと思われる。

周王朝は、中国の古代史の中で重要な地位を占めている。生産力が発達し、海上交通にもかなりの変化が現れた。当時、山東半島の東部に萊夷《らいい》がおり、淮水下流の沿海部に、徐夷《じょい》と淮夷《わいい》とがいた。彼らは、東方沿海一帯の強力な部族で、漁業と製塩を営んでいた。

同じ時代に、今の江蘇省南部の呉の国と、浙江省の越の国とが発達し、西周時代の東方の海上の沿海航路と海上交通を支配していたのは、呉人と越人とであった。紀元前八世紀に、斉が萊夷の地区を統一して国を建て、魚塩の利と渤海の支配によって「海王の国」と呼ばれるようになった。しかし、南方の呉と越との造船技術が卓越し、すでに長さ一〇丈、幅一・五丈の〝大翼船〟を持っていた。両国は、共に造船所である〝船宮〟を持ち、戈《か》船と楼《ろう》船が出現しており、上甲板をそなえた兵船を持っていた。このようにして、紀元前四八五年には、呉の水軍が北上して斉を攻めている。また前四六八年には、越王勾践《こうせん》が、会稽《かいけい》の都（現在の紹興）から〝死士八千人、戈船三百隻〟をひきいて、海上から琅邪《ろうや》**（山東半島南部、現在の青島の西約五〇キロの地点にあり、越王勾践は、呉をほろぼした後ここに遷都する考えを持っていた）を攻めた。こうして春秋末期には、東海（東シナ海）沿岸の航路が、確実に拓かれていたと思われるのである。

このころ、呉、越、斉の三国が海上における覇権をにぎっていたが、戦国期以後、燕《えん》の国がこれに加わった。当時、燕の航海技術は大いに発達し、すでに航路は朝鮮半島に達していた。さらに、『山海経海内北経』に、「南倭北倭属燕」と記されているところから、その航路は、朝鮮の西を下って、日本の九州（南倭）に達していたものとされている。

* 石錨とともに、今から約五〇〇〇年前のものとされる丸木舟の出土も見られる。これは、山東半島の威海市の東、沿海の松郭家村という小さな村から出土したもので、池を掘っている最中に地下五メートルから完全な形で出土している。一九八八年九月、山東半島の古代港湾の調査のさいに、烟台博物館の李歩青氏から、写真と「山東半島出土文物から看た古代海上交通」という未発表論文とをいただいた。舟の全長三・九〇メートル、中間の幅七〇センチ、舟首と舟尾とは、四角になっており、幅六〇センチ、厚さ約七〇センチで、二つの隔梁を持っている。古代の山東の沿海では、おそらくこうした様式の丸木舟が使われ、相当に早い時期から、沿海の航行もあったであろう。

** 琅邪は、秦の始皇帝が三回にわたって来遊したところで、その当時の碑も残っている。山東では、文字に書かれた港としては最も古く、紀元前四七二年から、その名がある。ついで、芝罘島の転附、威海の不夜、渤海西岸の碣石、芝罘（之罘）、さらに下って唐代の登州（現在の蓬莱）、元代の密州（膠州湾）などがよく知られている。

さらに古い時代、烟台の白石村遺跡がある。これは貝塚を伴った約七〇〇〇年前の遺跡で、住居あと、

36　春秋戦国時代の航海ルート

炉のあとが発見されており、川に沿った古代の集落であった。また、膠県の三里河遺跡も、河口の集落で、墓葬の中から、ホラ貝、カラス貝など海産物が出るところから、やはり、海に面した河口の集落であったことがうかがわれる。こうしたところには、原始的な、共同体の船着き場があったはずである。

渤海北岸の碣石港

燕の海上への出口として、碣石《チェシイ》があった。碣石とは、現在の秦皇島付近の古名であるが、中国航海史研究会秦皇島港史編集委員会による『秦皇島港史』古代部分から引用したのが36図であって、渤海北岸の碣石をはじめ、山東半島に転附（芝罘《チーフ》、現在の烟台市）、琅邪があり、江南の会稽、句章（現在の寧波の近く）の名が見え、すでに番禺（広州）も現れている。

碣石港について、少しばかりその歴史を調べてみると、商周時代（紀元前一六世紀—同八四一年）、この方面は孤竹《クウツウ》と呼ばれていた。これは、周時代の地方の小国であったが、渤海北岸から灤《ルアン》河以東を結ぶ重要な地域をなし、当時の黄河（河水と呼ぶ）は、今よりもずっと北の方を流れて、現在の天津市付近で渤海に入っていた。そのころの、黄河の中、下流の人々は、河水を下って孤竹沿海の人々と交易を行っており、「刳木為船、剡木為楫」といわれていた。これは〝木を刳《く》って船と為し、木を剡《けず》って楫《かい》と為す〟という意味で、丸木舟のことであった。

戦国中期には、呉、越、斉、燕の四国が、「舟師」を持つ海洋国であった。このころ、主要兵種としては、甲士、歩卒、戦車、舟師があって、戦術上の発展から戦車がおとろえ、舟師がますます強力なものとなっていた。このような条件のもとで主要な港湾は、軍事的要素が大きく、確実に、王権が支配するものであったと見てよいであろう。たとえば碣石は、燕国が強大となるにつれて、遼東と朝鮮の北西部の領有、中原との交通、斉との交易の中心にあって、その戦略的価値は大きかったのである。

このことは、その後、歴史的に実証されている。たとえば、秦が中国を統一したのは、紀元前二二一年であるが、広い国土をはじめて統一したので、交通体系をととのえることが必要であった。

「書同文車同軌」即ち、書は文を同じくし、車は軌を同じくする、ということが統一政策の上から必要となった。こうして馳道《チイタオ》（天子の通る道の意で軍用道路であった）を大修築し、水路を開き、海上、内河、陸上の馳道体系が急速に出来上がった。とくに碣石は、東北に対する海陸の軍事的要地であったので、秦の都、咸陽から碣石に至る馳道、北辺の長城に沿って九原（現在の内蒙古自治区の包頭市の近く）から碣石に至る馳道が建設された。海上にお

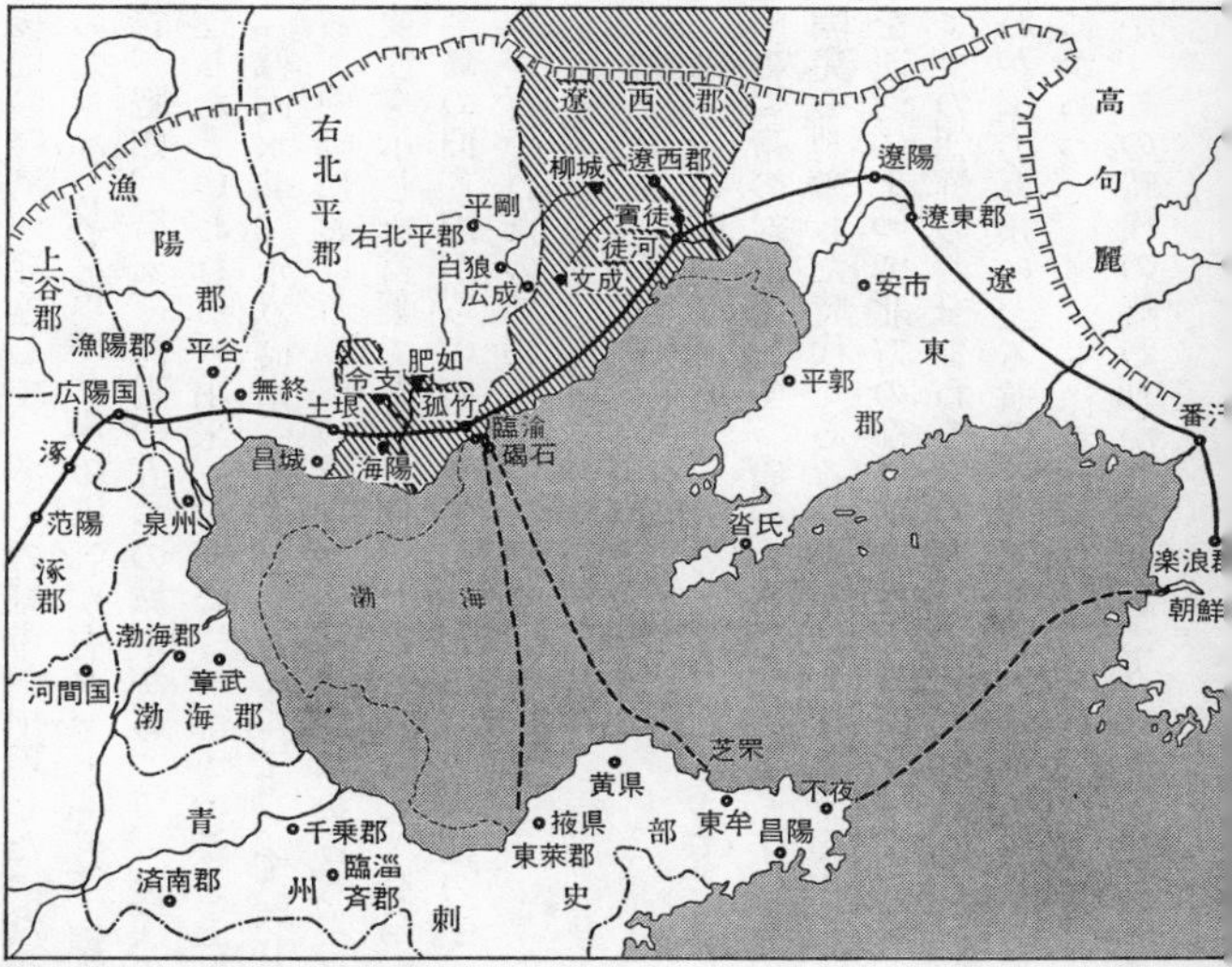

37　漢の武帝の海上北巡碣石ルート

いても、戦国期の斉、燕及び渤海沿海地域の割拠をなくし、碣石、芝罘（古代の転附）、東莱郡の掖県、半島東端の不夜その他が、統一的に整備された。このことは、そのすぐ後で行われた漢の武帝の海上北巡（前一一〇年）に、そのまま引き継がれている。37に見るように、碣石は、陸路遼東郡を経て、朝鮮の楽浪郡に至り、海路芝罘を経て楽浪郡に至る要《かなめ》の位置にあったのである。魏の武帝（曹操）もまた、二〇七年に、碣石を通って烏桓を征し、後漢時代の東北への軍事輸送の基地が、ここに置かれていた。

　このようにして、初期の碣石港の歴史は、軍事的栄光につつまれているのであるが、両漢時代に背後地の経済が発達して、多くの城市が出現した。なかでも、大商業都市としての燕薊《エンチイ》（現在の北京）、及び黄河北岸の邯鄲《かんたん》が有名であった。現在の秦皇島地区の背後にも、臨渝《リンユウ》、孤《クウ》竹《ツウ》、肥如《フェイルウ》、令支《リンツィ》、海陽《ハイヤン》の五つの城市があって、後漢の初年、これらの都市の人口は八万人に達したといわれる。由来、中国では、都市のことを城市《チェンシ》という。

「城因水興、水為城用」即ち、城は水によって興り、水は城の為に用う、という言葉である。中国における都市の成立、経済的意味からも軍事的意味からも、都市に対する水運の重要性を示した言葉である。都市が発達すると、交易が発達する。食糧の輸入をはじめ、山東半島の旧斉国からの塩、うるし、布帛、その他の手工業品、孤竹地域の諸都市間の産品の交換が行われたのであろう。

海上ルートの繁栄

隋、唐の時期（五八一―九〇七年）に至って、さらに大きな変化が現れた。この時代は、隋の煬帝の対高麗戦争、唐の太宗の東征と、未曾有の軍事行動が、山東および渤海の港湾の開発を刺激した時代である。煬帝による永済渠、通済渠といった大運河の完成で、江南の米を運河によって北方の都に運ぶ巨大なルートが完成した。日本との交通も盛んになり、これまでの朝鮮の西をまわる北方海上ルートのほかに、寧波から、東海をまっすぐに横切って、わが国の九州に至る航路が開発された(38)。さらに、陸路シルクロードの戦乱による閉鎖にかわって、インド洋を経由する海上ルートが栄えた。こうして、南部の泉州、広州の港が、この時代の終わりからにわかにクローズアップされる。長江からの大運河の入り口にあ

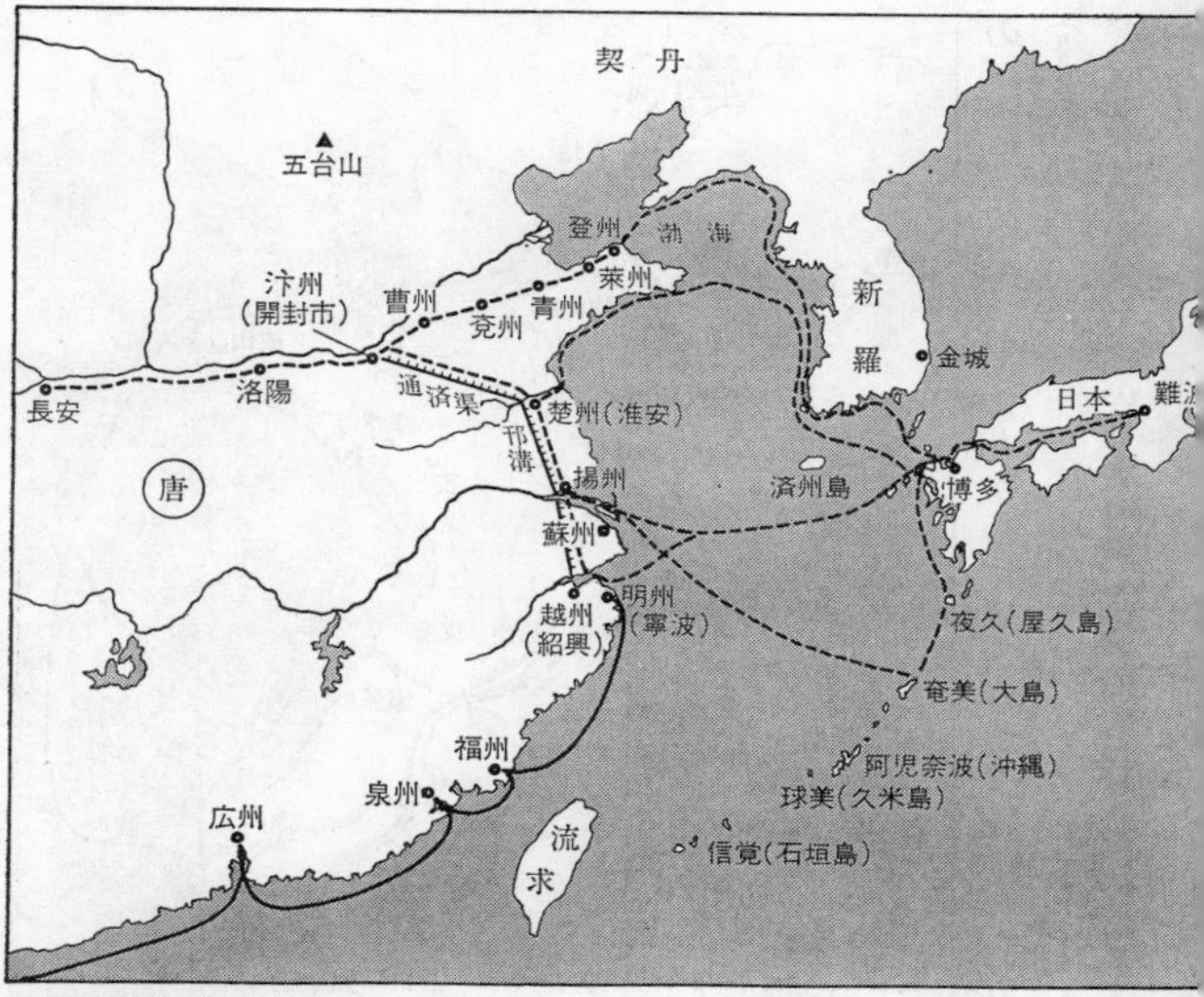

38　唐代海運概要図

たる揚州、それから明州（寧波）、泉州、広州をもって、唐の四大港となす。

一一三四年に金が滅亡、さらに一二七九年に南宋が亡びた後、南北の海上交通は一時中断したが、元（一二七一—一三六八年）の時代に至って、また一つ大きな変化がおこった。

元朝の初期にあっては、江南の米は大運河を通って北上し、39図に示したように、淮水と交わるところで黄河に入った。黄河というのは非常なあばれ河で、何度も水流を変えている。この時代には、山東半島のはるか南、淮水の海に入るところが黄河の下流となっていたのである。漕運は、黄河を北西にさかのぼって、淇門《キイメン》のあたりから向きをかえて東北に向かい、直沽《ツイクウ》（今の天津）に達し、大都（北京）に入った。

しかしながら、元の都である大都の建設のために多くの労働者が入りこんで糧食の補給が

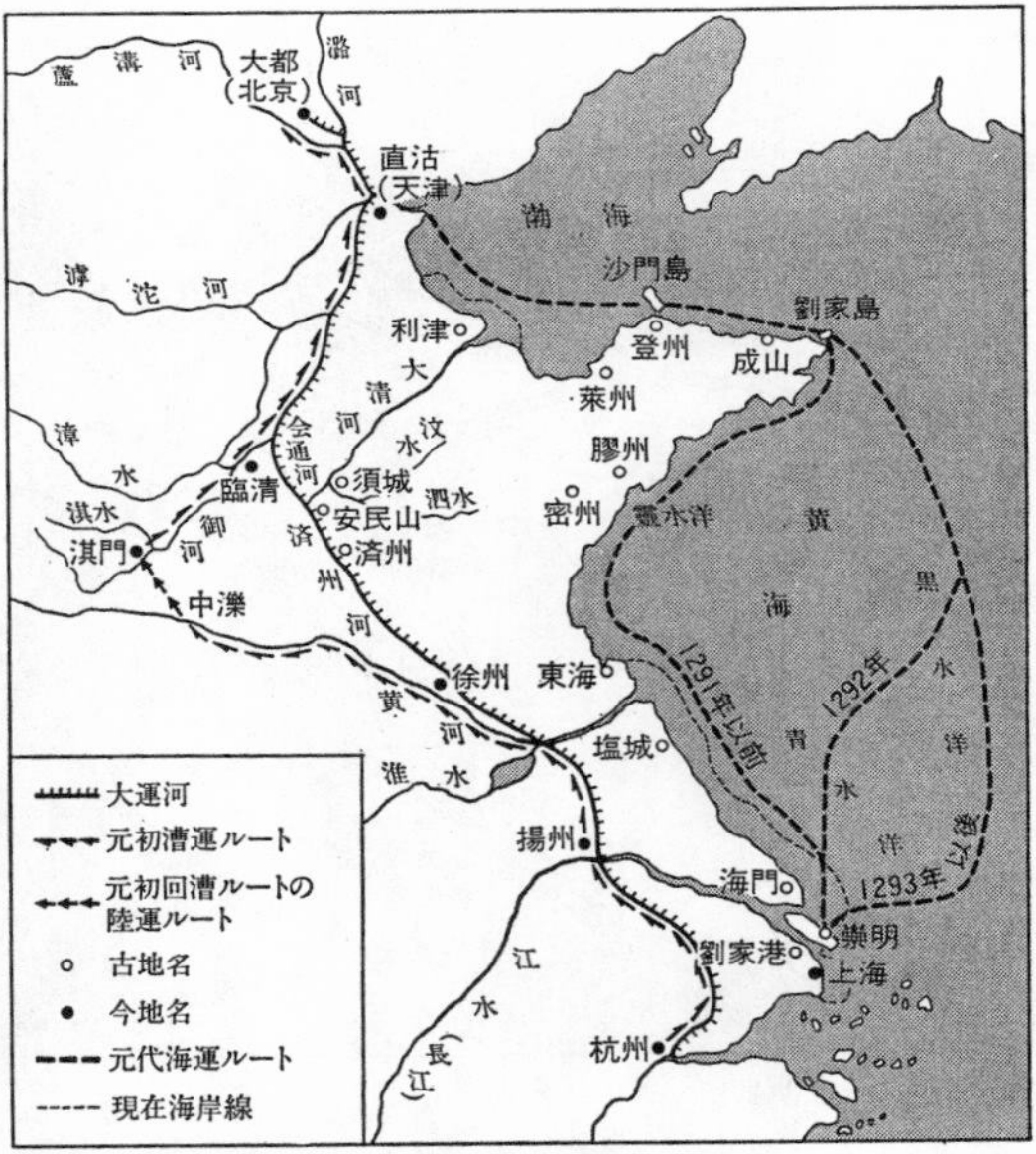

39　元代の直沽（ツイクウ）港への川と海のルート

必要となり、また、朝廷や貴族、軍人の間に米食が流行したりして、小型船による運河の運送能力では需要を満たし得なくなった。そのため、大量の米が海上輸送されるようになった。39図に示してあるように、長江河口の崇明を発して山東半島をまわり、直沽に入っている。このため直沽の港が、大いに栄えたのである。最盛期には、年間一三〇万石の糧食が、ここを通って大都に入っている。このために、海洋を航海する大型船を、多数必要とするようになった。記録によると、一二七八年（世祖の至元一五年）、〝軍民九〇〇〇人、山に木を伐《き》る〟とあり、「平灤《へいらん》造船」が始まった。また一二八三―八五年（世祖の至元二〇―二二年）には、山東、河北の沿海に命じて、五〇〇〇隻の船をつくらせている。40・41に示してあるものは、元代の代表的運送船舶である漕船、及び沙船である。

40　元代海洋運漕船――漕船（米穀運送専門の船）

41　元代海洋運漕船――沙船航行図

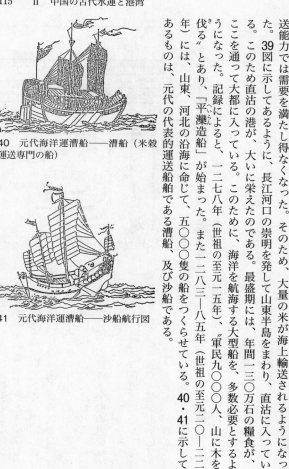

運送貨物の大量化と船型の大型化が、人工の埠頭を必要とするようになるのは、港湾発展の原則である。中国における人工埠頭の建設は隋、唐時代の高麗戦争、及び東北経営の軍事行動が、直接的契機になっているように思われる。最初の人工埠頭が、孤竹の永平府の盧龍《ルウロン》城の遺跡から発見されている。盧龍というのは県城で、西門外の青龍河に沿って花崗岩の切り石を積み重ね、延長五〇〇メートルないし七〇〇メートル、河底から高さ三・二メートル、城壁からの幅約一八メートルとなっている。城門の外側にすぐに船着き場があるのは、ヨーロッパの中世の城と港との関係と全く同じ原理である。『秦皇島港史』の原図には、平州港泊岸と記されているので、この港を平州港と呼んでいたのであろう(42)。

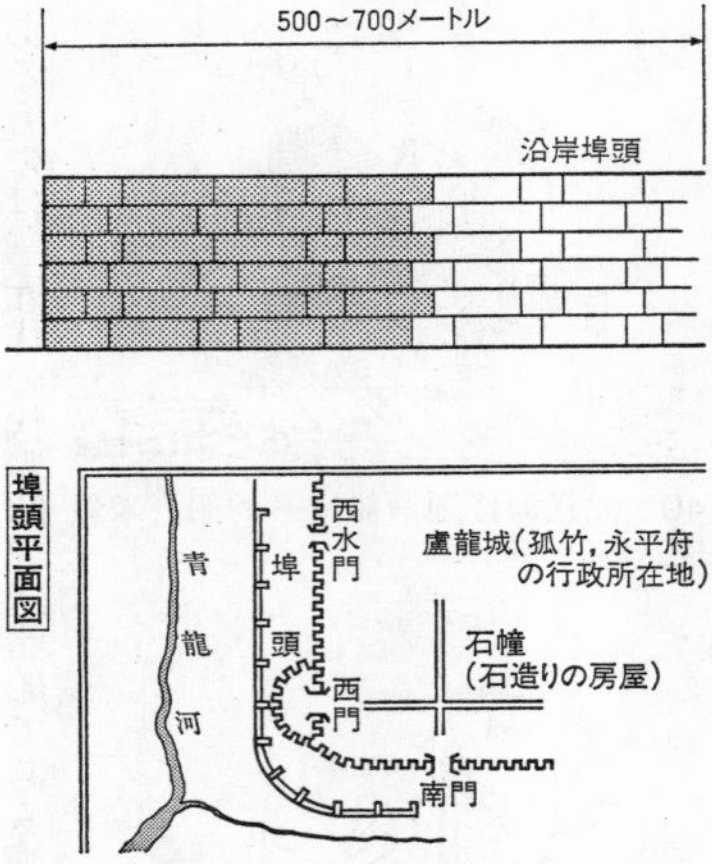

42　平州港見取り図（上は埠頭の断面図）

Ⅲ　中世の谷間から

1　栄光のベネチア

ベネチアの海運と貿易

ビザンチウムが、古代から中世への橋わたしをしたとするならば、ベネチア（ベニス）は、ビザンチウムの遺産を受け継いで、早い時期に中世から近代への転換をとげた、北イタリアの諸都市を代表するものである。代表するということは、輝かしいルネッサンスを生んだその経済的基礎を確立したという意味である。近代的貿易も海運も、ここに始まるとされている。そこでまず、その点から見ていくことにしよう。

アダム・スミスは、『国富論（諸国民の富）』の中で、中世のヨーロッパ諸都市が、どうしてその特権と富を獲得したかを説明している。特にイタリアの諸都市が、貿易によって豊かさを得た最初のものであると述べている。そして十字軍もまた、ヨーロッパの諸都市には浪費による進歩の停滞をもたらしたが、ベネチア、ジェノバ、ピサなどイタリアの都市には、海運の著しい発達をもたらし、オリエントとの仲介貿易の発達をうながしたと書いている。[1]

この間の歴史について、ロンドン大学のG・A・J・ハジェット教授が、非常に要領よくまとめている。それで、ここでは、教授の論旨を借りて、話を進めることにする。[2]

大ローマ帝国の崩壊のあとで、ヨーロッパは数百年にわたって、民族移動といわゆる暗黒の時代が続くのであるが、一〇世紀ころになって、各地における都市の発達と貿易の復活が著しいものとなる。西ローマ帝国崩壊のあとには、西ヨーロッパにゲルマンのいくつかの王国がつぎつぎに成立し、イタリア北部にはゲルマンの一部族ロンバルドが侵入、そのあとでゲルマン人がイタリアの大部分の支配権を握った。ビザンチウム帝国は、その最盛時には地中海のほとんど全域を支配したが、アラビア人の西進によって次第にその勢力を縮小させられつつあった。スペインにウマイアド回教王国が成立したのが八世紀の初めで、このころパリの人口が八万、ロンドンの人口が四万にすぎなかったのに、ビザンチウムが二〇万、コルドバも二〇万で、この両者がヨーロッパのスーパー・パワーであった。

このようにして一〇世紀の初めに至るまで、地中海の海上貿易は、ビザンチウムとモズレム（回教徒）が握っていた。同時に、これに対するヨーロッパの反撃が準備されていた時代であって、一二世紀の後半及び一三世紀の初めになってイタリアの諸都市、特にベネチアが、東洋と西洋との貿易の仲介人として登場してくる。

ベネチアは、最初は小さな漁村にすぎなかった。ロンバルドに追われた人々がこの島に逃げ込んで貿易を始めた後、九世紀の後半からビザンチウムとの交易が盛んになった。その概略は、後に述べる。

このころ、フランク王国のシャルルマーニュ帝（カール大帝）は、ビザンチウム及びバグダッドとの直接交易を希望していたが、八四〇年のフランコ・ベネチアアン・パクトゥム、即ちフランクとベネチアの条約によって、ベネチアは、西欧とビザンチウム帝国全域との通商の特権を得た。このことが、東洋と西洋との貿易に対するベネチアの優位を決定的にしたのである。

他のイタリアの諸都市、ナポリ、アマルフィ、ガエタは、あまりにも深くモズレムと結んでいたので、ビザンチウム帝国内での交易の特権を得ることができなかったし、フィレンツエ、ピサ、ジェノバは、まだそれほど有力な海運をもっていなかった。

43　18世紀初めのベネチアの運河の船着き場　リアルト橋から運河を望む

ここで、ベネチアが後世に残した海運及び貿易の遺産に注目したい。これこそ、中世の谷間でベネチアが成しとげた新しい形態であり、港湾(43)もまたこれまでに存在しなかった新しい生産関係へと発展する。ルネッサンスは、文化史ないし思想史上の栄光といえるが、そのルネッサンスの下部構造をつくりあげた点で、経済社会史上も栄光のベネチアなのである。

ベネチアの商船隊は、一〇〇トンから二五〇トンくらいの〝丸い船〟(44)と呼ばれる帆船を主力としていた。その最盛期の一四二〇年から一四五〇年にかけては、この種の船を約三〇〇隻もっていた。この船は穀物や、木材など撒積み貨物《バルク・カーゴ》の運送に従事していた。ほかに〝長い船〟と呼ばれる大型のガレー船があって、これは、中国からきた絹やオリエントのスパイスのような高

44 「丸い船」といわれたベネチアの商船の復元図

価な品物を運んだ。ヨーロッパの毛織物やその他の商品を東地中海沿岸諸都市に運んだのも、速力の速いこの船であった。

ガレー船の記録によれば、一四世紀から一五世紀にかけて、年々三〇〇〇トンないし五〇〇〇トンの高価な商品が海上運送された。この交易が、ベネチアの富の源泉であったことはいうまでもないが、これらの多くの船は、ベネチアの商人たちが王権の支配を受けることなく、自分自身で所有し、自分で商取引に従事したのであった(45)。航海と貿易とは、「家族の共同事業」であって、時としていくつかの家族が集まって貿易を行うこともあったが、それは一航海かぎりのものであった。彼らは、資金を出し合い、利益を配分した。こうして、「資本」「投資」「契約」「利子」「損益」というような明確な概念が、ここに生まれたことに注目しなければならない。

利子については面白い話がある。当時ローマ法王は、利子を取りたてることを禁止している。マホメット教のコーランでも利子を禁止している。これは、宗教の基盤をなす原始的農村社会の経済的崩壊をふせぐ意味をもっていた。しかし東ローマ帝国、即ちビザンチウムにおいては、利子を認める古いローマ法が行われており、ユスチニアヌス法などでは、その上限一二パーセント、海運に対してはリスクが大きいので一六・六六パーセントというようなことが定められていた。こうして皇帝や貴族たちが、金を貸して大いに利子をかせいでいたので、下々《しもじも》の者も、大威張りで利子をかせぐことができた。それでビザンチウムの傘下にあったベネチアでは、利子に対する何らの障害もなかったのである。シェークスピアの『ベニスの商人』では、金を貸して利子をかせぐということに対する本質的な、旧教的心情がうかがわれる。

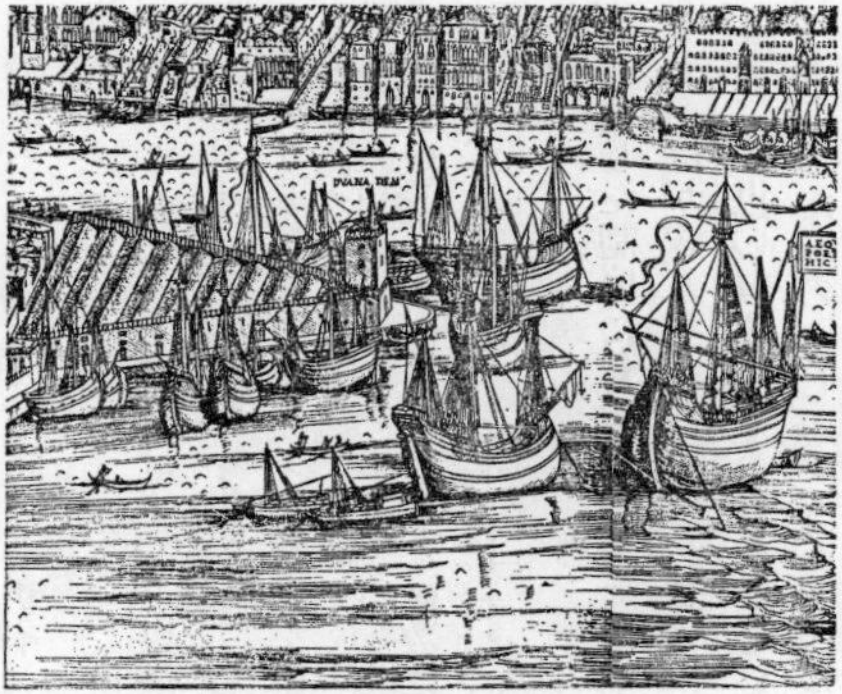

45　岬の税関（ベネチア）

こうして、ベネチアにおいては、一〇世紀ごろからコレガンツァという制度ができている。投資に対する利益の配分方法を定めたもので、利益を分け合う海上ローンであった。契約の一方の当事者をトラクタンスあるいはプロセルタンスといい、これは航海者であった。他方の当事者をスタンスといい、これは、〝国にいる者〟を意味し、出資者であった。出資者は、海難や盗賊の難に対するリスクをカバーするために、利益の四分の三を取り、航海者は四分の一を取った。これはある意味では、恐ろしく高い利子である。しかしよく考えると、当時の航海は非常に危険も多く、この制度には、今日の海上保険の役割が含まれているのである。出資者は、商いのサイクルのバランスをとるために、こうしたことを考えついたのであろう。

もっとも、この慣行はずっと以前から存在する。古代のフェニキア、ギリシア、ローマのボトムリーがそれで、中世のヨーロッパでは、ハンザ同盟のビスビー法でベーデムリーとなり、ロンドンにいるハンザ商人を意味するスチールヤード・マーチャントも、盛んにこれを用いたらしい。ベーデム、即ち英語のボトムとは船底を意味し、転じて船体という意味をも持っている。またボトムスと複数になると、船底に積みこんだ貨物の意味がある。ボトムリーとは、ボトムリー・ボンドともいって、今日の言葉になおすと、「船舶抵当貸借」となるであろう。

こうした制度に対するローマ法王からの反撃もあったが、一三世紀の初めに法王インノセント三世が嫁入りの持参金を認めたときに、コレガンツァも承認せざるを得なくなった。またことに中世のヨーロッパの教会というものは、人間が生まれてから死ぬまで、あらゆる問題に干渉したものらしい。念のために書いておくが、海上保険の前身であるインシュアランス・ローンが始まったのは、一四世紀に入ってからであった。

銀行業務の成立もまた特筆すべきことで、イタリアで最初に銀行業を成立させたのはシエナとピアチェンツアであった。一四世紀には、ジェノバ及びフィレンツェが銀行業の中心となり、ジェノバでは複式簿記を開発している。

こうして、北イタリアの諸都市に多くの銀行が輩出した。これはビザンチウムの両替商を見ならったふしがあるが、両替、金貸し、銀行と、次第に近代的形をとってくる。ベネチア

たかについては、銀行についてあまり特記すべきものがないようであるが、塩野七生氏であっ
か、ベネチアが貿易を主体としていたためであろうといっている[3]。おそらく、北イタリアに
おいては当初、銀行よりも貿易を重視していたが、銀行資本が拡大し、信用供与の代償とし
て預金を吸収するようになると、銀行業自体が独立した企業として勢力を拡大していったの
である。

彼らはイタリアばかりでなく、新興の西ヨーロッパのフランドル地方、パリやロンドンその他多くの都市に店を設け、ヨーロッパの金融を支配するようになった。バルディ、ペルツィ、メジチなど有名な銀行家が現れた。ロンドンのシティの中心イングランド銀行のあるあたりに、ロンバード街という通りがある。これはかつてロンドンの金融市場を北イタリアの銀行が支配していた歴史の名残である。

こうしたヨーロッパの銀行のネットワークが出来たことによって、荷為替手形の制度も出現する。これはローマ法王の税金徴収業務から始まっている。ヨーロッパの教会からローマに送る金銀などは、最初、馬車や人の手によって運ばれたが、途中での盗賊の害をさけるために、為替のような信用の移転という形をとったものと考えられる。

さらに、ベネチアとヨーロッパとの商品輸送について、ハジェット教授は、

アルプスの峠は、中世を通じて、ヘビー・トラフィックを持っていた[4]。

と書いている。このころから次第に道路が整備され、ベネチアその他の都市からアルプス

の峠を越えて、蟻の行列のように人馬の往来があったのであろう。

馬車についても、一言書きそえねばならない。このころ、ベネチアの商人貴族マーチャント・プリンスの商品を、アルプスを越えてヨーロッパに運ぶ馬車屋がいた。これをフラヒターと呼んでいたが、彼らは荷主から委託された商品の運送契約書であるコンサインメント・ノートを発行した。委託運送は、海上よりも陸上の方が早かったようである。海上では、荷主自身が船を持っていた時代だからである。海上の委託運送契約書である船荷証券、即ちB・L（ビル・オブ・レディング）の前身は、このへんにあるとも考えられるのである。

このフラヒターたちは、後の産業革命の結果、鉄道が発達すると仕事を失った。しかし、彼らの外国の商品市場や輸送ルート等に対するノウハウだけが残って、フレート・フォーワーダーという業務に変わっていったことは、あまり人に知られていないようである。[5]

十字軍と海洋帝国の形成

そこで、ベネチアの歴史をたどりながら、前項で示した貿易や海運や港湾の新しい時代をつくり出した背景を見ていきたい。

ベネチアは、アドリア海の北端ベネチア・ラグーンの中にある島である。ラグーンとは、外海から砂洲などによってへだてられた、浅い潮入り江を意味する言葉である。まずこの地形が、ベネチアの歴史を形成する重要な要素であった。

ベネチア・ラグーンの島々は、古くから漁業に従事する少数の人々が住みついていたが、五世紀の半ばに始まったフン族の侵入によって、内陸のアキレイア、コンコルディア、オピ

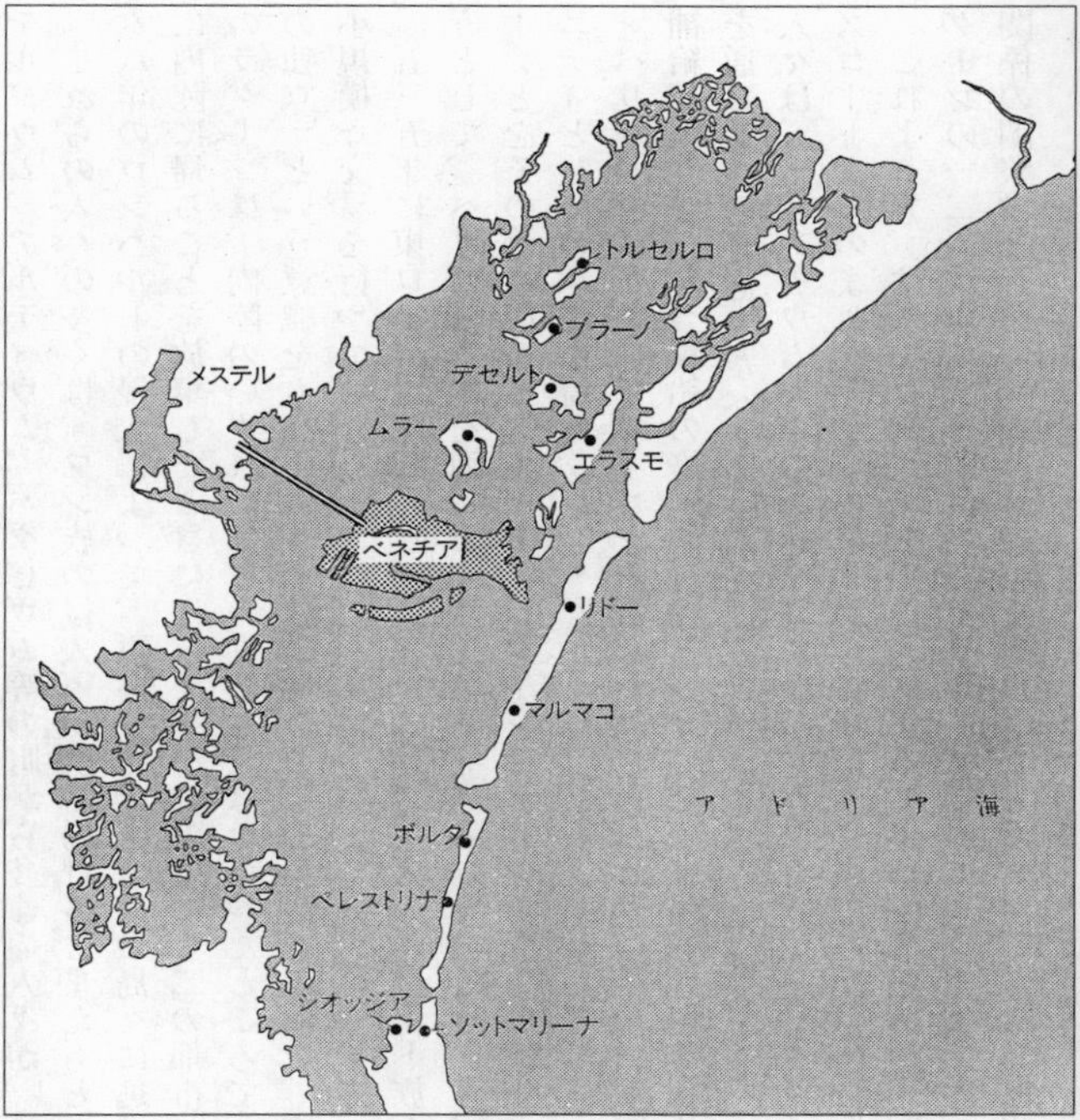

46　ベネチア・ラグーン概念図　現在は鉄道とハイウエーによって対岸のメステルと結ばれているが、昔は完全な島であった

テルジウム、アルティウム、パタビウム等の町から多くの人々が、ここに避難して来た。

これらの人々の多くは、フン族の侵入軍が引き揚げるとまたもとの都市へ引き返した。五六八年のロンバルドの侵入によって、再びこのラグーンの島々に逃げこんだ人々が、最終的に内陸に帰ることを放棄したときには、ラグーンの中に一二の都市(46)ができていた。そのラグーンは、内陸のいずれの都市の支配も及ばなかったところで、彼らは「生まれながらの独立」という意識をもっており、この地方の塩や塩漬けの魚を、内陸に売りさばくという小規模な交易を行っていた。

五三五年に東ローマ帝国即ちビザンチウムは、侵入したゴート族からイタリアを取り返そうとして、ベリサリウスを海将とする遠征軍を送る。そのとき、ラベンナとベネチア・ラグーンとをその手に収め、ベネチア・ラグーンはビザンチウムの領土となり、独立したコミュニティとしての承認を得た。

ベリサリウスがこのラグーンを重視した理由は、ビザンチウム海軍に対する塩及び食料の補給基地とし、かつ軍船の修理を行うという、その戦略的価値を認めたからであった。中世を通じて有名であったベネチアの造船業は、ここにその端を発している。またラグーンの人々は、ビザンチウム海軍の輸送業務に動員されたり、コンスタンチノープルへの海路のエスコートをたのまれたりして、早くからビザンチウムとの交易の特権を持っていた。

これより先、オストロ・ゴートの侵入によるアキレイア陥落の一四年後の四六六年に、ラグーンの一二の都市は、その代表をグラードに送って、ラグーン内のそれぞれの都市の利害関係の調整役として、一人の執政官《ドージェ》を設けようとしたが、この時は果たさず、五八四年に一二の都市の長をもってベネチアに一つの委員会トリブニ・マイオレスを設けた。これでもうまくゆかず、六九七年になって最初のドージェが選出されている。

このころになると、富裕な商人貴族階級と下層の人々との対立を生じていたが、ビザンチウムに学び、イタリアの特性を加えて、大商人のギルドであるアルティ・マジョーリ、及び小商人や職人のギルドであるアルティ・ミノーリが設けられるようになる。

この時代からベネチアの重要性は、彼らのすぐれた海運と商取引の技術によっていよいよ高まってくるが、さきにも述べた八四〇年のシャルルマーニュ帝との協約によって、ビザンチウムとヨーロッパとの間の確実な紐帯をつくりあげてゆく。

その後二〇〇年にわたり、ベネチアの東西貿易は拡大の一途をたどってゆく。この間に、北東のダルマチアからリドーが攻撃されたのを機会に、ベネチアは自らの海軍を持つようになり、これをビザンチウム海軍に編入することによって、ビザンチウムとの関係はいよいよ緊密化した。同時に、アドリア海の制海権を握ることによって、後の十字軍に安全な航海を提供することになり、次の飛躍への道を開くことになるのである。

九九八年五月ドージェの、ピエトロ・オルセオロ二世のダルマチア制圧を記念して、毎年キリスト昇天祭の日に、ベネチアでは「海との結婚《スポサリツィオ・デル・マール》」という盛大なお祭りをくりひろげる。それほどに、このアドリア海の制海権の意味は、ベネチア（47）の発展、その海洋帝国の建設にとって、大きな意味をもっていたのである。

一一世紀の末に始まる十字軍の三回の遠征に対して、その海上輸送を引き受けるとともに、オリエントに対する直接的な通商権ばかりでなく、海上ルートの要所要所にデポを設

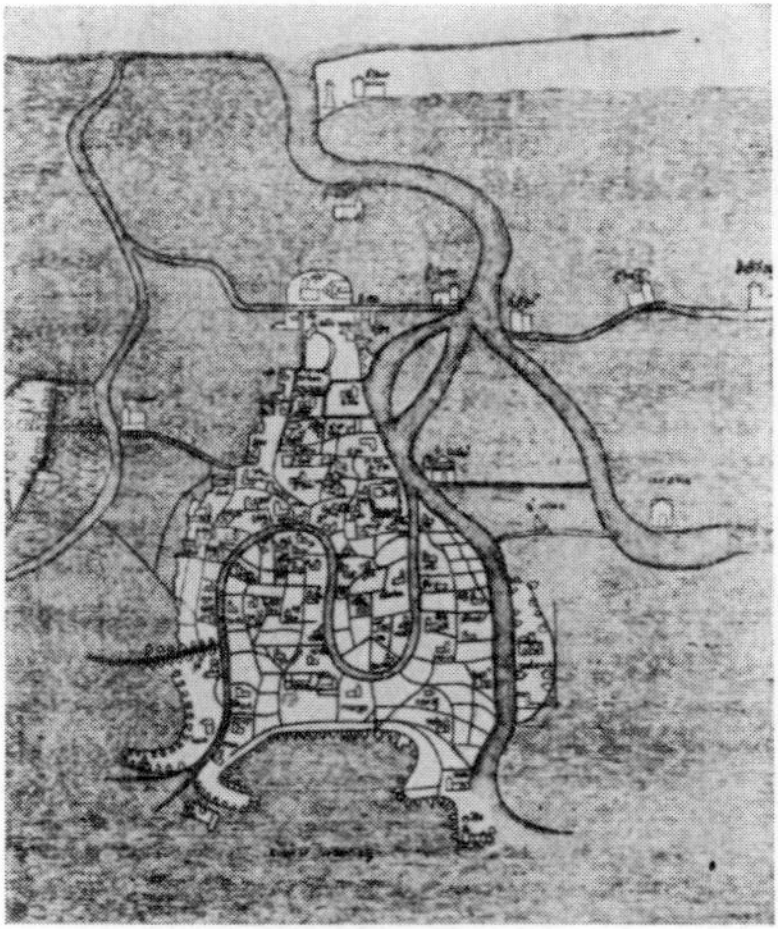

47　12世紀のベネチアの古地図　すでに今日のベネチア市街の基本的な形と大運河が見られる

け、軍事的にこれらの地方を支配した。東地中海沿岸諸国を意味するレバントの現地における通商のデポとして、ベネチアン民住区《クオーター》を建設し、教会や市場を建て、食パン製造の特権を確保する等々、フェニキアのシドンにおいては一一〇二年に、同じく古いフェニキアの母都であるティルスにおいては一一二四年に、といった具合に多くのレバント都市に貿易のデポをつくりあげていった。とくに、ティルスの征服は大きな意味をもっており、ベネチアは、この方面に対する貿易の完全な支配権を持つようになったのである。

また、十字軍の遠征の海上ルートの重要な港も、ベネチアの制圧するところとなった。たとえば、ロードス、ジャファ、モドン、アスカロン及びシオス等々で、アドリア海南部のギリシアの西海岸、ペロポネソスの南の海岸地方、クレタ島などが、すべてベネチアの支配下に入った。ここに、ベネチアの海洋帝国が成立するのである。

こうした十字軍の遠征ルートの重要な拠点として、ロードス島がある。今日でもなお十字軍が拠っていた城の遺跡がほとんど完全な形のまま残っている。海に面して城壁をめぐらし、フランス、ドイツ、オーベルニュ、スペイン、イギリス、プロバンス、イタリアのそれぞれの騎士団のクオーターがあり、城は、「海への門」(48)という城門を通して、すぐ前の港湾に続いている。港は東と西からとの防波堤に囲まれ、その先端にはそれぞれ聖ニコラスの砦(49)、聖モビリンスの砦が築かれていた。

48　ロードス島の十字軍城跡の「海への門」

　第四次十字軍は、本来の目的から一転してビザンチウムへの攻撃に切りかわるが、反転して北のエーゲ海へ向かったのも、この港からであった。一二〇四年の第四次十字軍には、ポルトガルの海外発展の推進者エンリコ・ドナルドが、ビザンチウムの占領に参加している。この反転は、ベネチアがビザンチウムの繁栄を奪い取ろうとした策謀であったともいわれる。とにかく、この遠征によってベネチアは、ギリシア沿岸からシクラデス諸島、スポラデス諸島、さらにマルモラ海から黒海にまでその勢力を伸ばしたのである。

　またシリアの沿岸及びエジプトにも、フォンダッチと呼ばれる貿易の拠点をつくった。こうして、その海洋帝国の完成とともに、オリエント貿易に対する完全な支配権を得た。これがベネチアの富の源泉であったことは、いうまでもない。

　ベネチアの軍船は、〝長い船〟と呼ばれるガ

49　ロードス島の聖ニコラスの砦

レー船（50）であった。先にも触れたようにこれは貿易にも使用された。九世紀の終わりに軍船として新しいものが開発された。もともと地中海は、風向きが一定せず、時々風が急に変わることがある。このために多くの人の手によって漕ぐタイプの多櫂《かい》式の船が古くからあって、それが地中海の伝統的なものであった。大航海の時代になって、帆走技術が発達するまで六〇〇〇年の間、地中海ではこのタイプの船を使用している。

　九世紀のベネチアのガレー船は、その後、改良を加えられていったが、一五四三年にコンスタンチノープルが陥落するはるか以前から、ビザンチウムのドロモン船の性能を凌駕し、その海運力に大きな差があった。

　ベネチアの東方貿易を行う〝丸い船〟の航海を護衛していたガレー船は、一三世紀には、漕ぎ手は同じベンチの上に三人、後には五人も一列にならんで、三本ないし五本のオールを引けるよう改良された。これを可能にするために、漕ぎ手の座るベンチには傾斜がつけられていた。オールや櫂栓にも工夫が加えられ、それぞれ長さを異にし、三本ないし五本をセットとして同時に漕げるようになっていた。このタイプの船をテルサルオロ船と呼んでいる。

　一三世紀の古文書によって一つの例をあげると、竜骨《キール》の長さ二八・二〇メートル、船の全長は三九・五〇メートルで、一〇八本のオールを備え、オールの長さは六・八五メートルから七・九〇メートルに及んでいた。

一四世紀になると、ベネチアとジェノバは、テルサルオロ船の六倍ないし八倍もある巨船を持つに至った。これは、海戦ばかりでなくオリエントとの貿易にも、聖地巡礼にも使用された。51図に見るように、堅固な船体をもち、三本のマストに帆を張り、船首に強大な衝角をもち、砲を備えている。そして、七、八人がかりで一本の長大なオールを漕いでいる。このタイプの船をガレーラ・グロッサと呼んだ。

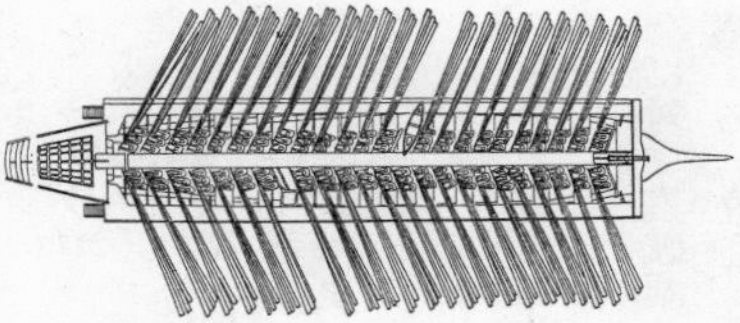

50　ベネチアのガレー船

51　ベネチアのガレーラ・グロッサ　大型の軍船である

一六世紀になると、漕いで戦う様式の軍船としては最後のものとなるガリアスあるいはガレアッツアと呼ぶ軍船が開発された。このころになると、イタリアでもスペインでも、他国の開発した新しい技術をとり入れて、船型の標準化が進んでいたのであるが、ガレーラ・グロッサよりも軽快な高速船であった。船首、船尾にたくさんの砲を備え、三本のマストを持ち、かつ多数の長大なオールを備えていた。一五七一年のキリスト教諸国とトルコとの間の有名なレパントの海戦は、このガレーラ・グロッサとガリアスとの組み合わせで戦い、トルコに勝利している。

大商人ギルドの港

歴史というものは、まことに奇妙なものである。世界史の中で、「一つの時代」をつくりあげたベネチアは、先に述べたように、生まれながらに自由と独立とを得た自由の民であり、一二都市のデモクラシーを基礎に出発する。ついで、一人の執政官《ドージェ》を選び、後にはドージェを廃して、大商人ギルドの寡頭政治《オリガルキー》となり、イタリアの封建諸侯との戦いの中で、君主政体をとっていく。

モーリス・ドッブは、一一〇〇年以降の、西ヨーロッパにおける貿易の復活とその封建社会に対する破壊的影響は十分によく知られている物語であるとし、どのようにして貿易に従事する人々や、貿易のコミュニティが成長したか、封建社会の中でそれがいかにして「別の組織」として成長したか等々について述べている。[6]ところがベネチアが、ドッブのいう封建制とは全く異なった〝別の〟商人によるコミュニティを形成していたにもかかわらず、君主制をとるに至ったのは何故であろうか。別の表現を借りると、たとえば、《ロンドンと海岸とを結ぶ大きな道路は、封建領主の権力を、最もひどく破壊するところの溶剤の役割をする貨幣が流れる動脈》であって、ベネチア自身が、この溶剤を流す動脈の役を果たしたのに、そのベネチアが君主制にまで昇華したということは、まことに奇妙な具合なのであるが、それにはそれなりに十分の理由がある。

ベネチアがドージェを必要としたのは、一二都市の漁業と交易の利害を調整するためだった。ドージェを廃してオリガルキーに変わったのは、四回の十字軍の遠征によってオリエント貿易の独占をなしとげた富裕な大商人たちが、大ギルドであるアルティ・マジョーリを組織し、彼らが得た特権を維持するためであった。この決定的な転換点は一三世紀の終わりである。最後に、君主《シニョーリ》の時代を迎えたのは、イタリア内部の諸侯と戦うために、絶対的権力を必要としたからである。

注目すべき点は、これらすべての時代を通じて、政治や経済の実権が、商人貴族《マーチャント・プリンス》のものであり、封建領主のものではなかった、ということである。ベネチアは、その新しい領地にはフランク王国をまねた領主を置いたが、本国にあっては、まさに実質的に大商人のオリガルキーだったのである。

こうした、社会経済の基盤が、ベネチアの港をこれまでにない新しい形につくりあげている。それは、封建的王権の介在しない、商人だけの港であるという性格である。いまその性格を要約すると、次のようになるであろう。

⑴　初期のラグーンは、どこにでも小さな船をつけることができたし、どこも自然の船着き場であった。外国との貿易が発達し、軍事行動を始めるようになると、特定の場所、即ち自然的、社会的、経済的条件を備えた港の「定在」を必要とするようになる。

⑵　一二世紀はじめの古い版画を見ると、ベネチアには、その西側（現在の鉄道駅と港湾のあるあたり）に、すでにかなり大きな港が出来ている。またこのころ、すでに大運河の原形が出来上がっており、現在のサンマルコ広場から東側の埠頭地帯、それから島の西北岸の

いたるところに船着き場があった。

(3) ビザンチウムとの貿易、特に十字軍の遠征を通じて多くの富裕な大商人が生まれた。彼らは、大運河の両側に軒をならべ、自分の家の前を船着き場とし、商品の取引は自宅の庭先で行った。その中心は、古い木製の橋がかかっていたポンテ・ディ・リアルト付近であった。

(4) 島の東側に、大造船所があった。中世を通じてベネチアの造船業は、最大の企業であった。現在のダルセーナ・グランデ及びその背後のドックである。特に軍船の建造がここで行われ、このほかにもたくさんの小型の造船所があったようである。ここには、数多くの屋根つきの造船所が並んでおり、それぞれのギルド組織の職人が働いていた。

(5) 当時の貿易は海運と不可分のものであり、航海と貿易とは一つの家族の事業、あるいはいくつかの家族の共同事業であり、大商人たちは、自分の船を自分の家の前に着けた。この形は、一七世紀のアムステルダムあるいはロッテルダムに引き継がれているが、商人による船と貿易と埠頭との一体化が、ここに一般的な形として現れたことが大きな歴史的特色であった。

2　都市と港湾と商人資本

ハンザ同盟の諸都市

都市とは何か。これについてはいろいろ議論のあるところだが、羽仁五郎氏が、『都市の論理』で次のように述べていることに注目したい。

　ナショナリズムというようなことの議論が最近また流行していますが、このナショナリズムの基礎に自由都市共和制というものがなければならないということは、日本ではほとんど認識されていないようです。[7]

氏がいわんとするところが、どうもよくわかりかねる。筆者は、一九世紀のナショナリズムが、羽仁氏のいう自由都市共和制の否定の上に立っていると考えているし、ヨーロッパと日本とでは、都市成立の条件が全くちがう。羽仁氏のいう自由都市共和制というようなものは、わが国にはなかったのである。それなのに、この古い西欧的概念を、いまわが国に対して要求しようとするところに、わかりかねる点があるのである。

西ヨーロッパの都市の成立を最も簡潔にいいあらわしているのは、アダム・スミスではないだろうか。それを要約すると、こうである。

　古代ギリシアやローマの共和国にあっては、都市の居住者は、大部分が大土地所有者であって、彼等に公的な土地が分配され、割り当てられていたのであるが、彼等は、お互いに一ヵ所に集って住むことに便宜を感じ、共同の防衛のために、都市に城壁をめぐらした。ローマ帝国が崩壊して後は、これと反対に、大土地所有者は、その領地のまん中に城を築き、彼等のテナントや従者にかこまれて住んだ。主に都市には商人や工人が住み、彼

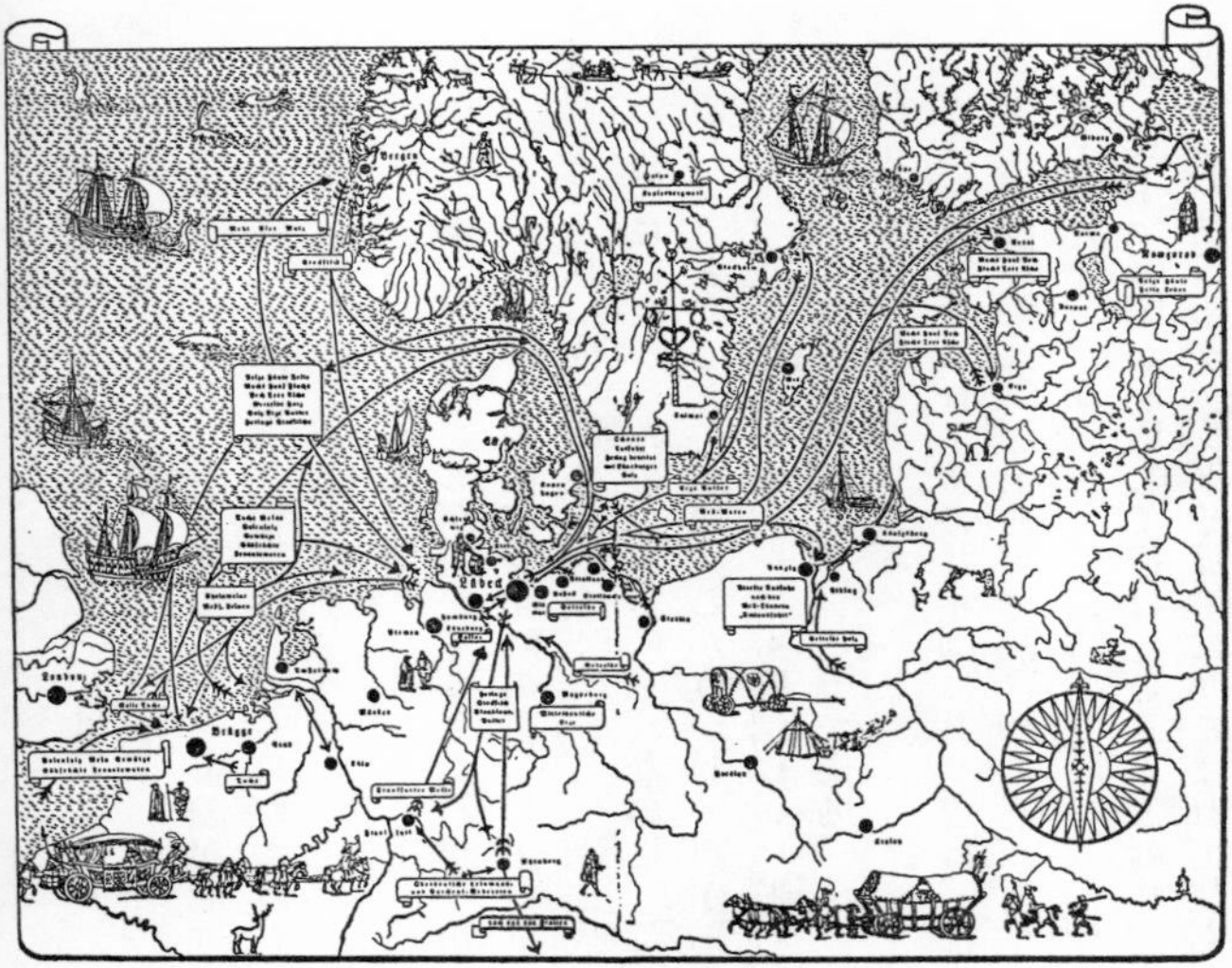

52　ハンザ同盟の通商路

等の身分は、奴隷に近いものであった[8]。

都市住民は貧しく、方々に設けられる市《いち》から市へ、わずかばかりの商品を持って売り歩いていた。この商取引による富の蓄積こそが、後年、都市権を持ち、都市内の自治と宗教や裁判の自由、税金をとる権利を得て、城壁をめぐらし、軍隊をさえ持つようになった有力な都市へと発達するのである。そして、こうした都市間の商取引を、最初に大規模にまとめあげたのが、ハンザ同盟（52）であった。

ハンザ同盟とは、北ドイツの諸都市や、海外の都市のドイツ商人グループの同盟であって、その貿易上の利益擁護のために設けられたものである。一三世紀の後半から一五世紀の終わりまで栄え、北ヨーロッパの交易を支配していた。その成立までの歴史を見ると、最初に二つのグループがあった。一つはバルチック海の交易を独占した北ドイツの商人グループであり、他の一つはフランドル地方やイギリスで活動していたライン商人グループ（その中心はケルンにあった）であり、最終的に、リュベックが、これら二つのグループを結ぶことにより一体化した。

カール・パーゲルがいっている。

ドイツの商人は、単なる売り買いのみをする商人ではなかった。彼らは、あらゆる場所で、生産の推進者であり、マーケットの組織者であった。[9]

このことは、非常に重要な意味をもっている。それは、ベネチアや北イタリアの商人と、ハンザの商人の質的ちがいを端的に表しているからである。ベネチアや他の北イタリアの商人たちは、貿易という商取引から始まり、後にヨーロッパにおける銀行組織に見られるように、金貸し即ち高利貸資本に発展するのに比して、ハンザ商人たちは、北ヨーロッパ各地を結ぶ馬車隊の組織、海運の組織をつくり、その商品流通を通じて産業を興したことである。商業資本の産業資本への転換ということをヨーロッパにおいて最初に組織的に成しとげたのが、実は彼らだったのではないかと思われる。そこで、もう少し具体的に、その発展の跡をたどって見ることにする。

北ドイツ商人グループの活動について見るに、一一五八年に、ヘンリー獅子王がリュベックを占領すると、この土地は、たちまちのうちにウェーストファリア及びサクソン（ザクセン）の商人たちの通商基地となった。彼らはすぐにバルチック海にあるゴットランド島のビスビーを、ロシアのノブゴロドとの交易の基地として建設した。そして、一三世紀の最初の二五年間に、バルチック海沿岸のリガ、リーバル（タリーン）、ダンチヒ（グダニスク）、ドルパットが、交易の中継基地としてつくられた。リュベックは、さらに一二世紀の終わりに、シュベーリン、ビスマール、ロストックに恒久居住地《パーマネント・セッツルメント》をつくりあげた。

このドイツ商人の北方進出は、当時のヨーロッパ経済に大きな変化をもたらした。最初に織物工場制手工業《マニュファクチュア》が組織され、工業化の進んだフランドルの製品が新しいマーケットに輸出された。ロシアの毛皮と木材、スウェーデンの銅と鉄、バルチック沿岸の安い穀物が、フランドルやロンドンにまで輸入されるようになった。

彼らはまた、ベルゲンから西ヨーロッパ一帯へかけての魚のマーケットを支配し、特に塩漬けのニシンはハンザ商人によって独占されていたので、彼らは、「ニシン王」の異名をもっていた。同盟はニシンを買い占め、塩漬けにして包装し、これをロシア、ドイツ、バルチック海諸国、フランス、イギリス、スペイン、ポルトガルに輸出し、帰りの船でこれらの国々の物産を輸入した。この交易の流れは、ジェノバやベネチアを介して遠くオリエントにまで及んでいる。

同盟のいま一つの中心であったケルンの商人たちは、初めライン渓谷の交易を独占し、フランドルとドイツとの商品の売買を仲介していた。彼らはまた、ナミュール、ディナン及びリエージュの金属製品の取引の主役であり、イギリスにおいては一三〇三年、商人のための勅許状であるカルタ・メルカトリア発布以来、税金を免除されるという特権を得てスチールヤード・マーチャントと呼ばれ、国王への献金と引きかえに広汎な自治を認められていた。彼らは、エドワード懺悔王（在位一〇四二―一〇六六年）からエリザベス一世（在位一五五八―一六〇三年）までのイギリスの貿易の大部分を握り、羊毛の輸出を支配した。余談になるが、このころまでロンドンでは、金融はイタリアの商人たちに握られ、貿易はハンザの商人たちに握られていたのであった。

こうして、ハンザ同盟の基本的骨格は、一三世紀の半ばころまでに出来上がる。リュベックとハンブルクとが、フランドルのブルージュとの間で貿易協定を結び、ケルンの商人団とともに、ドイツ・ハンザを形成したのは一二五九年であった。一二八〇年には、西ヨーロッパで活動していたドイツの商人団が、北ドイツの諸都市とも結びつき、一三五八年に完全な統一組織としてのハンザ同盟が成立する。彼らは、強力な海軍をも持ってデンマークと戦い、勝利したのである（一三六〇―一三六九年）。

それではこのように強力な通商同盟が、いかにして成立し得たのか。その背後には、農業生産力の飛躍的発展と農業からの手工業の明確な分離、手工業のマニュファクチュアへの組織化があったことを忘れてはならないであろう。そして、ヨーロッパの陸と海との輸送体系がつくり出されたのも、この時代であった。

ドイツの商人たちは、パーゲルがいうように、たしかに単なる売り買いの商人ではなかった。彼らはイギリスやフランドル地方、オスローやプスコフ、ポロツクなどに多くの製造工場をつくり、その最も代表的なものはフランドルの織物工業であった。また彼らは、有効な馬車隊の組織者でもあった[10]。

首馬具及び引き具の発明は、中世の経済にとって計り知れぬほど大きな影響を与えた。第一に、牛馬の力による耕作、即ちスキによる深耕によって農業生産が、耕地面積の拡大を伴って、飛躍的に拡大する。この結果、大量の余剰生産物をつくり出し、農業からの手工業の分離、都市の形成を決定的にした。フランドルの諸都市は、南ドイツやフランスから穀物を輸入していたし、この穀物なしにはフランドルの織物業は成立し得なかったのである。

つぎに馬車の発明で、人力では及びもつかなかった大量の貨物を、遠方に運送することができるようになった。これは内陸都市との交易の発展、貨幣経済の浸透に実に大きな役割を果たしたのであった。こうして、近代資本主義経済への途を切り開いたのは馬であった、という愉快な結論が引き出されるのである。

ハンザの商人たちはまた、強力な商船隊の組織者であった。北欧における最初の航海者であるバイキングの時代は一一世紀をもって終わりをつげる。その航海技術の伝統の上に立って、彼らは一本マストに四角な帆を張った帆船を使用した。海運史家は、九〇〇年から一四五〇年までの間を、「一本マストの偉大なる時代」と呼んでいる。

この時代の西ヨーロッパの船型は、ほとんど同じものであった。彼らは、後のスペインやポルトガルのように、大洋を航海できる大型の船を持たなかったが*、その基本ルートは、フランドルのブルージュ、あるいはネーデルラントのザイダー・ゼーからハンブルクに達し、ユトランド半島の南部を陸路リュベックに至り、海路バルチック海に入ってフィンランド湾に達する海陸混合ルート、あるいは北海からカテガット海峡を南下してバルチック海に入る海上ルートであった。

ハンザの船は、コグと呼ばれる小型の船であった。その初期のものはやはり一本マストの、割と船脚のおそい船であった。一二世紀から一四世紀にかけてハンザの都市では、船の絵を刻んだ都市の円形のシール（53）をつくることが流行している。その絵を見ると、どれも一人の人間が船を操っている構図になっている。これは、航海が個人によって行われていることを意味し、地中海型の多櫂式の船とはおよそ性質を異にしている。彼らは、たとえハンザの都市や宗教上からの制約があったとしても、海上にいる限り誰からも命令されない、自由な人間であったはずである。このように、古代の地中海様式の航海あるいは交易と、ハンザのそれとには、本質的な違いがあるように思われるのである。

53　1350年のエルビンクの紋章に描かれたコグ船（ハンザの商船）

ハンザ同盟といっても、それは中央集権的な組織ではなく、それぞれの都市の自由をあまり束縛しない、地方分権的な、ゆるい組織であった。一四世紀ころになると、船型もまた、都市により貨物によって異なった大型のコグ船（54）が現れた。これは高い船側をもっていたので、漕いで戦う軍船に対しては有利な戦闘を行うことが出来た。

彼らはこの間に、多くの中継基地としての港湾都市をつくりあげ、防波堤や灯台、船着き場、倉庫、住居を建

54　14世紀の北ヨーロッパの貨物船

設した。当時、陸路を行くことは盗賊の難にあったり、至るところで封建諸侯の税金徴収を受けたりする障害があった。ハンザ同盟のそもそもの始まりからして、こうした通商隊の障害を力をあわせて排除することから始まっている。とくに、一隻の船で運ぶ商品の量は一台の馬車で運ぶ量よりもはるかに大きくかつ安全であったので、海運に重点が置かれたことは容易に想像できる。こうして、地形上の特殊性も手つだって、ヨーロッパの海岸線にたくさんの港湾都市が発生している。ハンブルク、ブレーメン、コペンハーゲン、アムステルダム、ロッテルダム、アントワープ、ロンドンなど、今日の有力な都市がすべて中世の交易と商人資本の中から生まれたことに注目したい。これらの同盟の加盟都市は、その最盛時には一〇〇を超えたのであるが、中世の経済社会を発達させた原動力としての海運の意義は高く評価されなければならないであろう。

　こうした都市及び商人の同盟組織と、商取引の秩序は、Recesus《レセスス》 Hansae《ハンゼエ》 及び Recesus《レセスス》 Civitatum《シビタツム》 Hanseaticarum《ハンゼアティカルム》 という法体系によって維持されていた。航海および貿易の資金の提供は、前述したベーデムリー、即ち古くから地中海方面で行われていたボトムリーによって行われていた。ベーデムリーが初めて西ヨーロッパに現れるのは、中世の海商法であるビスビー法以来のことである。

この制度は、今日ではすでに消滅して、貿易金融や海上保険といったより発達した制度になっているが、当時のこの制度の特色は、このローンの返済が、安全に航海を終えたときにのみ支払われる習慣になっていたことだ。従ってもし船が途中で難破すれば、貸した方も借りた方も、ともに被害を受ける。そこに求償権のようなものは存在しなかったようである。

こうした関係は、「他人」の間では成立しにくい。家族とか、非常に親しい共同経営者であるとか、そうした間柄でないと困難である。ハンザ同盟の商人たちや同盟自体が、血縁、地縁及び宗教を同じくすることを必要とした理由が、ここに由来すると思われるのである。

ロンドンにいるドイツ・ハンザの商人団であるスチールヤード・マーチャントについて、《彼らは他から孤立し、僧院のような生活をしていた》という記述を、どこかで読んだことがある。筆者がここで強調したいのは、彼らの経済生活は、運命共同体的な封鎖社会ではあったが、中世のヨーロッパの多くの交易港湾都市をつくりあげたこと、都市及び港湾自体が中世の商人船主の資本によって成立したということである。ヨーロッパの都市及び港湾の成り立ちを規定する、その歴史的、論理的普遍性である。このような伝統に立つヨーロッパのポートという概念の中には、広汎な都市的要素が含まれているが、わが国ではそうした歴史的事実が徳川時代の鎖国政策によって成立していないので、港とは船を着ける施設であるといった非常に狭い意味にしか使用されていないのである。

ハンザの伝統は、今日まで残っている。たとえば、ハンブルク市の正式名称は、「自由ハンザ都市ハンブルク」であり、港の中にもハンザ・ハーフェン、あるいはハンザ・パレット等々、ハンザの名を冠して誇らしげに使用している。

ハンザ同盟の中心となった都市はリュベック(55)、ドルトムント、ビスビー、リガであって、これらの都市はドイツ商人の強力な連帯のもとに成立し、その外延としてブルージュ、ロンドン、ベルゲン、ノブゴロドがあり、今日の言葉でいえば、ハンザ・ネットワーク(56)とも称すべきものをつくり出していた。そして、特にリュベックが盟主的立場にあった。

＊　大きく入り込んだ湾のことで、その一番奥にアムステルダムがある。

55　1493年のリュベック――ハンザ同盟の中心都市

リュベック

リュベックは、古くはシュワルトー河の合流地点トラーベの岸にある集落であったが、一一三八年に外部からの侵略によって破壊され、その五年後にホルスタイン公アドルフ二世が、ノルマンの侵入を防ぐために、旧市街から五マイルほど上流に新しい都市をつくった。その後一一五七年に、ヘンリー獅子王がこれを奪い、自由なサクソンの都市とした。

この都市は、ユトランド半島とドイツとの接続地点にあり、北海から商品をハンブルクに揚げ、陸路リュベックにもたらす。ここからさらに海路スカンジナビアおよびバルチック海の諸港、特に古い東洋との通商路であったロシアのノブゴロドを結ぶ、北欧の交通の十字路

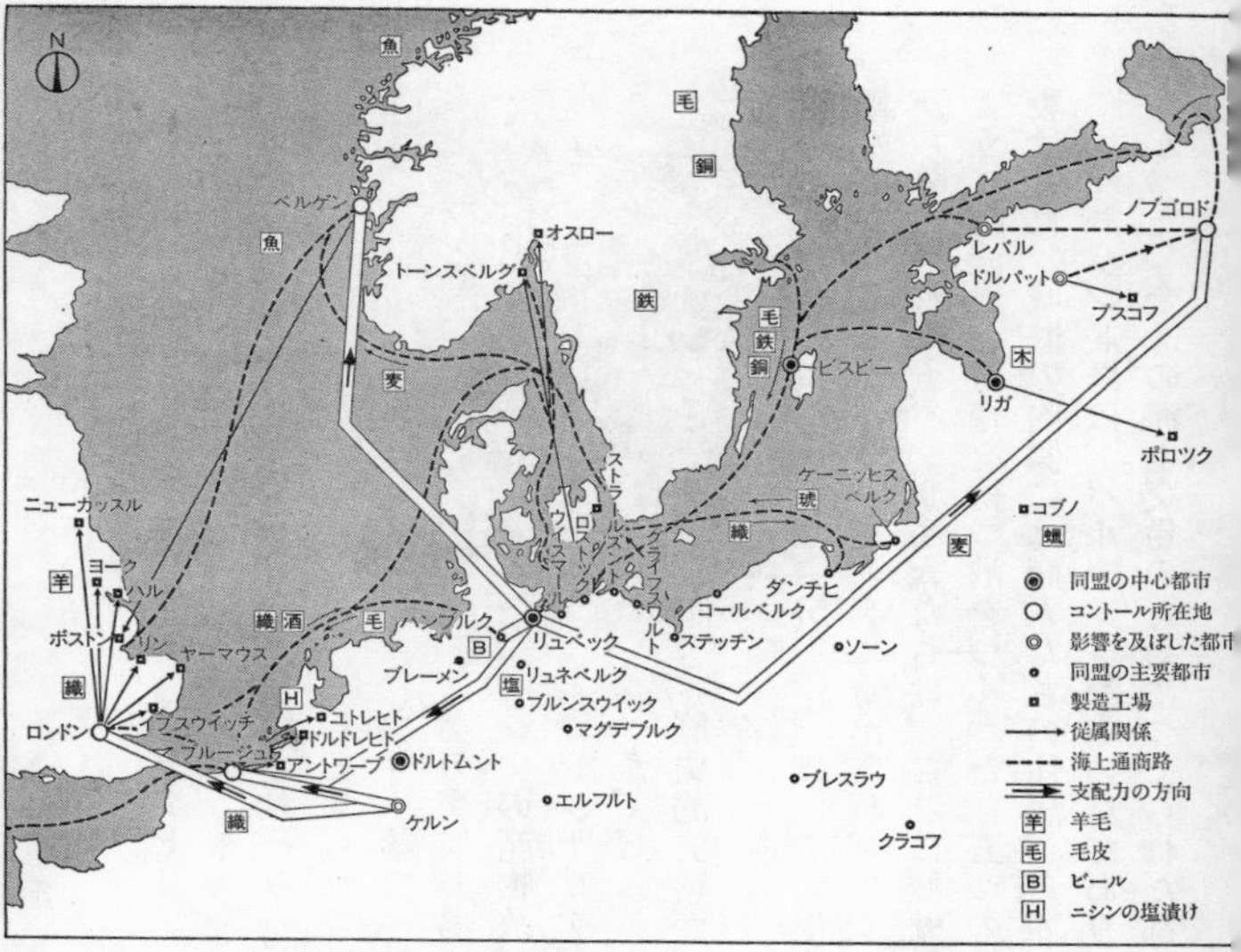

56　ハンザ・ネットワーク

にあたり、古くから交易が行われていた。住民の大部分はドイツ人で、一三世紀の初めにはバルチック海沿岸のドイツ人都市の支柱となっていた。多くの都市の共同の控訴裁判所が置かれており、ウィスベック、ロストック、ストラールズント、グライフスワルト及びノブゴロドのドイツ人居住地に対する支配力を及ぼしていた。

また彼らはさきにも述べたように、バルチック海のゴットランド島のビスビー、バルチック海沿岸のリガに、ノブゴロドとの通商基地を設け、一三世紀の初めにリガやダンチヒあるいはドルパットなどの諸都市をつくって、通商の拡大につとめた。このうちで特に重要なものが、ビスビーとリガであった。

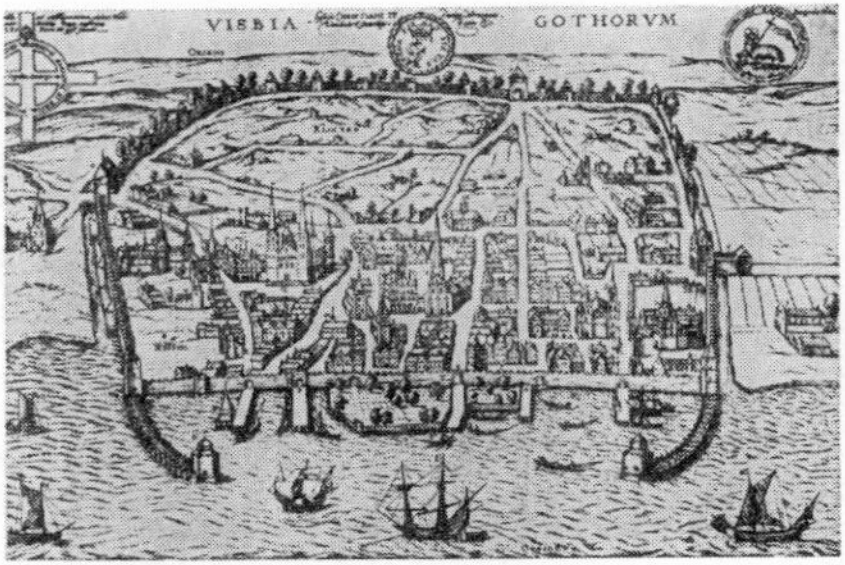

57　15世紀のビスビー

ビスビー

ゴットランド島のビスビー（57）は、非常に古い時代、おそらく石器時代からの北方の人々の交易の場所として知られていた。その名称の由来をたずねると、ノルウェー語で「神聖な場所」を意味する。古くはバイキングの交易の場所であり、ハンザ同盟の成立によって、ロシアの産物及びノブゴロドを経由する東洋の産物と、スカンジナビア、西ヨーロッパの産物との交易の場所となった。ビスビーの歴史博物館は、バイキングとハンザの歴史的史料が、重層的に保存されていることで有名である。

ロシアの毛皮、木材、その他、スカンジナビアの銅、鉄などが、ここからリュベックに輸出され、フランドルの織物やブドウ酒などがリュベックから輸入された。ハンザ商人たちは、ここに城壁にかこまれた都市をつくり、図に見られるように防波堤と灯台を持つ港をつくった。五つの桟橋様式の船着き場が、城門のすぐ外側に設けられ、城壁の内側には商人たちの住居、倉庫、それに教会と広場があった。

ゴットランド島は、バルチック海中の島であり、内陸の諸勢力から直接攻撃されることはなかった。全くの海上交易のためにつくられた都市であり、ハンザの都市様式をよくあらわしている。ここで、中世の海商法であるビスビー法がつくられたことでも有名である。

リガ

リガ（58）は、一一五八年に、リュベックやブレーメンの商人によって、商品のストック・ヤードとしてつくられた都市である。法王インノセント三世は、一一九九―一二〇一年にドイツ商人の居住権を認め、チュートン騎士団とともに、法王の教権の拡張をはかったが、一三世紀のはじめに都市が自らの行政長官を選んで自治権を持つようになった。そして一二五三年に、これら王権や教会の介入を完全に排除して、自由な商人の都市となった。ビスビーと同様に、最初は堀をめぐらして簡単な城壁をめぐらしただけの港湾都市であったが、一七世紀には、図に見られるように、当時流行のさらに強力な菱形の稜堡を持った重武装都市となった。木材の輸出港として有名であった。

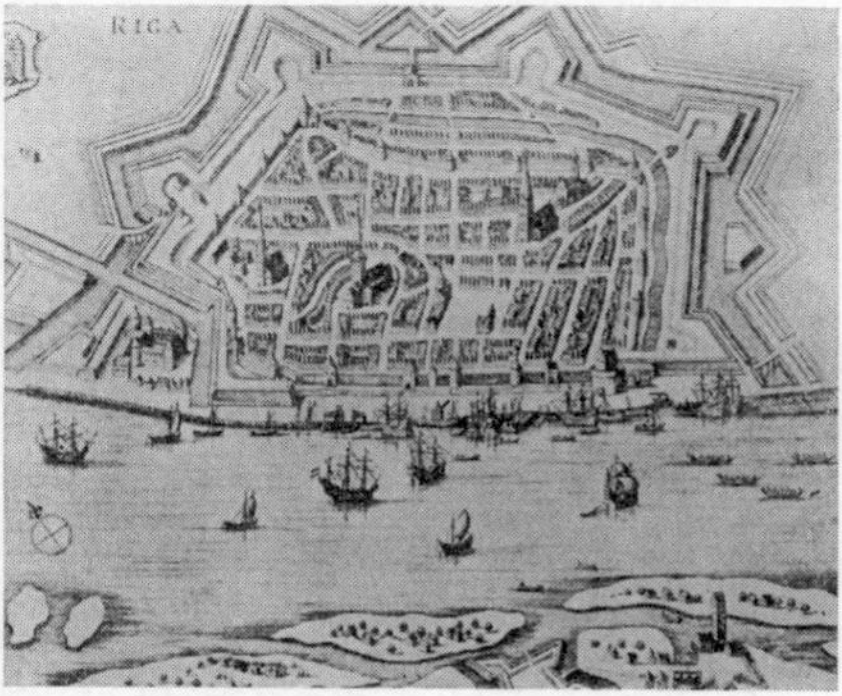

58　17世紀のリガ

ブルージュ

ブルージュとは、フレミッシュ語の橋（英語のブリッジ）を意味する。レイ河の河岸に位置し、七世紀には「レイ河にかけられた《橋の町》(Municipium Brugenese)」と呼ばれていた。

フランドルの領主たちが、ノルマンの侵入をふせぐためにつくった古い城塞であったが、前記のように一三世紀にハンザ都市となり、南部における商取引の中心として栄えた。ともに、南ドイツのライン商人の商圏に属していたもので、フランドル地方に発達した毛織物工業は英国から上質の羊毛を輸入し、ヨーロッパで最初のマニュファクチュアを発達させた。ブルージュの商人資本のもとに、ユトレヒト、ドルドレヒト、アントワープなどに多くの毛織物マニュファクチュアがあった。

また、ベネチアその他の北イタリア諸都市及びマルセイユを通じて、地中海方面との交易を行っており、これを「大貿易《グラン・コンメルス》」と呼び、オリエント貿易のヨーロッパにおける終着地点でもあった。その全盛期は、一五世紀であって、一五世紀の終わりに羊毛の商権が英国商人の手に握られるようになると、その繁栄は、アントワープに移った。

ブルージュについて特に記しておきたいことは、ここにハンザ同盟のコントールが置かれていたことである。コントールとは、ハンザ商人によってつくられた取引所であり、かつ決済機関であった。ハンザの大通商ルートの端にあるブルージュとノブゴロドとは、彼らの最大の工場であって、羊毛及び毛織物の取引の中心であり、オリエントの商品のヨーロッパにおける取引の中心でもあった。そして、ここにヨーロッパから多くの商人や金融業者が集まっていたのであった。

アントワープ

アントワープ(59)とは、フレミッシュ語のアン・デ・ウェルペンに由来する。これは「埠頭のかたわら」という意味で、シェルド河の岸につくられた埠頭の近くに居住地があったことを指している。

一一世紀に城壁に囲まれた都市となり、一五世紀の終わりにブルージュが衰えた後は、外国の商人ギルドと銀行とがこの地に集中し、一六世紀にはロンドンとヨーロッパとの「通風筒」と呼ばれ、約一〇〇〇の外国人商館があったといわれる。今日でも市庁舎の前の広場に、中世の見事なギルドハウスの建物や多くのギルドの記念像がならび、また街の通りに面した古い建物に、中世の船や人物の大きな彫刻が見られる。

59　16世紀ころのアントワープ風景

ブレーメン

ブレーメン(60)が、最初に歴史にその名をあらわしたのは、西暦七八二年とされている。その名称は、ブレミング、即ち「境界をつくる」という語から出たものではないかとされている。八四五年には北欧諸国の宗教上の中心となり、カトリック大司教の使者たちの後を追うようにして、交易が行われていた。教会の権威からある程度独立した商人同士の取引は、商人たちの富が都市を形成するに至る一一世紀に、

60　中世早期のブレーメン風景　向かって右側に市役所が見える

オランダや英国との間の交易が行われるようになったことから始まる。

一〇三二年に最初の都市の城壁がつくられており、一〇三五年に、年に二回、自由交易の「市」を開催することが承認された。一一世紀の後半になると、宗教上の権威が「北のローマ」と呼ばれるほどに高まり、フィンランド、アイスランド、グリーンランドにまで交易ルートが開かれた。またブレーメンの船が、しばしばロンドンを訪れている。一一八六年に、皇帝バルバロッサによって最初の都市権が与えられ、スカンジナビア方面にビールを輸出した記録がある。

ブレーメンがハンザ同盟に参加したのは一三五八年で、初めのうちは同盟との結合がそれほど強固でなく、しばしば同盟から独立して行動したといわれるが、後になって強固な同盟の支持者となった。ハンブルクと同様に、今日でも「自由ハンザ都市ブレーメン」と呼んでいる。

マルセイユ

マルセイユ（61）はハンザ同盟の都市ではないが、一言触れておかなければならない。それは、古代ギリシアの植民地マッサリアとして知られているが、実はそれ以前、紀元前六〇〇年ころに、フェニキア人の航海者によってつくられた都市である。今日でもその旧港《ビイユー・ポール》はラシドンと呼ばれている。いまから約二五〇〇年前のことである。後にコルドバの回教王国に占領された時代もあった。

かつて、ベネチア、ジェノバ、フィレンツェ等の北イタリア諸都市を通じるアルプス越えのいくつかの通商ルートと、マルセイユを通過してリヨンを通りローヌ渓谷をまっすぐ北上してブルージュに達するルートがあったが、マルセイユは後者の通商路のヨーロッパの南端であった。ビイユー・ポールと呼ばれている古代、中世からの港は、自然の良好な入り江を利用したもので、今日ではヨットハーバーとなり、周囲にはレストランが軒を並べて、生カキやブイヤベースなど独特の料理をたべさせる。

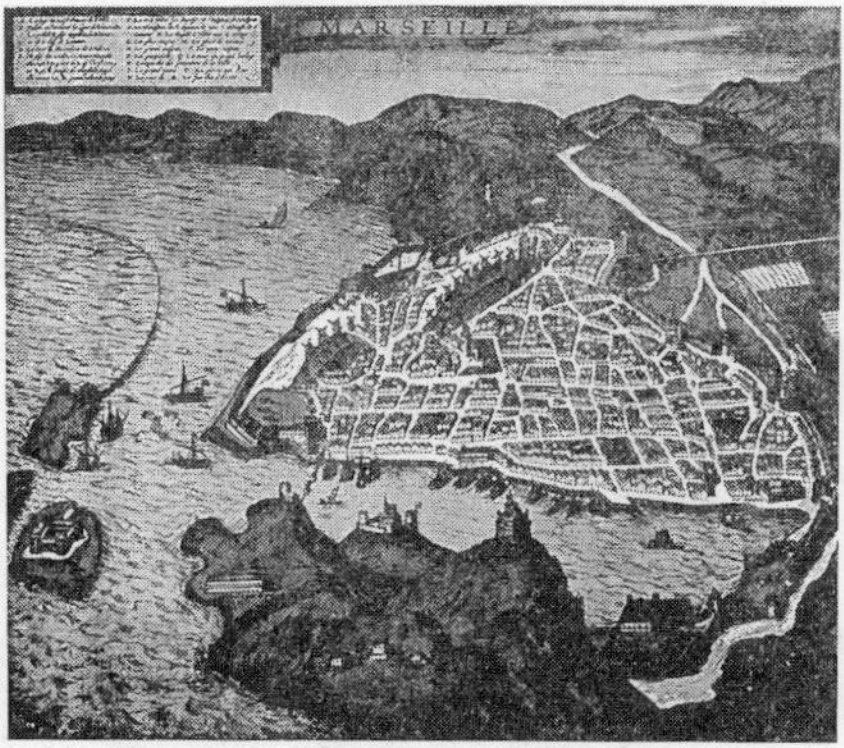

61　16世紀のマルセイユ

さて、ここでハンザの港について総括しておこう。古典古代の地中海世界では、ローマによって最もよく代表されるように、それは一つの母都市を中心として放射状に結合される関係にあった。これを62で示す。

62の図のPAをローマとすると、それを代表するオスチアの港（オスチア・アンチカ）が中央にあって、P_1、P_2、P_3……という、それぞれの植民地の港とリンクしていた。「すべての道はローマに通ず」という言葉が示しているように、ローマがオールマイティであった。

中世のベネチアでも、その海洋帝国の中心はベネチアであり、ベネチアに富が集中した。

ハンザ同盟では、この関係が63のように変わる。

P_1、P_2、P_3……は、それぞれハンザの都市であって、それぞれ独立した取引を行い、宗教上、軍事上あるいは商取引上の同盟としてのゆるい規制はあったが、それぞれの都市は自由に貿易を行い、富を蓄積することができた。中世の谷間において、資本の自由の原則が確立されている。それ故、古代地中海では母都市が滅びるとすべての通商体系が滅んだが、ヨーロッパでは一つの都市が衰えても、他の都市が栄えた。繁栄の中心が、リュベックからブルージュへ、ブルージュからアントワープへと移りかわり、それぞれの都市は分散して独自に

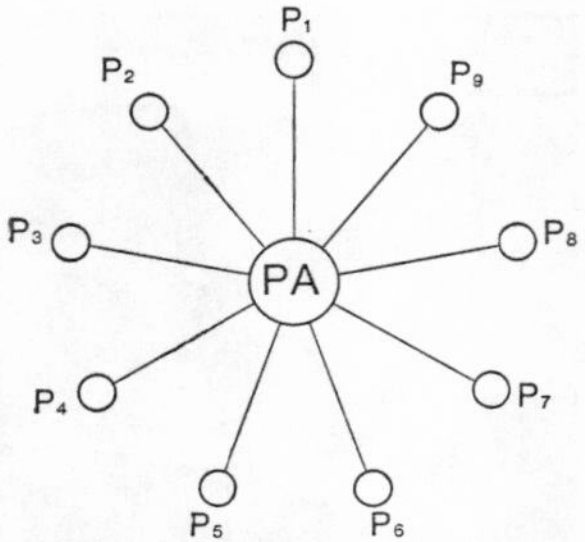

62　母都市と植民地の関係図

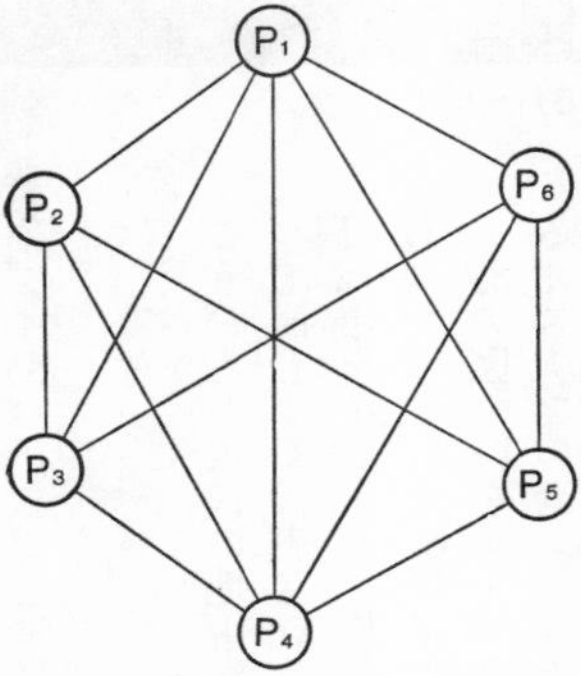

63　ハンザ同盟の関係図

富を蓄積することができた。そして後に述べるように、アントワープの次にアムステルダムが、アムステルダムの次にロンドンが、貿易、海運、金融の世界の中心として発展するのであり、その西欧的な経済発展の根源を、ハンザ同盟に見ることができる。

産業革命期以前の、こうした港湾を、筆者は「前期的港湾」と定義している。

3　自由ハンザ都市ハンブルク

古いサクソンの聖地

ハンブルク(64)は、いうまでもなくハンザ都市であるが、ここに項を改めて記すのは、北ヨーロッパにおける代表的な港湾都市で、ハンザの伝統を今日までも強く残しているとともに、その港の発達について豊富な史料と研究の成果を持っているからである。

ハンブルクは、シャルルマーニュ大帝によって、エルベとアルスターの間につくられた要塞に始まっている。スラブ人の侵入をふせぐためにつくられたもので、それを取りかこんでいる森（Hamme）から、ハンブルクという名称が生まれたとされている。シャルルマーニュ帝は、八一一年に古いサクソンの聖地とされていたこの土地に教会を建て、北ヨーロッパにおける布教の中心にしようと考えていたようである。彼はここを根拠地として、ユトランド半島、デンマークからスウェーデン、ノルウェーまでも、布教の手を伸ばそうと思っていた。こうして八三四年に、ハンブルクは大司教管区となったが、八四五年に教会と僧院とがノルマン人のために焼き払われ、管区の中心はブレーメンに移された。

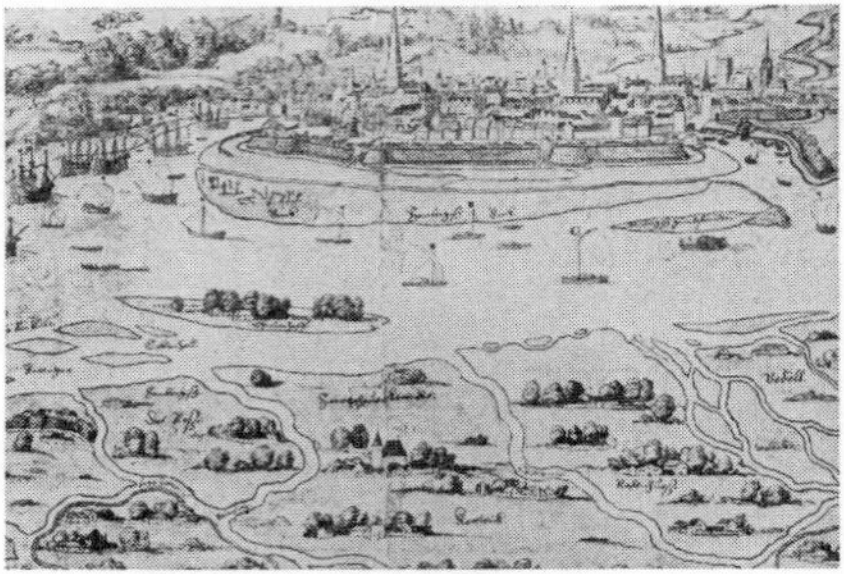
64　1568年のハンブルク港風景

破壊された都市は間もなく再建されたが、一度ならずデーン人やスラブ人の侵入を受け、一一一〇年にハンブルクは、ホルスタインと共にシャウエンブルグ伯アドルフ一世の領地となり、その長男ホルスタイン伯アドルフ三世の手によって新都市として開発された。これが商業都市としてのハンブルクの始まりである。

このころは、ヨーロッパの中世社会経済の中に、貨幣経済と交易とが発展し、各地に都市が発達した時代であった。ハジェット教授も、一〇世紀以後のヨーロッパの都市の発達が交易と切り離しては考えられないとしているが、この必要条件としては、周辺の農業生産力が都市人口を養いうるほどに発達していること、都市に商人ギルドが組織されクラフト・ギルドを傘下に置いて他都市との交易を行うこと、交易手段として馬車隊や商船隊を有し港湾を築造していること、さらに王権から都市権を取得して城壁をめぐらし、軍事及び資本の自由が存在すること等が考えられる。

ハンブルク市は、十字軍の遠征資金を拠出したことの見返りとして一一八九年に、神聖ローマ皇帝フリードリヒ一世（バルバロッサ）から多くの特権と自由とを与えられた。即ち、税金の免除、南エルベから北海に至る航行の自由、通行税の免除、司法及び裁判権の授与、河川の漁業権等々である。一一九〇年に、はじめて市議会が設立されたが、完全な自治権の確立は、一二九二年の憲法の採択以後である。こうした基礎に立って、一二四一年にリュベックとの間に防衛同盟が結ばれ、ハンザ同盟の確立へと向かってゆく。ハンザの諸都市が、こうした自治と商人資本の確立を基礎としている最もよい例をこのハンブルクにみることができる。

一一八九年にホルスタイン伯アドルフ三世は、皇帝フリードリヒ・バルバロッサから、前に述べた特権と共に一つの免許状《フライブリーフ》を得て、ウンターエルベ一帯の船着き場を、関税免除地域とした。これが今日のハンブルク港の始まりとされており、同時に、自由港の始まりでもある。モーリス・ドッブは、その著『資本主義発展の研究』の中で、

商略上、重要な商品集散地《アントルポー》に適合した特殊な場所では、都市は、たとえばハンザの都市やラインの都市、またロンドンもおそらくそうだが、最初から独立の性格をもっていた。[11]

と述べている。事実、神聖ローマ帝国（九六二―一八〇六年）の中で、ハンブルク、ブレーメン、リュベックなどを含む五〇余の都市が、「帝国自由都市」*となっているのである。アドルフ三世は、領主（大地主）であるとともに商売人でもあり、週ごとに「市《いち》」を設け、年三回大市《おおいち》を開いた。城壁のなかの耕地に、商人や船乗りたちの住居を設けたりして、教会を中心に新しい港街《みなとまち》をつくりあげた。このようにして、初期のハンザ都市が出来上がるのである。

フォン・レーエによれば、一一八八年から一五一七年までを、ハンザの時代としている[12]が、ハンザとは、男性の名ヨハネス（Johannes）の愛称ハンス（Hans）、ヘンゼ（Hänse）が、ハンザ（Hansa）と転じたもののようである。その意は「男たち」、いろいろの形容詞を伴って「出しゃばり者」「しあわせ者」「世話ずき」などの意があるが、ハンザ同盟とは、「男たちの同盟」、即ち大商人の同盟というほどの意であるらしい。

フォン・レーエによると、一二世紀の初め、アドルフ三世が最初の都市を形成したころ、すでに外部との取引がかなりあったようである。[13]ハンザ同盟におけるハンブルクの地位は、フランドルの織物やブドウ酒などを、ここで陸揚げしてリュベックに運び、逆に、ロシアの毛皮や木材を持って来て、ここからブルージュ方面に積み出したことである。

その後一三世紀に至る間、一時デンマークの支配下に入ったこともあるが、ハンブルクの商人は、古い型の行商人から、一定の土地に居を構えた卸売商人、小売商人へと発達する。一四世紀になると、馬車隊や商船隊を組織したりする有力な「貿易商人」が生まれる。こうして、商人資本の拡大が都市の経済活動をいよいよ発達せしめ、大商人たちが、都市権を持つ都市の主人公となるのである。

＊　帝国とは、神聖ローマ帝国（Holy Roman Empire）のことである。一二五四年に、ゲルマンの皇帝が世襲するヨーロッパの領土に対して、ローマ法王が与えた名称である。そのために、ドイツ帝国と呼ぶこともある。その最盛時には、現在のドイツ、オーストリア、チェコスロバキア、スイス、東部フランス、ネーデルラント、イタリアの大部分を含む、広大なものであったが、後には名目的なものとなり、一八〇六年の帝国の解体まで続いている。

エルベの治水工事

ハンブルク市が初めて形成されたころのエルベ河は、65に見るように、自由奔放に原野を流れる原始的河川であった。一三三四年に、ターテンベルク及びシュパーデンラントにおいて河川の治水事業（66・67）がはじめられた。これはゴーゼ・エルベがブンテホイザー砂洲で、南エルベと北エルベに合流する地点で、北エルベの水流がハンブルク市に向かって押し寄せ、時として大洪水となることを避け、運河をつくって流水を誘導し、河川の湿地帯に堤防をつくり、両岸に護岸工事をほどこしたものであった。このことは、有効な水路を構築することのほかに、改修された河川の両岸に広大な農地を確保する重要な目的があったもののようである。このことについて、ドップも指摘している。

フランスでは十二世紀に海の埋立、ドイツではエルベ河オーデル河ウィッスラ河の沼沢地の排水がおこなわれた[14]。

このとき、ブンテホイザー築堤工事（68）とともに、河岸を掘り込んで小さな船着き場が、いくつも出来てい

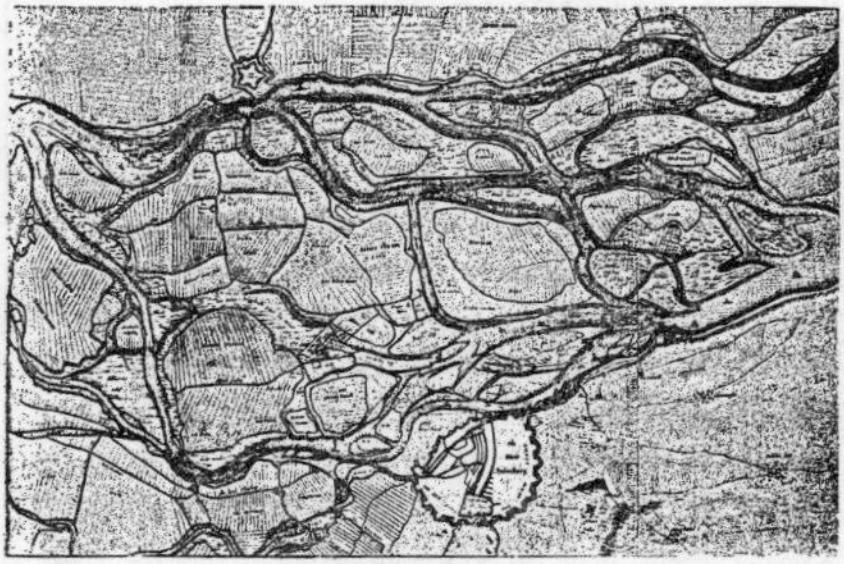

65　ハンブルク市の成立と原始エルベ河

る。これは、ロンドンのテムズ河の岸に船着き場が出来たのと、全く同じ原理にもとづくものであって、多数の船着き場が、ギルド別に、あるいは私的形態においてつくられたことを示すものである。

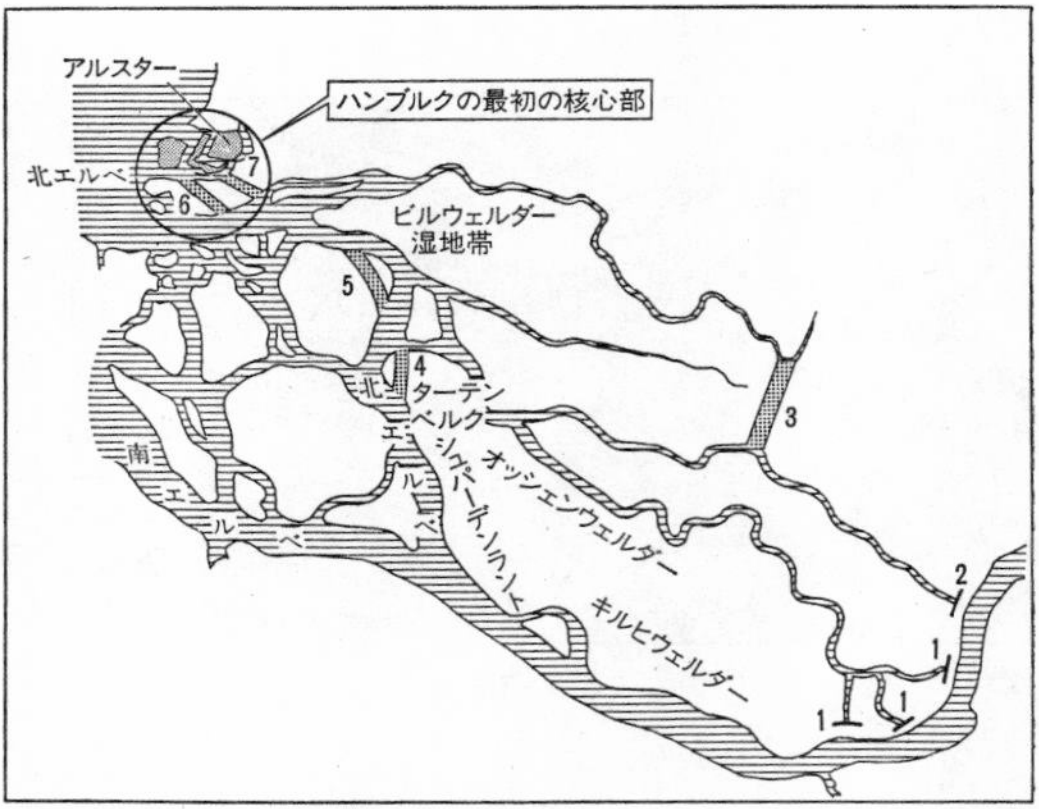

66　北エルベの治水事業①　1ゴーゼ・エルベの水をせき止める　2ドーベ・エルベの水をせき止める　3集水路を掘る　4シュパーデンラントに運河を開削する　5カルテホッへに運河を開削する　6ブルックスの運河開削　7グランデスウェルダーを囲って運河を開削する

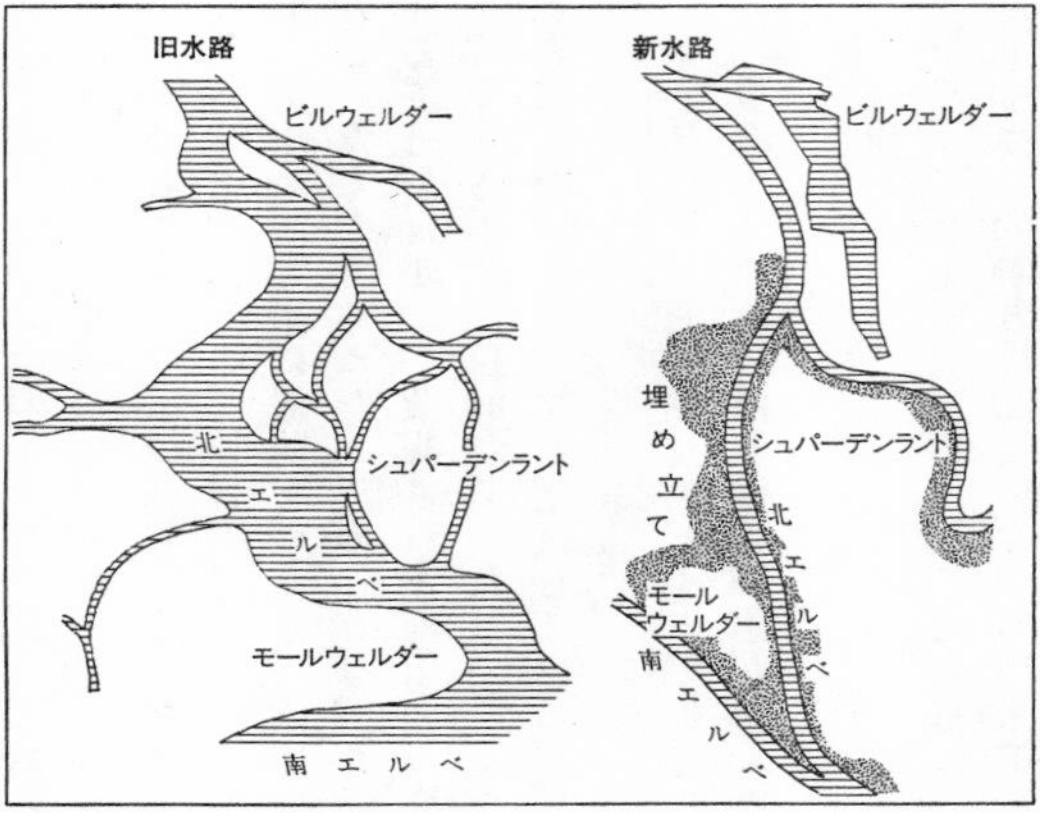

67　北エルベの治水事業②

アルスター・ハーフェン

こうして野生のエルベ河は、次第に人工が加えられ制御された河川となるとともに、ハンブルク市（69・70・71・72）に本格的な港湾の建設がはじまる。特にこれは、一四二〇年の

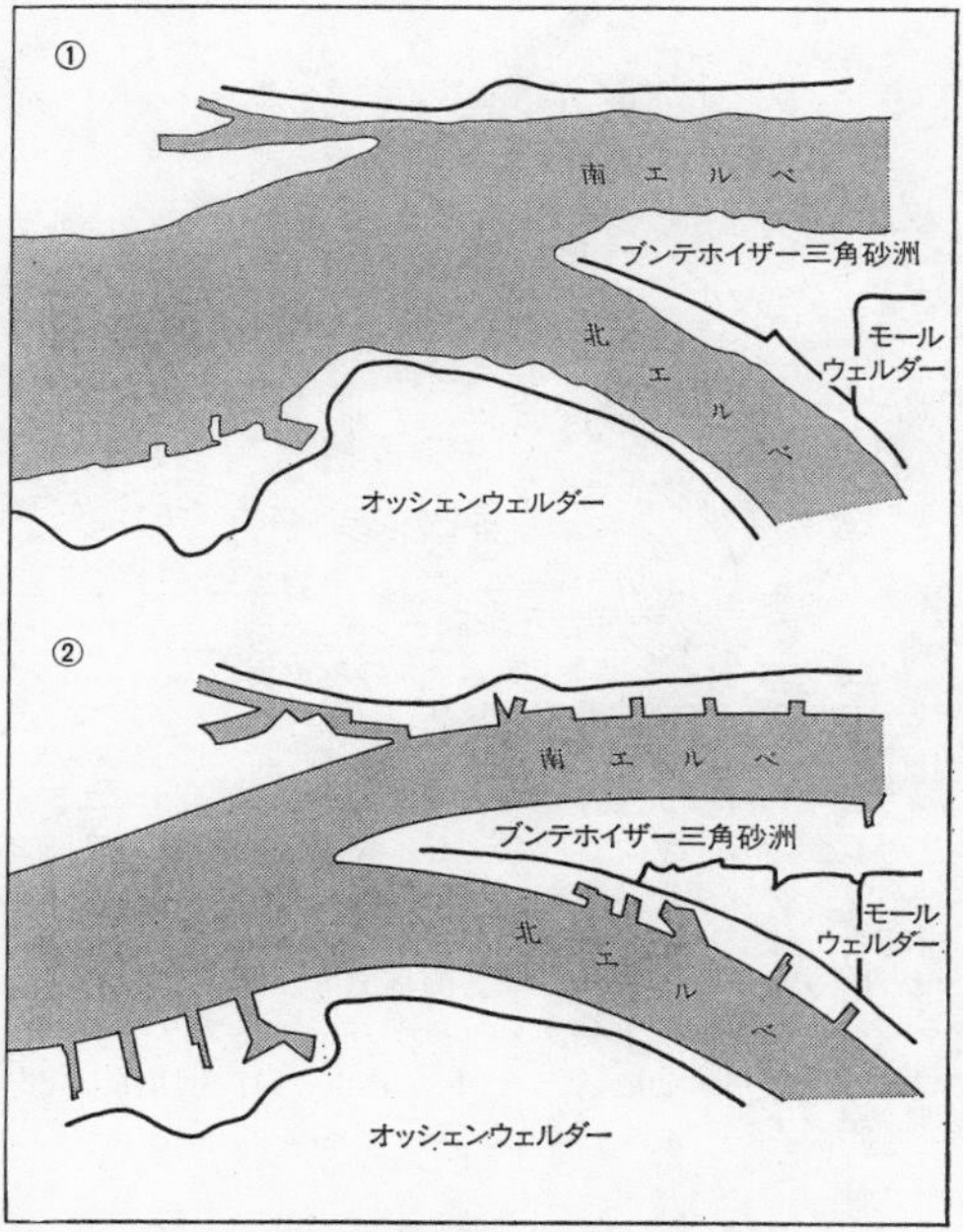

68　ブンテホイザー築堤工事

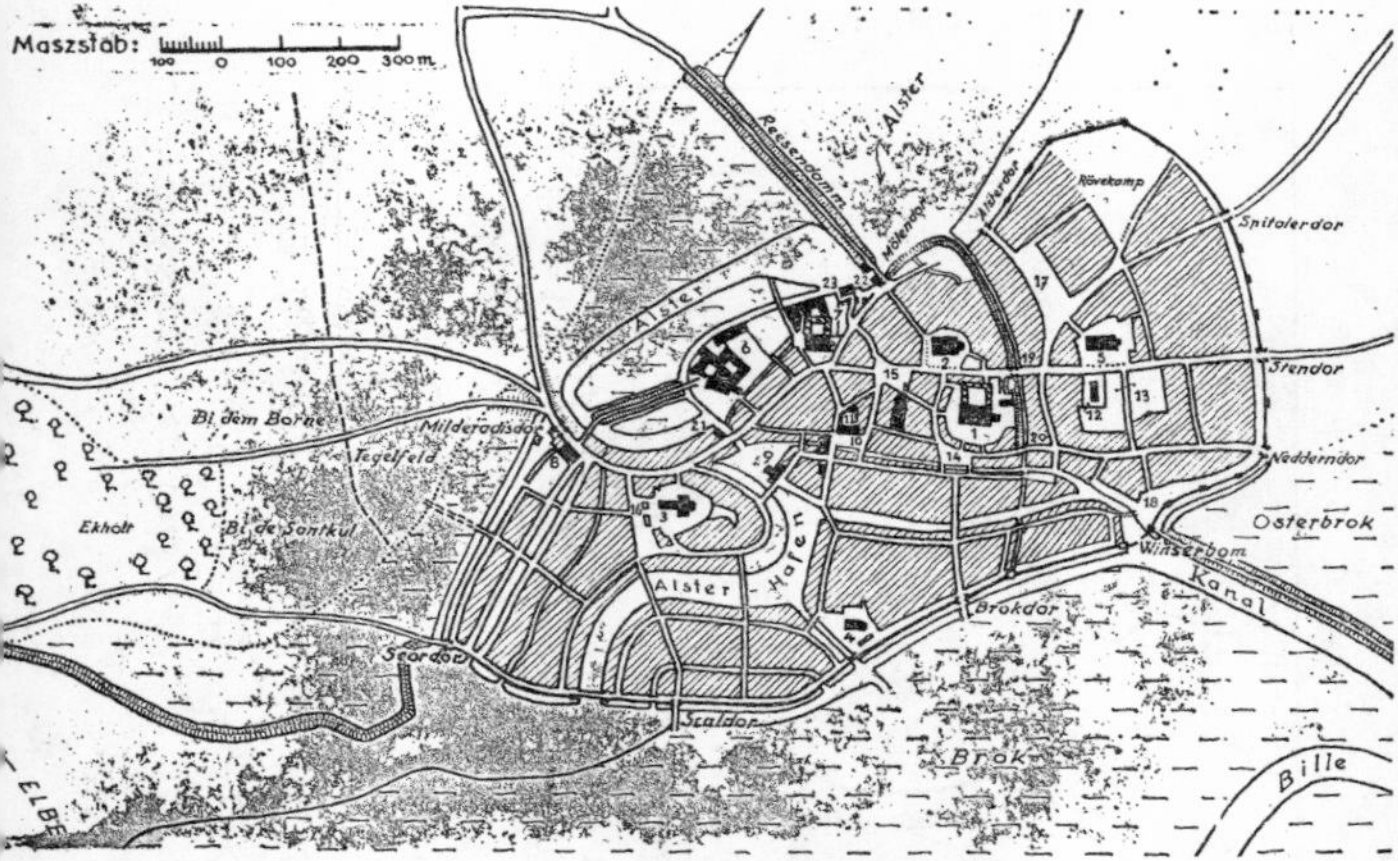

69　1300年のハンブルク　1．大聖堂　2．ペトロ教会　3．ニコライ教会　4．カタリナ教会　5．ヤコブ教会　6．マリヤ修道院　7．ヨハネ修道院　8．ハイクゲンゲーストーフス　9．市庁舎　10．ミュンテ聖堂　11．旧市庁舎　12．ベギュインネン・コンベント　13．シャウエンベルグ庭　14．旧マーケット　15．羊の肉や羊毛を乾かす施設のある広場　16．新マーケット　17．ホース・マーケット　18．クリンゲンバルク　19．グロート・ドル　20．リュット・ドル　21．旧堤防　22．新堤防　23．キュッターブス

リュベックの経済協力に負うところが大きいが、69の一三〇〇年のハンブルク市の図面に明らかなように、最初の船着き場は、アルスター・ハーフェンであった。ここは、今日では市街地の中心部となっており、わずかに中世の船着き場の跡らしいものが、うかがえるだけである。

ビンネン・ハーフェン

次いでアルスター・ハーフェンの出口にビンネン・ハーフェン(73)がつくられた。これは、中世のハンブルクを代表する港で、厳重に取り囲まれた城壁の内側に船着き場がつくられ、埠頭のすぐ奥に

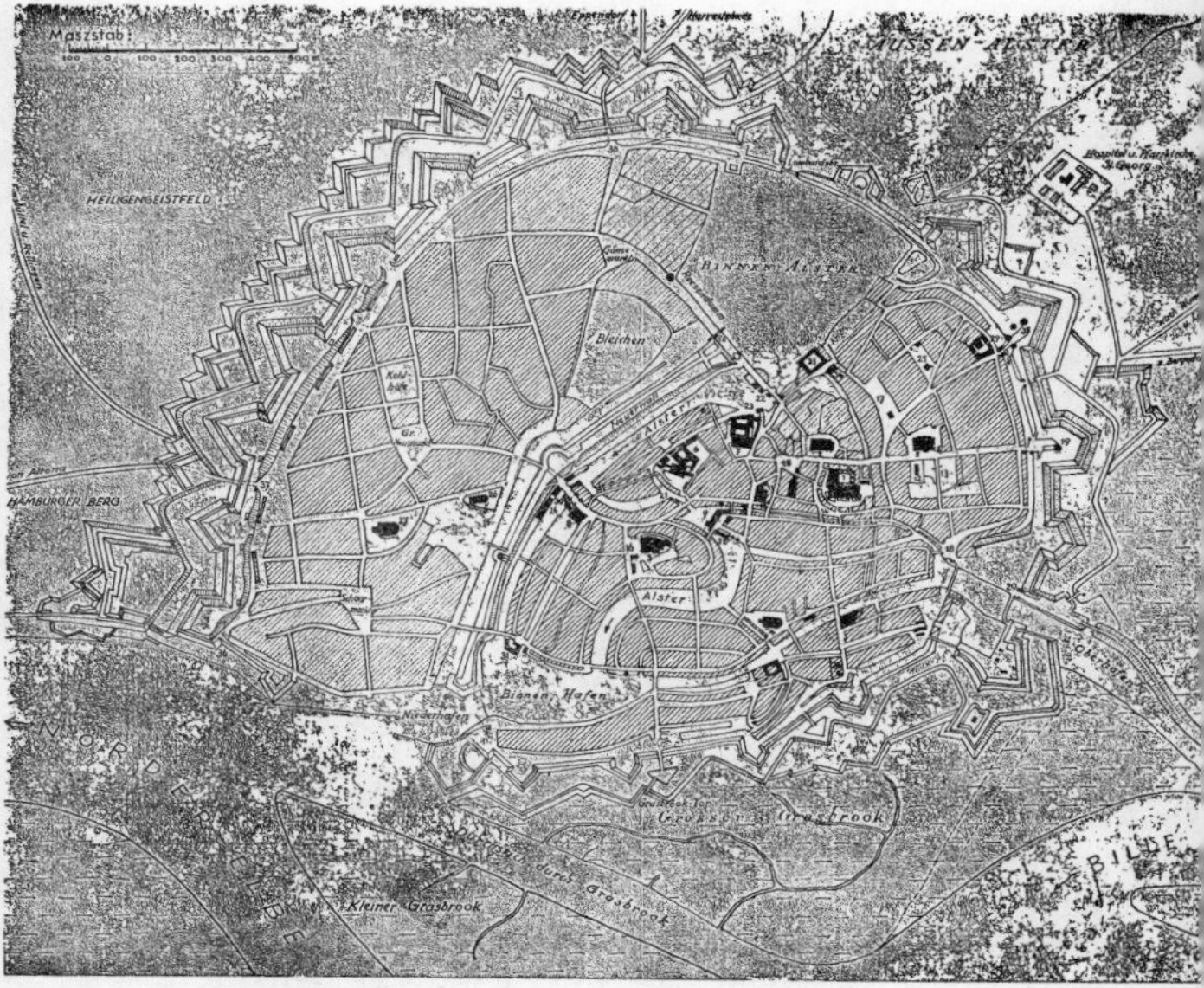

70　1650年のハンブルク

倉庫や商人の住宅が建ち並んでいた。港の入り口は要塞化され、多数の大砲が備えられていた。港の入り口には木柵が打ちこまれ、有事のさいには、その入り口にチェーンが張られ、外敵の侵入を防いだ。それは、中世のヨーロッパの港に共通する形態であった。

　商取引は、埠頭で行われていた。74に示したものは、一六世紀のビンネン・ハーフェンに設けられた商品取引所である。埠頭（港）が商取引の場所であることは、ベネチアの港に初めて純粋な形で現れ、ヨーロッパに引き継がれ、一九世紀の帆船時代を通じて長年の慣行となっていたものであるが、それが大規

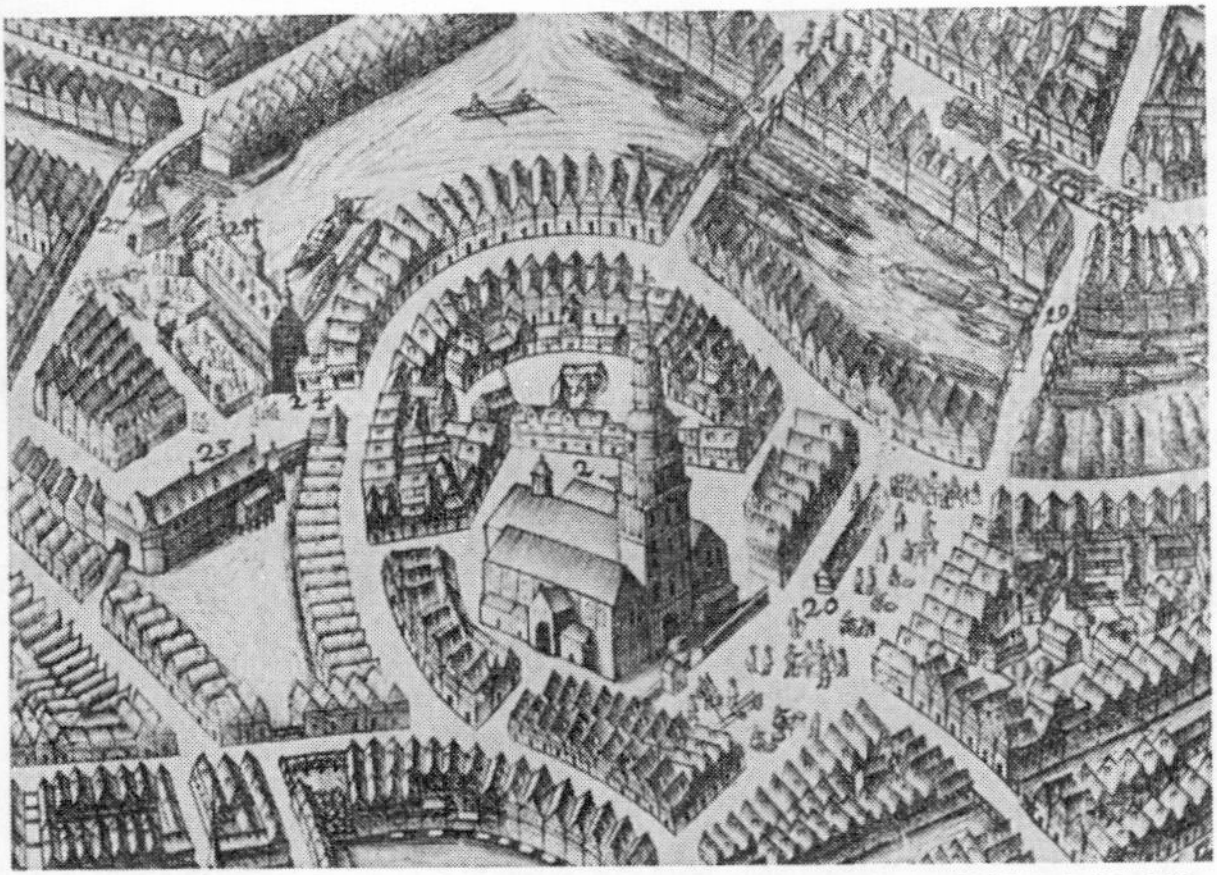

71　1644年に描かれたハンブルク　セント・ニコライ寺院を囲む新しい都市の形成。２．セント・ニコライ寺院　19．21．木の橋による接岸の順番待ち　20．教会前の市による商品交換風景　23．市庁舎　24．心を休める橋　25．商品取引所　26．古いクレーン　27．税関

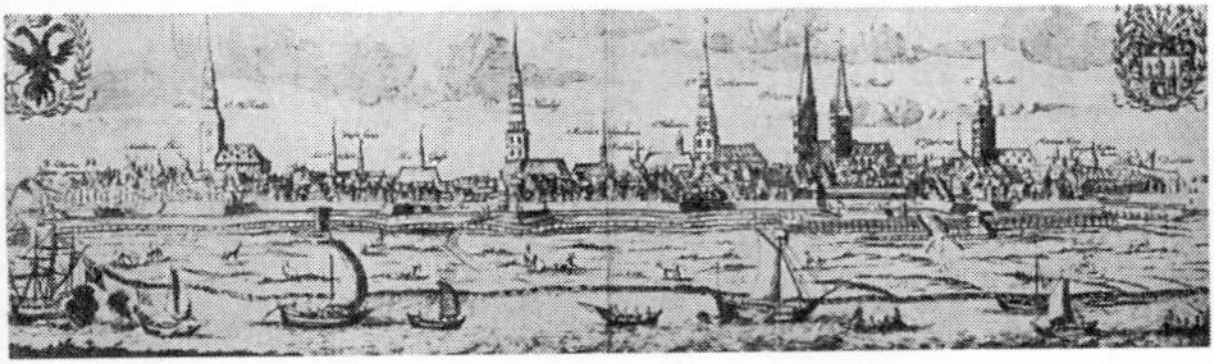

72　1685年のハンブルク

模な商品取引所という形で、水際につくられたのが、ハンブルクの特色である。

この風景は、ギリシアのアゴーラ、あるいは柱廊《ポルティク》、あるいは、ベネチアのサンマルコ広場を思いおこさせる。港が商取引の場所であったことの証拠である。

一五世紀の大航海と新大陸の発見と共に、この世紀の終わりまでにヨーロッパは新しい世界経済の時代に入り、貿易と金融は中世的な伝統をすて、現代的に変形する勢いを示した。こうしてリュベックの繁栄がハンブルクに移ると共に、古いハンザの体系が衰えて、新しい大西洋の時代に入った。船型の大型化に古い港は対応出来なくなり、新世界及び東洋との世

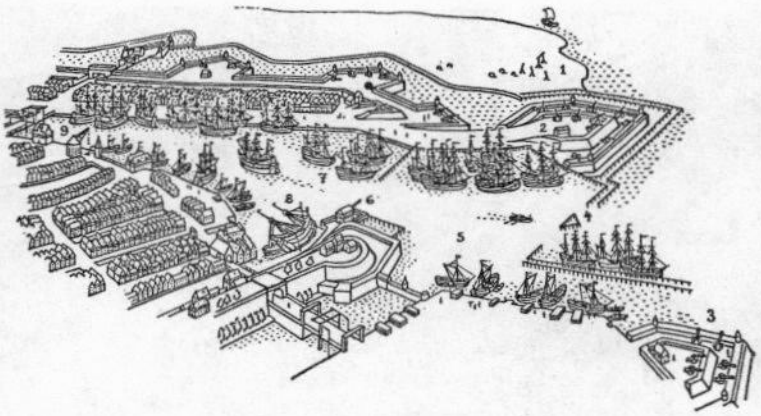

73　1644年のビンネン・ハーフェン　1．照準場所　2．ホルツェン・ワンプス稜堡　3．ヨハネス稜堡　4．新木柵　5．ビンネン・ハーフェンの拡張　6．旧木柵　7．旧ビンネン・ハーフェン　8．修理船　9．木製クレーン

74　1600年のハンブルク商品取引所　この取引所は1558年に設立されたもので、港の水際線にあり、国際的、国内的なあらゆる商品が取引され、ハンブルク貿易の中心をなしていた

75　19世紀末のハンブルク港風景　自由港の中央の倉庫群は、世界最大の保税地域をなしていた。右側の水路がエルベ河（北エルベ）、左側の水路は古いビンネン・ハーフェンで税関運河として内陸に通じている。この図面を見ると、当時のハンブルクが、偉大な商品集散地（アントルポー）であったことが分かる

界貿易を通じて、オランダが新しい貿易、海運及び金融の旗手として登場してくる。ハンブルク自体が、新しい世界貿易とそれに支えられた産業革命に後れをとった。ドッブによれば、英国の産業革命が八〇パーセント進行していたときに、ドイツはわずかに一〇パーセントであった。[15]

この数字は、ドイツにおける資本主義発達の指標となるもので、ハンブルク港湾倉庫会社（Hamburger Hafen und Lagerhaus Aktien Gesellschaft：HHLA）が、一八八五年に設立されたときに、民間の資本蓄積の不足をおぎなうために、ハンブルク市の一〇〇パーセント出資による特殊会社の形式をとっている。

また、75に示すように、一九世紀末のハンブルク港は、ヨーロッパ最大の倉庫群を持っていたが、それはなお、中世的な商品集散地《アントルポー》の性格を持っていたものであった。

IV　大航海の時代

1　コルドバ回教王国

東洋との紐帯を回復

スペインの上空を旅したことがある。眼下に広がるイベリア半島の大地は、赤茶けて荒涼とした風景であった。

そのスペインについて、ロンドン大学のキングス・カレッジ歴史学教授のJ・H・エリオットは、こう書いている。

乾いた、はだかの、痩せた土地。大地の一〇パーセントは岩盤が露出し、三五パーセントは地味がやせて、耕作に適しない。四五パーセントはどうにか耕作ができる。豊かな土地は僅かに一〇パーセント。ピレネーの山岳の壁でヨーロッパ大陸から分離され、孤立し、遠く離れた土地。ピレネーから南部の海岸に達するまで、高い中央台地によって、国内自体がいくつにも分裂させられている。地形的に、国の中心というものが存在しない。道は険阻である。こま切れにされた異種類の、多くの人種、言語、文化。——これが過去の、そして現在のスペインである。[1]

この風土に加えて、歴史的にも、ビジゴート王国の後にアラブの侵入があり、ヨーロッパが反撃してスペイン王国を建設するまで、カスチラ、ナバラ、アラゴンなど、いくつもの王国が並び立ち、不断の争乱の地であり、後にハプスブルク家の絶対王制がその上に築かれたのであるが、ヨーロッパとアラブ、キリスト教とマホメット教の敵意と文化が交錯した土地であり、世界史の中に虹のように現れて、虹のように消えた征服者《コンキスタドール》たちの、海洋帝国の夢のあとでもある。ハジェット教授は書いている。

五世紀から一二世紀、さらに一三世紀に至るまで、ノースケープからコンスタンチノープル、ジブラルタルからウラルに至る全ヨーロッパの地域は、未発達の地域と発達した地域に分かれていた。ここに、ヨーロッパ以外の土地をも包括する二つの国家——即ち、ビザンチン帝国とコルドバ回教王国——があって、残りのヨーロッパに君臨していた。前者は何世紀もの間アジアに領土を持ち、後者はダマスカスの支配を受けていたが、七五六年以後、コルドバ回教王国は、ダマスカスとバグダッドの支配を離れ、一〇世紀には完全に独立した。[2]

この二つの大きな王国は、いずれもスーパー・パワーであって互いに激しく対立していたが、コルドバはその最盛期（一〇世紀）には人口二〇万人、六〇〇のモスクと九〇〇の公共浴場を数え、経済及び文化の面で多くの遺産を残している。

都市の経済の中心は、市場（market place）であって、今日のイスタンブールに見られるようなバザールにその様式を残しているといわれる。そこには特殊の商品を販売するsusk《サスク》があって、貨幣交換の場所には警備員とポーターが配置され、その近くに貨幣鋳造所及び倉庫があった。彼らのディナール金貨は、ビザンチウムのソリドスをまねたものであり、ドラーム銀貨はペルシアのドラクマを模倣したものであったが、その価値は十分に維持されていた。

九世紀の初めにペルシアから新しい灌漑の技術が導入されて、農業が飛躍的に発達した。風車、特に水車が動力源として使用された。労働力として多数の奴隷が輸入され、コルドバは、バグダッドに次ぐ大きな奴隷市場であった。

アル・ハキムの治世（九六一―九七六年）のとき、コルドバはその支配権を北アフリカにまで伸ばし、モロッコとアルジェリアの一部をその領土とした。この関係で、新たにマラガが、アフリカに対する自然の港として発達した。マラガの港は、もともとローマ人がつくったもので、今日に至るまでローマ様式の港湾の形を残している数少ない港の一つである。

東方のキリスト教世界及びアラブの世界に対する交易は、マラガから二五〇キロばかり東にあるアルメリアを主要港としていた。国王、即ちカリフは、積極的に交易を奨励したわけではなかったが、この港には、シリア、エジプト、ビザンチウム、それから少し下ってピサやジェノバの船が、群がり集まっていた。取引の形式は、古い地中海の慣行に依ったもののようである。アルメリアからの主要輸出品は、絹織物、銅及び鉄器類であった。このほかに、金銀細工、ガラス、宝石類、なかんずく皮革は有名であった。今日でもわれわれになじ

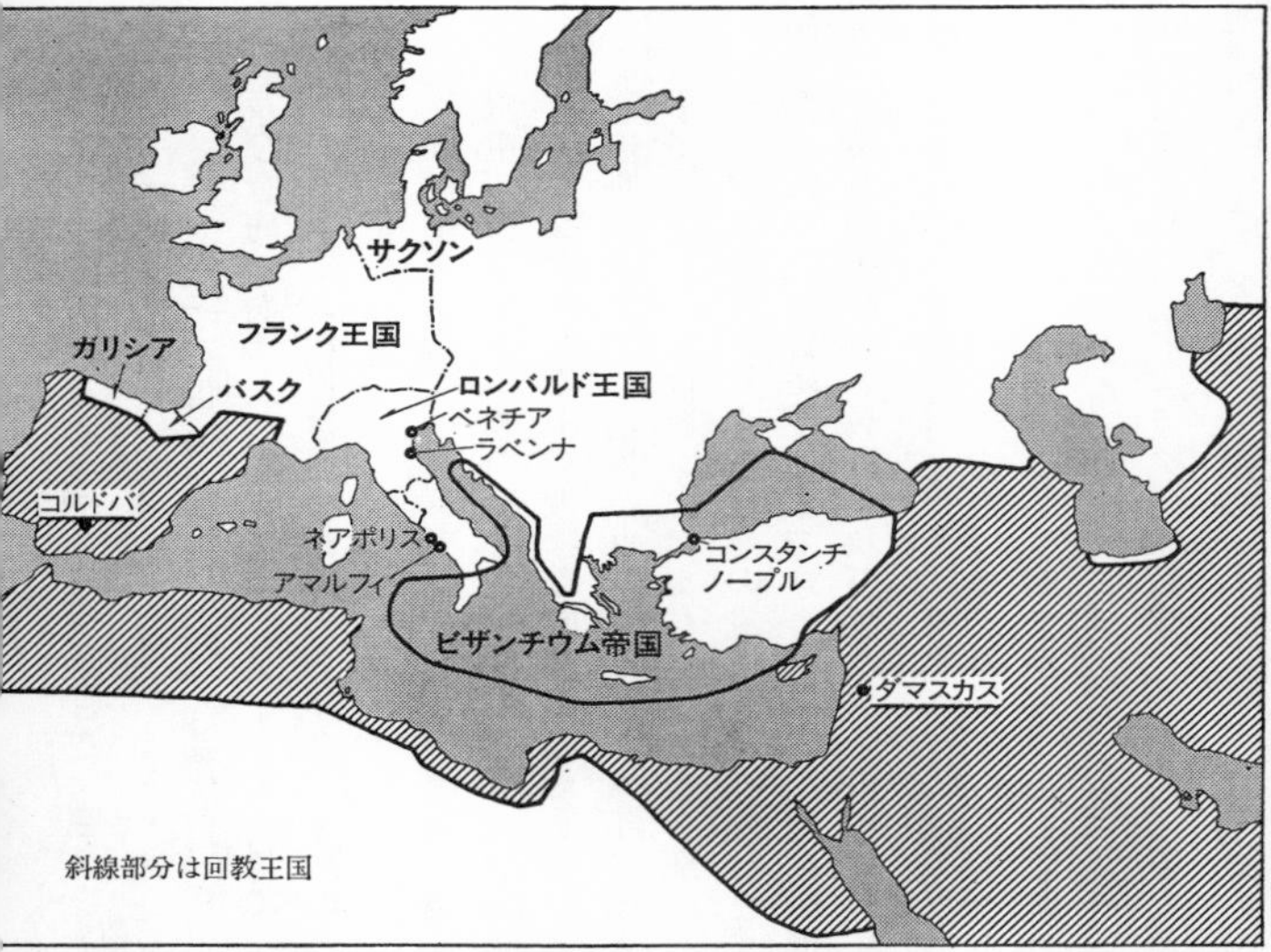

76　ウマイアド朝の回教王国　730年代末には回教王国が最大の勢力圏をもっていた

みの深い英語のコードバン(cordovan)とは、コルドバ産の革という意味である。

紀元八一四年といえば、有名なフランク王シャルルマーニュ帝がなくなった年であるが、このころ、ヨーロッパ及びアジアは、四世紀以前にバーバリアンの侵入によって破壊された中国、ローマ、インドの古典的世界の貿易の紐帯を回復しつつあった。スペインにはウマイアド回教王国(76)があり、アフリカ北部、エジプト、アラビア、ペルシアの広大な地域をアバシッド回教王国が支配していた。このころまでは、ビザンチウム帝国が古代のアナトリア(現在のトルコ領小アジア)をまだその領土の中に包含し、わずかながら余命を保っていた。イスラム教が、さらにインド北部からインドネシア方面へ広まる後年の発展のきざしが、すでに現れていた。最終的にこれを実現したのは、ビザンチウムを占領したオットマン帝国であるが、このようにして、古典古代の中国、インド、ローマの紐帯を回復したのは、実にアラビア人だったのである。

ヨーロッパ文明に対するアラブの遺産は、非常に大きい。まず第一に挙げなければならないのは、オリエント及びギリシアの古典古代の科学と哲学とを伝えたことである。法王シルベスターも青年時代にコルドバで地理学、機械工学、天文学を学んだことは、有名な話である。西欧世界に、アラビア数字をもたらしたのも彼らであった。多くのギリシア哲学が、アラビア語のテキストからラテン語に翻訳された。特にアリストテレスの著書のラテン訳が有名である。

トレドには、翻訳のための多くの学者が集まって、一派をなしていた。ギリシア医学は、アラビア医学となり、これがヨーロッパにもたらされた。風車及び中国人が発明したコンパス、紙の製法、火薬などもまた、アラビア人を通じて西欧諸国にもたらされたものであった。

ところで、話ははるかな東洋の中国文明にまで及ぶのであるが、アラビア人は地中海ばかりでなく、インド洋から東シナ海までの海上ルートを支配していた。この意味からすれば、古代の大海運国であったということが出来る。彼らは、西暦紀元前後には、すでに紅海の通商路を一手に握っていた。中国の『後漢書』巻七桓帝紀に《延熹九年九月大秦国王遣使奉献》の記事があり、国王安敦が、象牙や犀角《さいかく》を献じたとしている。延熹九年は西暦一六六年にあたり、大秦国とはローマのことであり、国王安敦とは、マルクス・アウレリウス・アントニウスのことである。使節は海路中国に達しているが、このときの水先案内をしたのは、ペルシア人であったと思われる。

　森本公誠氏は、イスラムのアッバース朝が、その都をシリアからバグダッドに移したことによって、インド洋から中国に至る東方貿易が重視されるようになったと述べている。その航海の基地は、森本氏によれば、ペルシア湾岸のバスラ、ウブッラ、シーラーフ、それにオマーン、スハール、アデンの諸港であった[3]。

　当時、ペルシア湾岸の諸港からインドに至るには二つの航路があったとされる。それは船の種類によって区別されるもので、中国へ直行できる大型船の場合には、オマーンの港を出て、まっすぐに南インドのマラバールに向かった。沿岸貿易を主とする小型船は、カイス島、ホルムズ、マクラーンのティーズ、シンドのダイブル、マンスーラに寄港する。マラバール海岸のクーラム・マリー（クイロン）から、ルビーの島と呼ばれていたセイロンに向かう。アラビア人は、この島をサランディーブと呼んでいた。

　あるいは、セイロンの南を通って、次の寄港地であるランカバールス、即ちニコバル諸島まで直行する船もあった。ついで、マレー半島の西岸のカラーバールに至る。これは、現在のケダー、もしくはクランであるといわれており、中国やスマトラ、ジャワへの重要な中継地点であった。

　マラッカ海峡を通過した船は、マレー東岸のティユーやサンフ、即ちインドシナのチャンパーの港を経て、中国の広東に達した。広東は、中国では最も古い外国貿易の港で、昔は番禺といい、秦の始皇帝によって設けられた貿易・港湾都市である。唐朝は、ここに海上貿易業務の一切を管理する市舶司を置いた。イスラム商人の中には、さらに交州（ハノイ）、泉州、揚州に赴くものもあり、なかには遠く朝鮮の新羅《しらぎ》まで達したものもあるといわれている。彼らは、それぞれの港に居住地を持ち、交易に従事した。唐の時代には、広東や泉州には数万のイスラム教徒が居住していたといわれ、中国からは金、銀、銅、絹、陶器などを輸出し、アラブ側は薬、香、宝石、象牙、犀角などをもたらした。

アラブの商業組織は、組合、即ちギルドであって、商人ギルドが船を持ち、大商人は自己資金で海外との交易を行ったが、多くの場合、王族や高級官僚、地主が出資した。手形決済という方法も、行われていた。

2　東洋と西洋

マルコ・ポーロの冒険

古典古代のローマと漢の間にあった東西の紐帯が、五世紀に至りヨーロッパに北方からバーバルが侵入したことによって中断し、再びアラブと唐の時代に結ばれたことはこれまで述べてきた通りである。この間、『千夜一夜物語』に出てくるシンドバッドの冒険や、『スレイマン航海記』のようないくつかの物語が、同時代の人々ばかりでなく、今日までもわれわれに深い関心を呼びおこすのであるが、なかでも最も有名なのが、マルコ・ポーロの旅行記『世界の叙述』、世にいわれる『東方見聞録』である。

マルコ・ポーロが、父ニコロ・ポーロや叔父と共に、法王グレゴリー一〇世の書簡をたずさえてベネチアを出発したのは一二七一年の秋、彼が一七歳のときであった。彼らはバグダッドを経てバスラへ行き、そこから海路中国へ行こうとしたが、船の構造が弱く、長途の航海に耐えそうもなかったので、ホルムズからキルマーン、タブリーズを経て、パミール高原に出てタリム盆地に達した。そしてカシュガル、ヤルカンド、ホータンなど、タクラマカン沙漠の南のオアシスをたどってタングート（河西）に達し、甘州で一年をすごし、クビライカンの夏の宮殿のある上都に達したのは一二七四年の夏であったといわれる。

ポーロは、そのまま中国にとどまって、クビライカンにつかえ、中国の各地を旅行してまわり、一七年という長い年月を元朝で過ごした。一二九〇年の末になって、王女コカチンがイルカン家に降嫁する道案内をするという名目でようやく帰国の途につき、ポーロ家の二人とともに、中国の船で泉州を出帆、インド洋をわたり、ホルムズに到着している。当時中国の元朝は、海運の著しく発達した時代であった。それは、長江下流の米を大量に、北京まで海上輸送するシステムが出来上がったことによるものであった。これによって、大型の船舶の建造技術が発達した。

ポーロがベネチアに帰ったのは、一二九五年であったが、たまたま、ジェノバとの戦争にまきこまれ、ジェノバの牢獄の中で、彼の見聞録を口述した。この書物は現在では、元朝の研究史料として第一級の重要なものとなっているが、当時、彼の国の人々にはあまり信用されなかった。その内容は、旅行記というよりは、社会経済の百科事典的内容を持っており、中国大陸のスケールの大きさと技術の進歩とが、当時のヨーロッパ人に理解されなかったようである。

たとえば、ポーロは当時の杭州の人口を一六〇万人としている。宮崎市定氏は、この数字はそれほど間違ったものでなく、少なめに見ても当時一〇〇万人は超えていたはずであると記している。[4]当時、ヨーロッパの都市の最大人口は、せいぜい三〇万人であった。

また彼は、一年間に長江を上下するジャンクの数を、二〇〇万隻と推計している。

こうしたスケールの経済社会は、当時のヨーロッパには存在しなかった。そこでこれを語る者を、大うそつきと思ったのであろう。またポーロは、北京で石炭を燃料に使用することに驚いているが、中国では普通のことで、コークスによる製鉄技術も、ヨーロッパより非常に早い時期に存在したのである。

いずれにしても、『東方見聞録』は、驚くべき世界がヨーロッパ以外に存在したことを如実に語ったもので、中国のほかに、ビルマ、シャム（タイ）、ジャワ、スマトラ、セイロン、そしてジパング（日本）についても、初めて語ったヨーロッパ人であった。

日本の王宮の屋根や床が、金でつくられているというフィクションをも交えて、その後のヨーロッパを大航海の時代へと導く、ある種の誘導力を持っていたであろうことは想像できる。

鄭和の遠征

アラブと唐との紐帯が新しい世界をつくり出した後の、元の時代のマルコ・ポーロの遠征は、その一つの具体的な発展を、ヨーロッパ側からもたらしたものであった。これに対し明の時代にインド洋及びアフリカ東岸、ペルシア湾へ大航海した「鄭和の遠征」(77)は、中

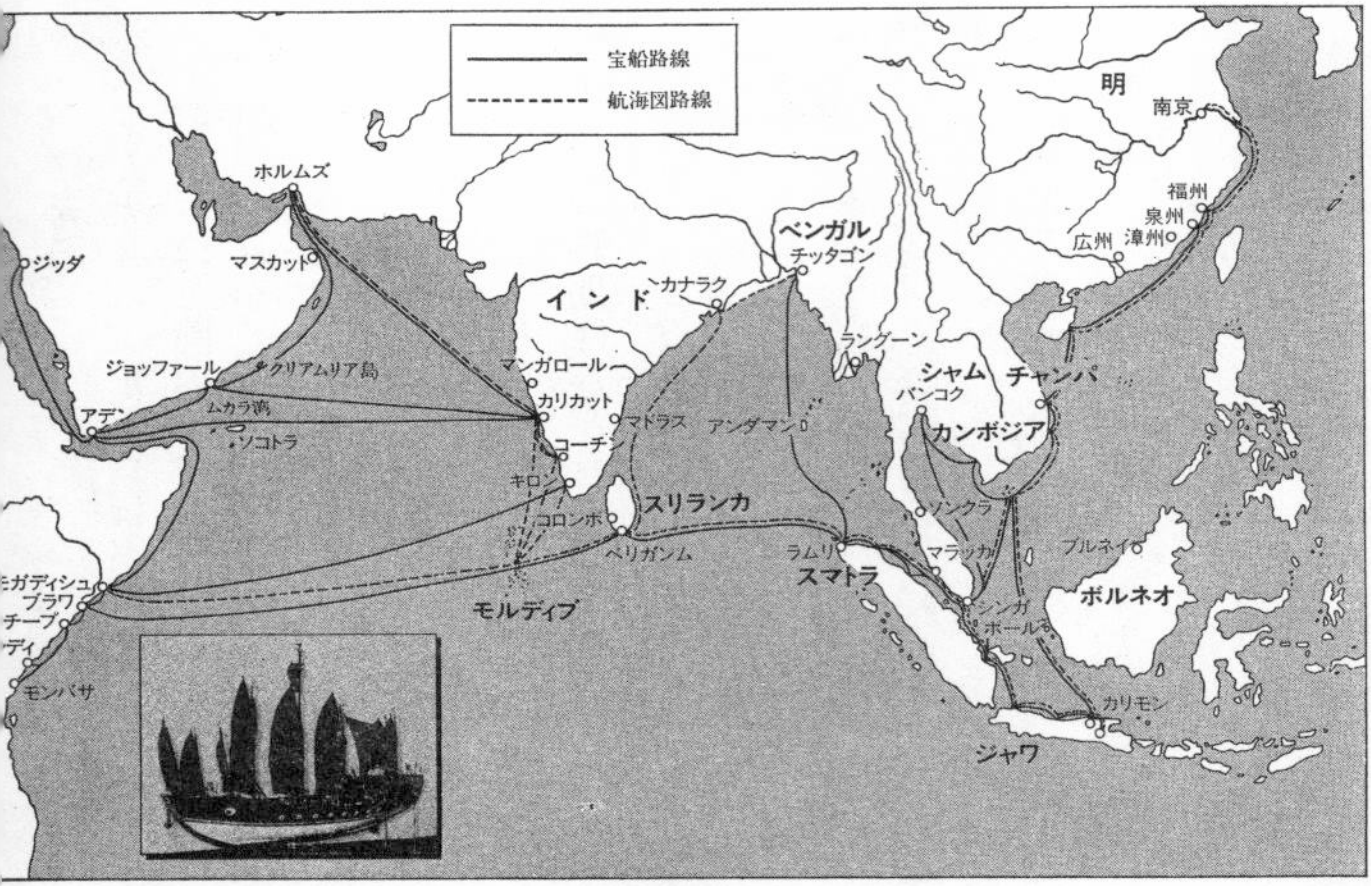

77　「鄭和航海図」　図中の船は宝船の模型

国側からの新しい発展の形とみることが出来る。

これについては、三上次男氏の『陶磁の道』に詳しい。最近、中国でも、南京大学などで研究論集が出版されるなど、にわかに関心が高まっている。その発端となったのは、一九三一年に、福建省長楽県南山寺天妃宮から、天妃之神霊応記という碑文が発見されて、これにかなり詳しい記録が残っていたことによるものである。ほかにも一九八五年に、中国の人民交通出版社から、この大航海の五八〇周年を記念して多くの専門家による研究をまとめた『鄭和西洋航海に関する論文集』第一集が出版され、同じ年に南京大学から第二集が出版された。

第一集の序文の中で王大勇氏が、この壮挙を次のように要約している。

鄭和の下西洋は明初の盛事で、古代中

国、ないし世界航海史上、空前の壮挙であった。鄭和は、永楽三年（一四〇五年）から宣徳八年（一四三三年）に至る前後二八年間、膨大な遠洋船隊を率《ひき》い、七回にわたって西洋に航海し、アラビア、アフリカなどの三十余国を訪問し、これらの地域の経済の繁栄と、和睦友好の外交往来と文化の交流とを促進するのに重大な貢献を行った。

その船隊は、遠洋船舶二百余隻を有し、そのうち、巨舶六二、大なる者は長さ四四丈四尺、幅一八丈、中なる者は長さ三七丈、幅一五丈。全隊に随行した将士は、二万七千八百余人であった。このことは、当時の造船および航海技術が高度に発達していたことを示すものである。[5]

鄭和というのは、雲南の人、回族であると書いてあるので、イスラム教徒であったと思われる。この遠征の目的については諸説あるが、『明史』巻三〇四「宦官列伝」には、成祖が中国の富強を海外に示すために、鄭和に命じて遠征を行ったと記してある。[6]

ところで、ここに記されている「巨舶六二、大なる者は長さ四四丈四尺」について、交通部の王兆生氏の考証によると、元朝の一尺は現在の〇・二四メートル、明朝の工部営造局尺は〇・三一七メートルなので、元尺で換算すると一一七メートル、明の工部営造局尺で換算すると一三九メートルになるとしている。[7]これらの巨船は「宝船」と呼ばれ、南京などにその造船所の遺跡が発掘されているが、国際的水準から見ても、当時一〇〇メートルを超える船というのは、技術的に全くすばらしいものである。

第一回の遠征は永楽三年（一四〇五年）六月に出発して永楽五年（一四〇七年）九月に帰

国している。このときは、ジャワ、スマトラ、スリランカからインド西部のコーチンを経て、やがてオリエント貿易の中心となるカリカットまで達している。当時、南方海域には、海賊が出没し、常に商人が掠奪される状態にあったので、これらの海域の航海の安全を維持する〝海上澄清〟の目的があったこともうかがえる。第二回遠征は前回とほぼ同じルートによっているが、永楽五年（一四〇七年）九月出発、同七年（一四〇九年）帰国した。このたびは、古里国（インド西南海岸にあったクーリークオ）の使節を伴って帰国した。第三回遠征は永楽七年（一四〇九年）に出て同九年（一四一一年）に帰国した。この遠征によって、西方の一〇ヵ国余が入貢し、マラッカ国王の中国訪問など、めざましい成果を挙げることが出来た。いわゆる「国威を発揚する」ということの、中世的形態がわかるとともに、この大航海の本当の目的についての、ヒントを得ることができる。第四回遠征は、永楽一一年（一四一三年）から一三年（一四一五年）までで、このたびはペルシア湾に入り、シルクロードの中継点として有名なホルムズに達している。やはり一〇ヵ国余の新しい国々の入貢をうながし、麒麟、天馬（おそらくアラビアの馬であろう）、神鹿をもたらした。第五回遠征は永楽一五年（一四一七年）から同一七年（一四一九年）までで、このとき別艦隊はアラビア南岸を通って東アフリカの沿岸を南下、モガディシュ、ブラワ、マリンディなどを訪れた。多くの東アフリカの産物が中国にもたらされたのはこの時である。

第六回遠征は永楽一九年（一四二一年）から二〇年（一四二二年）の間で、各国の使臣団を、それぞれの国に送りとどけるのが主たる目的であった。

第七回遠征は宣徳六年（一四三一年）から同八年（一四三三年）に至る間で、前回同様、使臣の送り迎えを主としたもののようである。この時までに、すでに西方の二十数ヵ国が、明朝に入貢するようになっていたので、その送り迎えだけでも大変なことであったと思われる。

このようにして、鄭和の遠征は、中国の影響をはるかインド洋のアラビア、アフリカ東岸にまで及ぼし、それまでの中国の勢力圏であった東の琉球（台湾）、南のブルネイ（ボルネオ）に至る海域から、ペルシア湾のホルムズ、南部アラビアのアデン、東アフリカのソマリアのモガディシュ、さらに南のマリンディにまで広げたことに、大きな意義が見いだされる。

いま一つ重要なことは、この遠征の後期に、中国人が、アフリカの南端、喜望峰を発見していたのではないかという、驚くべき事実が語られていることである(78)。

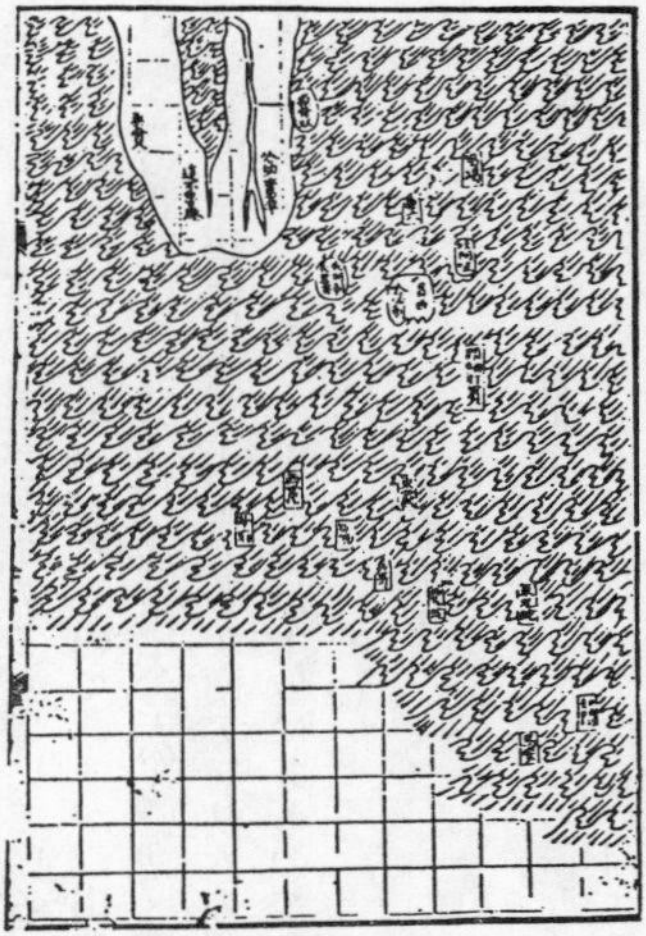

78　鄭和の時代に描かれたというアフリカ南端の地図

一九七五年に、ロンドンで出版されたエーリック・ニュービーの『世界探検地図』の中に、中国のジャンク船が、一四二〇年にアフリカの南端に達しているとし、これはポルトガルの船乗りバルトロメオ・ディアスが、喜望峰を発見した時から数えて、六〇年以前の出来ごとであると書いている。[8] ここに示してある毛筆で描かれたと思われる地図は、同書から引用したものであるが、出典が明らかでないので詳しいことはわからない。この問題については、蘇州大学の沈福偉氏が、「鄭和宝船隊の東アフリカ航程」の中で、第四回遠征以来、中国の船が南アフリカの探検を行っていることを実証しているが、[9] アフリカ南端まで至った可能性は十分にあるのである。

3 ヘンリー航海王

ポルトガルの海外拡張

アメリカのミネソタ大学で、いま世界に対する新しい解釈を与えようとする雄大なプロジェクトが、ノースウエストエーリア基金（セントポール）、ジェームズフォード・ベル基金（ミネアポリス）からの資金的援助のもとに、歴史学者、経済学者、社会学者など、あらゆる分野の学者を総動員した形で進行中である。それは『拡張発展の時代におけるヨーロッパと世界』と題する全一〇巻からなる著述にまとめられる予定であるが、一五世紀のポルトガルの海洋帝国に始まり、第二次世界大戦後の〝ヨーロッパの海外発展の終止〟、つまり大英帝国の崩壊に至るまでの、ヨーロッパと世界の関係とを分析し、人類の歴史に新しい解釈を与えようとするものである。いわば、ヨーロッパ時代の閉幕と、新しい時代の幕あけを意識したものである。

このヨーロッパの海外への拡張に火をつけた一人の人物がいる。ポルトガルのヘンリー

（エンリケ）航海王である。ヨーロッパの発展の歴史的気運が、確かにその背後にあったとしても、ポルトガルが先頭を切って冒険にふみ出した本当の事情は、かなり複雑であったにちがいない。アダム・スミスは書いている。

ヴェニス人の大利潤は、ポルトガル人のどん欲心をそそった。かれらは、十五世紀をつうじて、ムーア人がサハラ沙漠を横断して象牙や砂金を自分たちにもたらしてくれるその国々への海路を発見しようと努力した。かれらは、マディエラ諸島・カナリア諸島・アゾレス諸島・ヴァード岬諸島を発見し、ギニア・ロアンゴ・コンゴー・アンゴラおよびベンゲラの海岸を発見し、そしてついに喜望峰を発見したのである。かれらは、ながいあいだヴェニス人の有利な貿易の分けまえにあずかりたいと思っていたのであって、この最後の発見は、かれらにそれを実現する見とおしを開いたのである。一四九七年に、ヴァスコ・ドゥ・ガマは四隻の船隊をひきいてリズボン港を出帆し、十一ヵ月の航海ののちインドスタンの海岸に到着したのであって、一世紀ちかくのあいだ実に着々と、しかもほとんど間断なく追求されてきた諸発見の行程は、このようにして完成されたのである。[10]

井沢実氏は『大航海時代夜話』の中で、この問題について次の諸点を挙げている。

一、イベリア半島のイスラム教徒との戦いであった失地回復運動《レコンキスタ》が、ポルトガルでは内陸部のカスチリア王国よりも、二四〇年も早く完成したこと。

二、海上交通の伝統があったこと。

三、カスチリアとの対抗意識。
四、イギリス、フランスの百年戦争に象徴されるヨーロッパの政情。
五、豊富な資金源としての騎士団の存在。[11]

筆者は、このほかに、イスラム教徒に対する強烈な憎しみを挙げなければならないような気がする。宗教的狂信は、アメリカを征服したスペイン人において最も強烈であったが、後にローマ法王が世界を分割して、ポルトガルとスペインとの領有権を認めたような異常心理は、異教徒に対する憎しみなしには考えられないのである。

ともあれ、イベリア半島にイスラム軍が侵入したのは、紀元七一一年であった。イベリア半島の大部分は、その支配下に置かれた。七三七年には、早くも北方のピレネー山中に追いこまれた西ゴートの騎士団によってレコンキスタが始まるのであるが、レオン＝カスチリア王国のアルフォンソ六世の女婿エンリケ・デ・ボルゴーニア（アンリ・ド・ブルゴーニュ）がポルトガル伯に任ぜられ、その戦闘目標が古いローマの領地ルシタニア（現在のポルトガル）方面に向けられた。その子アルフォンソ一世が、オリーケにイスラムの軍隊を破って、はじめてポルトガル国王の称号を得ている。これが歴史的に見てポルトガルの創設とされるが、このころはリスボンはまだイスラムの勢力下にあった。

ポルトガルという言葉の語源をたずねると、ローマ時代の Territorium《テリトリウム》 Portus《ポルツス》 Calanse《カーレンセ》に由来する。Portus Calanse とは、Port of Cale で、カラエシアあるいはガリシア方面に、ローマが軍隊を上陸させた港という意味である。このように、ラテン語系のポート（港）という概念は、非常に広い範囲に適用されているのが注目される。ここに古い時代からの二つの港があった。北の方デュオロ河の河口にオポルトという港があり、南の方にオリッシポ（現在のリスボン）があり、シーザーの時代には、この港がルシタニアの支配の中心であった。

ポルトガルの面積は、イベリア半島の五分の一である。内陸のカスチリア（スペイン）は乾燥した大陸であり、ポルトガルも内陸部はカスチリアの大陸的気候に似て、岩石の露出した荒地である。それに反し、沿岸部は大西洋から吹き込む海風が適当な湿気をもたらし、気候は温和である。そのため人口の大部分は、海岸線に集中していて、この土地の人々は、古くから海に親しんできた。

つぎに、レコンキスタの軍事的発展がもたらした戦略上の問題がある。西ゴートのキリスト教騎士団の主力がイベリア半島の中央をアンダルシア方面に南下するにつれて、ルシタニアを占拠していたイスラム教徒は背後を断たれることをおそれて、いち早くこの方面から撤退した。カスチリアが、グラナダに拠って最後の抵抗をこころみるイスラム軍に手をやいている最中に、ポルトガルでは、商人（貿易商）ギルドの勢力を背景とするドン・ジョアン一世によってアビス王朝が創設された。それは一種のクーデターであって、リスボンの商人たちの後押しで、ジョアンは評判の悪いレオノーレ王妃をカスチリアに逃亡させた。このとき、支配層であった大土地所有者の諸侯も、ともにカスチリアに逃亡した。この情勢はたちまちオポルトにも波及して、ここでも商人ギルドを背景とする政権が樹立され、大地主層は逃亡した。このようにして、ポルトガルのカスチリア派（大土地所有の貴族）が追われて、中産階級であった商人の政権が出来上がったことが、ポルトガルの海洋発展の基礎になったことを忘れてはならないであろう。

ヘンリー航海王の遠征

再び井沢実氏の『大航海時代夜話』によって、物語を続ける。ヘンリー（エンリケ）航海王は、ジョアン一世と英国王室から嫁したランカスター侯息女フィリッパとの間に生まれたのであるが、このフィリッパという女性が、なかなかの人物であったらしい。

エンリケ王子の海洋への遠征は、一四一五年に、ジブラルタル海峡の向かい側にあるセウタを占領した後、ザグレス岬にこもって、準備にかかった時から始まる。ここは、ポルトガルの詩人カモンイスが「大陸の終わるところ、大海のはじまるところ」とうたったポルトガルの最南端の大西洋に面したところである。彼は遠征のために必要な地理学、数学、航海学などの研究をはじめ、また多くの船乗りや、航海用具の製造人を集めたり、毎年のようにアフリカ西岸への遠征隊を組織した。彼の最初の事業は、ボジャドール岬から、アフリカの西岸を南下することであった。

ところが、船乗りたちにとって、恐るべき中世の仮説があった。中世の概念では、気候温和な地中海世界が中心にあって、北は人間を拒絶する氷雪の世界、南に下るにつれて太陽は低くなり、海は沸騰し、大地は火炎におおわれた地獄がある、ということであった。実際にアフリカの西岸に出ると、時としてサハラの砂あらしが、空と海とをまっ赤に染めることがあった。またカナリア諸島付近には、五ノットほどの海流があり、それは南下するにつれて速くなり、奈落の底に落ちこみ、遂に帰ることが出来ないという説を信用させる何かがあった。この恐怖の海を乗り切ることは、容易なことではなかったのであるが、そこを過ぎると緑のアフリカがあった。

エンリケの遠征隊が、カナリア諸島のすぐ南のボジャドール岬に達したのは一四三二年であった。一四三五年には、アルフォンソ・バラダヤがリオデオロに達した。一四四一年にはトリスタンがブランコ岬に達した。一四四四年にはセネガル河の河口に達し、ベルデ岬を発見している。このようにして一四五五年にはガンビア河の河口へ、一四五七年にはシエラレオーネに到達したが、一四六〇年にエンリケ王子は、志半ばで没する。

彼の航海に対する熱情と研究は、造船と航海技術の上に、一つの大きな遺産を残している。それは、一四四〇年ころから用いられ始めたカラーベラという船型であった。これまでの沿岸航海に使用していたバリネルという型の船は、帆と櫂を用いるもので、多数の漕ぎ手を必要とし、遠洋航海には向かなかった。また貨物の運搬に使用していたバルカという船は重くて速力もおそく、操船がやっかいであった。これに対して、カラーベラは軽くて船体が長く、舷側は高くて波の衝撃に耐え、完全に帆走だけで航海が出来た。速力も速く、少数の人間で操船が出来て、船腹に十分の食料や貨物を積むことが出来た。コロンブスが一四九二年にアメリカを発見したのもこの型の船であり、一四九八年のバスコ・ダ・ガマのインドへの航海も、この型の船で行われている。

エンリケ王子の死後、ポルトガル王アルフォンソ五世は、フィレンツェの地理学者として有名なトスカネリに、インドへ行く道をたずねた。トスカネリは、大西洋を西へ行くことをすすめたが、ポルトガル王室はアフリカ西岸を南へ下ることしか考えなかった。それは、西

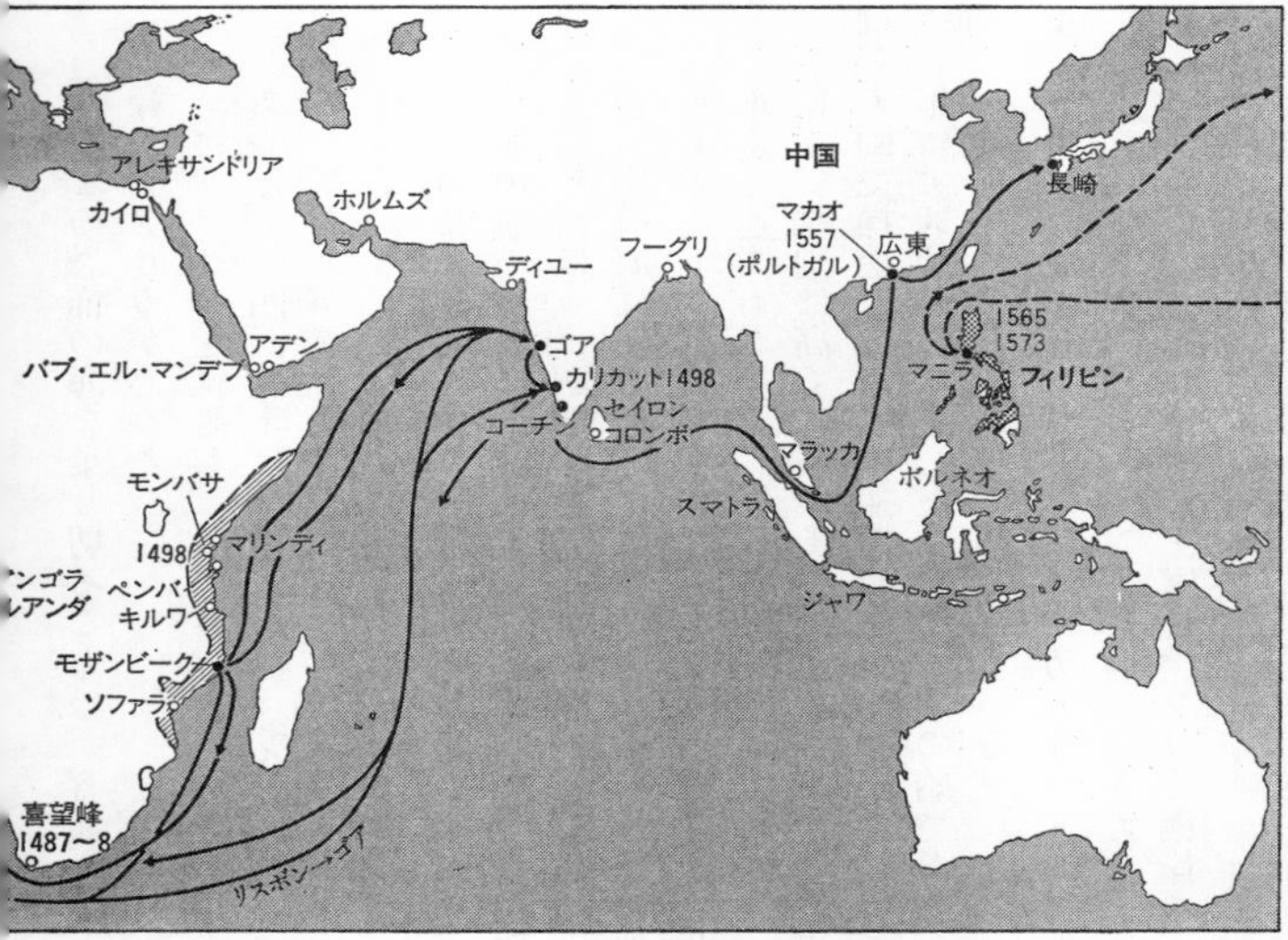

へのルートが全くの未知のものであるのに対し、アフリカのルートは、金や象牙、その他多くの価値あるものをもたらしたからである。これらの物を積み出した海岸には、黄金海岸とか、象牙海岸とか、それぞれの名称が与えられた。それと共に、ポルトガルがアフリカに固執したのは、その領土の拡張にあったことが考えられる。彼らは発見した土地に、次々に十字架を刻した領土標識を立て、自己の領土であることを主張した。時として、船上から陸地を眺めただけで、これを象徴的占領と称してポルトガル領とした。このため、彼らが航海したアフリカの東西の海岸からインドに至るまで、海岸線はすべてポルトガル領とし、一四五四年にローマ法王ニコラウス五世が大勅書を発して、発見した土地をすべてポル

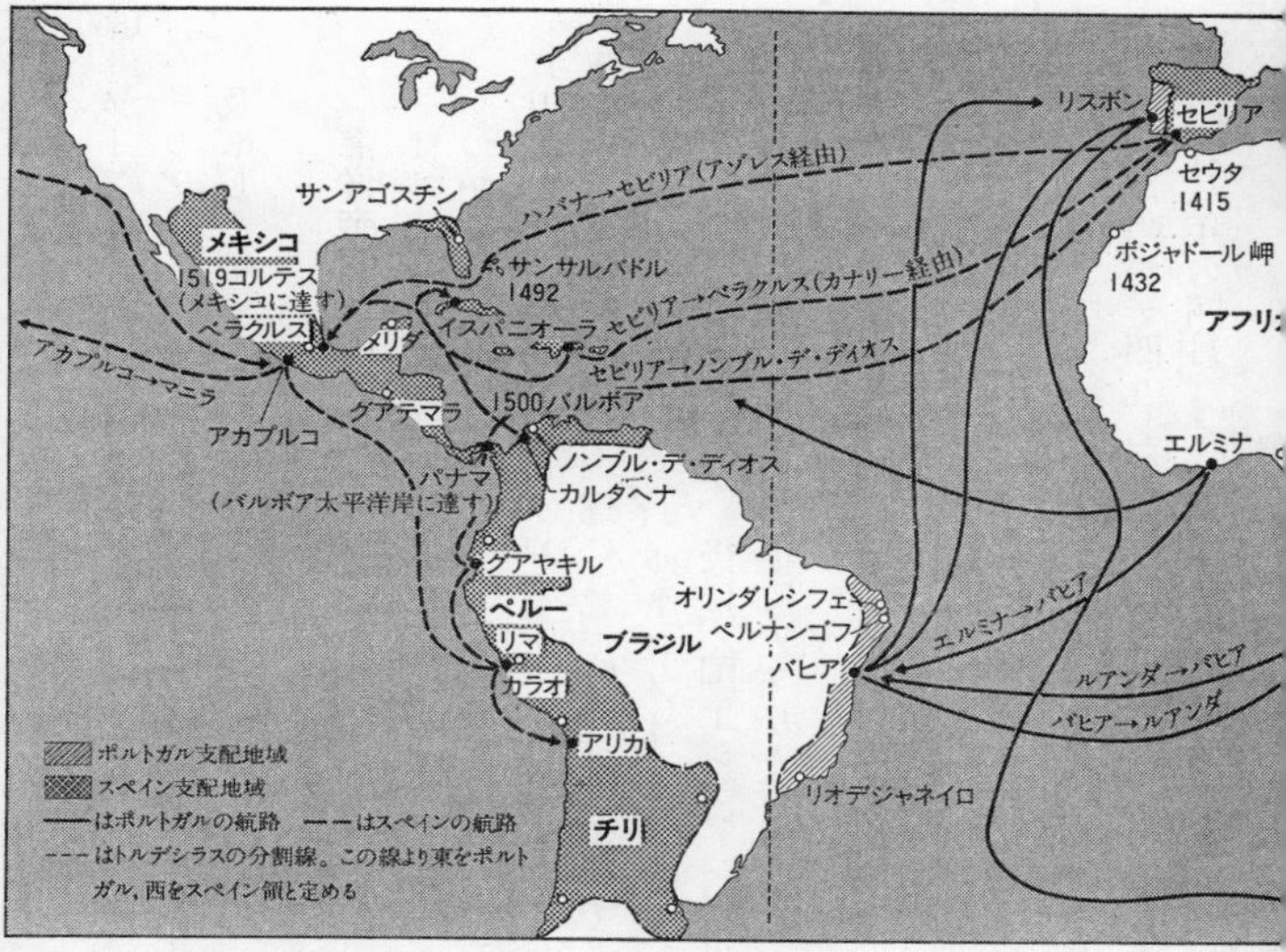

79　大航海時代のポルトガル、スペインの遠征ルート

トガルに与えているのである。

後に、カスチリア王国がアラゴンと合同してイスパニア王国が成立して一三年後、コロンブスがアメリカを発見した。以来カスチリア王国もまた、その発見した土地、及び将来発見するであろう土地をも含めて、法王にその領有権を訴え、法王アレキサンダー六世が、ベルデ岬及びアゾレス諸島から西一〇〇リーグ（一リーグは約四・八キロメートル）に南北に線を引き、東をポルトガルに、西をスペインに分割して与えた。有名な「教皇子午線」である。後に、この境界は二七〇リーグ西へ移され、これをトルデシラスの分割線と呼んでいる（79）。今日から考えると、論外の暴挙であるが、これはあたかも、一四五三年にキリスト教の東方の拠点東ローマ帝国のコンスタンチ

ノープル（ビザンチウム）が、オットマン・トルコに占領されたために、ポルトガルやカスチリア（スペイン）のレコンキスタ運動を、法王が強烈に支持し、これを海外の遠征にまで及ぼした結果であるといわれる。[12]

海洋帝国への発展

ポルトガルの南下はなお続き、一四七二年から七四年にかけて、ニジェル河の河口沖のいくつかの島を占拠した。次いで一四八二年にコンゴ河の河口、それからかなり南のサンタマリア岬、一四八五年にクロス岬、一四八七年にはアングラ・ド・ペケナとセントヘレナ湾、一四八七―八八年には遂に喜望峰に達したのである。発見の歴史的名誉は、二隻のカラーベラ船を率いて遠征したバルトロメオ・ディアスに帰せられている。ディアスはこの岬を、「嵐の岬」と名づけたが、後に、国王ジョアン二世が「喜望の岬」(Cabo da Boa Esperança)と命名した。彼らはこの年にアフリカの南端を東に回って、アルゴア湾の北、「大魚の河」まで達している(80)。

バスコ・ダ・ガマが、再びこの岬を回ってインドに至る航路を開くのは、それから一〇年後である。この一〇年間に、ポルトガルは農業と漁業と冒険航海家の国から、一つの海洋帝国にまで発展していた。ポルトガルが一四一五年にセウタを占領してから、ダ・ガマが喜望峰を回るまで、約八〇年を要している。しかしながら、ダ・ガマが東アフリカのナタールに着いたのが一四九七年の一二月、マダガスカル海峡を北上して、マリンディに着いたのが一四九八年の四月、インド西岸のカリカットについたのが、一四九八年の五月であった。ポル

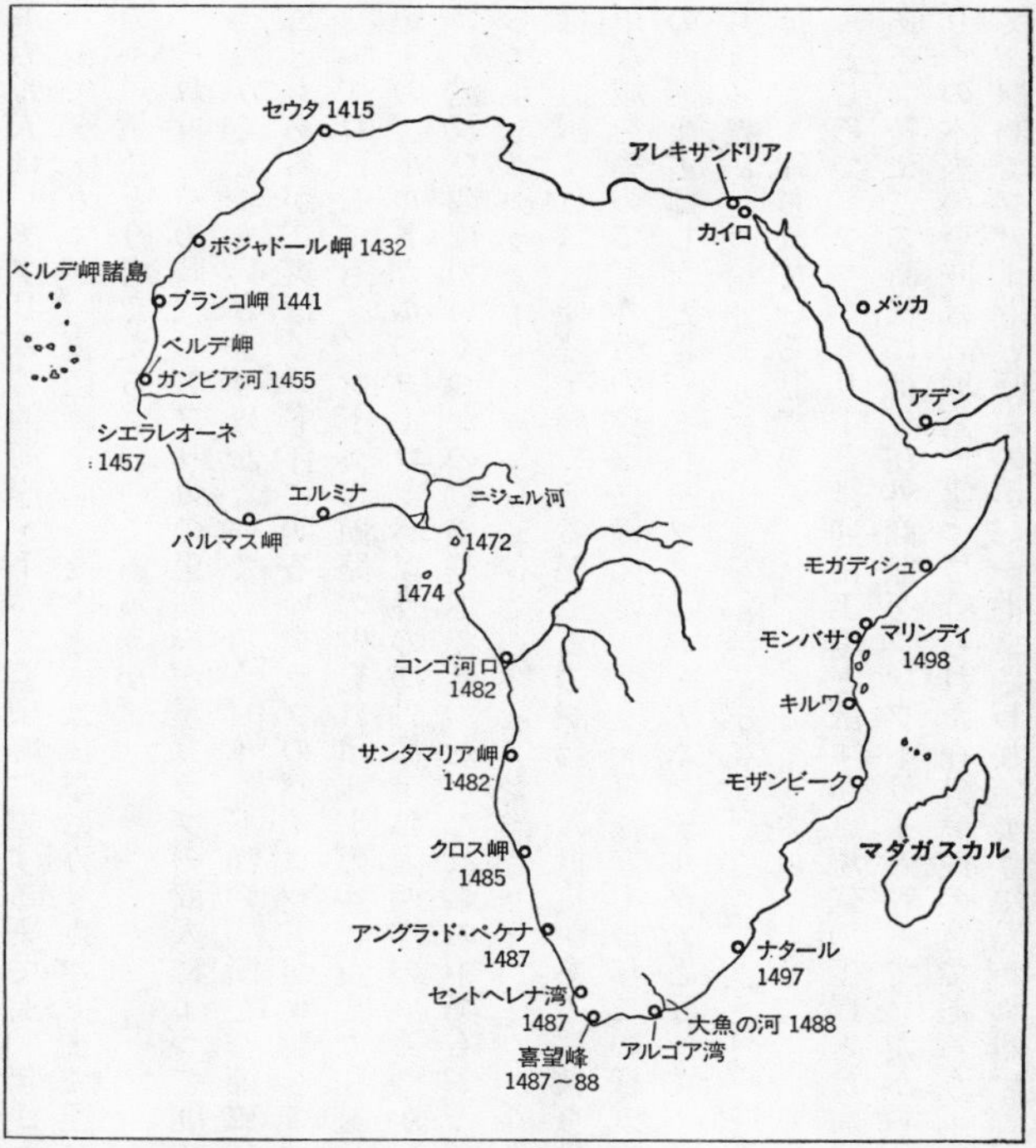
セウタ 1415
アレキサンドリア
カイロ
ボジャドール岬 1432
ベルデ岬諸島
ブランコ岬 1441
メッカ
ベルデ岬
ガンビア河 1455
アデン
シエラレオーネ
1457
エルミナ
ニジェル河
パルマス岬
1472
1474
モガディシュ
マリンディ
1498
モンバサ
コンゴ河口
1482
キルワ
サンタマリア岬
1482
モザンビーク
クロス岬
1485
マダガスカル
アングラ・ド・ペケナ
1487
ナタール
1497
セントヘレナ湾
1487
大魚の河 1488
アルゴア湾
喜望峰
1487～88

80　ポルトガルの南下　アフリカ航路の発見

トガル人は、アフリカの西海岸を下って喜望峰に達するまで七〇年かかったのに、その一〇年後にダ・ガマが、喜望峰を回ったときには一挙にカリカットまで達しているのである。この不思議をどう考えたらよいのであろうか。

それは、その時代のアフリカの東海岸が、アラブの商人によって開拓された文明世界であったからとでもいうよりほかないであろう。インド洋の横断を季節風に乗って行ったということもあるが、実はインド洋に明るいアラブのパイロットが乗船していたらしいのである。

いずれにしても、インドへの航路の開発はポルトガルに莫大な利益をもたらした。一五世紀末の、ポルトガルのヨーロッパ以外の海外領土は大西洋のいくつかの島々、アフリカのギニア湾及び西岸のいくつかの貿易基地であった。これらの中でも、ギニア湾の黄金海岸にあるエルミナのフォート・ファクトリーが、最も重要であった。フォート・ファクトリーとは、直訳すれば、要塞工場であるが、この訳語には抵抗がある。彼らは、海外の占領地に簡単な城を築いて、外敵の攻撃に備えた。オランダなども後年この様式を学び、マンハッタンの南端を占拠したとき、これをフォート・アムステルダムと呼んで、インディアンの襲撃から守るためにフォートを築き、その壁の跡が現在のニューヨークのウォール街であることは、よく知られている話である。

ところで、ファクトリーとは通常工場と訳すが、現代の工場とはおよそかけ離れた概念である。特にこの時代には、在外商館をファクトリーと呼んでいたから、フォート・ファクトリーの本当の意味は、城塞によって守られた在外商館の意であろう。これだけの説明を加えて、原語でフォートと呼ぶのが、一番ふさわしいように思われる。

そこで、再びエルミナのフォートにかえるが、ここでは、ヨーロッパでつくられた衣類や手工業製品と、アフリカの奴隷や砂金とが交換された。このために、リスボンとギニアとの間には、年に一〇回以上も航海が行われていたといわれる。

インドに至る航路を開拓して後に、東アフリカ及びインド洋の北側をめぐる地域、あるいはマレー多島海のいくつかの地点を占領してフォートをつくり、あるいは貿易基地として借り受けることによってヨーロッパへの香料《スパイス》の供給者になろうとする彼らの希望は、急速に達成された。しかしながら、彼らが香料貿易を独占したわけではない。

一六世紀の半ばまでに、ポルトガルのフォートは五〇以上に達した。それらの中で、戦略的に重要であったのは、東アフリカのモザンビーク、インドのゴア（一五一〇年）で、後者にはポルトガルの東洋総支配人が置かれていた。ペルシア湾の入り口のホルムズ諸島（一五一五年）は、国際スパイス貿易の、重要な中継地点であった。さらに、マラッカ以東の占有は極めて価値あるもので、純粋に交易だけが目的の中国のマカオの居留地《セッツルメント》は、一五五七年につくられ、ここが長崎貿易の基地となった。

ゴアからリスボンにもたらされるペパーその他のスパイスの代金は、アフリカ東岸のソファラにおいて、ザンベジ河の砂金をもって決済されたので、ポルトガル王室にとって、東洋貿易の利益はさらに大きなものとなった。

4　スペインとアメリカの発見

コロンブスのアメリカ発見

アメリカの発見を語るには、コロンブスから始めるのが常識のようになっている。本書でも伝統に従って、コロンブスから始めることにする。クリストファー・コロンブス(81)は一四五一年に、ジェノバに生まれた。羊毛梳《す》き職人の息子。パビア大学に学び、数学、自然科学、そして多分、天文学を修めた。後に、マデイラ諸島のポルトサントの最初の知事となったバルトロメオ・ペレステレオの娘と結婚して、一四七九年ころリスボンに移り住んだ。

コロンブスは、「自然の不思議に挑戦する」ことに意欲を燃やし、特に大西洋を西に航海してアジアに達することに熱情を傾けていた。そのころ、アゾレス諸島の西方の海上で、ポルトガルの船乗りたちが不思議なものを発見して、話題になっていた。ある者はヨーロッパには見られない、曲がりくねった流木を拾ってきた。ある者は、これもヨーロッパにはない竹のたばを見つけた。ある者は明らかにキリスト教徒ではない顔の広い男の水死体を見た等々……。今日の常識からすれば、これらは、メキシコ海流に乗ってアメリカから流されて来たものであろうが、当時は、西の方に知られていない土地があるのではないかという、興味をそそる話題となっていたのである。

コロンブスの西方への航海の熱情は、一四七四年にトスカネリがポルトガル王に送った書簡のコピーを入手することによって、いよいよ燃えさかった。彼は、大西洋を西へ航海する

81　ジェノバ駅前のコロンブス記念碑

遠征隊を送ることをポルトガルの王室に提案したが、受け容れられなかった。そこでこの話を、イギリスの王室やカスチリアのイサベラ女王に持ちこんだりして、三年もねばって、ようやくイサベラの承諾を得ている。

当時のスペインは、ポルトガルに比して確かに出おくれていた。特にカスチリアの西ゴート族は騎馬民族で、海になじんでいなかった。一三世紀、アンダルシア地方の征服が進むまではカスチリアは、わずかに北海岸のビルバオやガリシアおよびビスケーの小さな港を通じて、ろばの背にのせて持って来たブルゴス地方の羊毛を船積みして、フランドル方面に輸出していたが、新たに東海岸のムルシア及びバレンシアを征服した。これによってカスチリアは、イタリアからの穀物の供給を確保することが出来た。さらに、北方のバルセロナは、アラゴン王国の中心的港湾で、古くから地中海の重要な港であり、ジェノバとの交易が盛んであった。この港によってアラゴン王国は、一時期には地中海の有力な海洋帝国を形成し、ベネチアの全盛期には、スペイン東部の諸島からサルジニア、シチリアを含む海域の支配権を持っていた。しかしながら、バルセロナやバレンシアが、その地理的条件からして地中海的港湾にとどまりそれ以上に発展しなかったのは、やむを得ないことであった。

カスチリアにとって重要なことは、南方の最も豊かな地域の経済の中心であったセビリアの港を得たことであった。しかし当初は、カスチリアの騎馬人たちは、直ちに海に出ることが出来なかったので、ガリシア及びバスクの諸港からここに植民させて、造船や航海の事業に従事させた。しかしその後もなお、伝統的な貿易はアラビア人やジェノバ、ピサなどの船乗りたちが握っていて、カスチリアはこの港を主として軍事的見地から、ジブラルタル海峡及びスペイン東岸の航海の安全を確保するために利用した。このようにして、セビリア、カディス、さらにポルトガル領に近いリオチントなどアンダルシア西部の船乗りたちは、ポルトガルの船に乗りこんで航海に従事していたのであった。

コロンブスが遠征にのり出したのは、リオチントの港パロスで、時に一四九二年八月三日であった。彼が乗った船は、有名なサンタ・マリア号で、三本マスト、現在のトン数にして約二八〇トンで、他に二隻の、より小型のカラーベラ型船を率いていた。二八〇トンという船の大きさは、実感的に分かりにくいと思うが、港へ行くと貨物を積み降ろしする三〇〇トンはしけというのがある。それをみると、こんな小さな船でよく大西洋を乗り切れたものであると驚かされるに違いない。コロンブス自身がサン・サルバドルと命名したバハマ諸島の一つに到着したのは、一四九二年の一〇月一二日であった。彼は、これをスペイン領であると宣言した。彼が読んだマルコ・ポーロの『東方見聞録』に出てくるアジア（インド）とはかけはなれているので、とまどいを感じたようであるが、とにかくアジアの一角にたどりついたものと信じていたようである。

コロンブスの新大陸発見の後、セビリア(82)がにわかに大陸経営の策源地となった。カ

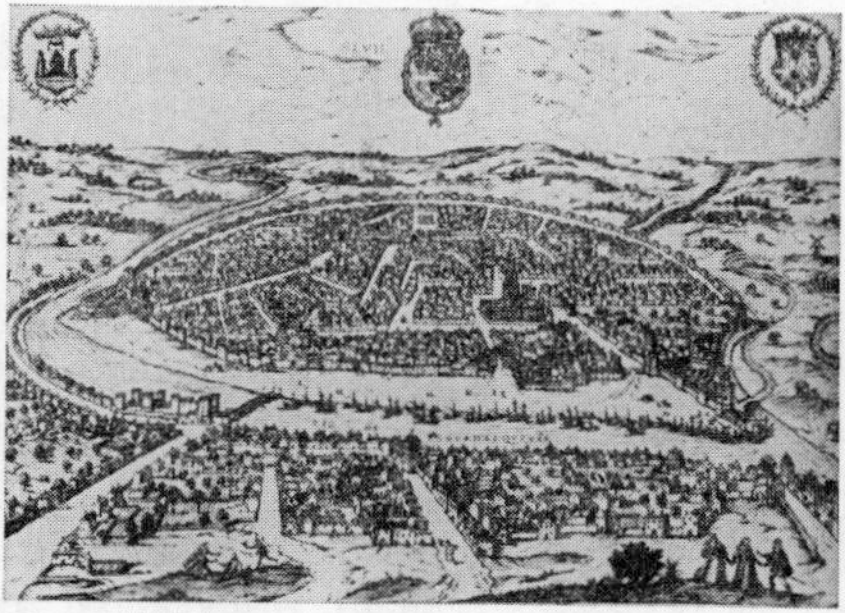

82　16世紀のセビリア

ディスは、ローマ時代からの自然の良港であったが、直接大西洋に面しているので、荒々しい天候と、外敵にさらされており、さらに悪いことには、岩山にとりかこまれて背後の土地から孤立していた。新大陸との貿易にふさわしい港湾の機能とスケールとを持っていなかったのである。これに反してセビリアは、スペインの最も豊かな平野地帯を貫流するグアダルキビール河をさかのぼった地点にあり、早くから人口が集中し、十分な埠頭施設を持ち、新しい規模の大きな貿易を始めるのに必要な金融組織ももっていた。河川そのものが、コルドバ、トレド、マドリードなど奥地の都市との交通の便を提供し、起伏のゆるやかなアンダルシアの平原は、馬車による輸送の便宜があった。

ハーバード大学のＪ・Ｈ・ペーリーは、その著『スペイン海洋帝国』の中で、次のように述べている。

一六世紀の前半に、ヨーロッパの海洋貿易の二つの主要システムが出現した。その一つは、ポルトガルとインド、即ちリスボンとゴアであり、いま一つのものはスペインとアメリカ、即ちセビリアとカリブ海およびメキシコ湾諸港との交易である。最初のものは王室による独占貿易で、後のものは限られた企業及び個人による私的貿易であった。両者ともに、政府の密接な行政的関与があったが、この二つのうち、スペインのそれが、その量及び金額において、ポルトガルよりもはるかに大きかった。一六世紀におけるスペインとスペイン領アメリカとの間の大西洋貿易は、ポルトガルとインドとの貿易よりも、はるかに多くの船舶と貨物を持っていた。——これは一つのパラドックスであるが、前者が最大限、十数万のスペイン移住者及びインディアンの需要を充したのに対し、後者は東洋の膨大な人口とヨーロッパとの直接的接触であったにもかかわらず、詳細に検討してみると、スペイン領のアメリカ植民地は、インドに比べて高度に発達した社会であり、それはヨーロッパの補語（complement）であった。[13]

彼の記すところによると、コロンブスの第二回遠征以来、アメリカへの植民は、カスチリアの政策として続いた。スペイン人の新大陸征服は、最初のカリブ海諸島の段階、メキシコの段階、ペルーの段階と、飛躍的に発展している。サントドミンゴを中心とする初期の段階においてさえ、そのピークは一五二〇年であったが、同年、スペインから年間七一隻の船が航海し、これらの島々からのスペインへの復航は三七隻に達している。

ポルトガルの船は、バラストを積み、現地の商船や要塞守備の補充人員を乗せて航海したのに反し、スペインの船は多数の移住者、ブドウ酒の樽、小麦、油、穀物の種子、農器具、家畜を積み、バラストさえも、販売のための商品、たとえば建築のための煉瓦や切り石を積んで、西インドに向かった。さらに本船さえも、現地での交通や輸送のために、滞留することがあった。[14]

西インドからの輸入は、スペイン人が熱烈に探し求めていた金、銀、財宝のほか砂糖、皮革、蠟《ろう》などであった。

コロンブスは、今日では伝説上の人物であって、彼の身辺についていくつかの異説があるのもやむを得ないが、ともかくも第一回の遠征によって名声は得たものの、王室にとっても彼にとっても、十分に目的を果たしたわけではない。こうして一四九三年の九月、一七隻の船隊と一二〇〇人の入植者を引きつれてカディスの港を出発した。

この時は、ヒスパニオラ（今日のハイチ及びドミニカ共和国）に対する植民を行うためであった。軍人、農民、神父、それに動物や穀物の種子など、植民に必要な一切のものを揃えていたが、不思議なことに女性は含んでいなかった。これらの人々を長期間養うに必要な十分の食糧を持っていなかった。ポルトガルも同じであるが、初期の入植者に女性を含んでいなかったことについて、J・H・ペーリーは、おそらく彼らは《一旗組の連中であったろう》と書いている。コロンブスはこの航海によって、カリブ海の多くの島々、小アンチル、バージン諸島、プエルトリコを通ってヒスパニオラ島に達し、ジャマイカやキューバ、それに南米北岸のオリノコ河の河口のあたりまで達している。植民地は、ヒスパニオラの北海岸に女王の名をとって「イサベラ」と命名したが、植民は失敗し、後に南側のサントドミンゴに移された。そしてこの港が、その後のスペインの新大陸経営の中心となっている。

コロンブスはその後、一四九八年と、一五〇二年の二回「東洋への新しいルートと金」の発見のために航海しているが、次の航海では、女王の怒りにふれて鎖につながれて帰国するなど、末年は決して幸せであったとはいえない。彼は一五〇六年に、失意のうちに死んだ。

彼のあとで、スペインの征服者《コンキスタドール》たちによる、中南米の征服が始まる。「コロンブスは、新大陸を発見したのではない。彼は、二つの大陸を結びつけただけである」という意見がある。つまり、新大陸へのヨーロッパの道をつけただけであるという意味である。本当の新大陸の発見は、非常に多くの人々の、長年にわたる努力によって、その一つ一つが、明らかになったという、最近の歴史観にもとづいているものだ。

南米の征服者たち

コロンブスの後に、フィレンツェの人アメリゴ・ベスプッチが続いている。彼の業績については、あまりはっきりしていないが、何回かの航海を行い、現在のアメリカ合衆国のノースカロライナの海岸から南米のブラジル、リオデジャネイロ方面まで達している。現在のアメリカという言葉は、彼の名をとったものであることはよく知られている。南米を南へ下る探検は、彼のあとからデ・ソリス、次にマゼランと続き、南米の南を回ってアジアに達するというプロセスにつながっている。

バルボアが、陸路、パナマ地峡を通って、はじめて太平洋に出たのが一五一三年であった。さらにヘルマン・コルテスがベラクルスに上陸してメキシコの征服に向かったのが一五二一年、フランシスコ・ピサロがペルーの征服に向かったのが一五三〇年であった。アズテックやインカの文明を滅ぼしたこれらの人々は、現代の人々から好感をもって見られていないばかりでなく、当時のスペイン王室からも、あまり信用されていなかった。彼らはその言葉通りコンキスタドールであって、自らの費用とリスクにおいて遠征隊を組織し、多くの戦闘や苦難と闘い、生命をかけて行動し、本国の政府からの援助もあまりなかったのであった。その死にざまも、多くの場合、無残であった。

しかしながら、彼らが征服した土地は、スペイン領としてスペインという国の富と権威を著しく増加せしめた。特に新大陸からもたらされる銀は、後にオランダに流れるが、ともかくもスペインの富の源泉であった。

これらの植民地貿易や統治の機関として、一五〇三年に、セビリアにCasa《カサ》 de《デ》 la《ラ》 Contratacion《コントラタシオン》 de《デ》 las《ラス》 Indias《インディアス》が設けられた。これは、最初は、リスボンのCasa《カサ》 da《ダ》 India《インディア》と同じように、王室の独占とする意向もあったが、スペイン、即ちカスチリアでは王室が直接貿易に従事することをせず、財務官を派して出入りの貨物をチェックして税金を取り立て、金銀についての王室の取り分は、カサから直接セビリアの造幣局に送られた。これについて、アダム・スミスは書いている。

> そこで黄金という財宝を発見しようとする希望こそ、この計画の樹立をうながした唯一の動機なのであって、しかもコロムバスは、この動機にいっそうの重みをつけるために、そこで発見されるであろういっさいの金銀の半分は王室に帰属すべきものである、ということを提案した。[15]

これは、どうかと思う。ベネチアのコレガンツァという商慣行によれば、利益の七五パーセントは陸にいる出資者が取り、二五パーセントを航海者が取るというならわしであった。それは、カスチリアの王室も知っていたであろうし、王室の方が七五パーセントを要求し、コロンブスがそれを値切って五〇／五〇にしたのではないかと、筆者はひそかに思っている。

こうして略奪が行われ、サントドミンゴなど七、八年のうちに、住民が持っていた金、銀は全部はぎ取られた。王室の重税を払うために、スペイン人が宗教的狂信をも加えて、アメリカ大陸を荒らしまわることになる。

セビリアのカサは、間もなく西インドへの渡航の許可や艤装、乗組員数の検査をして、航海に耐えられるかどうかを評価し、本船のドラフト（吃水）の上限、下限を定め、チーフ・パイロットを任命したり、船長の資格を与えたりした。その職員は、すべての発見について詳細に記録し、最新の地図を作成し、植民地の行政にまで口出しをするようになった。今日の概念からすれば、植民地・貿易・海運省とでもいうべきものである。後に、オランダ、イギリスの場合は、こうしたことの一切が、東インド会社、西インド会社のような特権的株式会社が行うようになるのであるが、ポルトガルもスペインも、まだそれを知らなかった。

V　アムステルダムの貿易と海運

1　アムステルダムの興隆

練達の船乗りたち

大航海と新大陸の発見を経て、一六世紀がスペインとポルトガルの時代であったとすれば、一七世紀はオランダの時代であった。新世界の富とハプスブルク家のヨーロッパ支配とに支えられて、ヨーロッパに君臨していたスペインが、なぜ急速に衰えたかを考えると、そこにいくつかの明白な原因が見いだされる。

それは、インカやアズテックを滅ぼした新大陸の略奪にも限度があったこと、新大陸で産業を興さなかったことなどである。イギリスが植民地であるアメリカのバージニアで、すぐに煙草の栽培を始めたことと比べてみると、よくわかる。さらに本国においても宗教的な狂信から、手工業や商業の実権を握っていたアラビア人やユダヤ人を、異教徒として追い出してしまったことである。後年、ヨーロッパの資本主義のパターンとなった本国の工業と植民地市場という経済発展の基盤を、スペインはすべて放棄してしまったのである。

これに対して一六世紀から一七世紀にかけてのネーデルラントは、ヨーロッパで最も産業の発達した地方となっていた。いち早く工場制手工業《マニュファクチュア》化したフランドルの毛織物工業を軸として、各種の工業が発達し、オランダの海運が世界の富をアムステルダムに集中しつつあった。

この時代のヨーロッパは、北イタリアとネーデルラントを除いては農業国で、オランダが栄えた理由として、ヘルマン・ケルレンベンツは、たとえば、イギリスやスペインの良質の羊毛のほかに、ドイツやフランスの至るところで羊が飼われていたこと、麻その他の繊維原料が近くで容易に得られたこと、アムステルダムなどの造船業と、海運や貿易に関する各種の手工業が発達したことを強調している。[1] そして最も注目すべきなのは、スペインを追われたユダヤ人の商人や手工業者、フランスを追われたユグノー教徒など、教会の圧迫を避けて逃げて来た商人やクラフツマンの資金と技術がここに集中したことである。このことは、初期のベネチアが、ロンバルドの侵入をのがれて集まった人々の都市として発足したこととよく似ている。

しかしながら、ネーデルラント、特にアムステルダムを、一七世紀の世界の貿易と金融の中心にまで押し上げたのは、何といっても、その海運であった。ケルレンベンツが、次のように述べている。

> 一六世紀の、最も驚嘆すべき技術的発展は、造船にあった。海上貿易、とくにバルチック海、大西洋、地中海を結ぶ撒積み貨物《バルク・カーゴ》の輸送が、利益の多いものになるのにつれて、船型は益々拡大した。その船型は一定していたわけではないが、バルチック貿易では、リュベックのカラーウェル（カラーベルあるいはカラック）が多く用いられた。ヘンリー八世

は、バルチック諸国からこの船を買い、イギリス造船業者のパターンとして提供した。バルチック海においては、三〇〇ラスト（六〇〇トン）が最高の限度であって、西及び南ヨーロッパのカラックやガレオン船は、浅海のバルチック海では使用できなかった。[2]

オランダ人は、高速で経済効率の高い船を開発し、海洋取引の主導権を握ってしまう。ケルレンベンツによれば、オランダ人は、一五七〇年に vleeboot《フレーボート》と呼ばれる新型の商船を開発し、さらに一五九五年には、fleute《フレーテ》（fluit《フロイト》）を開発している。この船は、重心が低く、多くの貨物を積め、速力が速く、運賃コストを三分の二ないし二分の一に引き下げることができたので、たちまち北海およびバルチック海貿易の主導権を握ることができた。[3]当時のヨーロッパは、人口の急増によって、食糧不足が生じ、穀物の海上輸送が大きな課題となっていた時代で、商機を見るに敏なオランダ人が、たちまちこのチャンスをものにしてしまった。

もともとオランダ人は、バルチック海からイベリア半島へかけての練達した船乗りで、彼らはスウェーデンの鉄や銅、北ドイツの穀物、ノルウェーの木材などのバルク・カーゴを、ビスケー湾沿岸地方に運び、ポルトガルの塩、北海のニシンなどを輸入していた。これらの航路は、オランダ人のバックボーンであって、C・ウイルソンも、これらのものが、彼らの「母なる商業」あるいは「生命の鍵」と呼ばれていたことを証している。[4]この海上の商売が爆発的に拡大するのは、オランダが一五七八年にスペインに対するクーデターをおこし、スペイン王権の支配や干渉を脱してから後であった。

彼らは、ローマン・カトリックと闘うプロテスタントの信徒で、一般に一七世紀のオランダの繁栄や、科学技術、文化の興隆は、個人の精神の純粋と自由とを求める宗教改革によるものであると考えられている。こうして、アムステルダムが、世界の貿易、海運、金融の中心として発達する。

オランダ東インド会社

アムステルダムは一六世紀の半ばころまでは、南部のアントワープなどにくらべると、まだ小さな商業都市に過ぎなかった。その後のアムステルダムの急速な発展は、何といっても東インド貿易によるものであった。のちに述べるように、一五九四年の春に、アムステルダムの九人の商人によって、「遠い土地のための会社」が設立され、一五九六年に最初三隻の船隊をジャワに送ったが、二四九人の乗組員のうち無事帰国したのは八九人に過ぎなかったというから、大変苦しい航海であった。しかしながら持ち帰った香料《スパイス》によって、いくらかの利益をあげることができた。

この後で、続々と会社組織による東インド遠征が行われ、最終的に、一六〇二年に連合東インド会社が組織された。オランダ東インド会社およびアジアへの進出については、次の章「インド・太平洋のライバルたち」で、さらに詳しく述べる。

この会社は、アムステルダム、ロッテルダム、ゼーラント、デルフトなど六都市の市議会が出資し、その初期投資は六五〇〇万ギルダーであった。まだ各州の連合体であったオランダ共和国は、この会社に対して二一年間にわたり、喜望峰から東、マゼラン海峡から西の太平洋、インド洋にわたる広大な地域の貿易の独占権を認め、防衛のために戦闘を行うこと、各地に要塞を構築すること、平和及び同盟の条約を結ぶことなど広汎な権限を与えた。その本部は、アムステルダムに置かれている。彼らは、株式会社という新しいシステムをつくり出し、巨大な資金を集めるとともに、有限責任という形で経営者のリスクをカバーしている。株式会社による海外植民地の開発は、このすぐ後の一六〇六年に、英国のジェームズ一世が、英国最初の新大陸の植民地であるバージニアの開発のために、ロンドン・カンパニーを設立したことによって、英国に引き継がれた。ただし、英国の場合は、なお中世的な思想にまとわれ「現地の人々をキリスト教に改宗させて文明化すること、金銀鉱を採掘すること」等を目的としていた。この点、オランダ東インド会社が純粋に自由貿易による商品交換を目的としたのに比べると、オランダの方がはるかに進歩的であったということができる。この時代のアムステルダムの経済思想について、ヨハン・ホイジンガーが、次のように述べている。

> アムステルダムは正当にも自由貿易の賛成者だったが、それは理論的根拠からではなく、——なんとなれば（自由貿易）理論はまだ存在しなかった——その最も明白な利害がここでは中世的・保守的慣習と一致していたからである。今や、世界貿易によって獲得された富はさらに金融業の隆盛を招き、この金融業の経験があたかも他のあらゆる国々で勝利をえていた重商主義的原理の支持し難いことを早くから気づかせた時、アムステルダムは事実、進歩的経済思想——したがってたしかにまだ科学的理論ではない——の揺籃となった。共和国はいわば重商主義を飛び越えてしまったのである。[5]

自由貿易と海洋の自由の思想は、まさにアムステルダムに始まり、やがて英国がこれを引き継いだのであった。

東インドの香料貿易こそは、アムステルダムに莫大な利益をもたらしたものであった。一五九九年に帰国したJ・C・バン・ネックの場合には、四〇〇パーセントの利益だったというからすさまじい。しかしこうした利益も、ポルトガル、スペイン、特にイギリスとの激しい競争、時として局地的な戦闘行為をまじえて得られたものであった。オランダ人たちはポルトガルの衰退の後を受けて、一六〇五年にはポルトガル領アンボイナを占拠し、最初の拠点をつくった。一六〇六年の第二回遠征でマラッカ海峡の制海権を得、一六〇九年にはわが国の平戸に達し、日本との貿易の特権を得ている。

彼らはまた、新大陸に向かって西インド会社を設立し、一六〇九年にヘンリー・ハドソンが発見したハドソン河の流域に、ニューネーデルラントを建設した。即ち一六二四年に、オールバニーにフォート・オレンジをつくり、その二年後に、河口のマンハッタン島をインディアンから買い取り、ここにニューアムステルダムを建設した。これは、後にイギリスが占拠して、ニューヨークと改名した。今日のニューヨークの金融の中心をなしているウォール街は、前にも触れたが、オランダ人がインディアンの襲撃からこの土地をまもるためにつくった防塞《ウォール》の跡である。

このようにして一七世紀のオランダは、世界一の貿易・海運国であった。イギリスでは、一六七一年に四〇〇隻、約一〇万トン（積トン）の商船隊を持ち、そのころフランスは約八万トンの船舶を持っていたが、オランダは一万六〇〇〇隻、五六万トンの船舶を持っていた。アムステルダムの近くのサールダムは、そのころの最大の造船所で、一六九七年にロシアのピョートル大帝がここで造船を学んだことは、有名な話になっている。

世界的商業都市

アムステル河に、いつごろダムがつくられたか明らかでない。一二七五年に、ダムの近くに住んでいた人々が、ホーランド伯フロリス五世から、ホーランド州全域と商取引をする自由を得たのが、この有名な商業都市のそもそもの始まりである。アムステルダムは、一四世紀のはじめに都市権を認められ、すでに一四世紀の半ばには、アムステル河の河口近くのダムの両岸に、商人や手工業者や船乗りたちの住居が建ち並び、城壁をめぐらした小規模な都市を形成していた。アムステル河につくられたダムということから、この都市名がつけられた(83図参照)。一五世紀の終わりには古い城壁を取りこわし、その外側に新しい城壁を築いて、都市を拡張している。今日のアムステルダムの旧市街の原形が、この時に出来上がっているのである。都市の中に多くの水路がつくられ、水路にそって商人たちの家が建ち並んでいた(84・85)。

オランダのパクフッド社の支配人であり、ロッテルダムの日本名誉総領事でもあったH・ブラート氏は一九六九年に来日したときに、横浜で「オランダにおける港湾発展の三〇〇年」という題で講演し、それが港湾経済研究所から出版されている。その一節をここに引用する。

オランダの黄金時代に、オランダの帆船が乗り出した港は、……私がざっと考えただけでも、その当時三〇の都市と港がございまして、そこに、外洋を航海する船をつけることができたのであります。このような港湾都市は、大部分、たくさんの河の岸や、かつての内海の岸べ……あるいはライン・デルタと呼ばれる海岸線の入り江に存在しておりました。

さて、そこで、皆さんがたに、古い時代の貿易都市を思いうかべていただきたいのであります。高い城壁と、それをめぐる濠に囲まれており、その中に、高い、狭い家屋が密集していました。城壁から城壁までの間隔は、千歩か、千五百歩程度のものでした。海洋を航海する帆船の着く狭い埠頭に、たくさんの家が立ち並んでいました。埠頭は、城壁の中の狭い水路にそってつくられ、港湾を形成しておりました。そして、港に入る船は、都市の水門を通過しなければならなかったのです。これらの船は、商人船主の屋敷のあるすぐ前の埠頭につながれました。これらの埠頭はまた、これに加えて都市内の貨物輸送の動脈をなしていました。

通常（少くともアムステルダムにおいては）、これらの商人とその家族は、大きな建物の地階に住み、その貨物は、彼等自身の倉庫に保管されましたが、彼等の住居の、二階、三階と、上部の階が倉庫にあてられていました。ロッテルダムにおいては、これと反対に、地階を倉庫として貨物の保管にあて、人間は上の階に住むのが習慣となっていました。[6]

アムステルダムは、北欧のベネチアといわれている「水の都」である。今日でも、ブラート氏が述べているとおりの町並みを見ることが出来る。オランダ特有の三角形に尖った屋根のすぐ下に、どの家にも棒杭のような木の構造物が突き出ている。それは、滑車をかけて、二階、三階に貨物を吊るし上げるためのものである。この荷役方法は、古いロンドンの多階式の倉庫に応用されているし、一九世紀の版画などでよく見かける。また古いニューヨークのピーヤ*にあったハウスフォールという荷役方法は、この系統に属するものである。

83の一四世紀の版画で見ると、このころの港は、ダムの下流にいくらかの船着き場、即ち埠頭があり、その外側の岸辺《ザイダー・ゼー》に面しているところに、外敵から港を守る二重に張りめぐらした木柵がつくられていた。84の一五世紀の終わりころになると、ダムの上流や都市を囲んで、何条にもつくられた水路の至るところに、小型の船を着けることができるようになった。そして、主要な水路には、ハネ橋がつくられ、大型船の通過ができるようになった。また、一七世紀に、城壁に菱形の要塞を連ね、それぞれに砲をそなえた重武装都市となるころには、ダムの下流およびザイダー・ゼーに面した木柵の内側には木製の桟橋が多くつくられていた。

　現在の、オランダ国有鉄道の中央駅のあるあたりから王宮前広場まで、昔は広い水路をなしており、現在の王宮広場は、魚市場（85）であった。ここにも桟橋があり、漁船が群がり集まって、魚の売買が行われていた。昔の水路はまだいくらか道路わきに残っているが、ここに「嘆《なげ》きの塔」がある。その昔海上に遠征する夫や恋人たちとの別れを惜しんで女たちが

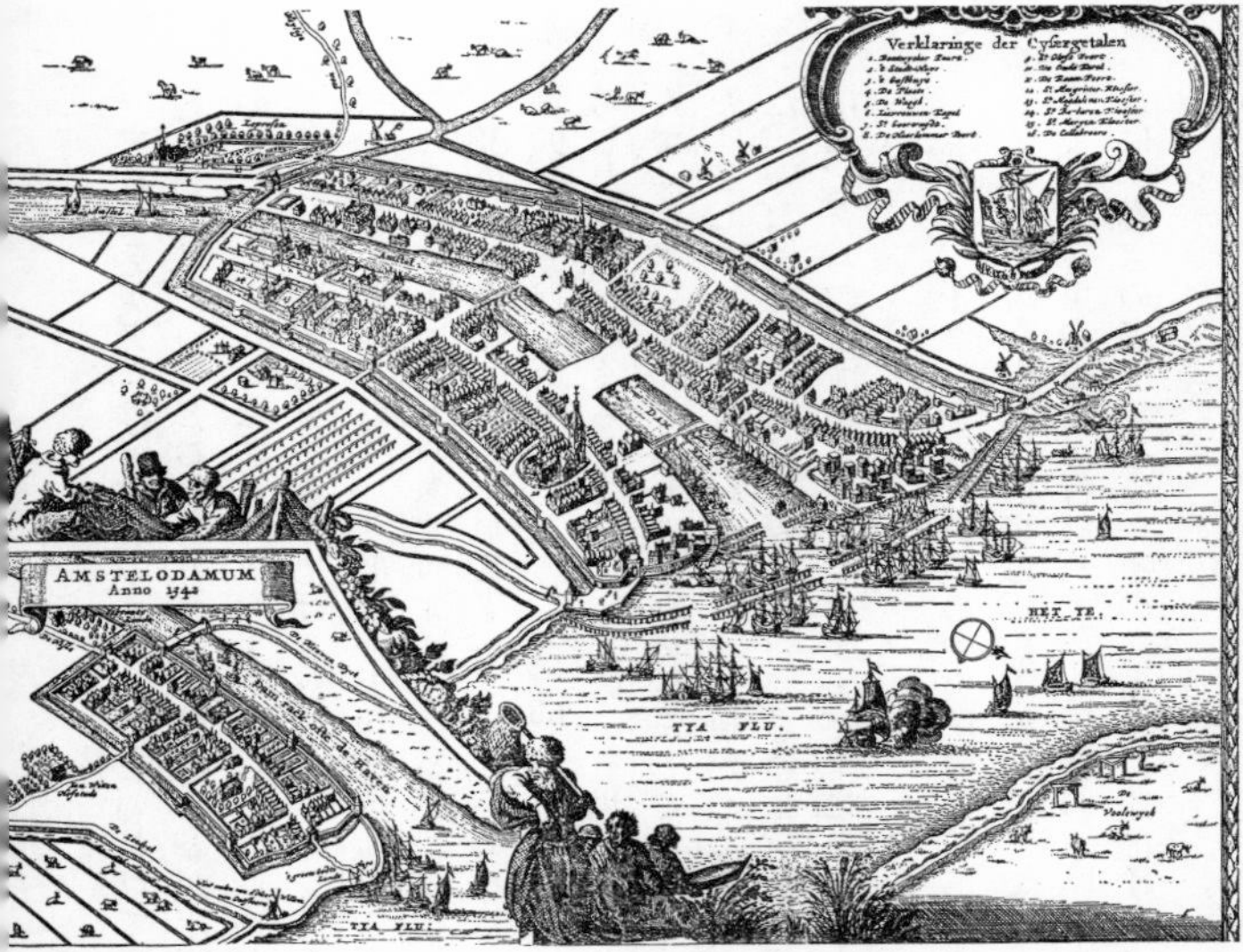

83　14世紀半ばのアムステルダム　すでにアムステル河にダムが構築され、港の外側には木の柵を打ち込んで防塞がならべられている。有事の際にはこの間にチェーンを張って外敵を防いだ

涙を流した塔である。また「ニシン梱包業者の塔」(86)というのもあった。業者たちはこの塔にのぼって、出漁するニシン船を見送り、あるいは帰りを待ちのぞんだ。この塔は一九世紀に取りこわされて、現在では見ることができない。北海のニシンは、アムステルダムにとってなじみの深いもので、現在でも、たいそう美味な、生ニシンのコクテルを食べさせるレストランがある。

アムステルダムにおける商取引は、スペインとの休戦（一六〇九年）直後から、にわかに盛況を迎える。多くの制度、即ち船荷証券による委託運送、海上保険、複式簿記、それに銀行な

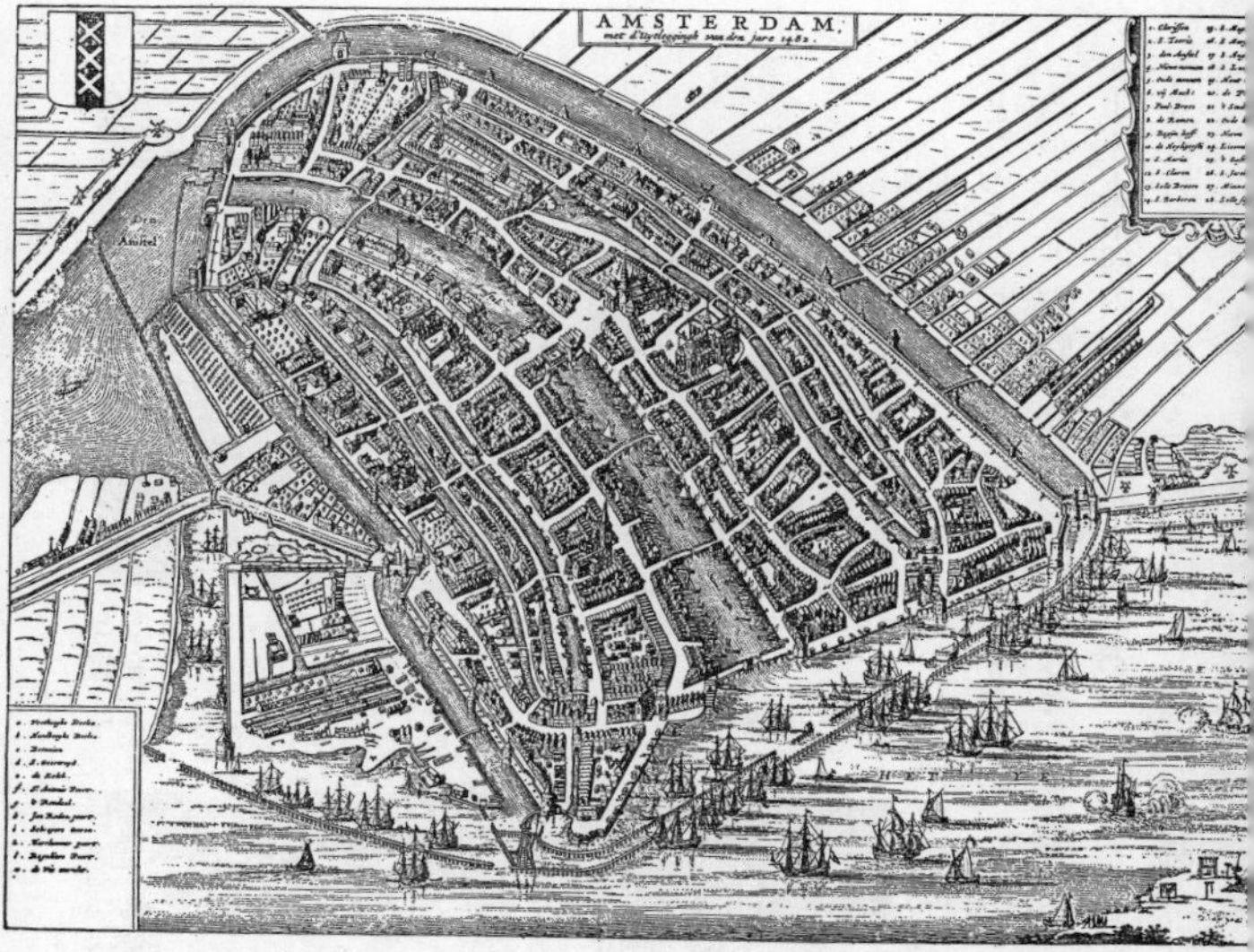

84　1482年のアムステルダム　アムステル河を大きく引き回して城壁をめぐらせ、都市の発展が著しかった。ダムの下流に多くの船着き場が現れ、それぞれの商人の住居の前に船を着けた

ど多くの知識や技術を、ベネチアその他北イタリアの諸都市から学んだのであるが、特筆すべきことは、株式会社と、先物取引である。株式会社については、東インド会社の設立のところで述べた。先物取引は、スペインやポルトガル系のユダヤ人が得意とする商取引の方法であったが、スペインを追われたユダヤ商人たちは、最初アントワープにとどまり、ついでアムステルダムにやって来て、ここに定着した。

　ところで、一七世紀の初めに、アムステルダム株式取引所が設立されている。これは三〇本余の石柱を建てめぐらした回廊様式の見事な建物であったと

85　1797年のビーゲンダムと市庁舎　現在は王宮となり、川は埋め立てられ、広場となっている。手前は魚市場の風景である

86　1730年のアムステルダム港風景　手前の塔は「ニシン梱包業者の塔」といわれるものであったが、1829年にとりこわされた

いわれるが、一本一本の柱のまわりに特定の商人グループが集まり、そこで取引をする習慣となっていた。ここには、東インド商人、レバント（東地中海沿岸諸国）の商人、あるいはバルチック方面の商品の仲買人など、さまざまの商人グループが集まった。またシップブローカーや保険業者のグループもあって、そこに顔を出せば、船舶をチャーターしたり、保険をかけたりすることができた。屋外には優雅な中庭がつくられており、そこに三々五々集ま

っては、株式投機のこと、先物取引の相談が行われた。このアムステルダムの新しいシステムは、すぐその後で、ロンドンのロイヤル・エクスチェンジに引き継がれている。もしここにアポロン神殿があり、神にいけにえをささげ、祭典と酒宴の席が設けられ、吟遊詩人の竪琴と歌声でもあれば、それはまさにギリシアのアゴーラ、あるいは柱廊《ポルティク》での取引を再現するものであるが、時代は一七世紀の、さらに進歩した科学を必要とした時代であった。そして、この中から有名な法律家、たとえば海洋自由論を展開したフーゴー・グロチウスのような理論家や、有名な公証人、ブローカーが輩出したのである。

＊ピーヤ（pier）とは、主としてアメリカで用いられている。もとは、橋のスパンを支える構造物をピーヤと呼んでいたが、転じ埠頭の呼び名となった。水面に向かって、細長く、長方形に突き出た埠頭であるが、アメリカでは色々な形を総称して、ピーヤと呼ぶことがある。
またフィンガー・ピーヤはマンハッタンやブルックリンに古くからあった様式で、人の手の指のように何本も並んで水面に突き出ている埠頭を指していう。

VI　インド・太平洋のライバルたち

1　オランダと東洋

貿易と軍事力の結合

一五九六年六月、三隻の帆船と一隻のヨットから成るオランダの小さな貿易船団が、ジャワ島のバンタム港に入ってきた。これは、一五九四年に、アムステルダムに設立された「遠い土地のための会社」、後に連合東インド会社になる特権的貿易会社の、第一回の遠征隊であった。バンタム港において、彼らは最初は友好的に迎えられたが、乗組員の無法な振る舞いが、ジャワ島の行く先々で問題をおこし、たちまち反感と憎しみを呼んだ。

この最初の東インドへの航海は、決して楽なものではなかったようである。乗組員の多くが壊血病にかかって、しばしば反乱のきざしさえ生じた。また熱帯の疫病のために多くの船員がたおれた。前にも触れたが、出発のときに、二年間の契約で乗船した二四九人の乗組員のうち、無事に帰国した者が八九人に過ぎなかったことから見ても、その航海は、まさに死の航海であったことがうかがわれる。しかしながら、非常に苦労して集めた少しばかりの香料《スパイス》が、いくばくかの利益をもたらした。

第一回遠征隊のひかえ目な利益も、アムステルダムやゼーラントの商人たちを、気落ちさせることはなかった。彼らは、東洋におけるポルトガルの勢力が、昔日のものでないことを知っていた。一六〇一年から〇三年にかけて、キャプテン・ジェームズ・ランカスター指揮の英国東インド会社の第一回遠征隊が大きな利益を上げたことを知らされた。オランダの商人たちは、熱心に、同様の遠征を計画したのであった。「遠い土地のための会社」の後をうけて同じような会社が、いくつもつくられた。これらの会社は一六〇二年に、連合東インド会社に吸収されるのであるが、一六〇一年の末までに八つの会社が、一四船団、六五隻の船を送り出している。ジャワのバンタムほか、多島海の五つの港、マレー半島の二つの港に向かった。この中の一隻リーフデと呼ばれる船が、吹き流されて日本の九州に到着した。ここから、歴史的な日本とオランダとの交易関係が始まるのである。

連合東インド会社が設立されたのは、一六〇二年の三月であった。この会社は、前にも述べたようにアムステルダム、ゼーラント、ロッテルダム、デルフトなど六つの市の議会の承認と出資により、資本金六五〇万ギルダーをもって設立された特許会社で、二一年間にわたり喜望峰から東、マゼラン海峡から西の地域のオランダ貿易を独占し、防衛のための戦闘を行うこと、平和及び同盟に関する条約を締結すること、占拠した土地に砦《フォート》と商館とを建造すること、などの特権を得ている。[1] これが、以後二〇〇年にわたる特権的貿易会社の始まりであるが、当時は、オランダの東インド会社が、最も強力なものであった。

ポルトガルももちろんオランダの進出に対して、いくらかの抵抗を試みているが、物の数ではなかった。第一は、その高度の造船技術にあった。オランダ東インド船（イースト・インディアマン）は、海運史のうえからいうと、帆走船の始まりであると同時に終わりであるといわれている。それは、コロンブス、ダ・ガマ、マゼラン、ドレイクの大航海の経験と、地中海及び北海の航海の伝統とを取り入れていた。それは、大洋の航海に適していたばかりでなく、船腹に大量の貨物を積むことが出来た。その帆は、多数の小さな帆に分かれており、少数の乗組員で操ることが出来た。乗組員は、しばしば二〇人以下で事足りている。

第二は、その軍事力である。一七世紀の東洋貿易は、貿易と軍事が不可分に結びついていた。彼らは、貿易貨物と同量の、大砲と弾薬を積んでいた。オランダは、他のヨーロッパの国々と異なって、海軍と商業とが一体化していた。社会的に見ても、海軍士官と貿易商人との区別がなかったし、従って船長は海軍の提督でもあったわけである。

ここからキャプテン（船長）という言葉の持つ、社会的な重みが生まれている。そして、この伝統は英国に引き継がれた。余談だが、一八六〇年代の初めに、横浜で発行された英字新聞『ジャパン・ヘラルド』のコピーを見たことがある。そこには、開港当時、横浜港に入港した毎日の船舶のリストが掲載されていた。面白いことに、それぞれの船の格、あるいは大きさは、今日のようにトン数で表さずに、マスト三本とか砲二四門とかいう言葉で表現されていた。われわれがいまだどっているのは、まだ商業資本の全盛の時代のことであるが、資本の前期的蓄積のすさまじい姿をそこに見るのである。

ポルトガルの駆逐

このようにしてオランダは、一六〇五年に、モルッカ諸島アンボイナのポルトガルの砦《フォート》を占領して最初の根拠地を得ており、一六〇六年にはやはりマラッカ海峡のポルトガルの初

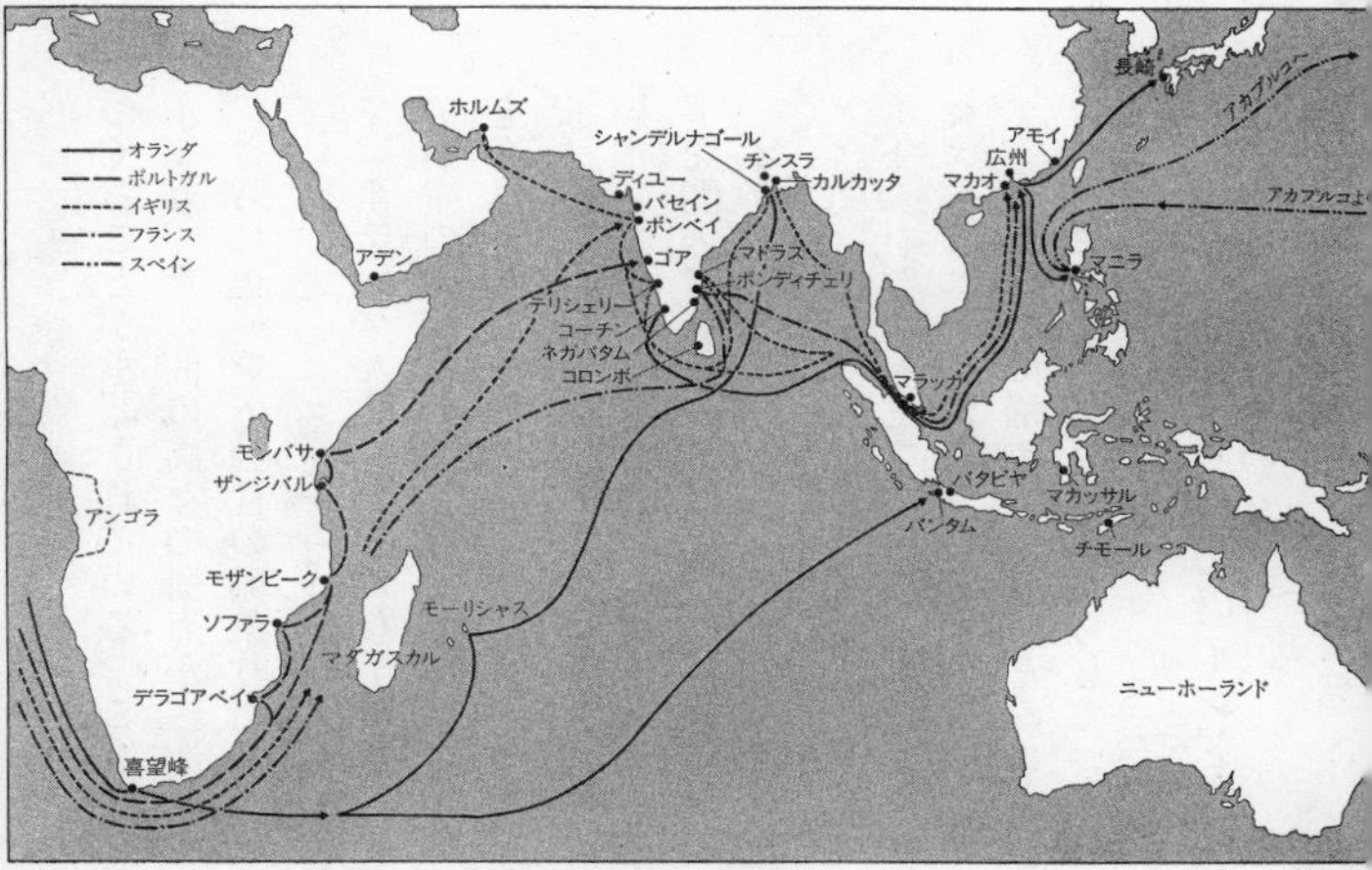

87　インド・太平洋のライバルたちの航路

期のフォートを占領した。[2] その前年の一六〇五年に、さきに日本に漂着したリーフデの縁をたよりに、二隻の貿易船が日本に向けてロッテルダムを出帆した。これは一六〇九年の七月に、九州の平戸に着いた。これは一六一〇年には、ここに商館を建てている。これは後に長崎に移されるが、その後のオランダとの長年にわたる貿易が、ここから始まっている。

東洋におけるオランダの経営の中心は、当時、香料の島と呼ばれていたマレー多島海の島々であった。一六〇九年、オランダ東インド会社の最初の総督が置かれたのはバンタムで、ピーター・ボスが任命されている。一六一〇年の暮れに、最初の移民船がバンタムに到着し、このとき他の移民にまじって三六人の女性がいた。ボス総督は、東インド会社の新しい拠点をジョホール、バンタム、ジャカルタ（バタビヤ）の中から選ぶことにしたが、一六一一年の初めに、バタビヤに商館をつくることが承認されている。こうして、さらにポルトガルが占拠していたマカッサルやモルッカ、その他の島々の拠点が、次々にオランダの手に帰したのであった。

さらに東インド会社の船乗りたちは、オーストラリアの北岸から西岸を何回となく航海している。このころまでオーストラリアは、ヨーロッパ人にはあまり知られていなかったので、オランダ人はこの広大な土地を、ニューホーランドと名づけている。このオーストラリア西岸の航海で、彼らは南緯四〇度から五〇度線にかけて、常に強い西風が吹いていることを発見した。この発見によって、東インド会社の船は、喜望峰をまわって北上せずに、そのまま東に航海して、バンタムに至る新しい航路を開発した。さらに、喜望峰をまわって東航し、途中から北上して、モーリシャスに寄港し、インドのガンジス河の河口に至る海上ルートを開いている(87)。

オランダのグローニンゲンの小さな村に生まれた航海家アベル・ヤンスーン・タスマンについて、ひとことつけ加えたい。彼は、一六三九年に、当時バタビヤにあったオランダ東インド会社に入社して、一六三九年にオーストラリアの西部を南下して東の方にまわり、タスマニア、ニュージーランド、トンガ、フィジー諸島を通って、ニューギニアの北方海上に出て、バタビヤに帰っている。それによって、オーストラリア周辺が、ほぼ一周され、ヨーロッパ人に新しい発見をもたらしている。[3]

2 イギリス東インド会社

英のインド独占支配

一七世紀の初めまでに、北ヨーロッパの諸国、特にオランダ、イギリス、フランスが、海外の探検と遠征に参加していた。彼らは、時としてイベリア半島の共同の敵ポルトガル、スペインと戦うと共に、中米のカリブ海の島々に、それぞれの根拠地を設けた。新大陸においては、一七世紀の終わりまでに、バージニアからニューイングランド方面の東海岸に入り、ケベックからセントローレンス河を伝って五大湖方面に進出し、さらにミシシッピを南下するフランスの勢力があった。

88　英国、イースト・インディアマンの出港風景　1602年

東洋に対しては、英国東インド会社が、一六〇〇年に設立された。しかし、その規模はオランダの東インド会社よりもはるかに小さなもので、彼らはマレー多島海におけるオランダの勢力には及ぶべくもなかった。

一六〇一年、最初に東インドに向かった英国東インド会社の四隻の船は、ジャワ、スマトラに達している。しかし、オランダの強い反撃にあって、一六二三年以降は、この香料の島々にイギリス船は姿を見せなくなった。彼らはもっぱらインドに向かったのである(88)。

英国東インド会社の船は、喜望峰を回ってマダガスカル島の西側、アフリカの東海岸を北上し、まっすぐにインドのボンベイに向かうのが常だった。そして主としてインドに綿製品を輸出し、インドからは棉花、胡椒などを輸入した。

彼らは初めのうちは、一六〇七年に根拠地を得たムガール帝国のスラートの港を使用していたが、一六三九年にマドラス、一六六二年にボンベイ、一六八六年にカルカッタに、それぞれ貿易基地をつくった。一六八五年には、中国と貿易をはじめ、アモイで茶及び陶磁器を買いつけ、綿製品を売った。

インドでも彼らは、先着者であるポルトガルやオランダからの激しい競争にさらされ、後にフランスがこれに参加するのであるが、ともかくも、一世紀半にわたる戦闘の後、英国がインドを支配するようになる。それは、ジェームズ・ミルがいっているように、《原住民に勝ったのではなく、フランスに勝ったのだ》[4]ということであった。

大英帝国の過去の物語となった英国の世界支配、パックス・ブリタニカの基礎は、いち早く成しとげた本国の産業革命であった。これを抜きにしては、その海軍力による海洋支配も、貿易と海運の世界支配も考えられないのである。しかし、この発展の原動力が、真にその威力を見せるのは、一八世紀の半ば以降である。すでに、それまでに鉄鋼業と石炭産業にスチーム・エンジンが導入されて、機械化されていた。ランカシャーやチェシャイヤが綿業の中心地になり、そこでは、蒸気力による大規模工場で原料から最終製品に至るまで、全製造過程が機械化された。

一七世紀の英国の海運と貿易は、オランダを見習うことに尽きている。一八世紀になると、にわかに様相が変わってくるのであるが、そこに至るまでの中間項がある。海運と貿易に関するこの中間項は、航海条例と重商主義《マーカンティリズム》であった。初期のインド支配は、まさにこの時代に相当し、中国に対する英国の侵略は、その次の時代に当たるのである。

一六五〇年の航海条例は、その後何回も改定されているが、これをひとくちにいえば、植民地貿易の独占、今日の言葉でいえば、自国船主義である。植民地から提供される原料その他の品物は、必ず英国または植民地の船で、英国に運ばなければならない。植民地が必要とする商品は英本国から輸出し、本国または植民地の船で運ばなければならない。このようにして、一国の富強は、外国貿易の良好なバランスの上に立つという理論である。こうしたわけで、ロンドンの港は、大英帝国の商品のヨーロッパに対する総卸元となり、英国製機械や綿製品、その他植民地が必要とする商品が、ロンドンやリバプールから積み出された。ロンドンの初期のドックが、西インド・ドックとか、東インド・ドックとか、特権的貿易会社とその担当する地域によって分かれているのは、こうした理由によるものである。また、英国が限りなくその海外植民地を広げていった初期のエネルギーというものは、宗教的動機の強かったスペインやポルトガルと異なって、経済的考え方を基礎においていた。

そこで、再び話を東インド会社にもどすことにする。この会社が占拠したインドの諸港は、英国の東インド貿易の要であった(89・90・91)。ペルシア湾からマレー半島に至る間、スマトラからジャワ及び香料諸島に至る航路、インド洋から東シナ海に至る交通路は、アジアからヨーロッパに至る通商路を、実質的に独占することのできるものであった。

さらにインドの西側の諸港から、ペルシア湾のホルムズ及び紅海のアデンに至る通商路があった。その中心をなすのは、ボンベイの港であって、こうした地方的な港から港への交易は、カウントリー・トレードと呼ばれていた。これは、地方取引とかローカル貿易と訳され

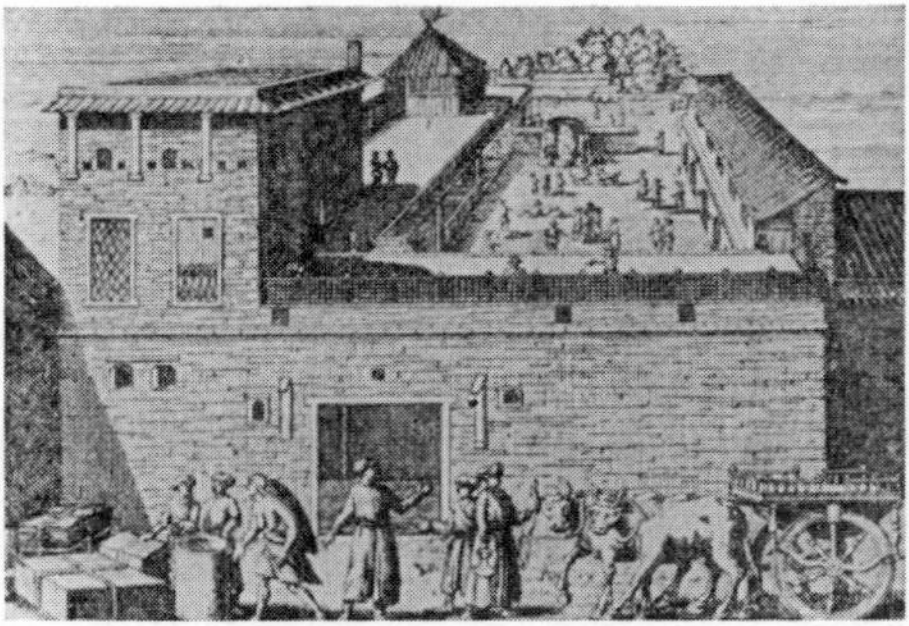

89　インドのスラートにおける英国ファクトリー

るべきものであろう。本国と東インドの間の基本的な貿易のほかに、こうした地方的取引は、オランダ東インド会社の方がより自由にやっていたようであるが、英国の東インド会社の場合はメンバーの私的な富の蓄積の源泉となる一方、経済社会の十分に発達していない東洋の諸国に、商品経済の種を蒔いて歩いた効果もあったのである。それが、地元の旧社会の解体をうながし、古い経済組織を破壊する行為であったとしても、それは彼らの知るところではなかった。

こうした中で、まずポルトガルが視界から消え、オランダもインドから撤退して、もっぱらマレー多島海の経営に専念するようになった。その後で、イギリスとフランスとの、さらに東への進出が始まる。インドでの両者の争いもさることながら、実質的には中国貿易が争いの種だったのである。中国には九世紀ころからつづく海上輸送による絹と陶磁器のほか新しい商品である茶に関心が高まりつつあった。

英国に初めて茶がもたらされたのは、一六六四年であった。二ポンド二オンスというわずかな量のものが、多分、アムステルダム経由でロンドンに来たものと思われる。一六六七年には、英国東インド会社に対して一〇〇ポンドの注文が出され、一六六八年にはインドのスラートからロンドンと中国との茶の直接的な取引をすることが提案されている。一八七〇年になって、両者の茶の取引についての接触が始まっている。初期の中国からの茶の輸出は、アモイ、福建、その他の諸港から積み出されたもので、ヨーロッパで普遍化した「ティ」という音は、この地方のものである。[6] 広東音である「チャ」は、もっぱら日本で使用されるようになった。清朝政府は、広東をヨーロッパ貿易の中心地とする意向を示し、一七一六年に、イギリス東インド会社の正規の商取引及び貨物管理人組織が広東に置かれ、その後一八三三年に至るまで、ここが中国のヨーロッパ貿易の中心であった。

90　1767年のボンベイにおける英国東インド会社の軍隊

91　同砦（フォート）風景

一八世紀の半ば以降、英本国の産業革命が着実に成長したことは、すでに述べた。これによって、英国のアジアに対する政策が大いに変わった。インドでは、一八世紀の後半フランスとの争いに勝って、人口の最も多いガンジス渓谷のビハール、ベンガル湾一帯が、完全に英国の統治下に入り、その後も確実にその支配力をインド全域に伸ばし、一八七六年には、ビクトリア女帝がインド女帝の称号を得るまでになる。

この広大な地域を支配することは、産業革命の成果として生まれた大量の綿糸布を売りさばく商品市場を確保することを意味するのである。世の歴史家は、一九世紀をもって、ヨーロッパのアジア、アフリカへの急速な拡張あるいは帝国主義の時代と呼ぶが、インドに関する限り、それは一八世紀の半ばから始まっていたのである。

92　1890年のカルカッタ港風景

独占貿易から自由貿易へ

これと共に、イギリスは、どうして強力なオランダ東洋貿易に勝つことが出来たかを考えなければならない。その秘密の一つは、英国海運にあるようである。これまでの香料や茶や生糸のような高価な商品を、ヨーロッパに持ちかえって売るという商売のやり方とは別に、綿製品を大量にアジアの各地に売るということは、確かに英国の独壇場であった。さらにこれもその成功の大きな理由であるが、輸送コストの問題があった。さきに、オランダのイースト・インディアマンが商品と共に大砲と弾薬をいっぱいに積みこんでいたことを述べた。英国は、商業的な海運と、海軍とを明確に分離したのである。ここに、現代海運の創設者としての、英国の特色があったのであるが、帆船時代の航海の経費は主として乗組員の給与であった。そして、一人当たり何トンの貨物を運ぶことが出来るかというのが、経営者の関心事であったが、商業的な海運から、軍事的装備を切り離すことによって、オランダと同じ大きさの船で、倍の貨物が運べ、かつ人件費は三分の一に減らすことが出来た。英国海運の経済的な優位は確実であった。

その代わりに英国は、その強力な海軍力によって、海上通商路の安全を守ることを、ヨーロッパ大陸における各国の勢力の均衡を保つことと共に、外交政策の国是としたのである。特にインド航路の安全が、歴代政府の基本政策となった。このために、スエズ運河の開通(一八六九年)以前には、アフリカ南端のケープタウン、ポートエリザベス、それから北へ上って、ザンジバル、モンバサ、さらにマダガスカル東部のモーリシャスを、オランダやフランスなどから奪って、英海軍の戦略的基地とした。スエズ開通後は、ジブラルタル、マルタ、スエズ、アデンが同様に英国の戦略的拠点となった。またインドから東では、ラングーン、ペナン、シンガポール、次いで香港が同様の役割を担った。

さらにまた英国は、航海条例とマーカンティリズムの時代からも、抜け出しつつあった。これを決定的に理論づけたのが、アダム・スミスとマンチェスター学派である。これまた産業革命の申し子であった。

英国は、一七八三年のアメリカの独立の承認を機に、アメリカの政治的支配からは後退したが、貿易は一層拡大しつつあった。このことは、必ずしも海外領土を独占しなくても、より大きな経済的成功を得ることが出来ることを実証した。そして、海外への領土拡張と独占貿易という思想から、自由貿易主義の時代へと転換する。つまり海外の貿易を一つの独占企業が握るよりも、より多くの企業によってより多くの英国商品を売ることが、発達した英国の産業資本の利益と一致したのであった。こうして、特権的貿易会社の特権が消滅するるともに、より多くの個人が、東洋貿易に参加する。アダム・スミスは書いている。

十六世紀の大部分をつうじて、ポルトガル人は、東インドへの航路を最初に発見した功績を理由に、インド洋方面における独占的航海権を主張し、右と同じやりかたで東インドとの貿易を運営しようと努力した。オランダ人は、いまだに他のすべてのヨーロッパ国民を自国領の香料諸島とのいっさいの直接貿易から排除しつづけている。この種の独占が他のすべてのヨーロッパ国民に対して設定されていることは明白であって、これらの国民は、このために自分たちの資財の若干部分をふりむけるのが好つごうだと思われる貿易から排除されるばかりではなく、またこの貿易において取引されている財貨を、その生産国から自分たちが直接輸入しうるよりも、いく分か高価に買うことをもよぎなくされているのである。

ところで、ポルトガルの国力が衰えてからこのかた、ヨーロッパ国民のなかでインド洋方面における排他的航海権を主張するものはまったくなく、この方面の主要港は現在すべてのヨーロッパ国民の船舶に開放されている。とはいえ、ポルトガルと、ここ数年内のフランスとを除けば、東インド貿易は、ヨーロッパのどの国においても一つの排他的な会社によって支配されている。ところで、この種の独占は、実はそれを設立したほかならぬその国民に対して設定されているものなのである。というのは、こういう国民の大部分は、このために自分たちの資財の若干部分をふりむけるのが好つごうだと思われる貿易から排除されるばかりでなく、またこの貿易において取引されている財貨を、この貿易が自分たちのすべての同国人に開放されて自由なばあいよりも、いく分か高価に買うことをもよぎなくされるからである[7]。

これら二つの独占は、二つとも有害であると、スミスはいう。特権的会社組織の大資本が必要だという考えは間違っているし、排他的な会社がなければ東インドの貿易ができないというような国は、それをしない方がよいともいっている。さらに決定的な害悪として、オランダの排他的な会社は、香料やニクズクの木を全滅させ、モルッカ諸島の人口を減少させたことをあげている。そして、英国の会社もこれと同じ傾向を持っているとし、これを破壊的な制度であるときびしく批判している。

3　香港・上海・横浜

資本輸出と植民地

東インド貿易が、香料や生糸や茶などを、ヨーロッパに輸入するといった初期の段階では、インド、太平洋地域の主要な港湾は、まだ原始的な形をそのまま残していた。近代的な築港というものがなく、本船と岸との間をはしけによってつないでいた。ヨーロッパ列強は港湾を占領し、あるいはそこに土地を借り受けて、砦《フォート》と商館《ファクトリー》とをつくって、商取引の根拠地とした。すでに述べたようにファクトリーとは、工場という意味もあるが、この時代には商取引の場所としての商館という意味に使用されていたらしい。ただし、買い付けた商品の若干の加工をも行っていたであろうことが、古い版画などからうかがい知ることが出来る。現地で品質をととのえ、若干の加工をしなければ、ヨーロッパに運んで商品とすることがむずかしかったのであろう。

この時代が終わって、いわゆる帝国主義の時代となると、様相が一変する。列強は、貿易拠点としての港ではなく、植民地としての領土を求めることに急であった。一八一五年のワーテルローの戦いのころまでは、世界の広い地域がまだ知られないままの姿で残っていた。一八七〇年においてもアフリカの地図は、まだ大部分が空白であった。ところが一九世紀の最後の四半世紀ころから、にわかに植民地領土の拡張競争がはじまり、まずアフリカが大陸のすみずみまで分割され、アジアの残された土地や太平洋のすべての島々まで、欧米の植民地と化した。経済的に見ると、ヨーロッパの工業国とその他の植民地農業国、あるいは原料の供給国とに、はっきり分かれたのであった。アメリカでさえ、このころはまだ農業国であった。

なぜこういうことになったかを考えてみると、その秘密は、ヨーロッパからの資本の輸出にあったとみることができる。このころから英国を先頭にして、資本を海外に輸出し、鉱山の開発や鉄道敷設などが、にわかに盛んになるのである。そして投下した資本の安全を期するためには、海外の領土という形で政治的支配権を固めることが最も確実な方法である。この植民地という形態の新しい領土と、本国との輸送路を維持するために新しい港が必要となる。そこでは、貨物の増加、船型の大型化、蒸気船の出現といった事態をバックにして、ヨーロッパ的な港湾の築造を必要とする。しかもなお、アジアの港は多くの場合、古い形のままの港が多く残されていた。この方が、金がかからなかったからである。「アジアの港に入ると、たちまちはしけが群がり集まって来る」という言葉を、どこかで読んだ記憶がある。これは、ヨーロッパ、特に英国がアジアにつくりあげた後進的な港湾荷役の形態である。埠頭をつくるよりは、その方が金がかからなかったからであって、植民地的な安い労働力を利用したのである。彼らは、石炭荷役にコンベヤーを使わずに、多数の苦力《クーリー》を使用するのが常であった。

ともかくも、インドの征服以後の英国の東方への進出は、すさまじいものがあった。セイロン（一八一五年）、シンガポール（一八二四年）、ビルマ（一八五三年）、マラヤ（一八六七年）、ブルネイ（一八八一年）、サラワク（一八八八年）に進出、この間香港の占領（一八四一年）、上海の占領（一八四二年）があった。この最後の二つは、アヘン戦争と呼ばれる英国の中国への軍事的干渉で、中国の半植民地化へのきっかけをつくったものである。これとともに一八五九年の横浜の開港がある。香港、上海、横浜は、こうした世界史の流れの中で、東洋に出現する三つの代表的港なので、ここにまとめて記述しておこう。ジャーデン・マジソン商会、デント商会など横浜にもなじみの深い会社が、この三つの港をまたにかけて荒かせぎをしていたことは、まさに象徴的である。

香港

アヘン戦争について語らねばならない。それには、広州の港についても語らなければならない。

広州は、古代の名を番禺といい、中国の最も古い貿易港である。秦の始皇帝三三年（前二一四年）、郡県制にもとづき南海郡が設けられた。これがほぼ現在の広東省にあたり、郡都が番禺に置かれた。現在の広州市の始まりである。『淮南子』巻一八によれば、秦が中国を統一する以前から、この地が、犀角、象牙《ぞうげ》、翡翠《ひすい》、珠玉《しゅぎょく》の集散地として知られ、古代から南方諸国との交易があったらしい。『史記』貨殖列伝、『漢書』地理志にも同様のことが記され、当時の中国の九つの大都市の一つとされている。漢の時代、ローマの使節が上陸したのがこの港であり、唐の時代にはアラブとの交易も行われ、現在のベトナム、タイ、マレーシア、ビルマ、インドネシア方面との海上ルートもあった。

すでに一五一四年から一六年（明の正徳九年から一一年）にかけて、ポルトガル船が広東沿海に現れ、一五一七年には、ポルトガル船が珠江の入り口にきて、大砲を撃っている。一五七一年にスペインが、フィリピンを占領して以来、スペインの船も接近してきた。こうした武装した外国船の接近を恐れた明朝政府は、一六世紀の中葉、海禁（鎖国）を行ったが、ポルトガルだけは澳門《マカオ》で交易することが認められた。

この海禁が解かれたのが清の時代、一六八四年（康熙二三年）で、広州、漳州、寧波、雲台山（現在の連雲港の近く）の四港に海外との通商を認めたが、一七五九年（乾隆二四年）再び海禁を強め、外国との交易は広州一港に限ることにした。これがアヘン戦争まで続いている。

このころ、広州におけるヨーロッパとの交易の主要部分は英国が握っていた。東インド会社の独占貿易の時代で、中国の輸入の六三パーセント、輸出の四七パーセントをもっていた。東インド会社が、中国に輸出したのは毛織物、インド棉花など、中国からは茶、生糸などを輸入していた。当時の中国は、封建的自給自足経済で、農業を主とし、いくらかの工場制手工業《マニュファクチュア》があったが、それは主として官営で、宮廷や中央の貴族向けの商品をつくっていた。従って国内の商品市場は、いたって狭隘であった。農民の土地はますます王室や高級官僚、大地主の手に集中され、農村は貧しかった。これが後年の農民革命の火種となるのであるが、とても外国の製品を広汎な国民が買うことの出来る状況ではなかったのである。

アヘン戦争（一八四〇―一八四二年）以前の七〇年間に、広州の貿易は年々増加していったが、英国東インド会社の対中国貿易収支は、常に赤字であった。彼らは、一六八九年（康熙二八年）に、代表を北京に送って寧波、舟山、天津等の口岸（港）を開放し、北京に英国の官員を駐在させることを要求していたが、拒絶された。特に彼らが広州で望んでいたのは、多くの中国商人との自由取引であったが、この取引の窓口が公行《コンホー》（ファクトリー）という組織に限られていた。当時のイギリスは、自由で大量に生産される綿製品の販売市場の獲得にやっきになっていた時代で、より多くの港でより多くの商人との自由取引を行う自由貿易の要請が強くなっていた。こうして東インド会社の、中国に対する独占貿易の特権がなくなったのが、一八三三年（道光一三年）であった。しかし、中国貿易の赤字はなお残っていたのである。

東インド会社が中国に対するアヘンの輸出を始めたのは、一七七三年（乾隆三八年）とされている。この当時インドから中国に毎年一〇〇〇箱が輸入されているが、その後一九世紀の初めには四〇〇〇箱に増加している。

陳舜臣氏の小説『阿片戦争』は、史実をかなり忠実に追っている点で貴重なものである。陳舜臣氏によると、広州に派遣された欽差大臣林則徐が英国商人から没収したアヘンは二万箱であった。このうちジャーデン・マジソン商会のものが七〇〇〇箱、デント商会のものが一七〇〇箱で、この二社で総数の半分ちかくを占めていた。当時、広州のアヘンの卸相場は、一箱につき七〇〇～八〇〇ドルであったから、総額約一五〇〇万ドルに及ぶ。ただし、インドで仕入れるときの原価は二〇〇ドルであり、正確な数字はわからないが、運賃も含めてコストは約五〇〇万ドルであると推定されていたから、利益は約一〇〇〇万ドルにのぼっている。

なるほど、アヘンがもうかるものだということが、この数字によってよくわかる。これによって中国側は、膨大な量の銀の流出に悩み、アヘンを吸う国民は廃人と化していった。まことにその害毒は恐るべきものであったが、英国人はこの毒物を、「カノン砲をもって」中国に強要した。このとき没収されて棄却されたアヘンの代金を、彼らは南京条約によってちゃっかりと、賠償金として取り上げているのである。

イギリス植民地としての香港が、英国政府によって正式に承認されたのは一八四三年であった。これは、前年の南京条約による香港の割譲を批准する形で行われたもので、一八四一年にすでに実質的に香港島が占領され、英国領土としての宣言がなされていた。[8] 一八六〇年には対岸の九龍地区が加えられ、一八九八年にはニュー・テリトリーズと呼ばれた九龍背後地の半島部分のすべて及び二三五の大小の島々が、九九年の期限をもって租借された。

香港島は、その西北七六マイルに広東をひかえた珠江の河口にある。珠江そのものが、南西中国の交通及び商業の大動脈であり、この方面の経済の中心をなす広東をひかえて、貿易には最適の位置にある。特に広東で外国人の居住及び商取引が制限されている現状にあきたらぬイギリス人が、対岸のポルトガル領マカオの比較的自由な商取引の状況を考え合わせて、中国貿易の一大拠点としてここを占拠したものと考えられる。

この島は三二平方マイルの小さな島であるが、南のアバディーンは元の時代の海賊の根拠地として知られ、海運の上からもいくつかの利点を持っていた。島の北部と、九龍半島との間は、海深くかつ風波のさまたげのない良好な碇泊地を提供し、起伏に富む海岸線が天然の良港をなしていた。その海岸線のすぐ背後が五〇〇メートル前後の高さの丘に囲まれている。この良好な港にはビクトリア・ハーバーという名称が与えられ、海岸線に沿ってクイーンズ・ロードという幹線道路がつくられた。この道路から水際線に沿って、それぞれ一〇〇フィートの間口を持つマリーン・ロッツと呼ばれる一〇〇個の区画がつくられ、それぞれの水深によって二〇ポンドから二六五ポンドの価格で販売され、クイーンズ・ロードの山側の区画はサバーブ・ロッツと呼ばれ、商館や住宅の建設が行われた。このようにして、最初の居留地《セツツルメント》はビクトリア・ピークのふもと、ポゼッション・ポイントからウェリントン・バッテリーに至る狭い地区に限られていた。

香港政庁は、商人たちが自由にこの土地に居住し、自由に商取引を行うことを認めた。すでに、東インド会社の独占貿易は崩れており、ジャーデン・マジソンを始めとして一旗組を含む多くの自由商人たちが、ここに居ついた。また、中国の商人及び船に対しても、この港に自由に来て取引をすることが認められた。ただし、中国の船は母港のパスを持つことが義務づけられ、このパスのないものは密輸船として扱われた。[9]

ここにめずらしい数字がある。それは、サムエル・フィーロンという統計官がしらべた一八四五年の香港の人口である。

ヨーロッパ人	五九五人
インド人	三六二人
中国人煉瓦工	七、四六〇人
中国人船舶居住者	三、六〇〇人
労働者	一〇、〇〇〇人
外来者	三〇〇人
中国人使用人	一、五〇〇人
合　計	二三、八一七人

このようにして、英国植民地としての香港が出発した。

上海

上海は、中国五〇〇〇年の歴史から見ると、比較的に新しい都市である。それは、長江(揚子江)デルタの形成と共に出現したもので、春秋(前七七〇—同四〇三年)、戦国(前四〇三—同二二一年)時代には、現在の上海市区は、まだ海中にあった。このころ、現在の上海特別市の西の方に、徐々に砂浜が形成されて、古代の呉の国の境界線となった。紀元前三世紀の戦国時代に、新しく形成されたデルタ地区は、相前後して越の国、楚の国に属し、楚の宰相春申君の領地となった。上海を「申」と呼ぶのは、このためである。

すでに触れたように、中国には、「城因水興、水為城用」、即ち城は水によって興り、水は城のために用うという言葉がある。城とは城市、つまり都市のことであり、水によって興るとは、水運の便が、都市を形成するという意味である。上海の歴史は、まさにこの言葉によって象徴されるであろう。

93に示すのは、黄浦江の流れの変遷である。黄浦江（昔は大黄浦あるいは東江と称していた）の最初の流れは、図に示してあるように、南流して平湖の近くで杭州湾に注いでいた（①）。ついで少しばかり東に寄り、金山の付近から杭州湾に入り（②）、その次には現在の南江の付近から東海（東シナ海）に入り（③）、次いで閘港《ツアガン》から北流して、呉淞江《ウースンジアン》（現在では蘇州河と呼んでいる＝④）に流入した。明の永楽年間（一四〇三―一四二四年）に太湖の水を放出する目的で、大きな運河を開拓したのが現在の黄浦江であって、それまでは呉淞江の支流にすぎなかったのである。

これは沖積平野の形成の歴史であるとともに、瀏《りゆう》河、呉淞江、黄浦江の三つの流れが上海の歴史と不可分に結びついており、デルタ形成の歴史は、まさに荒々しい大陸の風土そのものであった。

中国古代のロマンを語る司馬遷の『史記』によると、呉王は周王朝の後裔であり、太湖のほとりの蘇州に都して、現在の江蘇省の大部分を支配していた。越は夏王朝の後裔で、現在の紹興付近に都し、今日の浙江省の北部を支配していた。さらに楚は、長江一帯を支配していた。

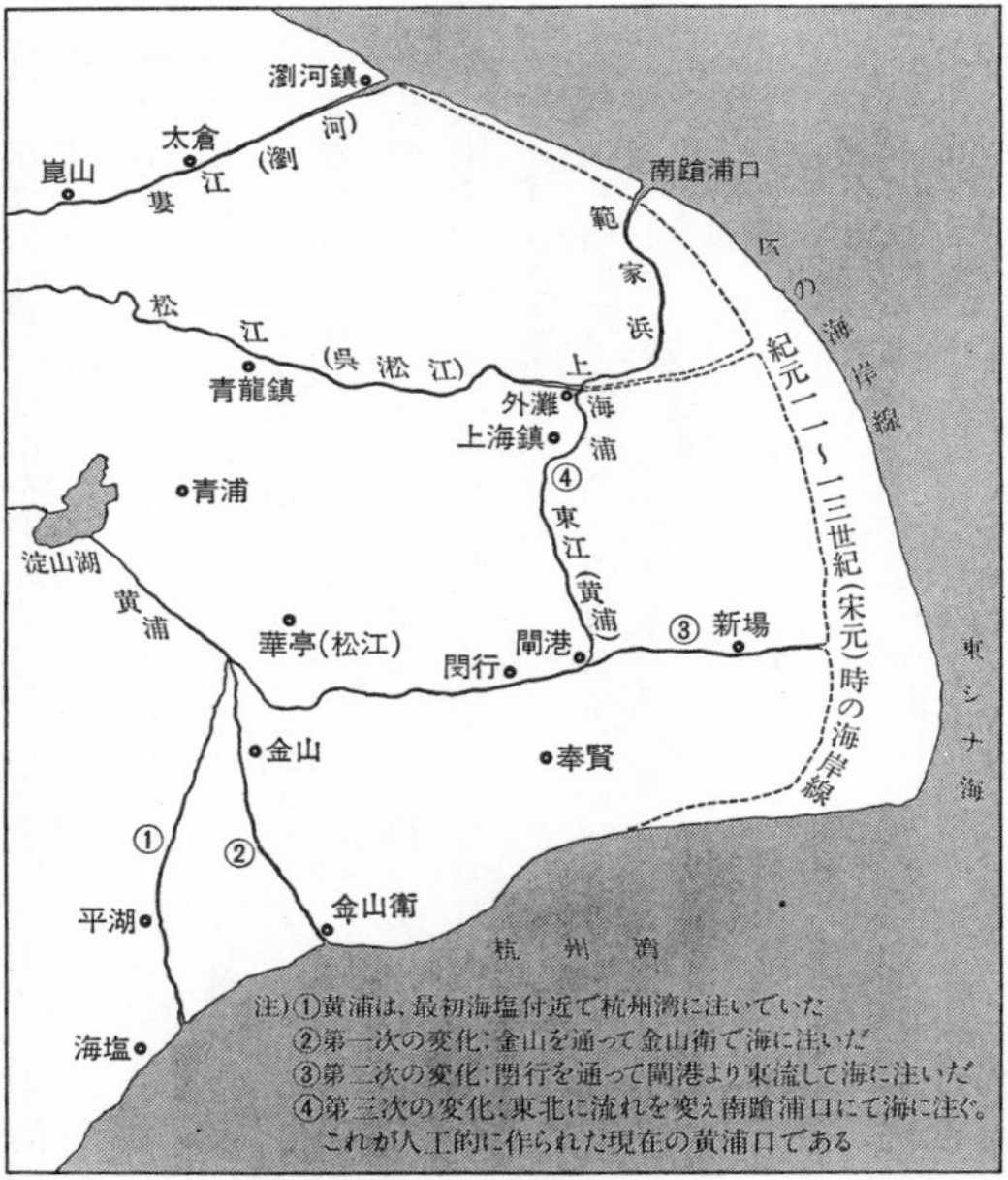

93　黄浦江の流れの変遷と港口の位置の変化

この呉と越の興亡は、古くから日本の人々に親しまれており、「呉越同舟」とか「臥薪嘗胆《がしんしょうたん》」とか「会稽《かいけい》の恥をそそぐ」とか、有名な〝成句〟は越王勾践《こうせん》と呉王夫差との戦いの物語から生まれている。

秦の始皇帝が中国を統一した紀元前二二一年のころ、この土地は蘇州を郡城とする会稽郡に属していた。西漢（前漢）の紀元二世紀には、ここに製塩所があった。

上海の港としての歴史を考えるときに、その前段として、青龍鎮があることを忘れてはならない。この港は三国時代（紀元三世紀）に、呉の孫権が、青く塗った龍の形をした兵船を訓練したところとして知られ、赤壁の戦で魏の曹操の二〇万の大軍を破ったことで歴史にその名を残している。現在も上海特別市の呉淞江（蘇州河）の上流に名前が残っているが、当時は呉淞江が太湖の水を海に流す主流をなし、河幅も現在よりもはるかに広かったのである。

北宋の政和年間（一一一一―一一一七年）、宋朝政府はここに市舶司を設けた。市舶司とは、中国内外の船舶及び貨物の管理、関税の徴収を行う政府機関であって、入港船舶の登記と管理、貨物の検査、関係書類の発行、政府専売品の買い取り、あわせて外国人の接待をも行った。このため、市舶司の主管官吏を結好使とも呼んでいた。今日の概念からすれば、税関、港湾管理、貿易と外交を一手に握っていたことになる。この時に市舶司が設けられたのは、ほかに広州、泉州、温州、杭州であった。

歴史の記すところによると、呉淞江の下流の上海に鎮が設けられたのは、宋時代の一〇七四年（熙寧七年）であった。鎮とは、城壁は持たないが地方の重要な集落につけられた名称で、七四六年（唐の天宝五年）に江海（河川と海岸）に面した軍事上重要な土地に設けられた制度である。このころになると、陸地が現在の上海市区のあたりまでせり出してきていた。上海という地名のおこりも、これに関連している。

そのころの呉淞江の南面には一八条の支流があって、最も海に近いところに上海浦《シャンハイプー》、下海《シャーハイ》浦《プー》、瀾泥浦《ランニープー》という三つの川があった。上海、下海とは、海に対するその位置を示す言葉で、日本流にいえば上《かみ》の川、下《しも》の川といった意味である。瀾泥の瀾とは、大きな浪を意味する。瀾泥浦とは大きな浪の寄せる泥沼の川という意味であろう。川から流れ出してきた黄土が河口に堆積し、潮が満ちると海の下になるが潮が引くと姿を現す、そういう所に流れている川は、まさに瀾泥浦である。上海浦とは、川の名前なのである。その上海浦の岸に、上海という集落が生まれた。上海の別の名を滬《フー》という。滬とは、竹で作った魚をとる道具である。また、現在黄浦江と呉淞江との交わるあたりを外灘《ワイタン》といっているが、灘とは砂浜あるいは浅瀬という意味で、いずれも当時の上海が海のすぐ近くにあったことを思わせる。

上海鎮が設けられたころはまだ青龍鎮が盛んに活動していた時代で、当時の経済発展の状況から、ここに二つの港を必要としなかったに違いない。従って上海鎮は、青龍鎮の補助的役割をもっていたのであろう。

ところがその後、呉淞江が泥に埋まって浅くなり、多くの船が海に近い上海鎮、現在の外灘から十六舗に至る岸に着くようになった。宋朝政府は、呉淞江の浚渫《しゅんせつ》を試みて、工事中の一一〇七年（大観元年）、青龍鎮にあった監鎮理財官を上海鎮に移した。工事は一一一九年（宋の宣和元年）完了して原状を回復したが、何回かこうしたことを繰り返した後に、ついに、上海鎮が青龍鎮の位置にとってかわることになる。

一二六七年（南宋の咸淳三年）、当時の政府は上海において正式に鎮治を始め、ここに鎮将を駐在させた。当時北方では元が侵入し、国内大いに乱れた時代で、しばらく貿易、航運の発達は見られない。間もなく元が中国を統一して、一二七七年（元の至元一四年）政府は上海鎮に市舶司を置いた。この時市舶司が置かれたのは、広州、泉州、温州、杭州、慶元（今の寧波）、澉浦で、これを元の七大市舶司と呼んでいる。しかしながら、元の時代に呉淞江の下流が不断に浅くなり、航運と貿易にさしつかえるようになった。こうして、再度長江下流の港口の変遷が行われる。

瀏《りゅう》河鎮とは、別名を劉家港、通称瀏河と呼び、長江の南岸、現在の上海特別市の北の端にある。瀏とは「水の澄みとおっている」ことを意味し、元朝の初期の瀏河は「口寛二十丈、水深一百尺」というから、港の入り口の幅が約六六メートル、水深三三メートルくらいあった。「万斛之舟」を容れるに足るといわれた良港で、元朝政府の漕運の基地であった。

ここで、「漕運」という言葉について、説明しておかなければならない。中国の歴代王朝は、国税として官田に地租を課し、民間農民から田賦を徴収した。これらはいずれも現物納税で、長江、淮河の流域の穀倉地帯から、大運河を輸送してこれを北方の王室や軍人、官吏や金持ちの市民が消費した。これを南漕北運、略して漕運といっていた。

ところが元朝に至って、運河がしばしば閉塞して輸送が困難となったので、海上輸送に切りかえた。すなわち瀏河を出発して長江を下り、海に出て山東半島を回り、莱州湾を経て天津から元都京城（北京）に出るルートである。漕運の量も年々急増した。古い記録があるので、次に紹介する。[11]

至元一九年（一二八二年）　四六、〇〇〇石
至元二七年（一二九〇年）　一、五九〇、〇〇〇石

至大二年（一三〇九年）　　　　二、四六〇、〇〇〇石
天暦二年（一三二九年）　　　　三、五二〇、〇〇〇石

この数字の増加は、農業生産力の増加ではなく、むしろ農村収奪の激しさを意味すると考えられるが、一面で瀏河の水運のにぎわいを想像することが出来る。

瀏河の繁栄は、明朝の初期まで続いている。一三六八年（明の洪武元年）、政府は瀏河の少し上流の太倉に市舶司を設立したという記録がある。これは、この方面の航運と交易の盛況を意味する。一四〇五―一四三三年（明の永楽三年―宣徳八年）、鄭和がインド、アフリカ方面に大航海を行った時には、その大船団をこの港に集結し、ここから出発しているのである。

このように瀏河鎮は、初めのうちこそ大船を入れることのできる良港であったが、黄土の流れる中国の河川の常として、不断に土砂で埋まり、間もなく使用に耐えなくなった。こうして港口は三たび変遷して、上海に帰るのであるが、それには黄浦江の水流のつけかえという大土木工事が必要であった。

古代、太湖の水は、三条の流れによって大海に入っていた。北面の一条を婁《ろう》江と呼び、それは瀏河の前身で、蘇州、崑山、太倉、瀏河口を経て海に入った。南に面する一条を東江と呼び、これが今日の黄浦江の前身で、最初は93図に見るように、まっすぐ南に流れ金山衛から海に入っていた。そして二回、三回と流れを変え、東行して閘港で北流し、外灘で呉淞江に流入して、呉淞江の支流の形をなしていた。呉淞江は松江ともいい、太湖から蘇州、崑

山、上海を経て海に入ったが、最初は、現在のように北流することなく、そのまま東に流れて海に入った。この三つのうち松江、即ち呉淞江が最大のもので本流を形成していた。そしてこれが、太湖の排水の幹線をなしていたのである。

ところが明朝の初めに至って、呉淞江が閉塞してしばしば大水害をもたらした。清代の『上海県志』によれば、呉淞江は、《唐代には河幅が二十里、宋代には九里、その後次第に狭くなって五里、三里、一里となり、明初には百五十丈》と記されている。ひとたび氾濫すれば乱流となり農地をつぶして田賦の徴収ができなくなるので、治水が重大問題となった。《開けば即ち六府（杭州、嘉興、湖州、蘇州、松江、常州）その利をこうむり、塞せば即ち六府同じくその害を受く》という有り様であった。

多くの議論をたたかわせた結果、範家浜を経て南蹌浦口で海に出る新しい河道を、人工的につくることになった（93図参照）。工事は一四〇三年（明の永楽元年）に始まり、一四〇四年（同二年）九月に完工している。動員された労働力は一〇万余、開掘一万二〇〇〇丈と記されている[12]。現在の外灘から下流の黄浦江がそれで、ここに初めて上海鎮が安定して発展する基礎が置かれた（94）。

こうして上海鎮が、長江口の主要港としての地位を確保するのであるが、新しい黄浦江が形成された一五世紀の初めからアヘン戦争勃発に至る四〇〇年にわたる発展の基礎に、二つの条件があった。

第一は、中国の封建制の末期に、農業生産力が発達して食糧以外の商品作物、たとえば棉のような手工業原料となるものが、多く植えられるようになった。手工業方面でも、伝統的

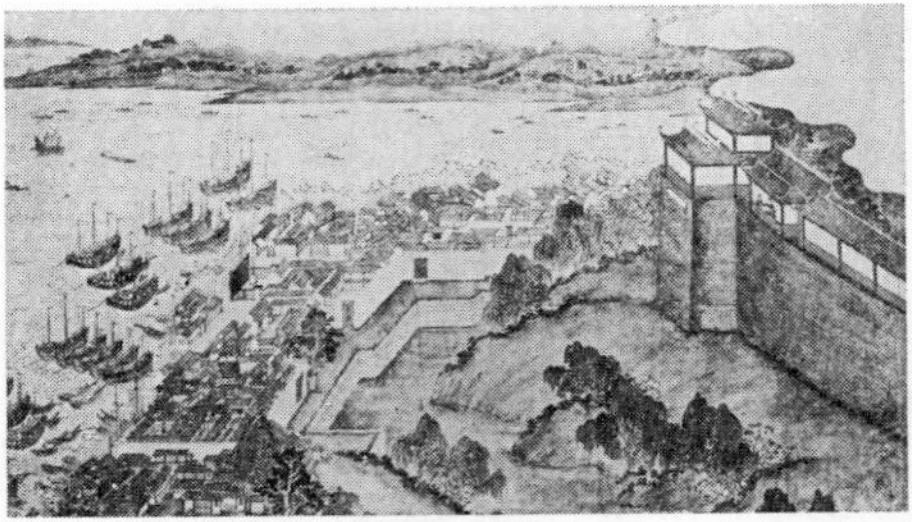

94　清の道光年間（1821―1850）の上海港　水際線に見えるのが、多くの回漕問屋であると思われる。現在でも十六舗という地名が残っている

な絹織物のほかに綿織物などが発達し、鍛冶、金属加工、木工、造船などが興って、商品経済が栄えた。

第二は、上海の地理上の位置が、長江の河口に当たると共に、中国の海岸線のちょうどまん中にあって、北および南との海上交通の要地に当たっていることである。こうして、北に向かっては遼寧、天津、青島、南に向かっては福州、厦門、台湾、広州との航路が開け、さらに内陸の運河、江湖をつらねる四通八達の水運の便が出来上がった。このため、上海鎮が中国における封建末期の商品経済の有力な中心地となるのである。

海禁が解かれた一六八四年（清の康熙二三年）以後、航運と貿易が再び活発となった。沿岸貿易も発達し、五つの主要海上ルートが開かれている。第一条を、北洋航線と呼んでいる。最も早く開かれ、最大の貨物量を持っていた。これには上海―牛荘（今の営口）線、上海―天津線、上海―芝罘《チーフ》（今の烟台）線の三つの海上ルートがあったが、この航海には主として、中国古来の四大船型の一つである「沙船」（95）という様式の船を使用した。清の嘉慶年間（一七九六―一八二〇年）には、沙船三五〇〇隻ないし三六〇〇隻が上海に集まっていたという。大きなものは三〇〇〇石、約一二〇トン積み、小さなもので一五〇〇石ないし一六〇〇石、約六〇トン積みで、全部を合計すると二〇万トンの輸送力があったという。北方からは豆、豆カス、大豆油が主な貨物で、ほかに肉類、油脂、木材、小麦、果物などであった。上海からは、織物、茶、綿布、燧石《ひうちいし》、アヘンなど、さらに南海から転送された砂糖、胡椒、なまこ、燕の巣などであった。

第二条を、南洋航線と呼んだ。上海と浙江、福建、台湾、広東の間を航海したもので、吃水の深い鳥船を主体とし、蛋船《たんせん》、三不象船《さんぷしょうせん》を使用した。広東からは、砂糖、肉桂、果物、ガラス、鉛など、台湾からは砂糖を主とし、福建からは砂糖、甘薯、魚、紙の類、寧波、舟山からは農水産品などがあった。上海から出る貨物は、綿布、陶磁器、茶、生糸、絹織物、北洋航線の転送貨物で、南洋航線の貨物は年間二〇万ないし三〇万トンに達していた。

95　沙船碇泊図

第三条を長江航線という。漢口から下流の大通、安慶、蕪湖、南京、鎮江などの地を結ぶもので、漢口から上流の貨物は一度漢口に集められて、上海にもたらされた。長江の各港からもたらしたものは、米、雑穀、茶、磁器、木材など、上海を出港する貨物は、綿布、南方の砂糖、北方の豆、その他南洋転送貨物で、長江を上下する船舶は五三〇〇隻ないし五四〇〇隻、年間の貨物量三〇万トン前後であった。

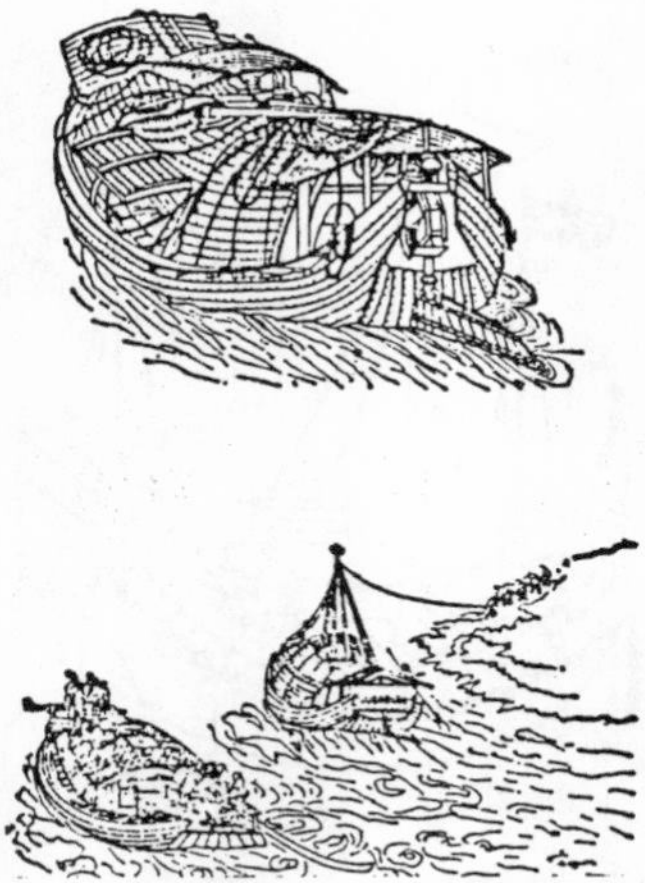

96　清明上河図（上）（下）とも、宋代の清明上河図に描かれた船の絵

第四条を内河航線と呼んでいる。江蘇、浙江、安徽、山東、河北に通じる運河や河川による航線で、船は小船、はしけのような小型の船（96）であったが、毎年上海に入港する船は、万余を数えた。これらの地域からもたらすものは、米、麦、酒、棉花、蔬菜その他の地方の特産で、上海を出港するものは綿布、その他南洋、北洋の転送貨物であった。年間約二〇万トン。

第五条を国外航線と呼んでいる。上海と日本、朝鮮のほかフィリピン、シンガポール、シャム（タイ）、マレー（マレーシア等）の東南アジアを結ぶ航線で、一五〇トンから九〇〇トンくらいの大型の船が用いられた。日本からは毎年数百万斤の銅が輸入され、南方諸国からは砂糖、なまこ、燕の巣、魚類、象牙、その他がもたらされ、上海を出港するものは、織布類、陶磁器、茶、絹などを積んでいた。[13]

このように見てくると、アヘン戦争以前の上海が偉大な海港であり、中国の貨物の集散地として、年間の貨物量は一〇〇〇万トンを超えたことが推定される。ただし、その九〇パーセント以上が内貿貨物であった。次に出入りの貨物構成から見て当時の上海が、中国で最も手工業の発達した地域で、おそらく織物など工場制手工業《マニュファクチュア》の段階に達していたであろう。最も早くマニュファクチュア化したと考えられる絹織物について、朱新予編『浙江絲綢史』によると、一七四五年（清の乾隆一〇年）に官営の織造局である江寧局に織機六〇〇台、蘇州局に六六三台、杭州局に六〇〇台、合計一八六三台があったことが記されている。[14]これらのものは、宮廷で使用する絹織物を製造したところで、すでにマニュファクチュア形式をとっていたことがわかる。

イギリス系の史料によると、英国東インド会社がアモイにその商館《ファクトリー》を建設したのは、一六二五年であった。[15]彼らは二年後に、マカオの所有者であるポルトガルとの劇的な戦いの後に、広東にその支店を置いた。それから一三〇年後に、東インド会社の広東商館の支配人が、中国との取引を拡張する根拠地として上海に目をつけた。それからさらに七六年を経て、ようやくヨーロッパの商人に、上海が注目されるようになったのである。

最初に上海にやって来たヨーロッパ人は、医者のチャールズ・ギュツラフで、彼は一八三一年に沿海航路のジャンクに乗って、中国の南シナ海、東シナ海の多くの港に寄りながら、同年の八月に上海に来ている。ただし、このときは中国側役人との接触はなかった。翌年、広東での貿易あつれきに悩んでいた東インド会社の上乗り人《スーパーカーゴ》をしていたヒュー・ハミルトン・リンゼイがロード・アムハースト号を仕立てて、北方の港の開港を交渉する目的をもって、途中、厦門、福州、寧波に寄りながら長江に入って呉淞に達した。ここで、彼らは黄浦江をさかのぼるため、パイロットを雇うことにしたが、応じる者が一人もいなかった。彼らは、やむなく本船を離れてボートで上海に達し、外灘《ワイタン》に上陸した。後に、彼らが上陸した地点に英国領事館が建てられている。

彼らはここで中国の役人と接触したが、開港についての目的は何も達せられなかった。そこへアヘン戦争が起こったのである。このたびは有無をいわさず、軍事力をもって押しまくり、一八四二年の南京条約によって上海、寧波、福州、厦門、広州の五港が外国貿易のために開かれた。この中で最も重要な地位を占めたのが上海であった。

胡縄はその著『鴉片《アヘン》戦争から五四運動まで』という政治史の記述の中で、次のように書いている。

> アヘン戦争後、新たに開放された通商港口の中で最も重要なものは、上海であった。上海は、半植民地、半封建的中国の中にあって、特殊な地位を占めている。それは資本主義=帝国主義の中国侵略に対する最大の橋頭堡であった。したがってまた、中国の無産階級と人民群衆の長期闘争の中で、最も激烈な闘いの場所となった。[16]

これは、中国の革命戦略の基本的路線の一つであったが、中国における封建主義の解体と資本主義の発達、古いものを解体させ新しいものをつくりあげる、その矛盾と原動力がうずまくところであったことは間違いない。

英国の租界がここに設けられたのは、一八四五年（道光二五年）で、南京条約にもとづく外国人の居住と商取引の自由、領事館の設立などに続く「上海土地章程」によって、土地に対して税金を課す中国側の主権が失われ、「租界」というものの法的根拠が出来上がった。最初は97の図に見るように、上海県城の東側の小さな範囲であったが、イギリスについでア

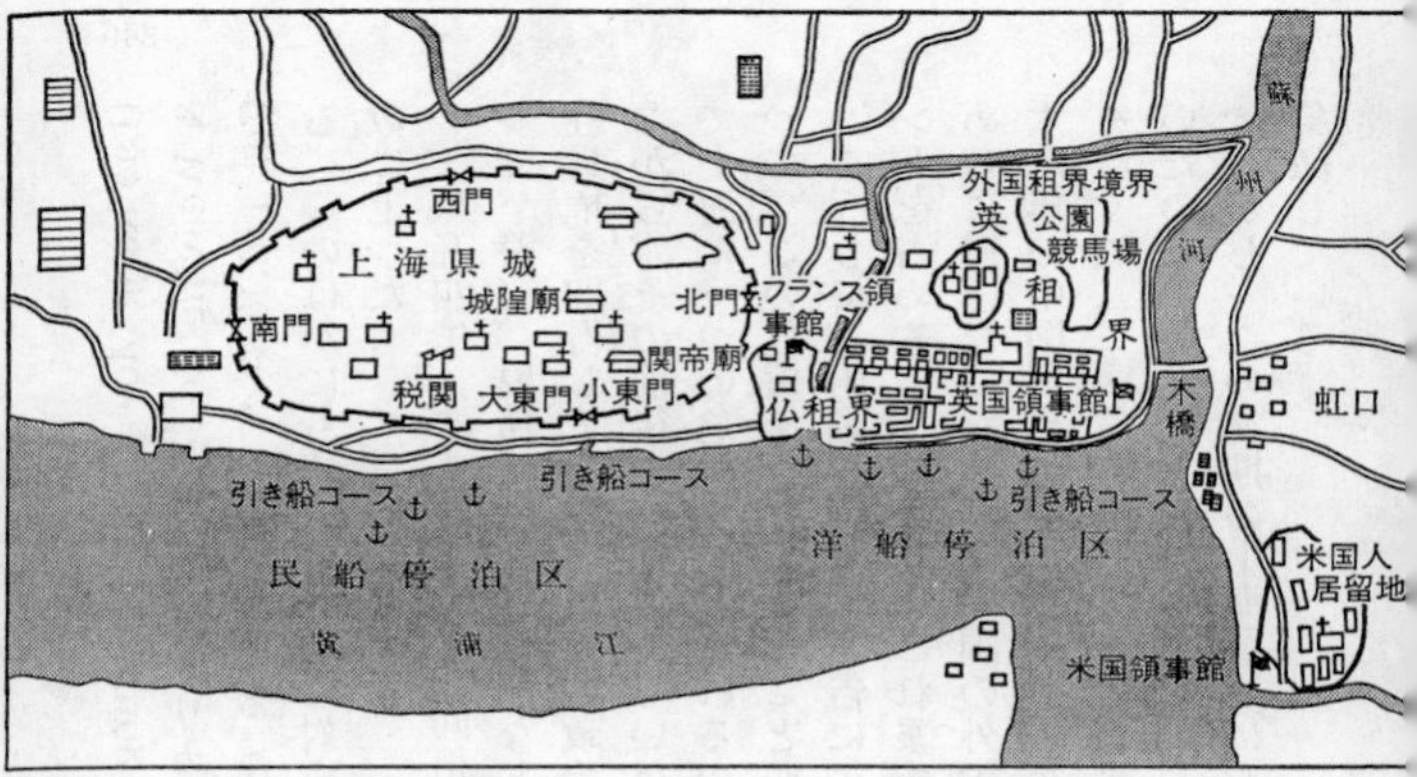

97　1853年の上海港略図

メリカとフランスとがそれぞれ権利を主張して、たちまちその境界を押し広げ、後には前二者の共同租界、後者のフランス租界とに分かれる。

一八四五年の初期の外人商社は二五、外国人人口は約一〇〇人であった。これが、一八五〇年（道光三〇年）には、早くも一〇四社に増加している。主要なものは、英国商社であった。主なものを挙げてみると、怡和洋行（Jardine Matheson & Co.）、宝順洋行（Dent & Co.）、広隆洋行（Lindsay & Co.）、吠礼査洋行（Fletcher & Co.）、和沙遜洋行（Sassoon, David, Sons & Co.）、大英輪船公司（Peninsular & Oriental Co.）。

また米国企業としては、旗昌洋行（Russell & Co.）、旗昌輪船公司（Shanghai Steam Navigation Co.）である。

このほか、続々と外国商社、あるいは英・米企業と中国との合弁による企業が生まれ、上海の貿易と海運を支配するようになる（98）。

また、産業部門でも、イギリスの老公茂紗廠

(Lao Kung Mow Cotton Spinning & Weaving Co., Ltd.)、怡和紗廠(Ewo Cotton Spinning & Weaving Co., Ltd.)、アメリカの鴻源紗廠(The International Cotton Manufacturing Co., Ltd.)、ドイツの瑞記紗廠(Soy Chee Cotton Spinning Co., Ltd.)などが有名である。このほかにも多くの産業に対する投資が行われ、中国資本による企業の創立もかなりの数に上った。

一八五四年(咸豊四年)、共同租界に工部局が設けられた。これは、実質的な市政府であって、警察、税務、財政、労務などの行政事務を行った。それまでに列強は、領事裁判権や駐兵権を取得しており、租界の政治的支配権がこれによって確立されることになる。しかしながら、その前後の一〇年くらいは、農民革命である太平天国の乱あるいは小刀会の乱などで上海に一つの危機がおとずれるのであるが、上海の外人たちは中立の立場で自衛軍をつくって、この危機をきりぬけることが出来た。

こうして、中国海関貿易報告によると、一八七〇年には上海は中国貿易の六三・八パーセントを占めるようになり、これまで外国貿易の中心であった広州は一三・四パーセントを占めるに過ぎなくなった。中国の外国貿易の中心は、完全に上海に移ったのである。また一八六八年の中国貿易の中で英国の占める割合は、英本国四七・二パーセント、英国属領(香港を除く)二二・〇パーセント、香港一七・三パーセント、合計八六・五パーセントを占めていたのであった。[17]

しかし、この初期の上海貿易における中心的商品がアヘンであったことは、中国の苦悩を象徴している。

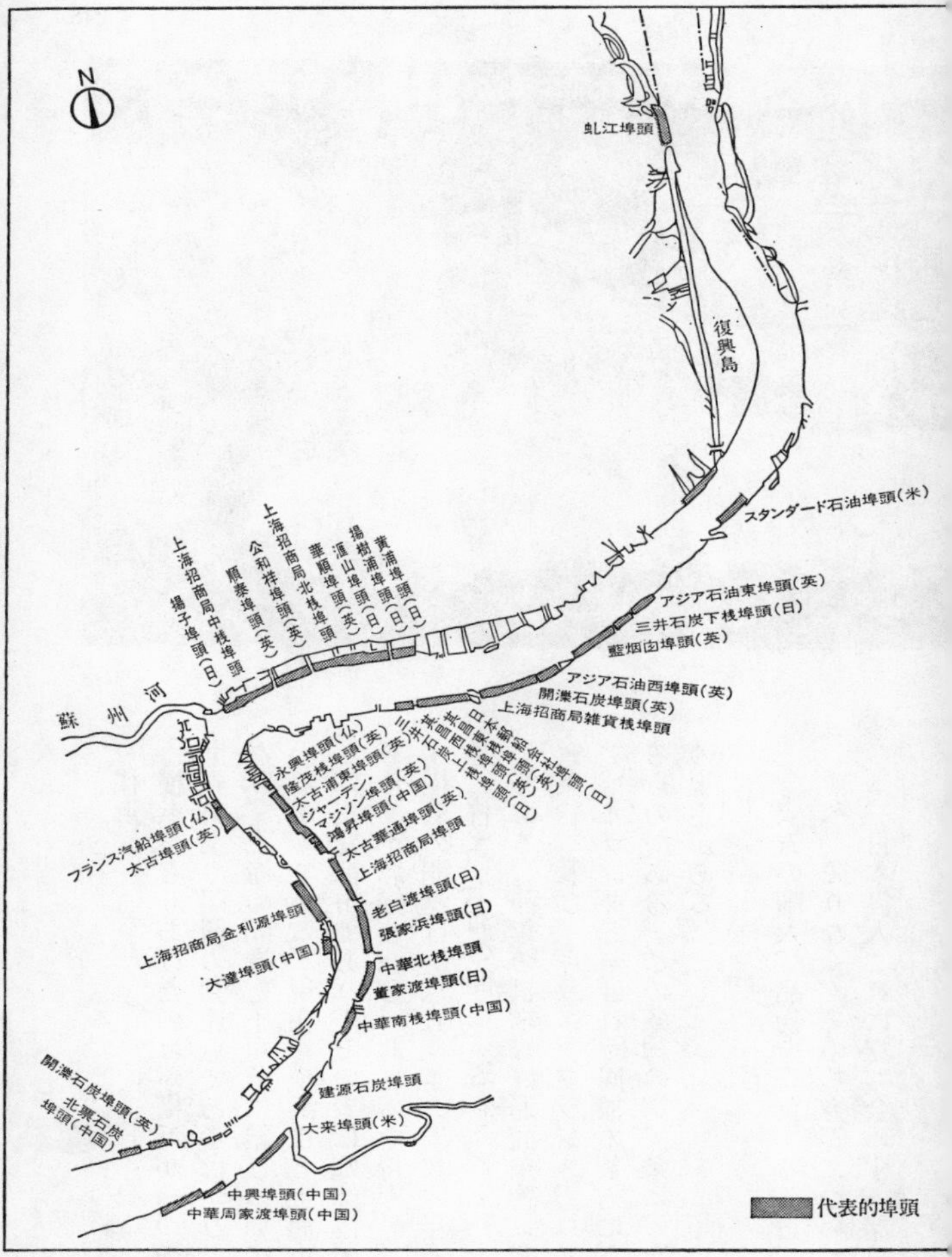
N
虬江埠頭
復興島
スタンダード石油埠頭（米）
黄浦埠頭（日）
揚樹浦埠頭（日）
滙山埠頭（英）
華順埠頭
上海招商局北桟埠頭
公和祥埠頭（英）
順泰埠頭（英）
上海招商局中桟埠頭
揚子埠頭（日）
アジア石油東埠頭（英）
三井石炭下桟埠頭（日）
藍烟囱埠頭（英）
アジア石油西埠頭（英）
開灤石炭埠頭（英）
上海招商局雑貨桟埠頭
蘇州河
日本郵船会社埠頭（日）
其昌東桟埠頭（英）
其昌西桟埠頭（英）
三井石炭上桟埠頭（日）
永興埠頭（仏）
隆茂桟埠頭（英）
太古浦東埠頭（英）
ジャーデン・
マジソン埠頭（英）
鴻昇埠頭（中国）
太古華通埠頭（英）
上海招商局埠頭
老白渡埠頭（日）
張家浜埠頭（日）
中華北桟埠頭
董家渡埠頭（日）
中華南桟埠頭（中国）
フランス汽船埠頭（仏）
太古埠頭（英）
上海招商局金利源埠頭
大達埠頭（中国）
建源石炭埠頭
大来埠頭（米）
開灤石炭埠頭（英）
北票石炭
埠頭（中国）
中興埠頭（中国）
中華周家渡埠頭（中国）
代表的埠頭

98　上海港見取り図（1937年）

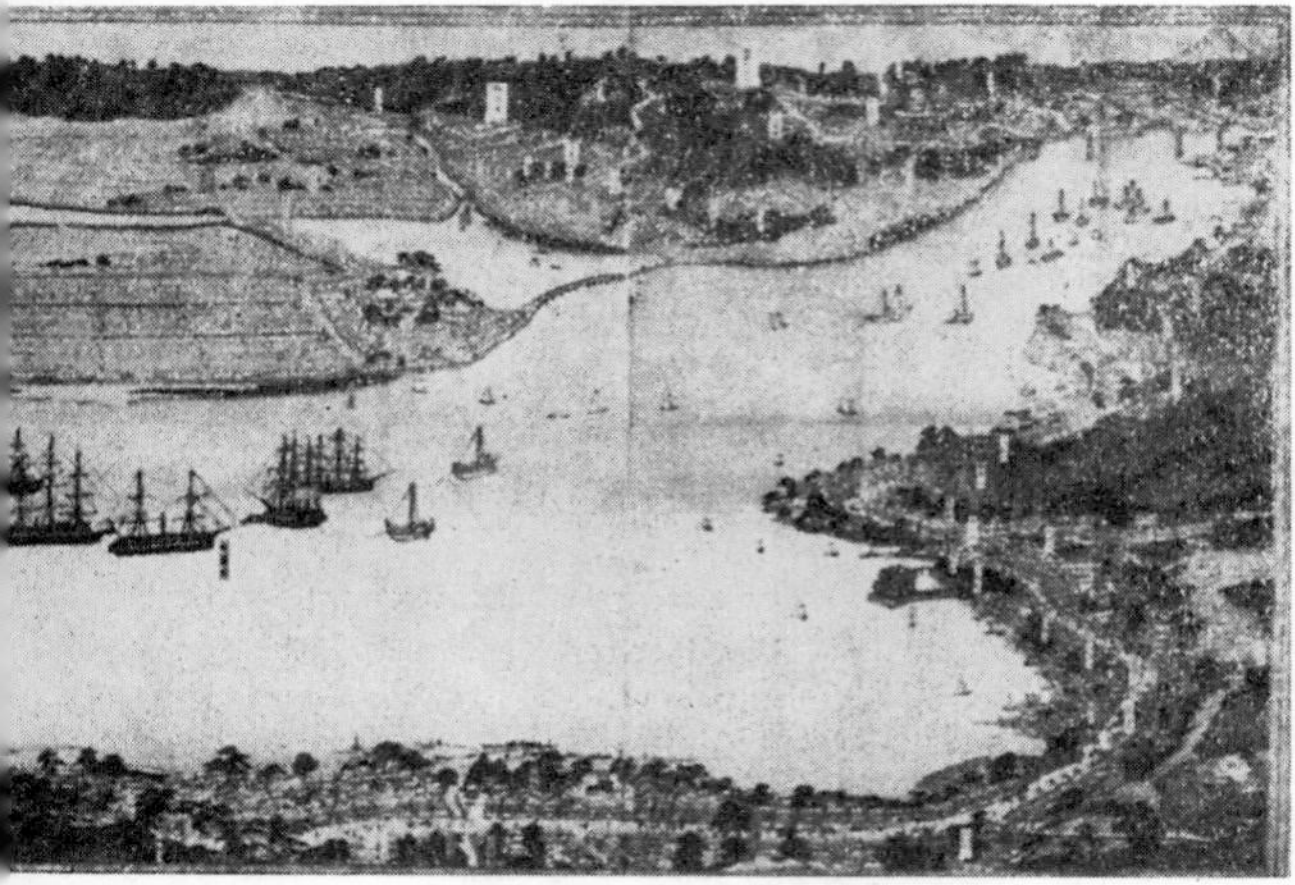

横浜

横浜をとりあげたのは、横浜が一つの世界史上の円環の到達点であるばかりでなく、上海の開港と不可分に結びついているからである。現在、横浜市と上海市とは友好都市であり、その港は姉妹港である。不思議な縁といわざるを得ない。

横浜の開港は一八五九年（安政六年六月二日）、上海の開港に遅れること一七年である。前年の日米修好通商条約（安政条約）及びイギリス、フランス、ロシア、オランダと結ばれた同様の条約によるものである。この条約の第三条に、次の規定がある。

双方の国人、品物を売買すること、すべて障りなく、その払方《はらいかた》等については、日本役人これに立ち会わず、諸日

99　御開港横浜之全図・増補再刻　慶応元年（1865）

本人、亜米利加人より得たる品物を売買し、或は所持する、倶《とも》に妨《さまたげ》なし。[18]
（原文には句読点がない）

ここに、自由貿易の原則が明確に示されている。しかしながらこの条約は、同時に領事裁判権、協定税率を規定しており、日本が植民地なみの扱いを受けているのである。後に、彼らは駐兵権さえも得ている。

幕府は、長崎の出島の例にならって、横浜村の背後地の太田屋新田、横浜新田をめぐって海に出る掘り割り川をつくり、その内側を関内と称して、外国人居留地及び日本人商人の居住地とした（99・100）。記録によると、横浜の開港を知って、その年に居留地の借地を出願した外国商人が三〇人に上ったと記されているが、この数字はたちまち一五〇人に

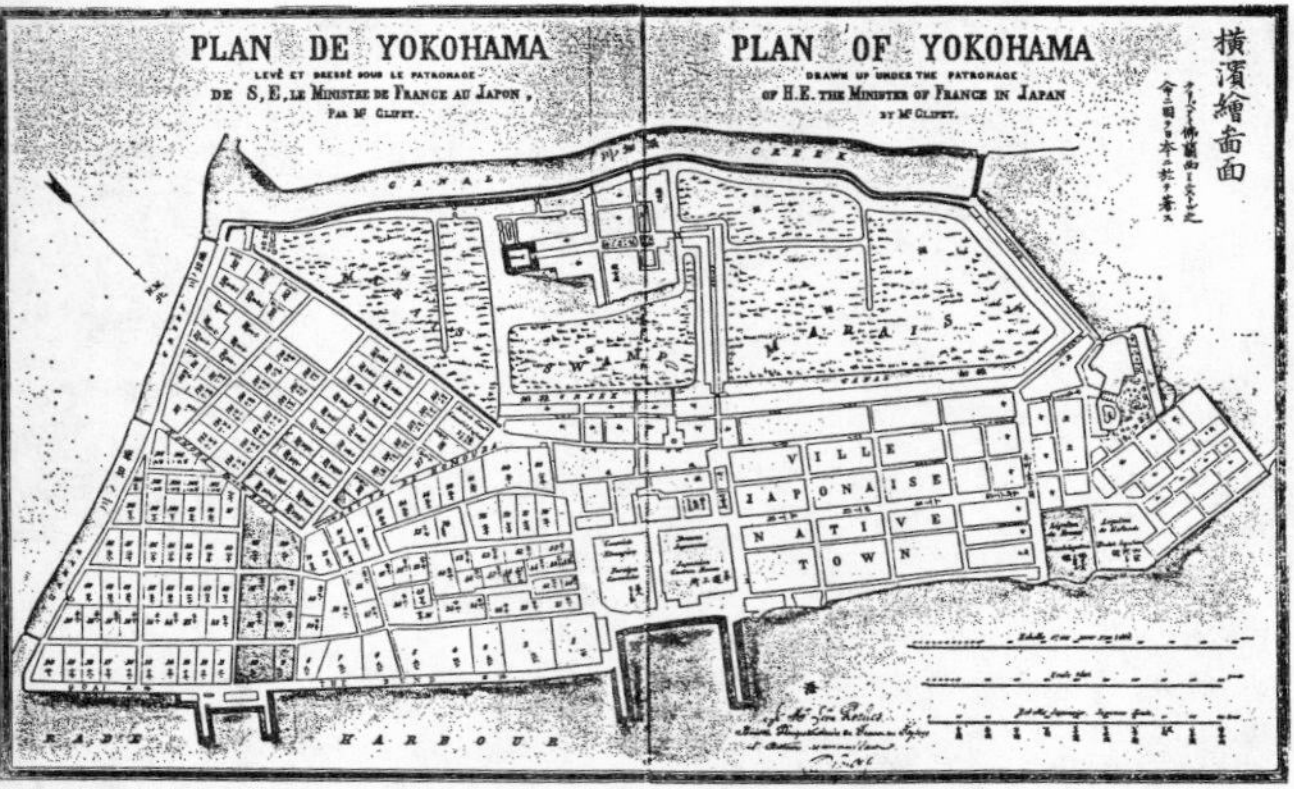

100　横浜絵図面（仏人M・クリペット製作）慶応元年（1865）

もなっている。このとき横浜にやって来た商館で、今日までよく知られているものをあげてみよう。

Jardine Matheson & Co.（英一番館）
Dent & Co.
Sassoon, Sons & Co.
Walsh, Hall & Co.（米一番館）
Peninsular & Oriental Steam Navigation Co.
Central Bank of Western India

開港当時これらの貿易商社だけで、五二社に上っている。この顔ぶれを見ると、上海がそっくり引っ越して来た観がある。

これに対する日本側の商人は、以前から幕府の移住奨励もあって、一八五九年三月には貸下地の地割りを終わっている。その中には三井八郎右衛門のように、幕府の命令によって運上収入（関税）と両替の御用を承ったもののほか、外国商館に初めて生糸の売り込みをやった中居屋重兵衛、後に横浜財界の柱石といわれるようになった原善三郎、あるいは茂木惣兵衛、増田嘉兵衛など、開港当時の横浜貿易の主流をなした人々がはいっている。彼らは在郷商人の出で、幕府の中世的な流通機構である問屋《といや》に対抗する人々であった。彼らが外国の自由貿易と結びついたところに、横浜貿易の特色があった。『横浜歴史年表』によると、開港の翌年の横浜への移住商人は、生糸売り込み商九三軒、綱物、緑茶、塗り物、陶磁器、海産物、銅などの売り込み商と、洋織物の引き取り商合わせて九十余軒、その他運送業、飛脚、旅館などであった。

主要輸出品は、生糸と茶、輸入品は毛織物、綿糸布、それに明治維新直前には鉄砲がかなり入っているようである。生糸はかなり高く売れたようである。

前記の中居屋重兵衛が、前橋生糸は一両につき提糸《さげいと》一五〇匁が相場であったが、横浜着一〇〇匁一両で買い取り、これを外国商館の手代をしていた中国人に麦畑の中で原価の三倍で売ったところ、中国人はよろこんで畑の中で妙な手つきをして踊り出したという記事がある。[19]

こういう次第で、全国的に生糸の買い荒らしが始まり、西陣、桐生、八王子、秩父、郡内、福島、藤岡、足利などの機業地では、たちまち生糸飢饉で家業を続けることが出来ないという訴えが、幕府に出されている。これらの生糸は、江戸の生糸問屋を通さず直接横浜に持ち込まれ、古い中世的流通機構も手痛い打撃を受けている。

外国商館側も、日本にはアヘンこそ持ち込まなかったが、それにおとらず生糸の買い付けには、ずいぶんと乱暴なやり方で荒かせぎをしていたらしい。当時の日本人は外国貿易の知識が乏しく、ほぼ商館のいいなりになっていた。特に、日本の金銀比価とヨーロッパの比価との違いに乗じた、横浜―上海を通じた荒かせぎは目にあまるものがあった。石井孝氏によると、当時の日本での金銀比価は一対五・七五であったが、国際比価は一対一五であった。[20]上海から横浜にやって来た英国領事サー・R・オールコックが、次のように書いている。

ヨーロッパと日本との間における金銀比価の大きな差異は、抵抗するにはあまりにも大きな誘惑であった。そこから、ドルとの交換に一分銀を得ようとする要求が起こった。そして、その一分銀で小判を買い入れ、一〇〇パーセントないし二〇〇パーセントの利益を得たのである。

銀をもって金を買い入れるという単純な動作、しかも、それを一年のうちに五、六回くりかえすことによって、資本金を三倍または四倍にする手段を目前にしては、商人の理性が全く失われるに至った。[21]

英国産業資本の代弁者であるオールコックの仕事は、英国産の綿製品その他工業製品を大量に売り込むことであったが、横浜で小判を買って上海に持って行き、国際比価で銀を得、また横浜に来てその銀で小判を買うという狂気が、まことになげかわしいものにみえたにちがいない。この小判買いの話は、島崎藤村の『夜明け前』の中でも、信州の山の中まで買い手が現れたことが記されている。全国的によほど広く行われたものであろう。

横浜開港の翌年、総領事オールコックは、本国政府のラッセル卿に手紙を送った。

この港は、政治的、商業的の、いろいろな貿易の発展に反する環境にもかかわらず、貿易額についての、もっとも楽観的予想以上のものを実現したことが看取される。実に貿易額は、初期の上海の開港場としての未曾有の急速な勃興を印したところのそれを、はるかに凌駕する。生糸と茶が、かつて、近年の上海のごとく、多量にこの港から輸出されるであろうことは、期待されぬとはいえ、しかもなお、最初の一八ヵ月間の輸出が一〇〇万ポンドを超え、上海がその将来大をなすことの徴候として誇りえたものより以上であったことは、意を強うするものである。[22]

幕府は神奈川奉行を設けて、貿易と港湾の管理及び外交折衝にあたらせた。貿易額は一八五九年が輸出入合わせて一五〇万ドル、一八六〇年四五〇万ドル、一八六二年九〇〇万ドル、一八六三年一四〇〇万ドル、一八六五年三〇〇〇万ドルと順調に増加した。主要輸出品は生糸で、全体の六五パーセントないし八〇パーセントを占めた。次いで茶が一〇パーセント前後であった。

当時、横浜の貿易がわが国の貿易額の八〇パーセント以上を占めていたことは、開港当時の上海によく似ている。さらに横浜貿易の七〇パーセントをイギリスが握っていたことも、上海と同じであった。

幕府は、開港場に運上所（税関）を設けて関税業務を行った。その前面に石積みの護岸工事をして、波止場の築造を始めた。石積みの西波止場（御国産波止場）と東波止場（メリケン波止場）を設けた。これより先、外国商館地先に外国人波止場があったが、これは運上所波止場の整備とともに撤去された。これらの施設はすべて、はしけの積み荷、揚げ荷に使われたもので、当時大洋を越えて横浜にやって来たのは四〇〇トンないし五〇〇トンの小さなものであったが、すべて沖に碇泊し、はしけによって陸上と結んだ。

上海では、税関および港湾の管理権、パイロット及び黄浦江の浚渫から埠頭の築造まで、外国資本が握っていたが、横浜の場合には関税自主権こそ当初のうちはなかったが、関税を徴収する権利は日本側に残されていた。港湾の管理権も日本側にあった。そして、明治二〇年代の初め政府が本格的な築港を行うことによって、アジアにおける独立した近代港湾の歴史が始まるのである。そういう意味で横浜港は、アジアの港湾発達史の中で、特記されるべき港である。

古い香料貿易の時代にはヨーロッパの国々は、インド洋を中心に、貿易の根拠地として砦《フォート》と商館《ファクトリー》をつくってきた。一九世紀の帝国主義の段階になってイギリスは、インド、ビルマ、マレー、香港を占領し、フランスは中国からインドシナを、アメリカはスペインからフィリピンを奪い、ロシアは満州を南下して来て、ダルニー（大連）に、それぞれ植民地的な港をつくりあげた。これらの代表的なものが香港である。香港は今日でもなお、南アジアの中心的港である。

さらに一九世紀の半ばに、彼らはアヘン戦争によって、中国の五港の開放を要求し、新しい交易の中心として上海を得た。上海は、イギリスを先頭とする列強の中国市場への侵入の拠点となり、茶及び生糸の輸出、毛織物、綿製品、機械などの輸入を行うとともに、ここに外国資本による綿業その他の産業が興った。それと共にヨーロッパの文化の多くが、ここから中国に入った。これらの状況は横浜の場合も全く同じである。

しかしながら日本の場合、中国のように半植民地化せずに、独立を保ち得た。その理由についてはこれまでいろいろと論じられてきたが、たとえば日本の開港をうながしたのは英国でなくアメリカで、当時アメリカは農業国で、英国ほど強烈な海外市場獲得の必要性を感じていなかったこと、彼らが日本に到達したときには、英、米、仏、露、独の列強勢力がアジアで均衡していたこと、あるいは日本には中国のような大きな市場としての魅力がなかったことなどが留意されてしかるべきであろう。

このようにして、確かに独立は保ち得たが、日本がヨーロッパの技術にもとづく本格的な港湾の築造を始めたとき、それを担う民間資本の蓄積は皆無であった。そのため、国の財政資金によって主要な港がつくられ、国が港を管理してきた。港は、こうして国有財産となった。従って後年、民間にいくばくかの資本の蓄積が出来たときに、私企業が水際に資本を投下して港湾産業として成長する道がとざされていたのである。これがため日本の港には、非常にたくさんの職業がそれぞれ独立して存在し、ついにそれらを集約する港湾資本が成長しなかった。そこに、欧米の港とわが国の港との経済構造の違いがあって、それは今日に至るもなお深い影響を残している。外国人の船長などに、なかなか理解され難い日本の港の業務の複雑さが、そこから生まれたのであった。わが国の港湾の特色については、エピローグでさらに触れてみたい。

VII　偉大なるロンドン――近代港湾の成立

1　初期の港の風景

二〇〇〇年の歴史

ロンドンが偉大であるのは、その二〇〇〇年にわたる歴史のなかに、古代から現代に至る、貿易及び港湾のそれぞれの時代の姿が、克明に理解できる都市だからである。特に産業革命以後、資本主義経済が、英国において典型的な形で発達したということは、港湾についても同様であって、今日の港湾を経済学的にあるいは論理的に理解しようとすれば、どうしてもまずロンドン港の研究をしなければならない。それは経済学の原典を、スミス、リカード、マルサスのような古典学派に求めなければならないように、港湾の研究もまたその原典をロンドン港に求めなければならないのである。

ロンドン港の歴史については、筆者の旧著『近代港湾の成立と発展』（東洋経済新報社、昭和三七年）でも記しているが、今回はさらに考え方を深めつつ書きなおした。

テムズ河の北岸には、古くから住民の集落があったとされている。ローマ人がここを占拠してから、城壁をめぐらした都市が形成された。ローマの史家タキトゥスは、紀元六一年に商人たちが、しばしばロンドンを訪れたことを記している。四一〇年にローマ人が引き揚げた後で、ローマ人がつくった都市の上に新しい商業が栄えた。六〇〇年ころにはロンドンとヨーロッパ各地との商取引が行われており、八〇〇年代の中葉になると対岸のノルマンディ、フランドル、スカンジナビアから多くの商人たちがやって来た。この間に、外来者のサクソンの侵入、ノルマンの占拠、デーン人の侵入など、*多くの権力の交代があったが、ロンドンはその発展を止めることがなかった。

一〇世紀になると、東方の国の人たち《イースターリングス》と呼ばれたドイツの商人団が、ワールブックの河口のダウゲートにやって来た。彼らは後にハンザ商人となり、スチールヤード・マーチャントと呼ばれ、長年にわたってロンドンの貿易を支配している。彼らが初めてロンドンに現れたのは、九五九―九七五年ころで、ケルン、ドルトムント、ミュンスター、ユトレヒト、ブレーメン、ハンブルクなどから来ており、ロープ、マスト、ピッチ、亜麻布、麻、綿布、ワックス及び鋼材を輸入し、ロンドンから鉛、錫、魚、羊毛などを輸出した。また、フランスのルーアンからブドウ酒の商人たちがやって来て、ビリングスゲートを船着き場とした。彼らはビントリーと呼ばれた。いずれも商人ギルドであった。ビントリーとは、フランス語のバン（ブドウ酒）を英語読みになおして冠したものである。

特定の船着き場ができるまで、外来の商人たちは、テムズの岸のどこにでも船をつけることができた(101)。

彼らは、それぞれ自分たちの船着き場をもち、岸に船をつないでいる間は、一種の専用使用権のようなものを持っていたようである。たとえば、自分たちが船を着けているところへ、他のグループの者が船を着けた場合には、退去を求める権利があった。そして、一潮す

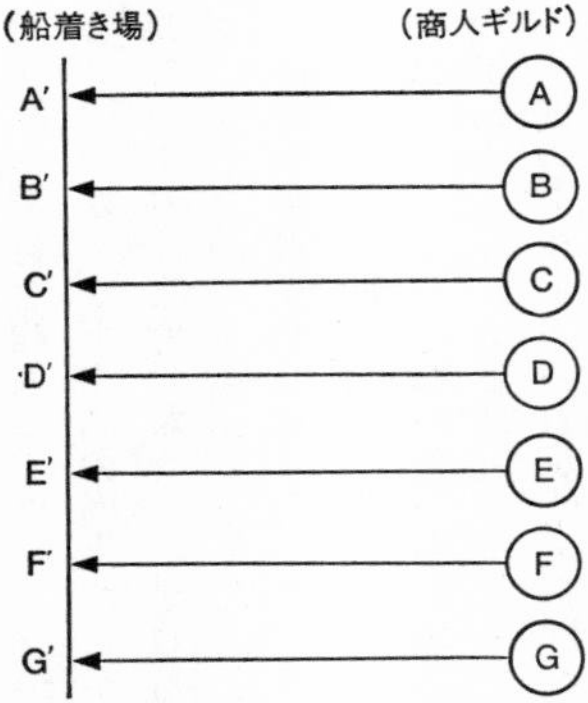

101　初期テムズ河岸の船着き場利用の形

ぎても退去しないときには、船のとも綱を切って船を放ち、その損害に対して責任を負わないというしきたりがあった。それは王権の保護のもとに行われたもので、特定のギルドが、特定の場所を支配し、管理するという形に発展する。

　このやりかたの次には、一つの船着き場を複数のギルドが使用するという形に変わる(102)。たとえばA、B、Cがビリングスゲートを、D、Eがダウゲートを使用するようになる。これには、いくつかの理由がある。

一、自然的条件　特定の場所が、船を着けるのに特別有利な自然的条件をもっている。たとえば水深とか風や水流の影響をうけないといったことである。

二、社会的条件　国王が指定し、そこで税金を徴収するというような便宜が与えられる。これをさらに確実にするために、河岸を掘り込んだ船着き場をつくるようなことが行われる。

三、経済的条件　そこに船を着けることによって、商品の売りさばきや購入に対して、特別有利であるというようなこと。

　筆者は、この三つの条件を「港湾の定在」と名づけている。それは、人間の意識に初めて「港」という概念が出来上がったことを意味する。これはまた、港が成立するための歴史的条件でもある。古い時代になればなるほど、自然的条件が最も大きな要素になり、現代になればなるほど経済的条件が大きくなる。

　ロンドンの最初の船着き場は、こうして成立したビリングスゲート、ダウゲート及びその少し上流のクイーンハイズ**であった。これらのものが、最初の船着き場、即ち港の端緒的な形であったが、ロンドン橋が石造りの城塞につくり変えられてから後は、ビリングスゲートから下流が、主な船着き場となった。

　ビリングスゲートは、今日では、ロンドン塔の上手、ロンドン税関のすぐとなりの魚市場にその名をとどめている。河岸を切り込んで、ハイズ様式の船着き場をつくり、船舶を泊めるのに有利な条件をつくり出したほか、穀物その他を保管するための倉庫を建て、関税の徴収その他行政上の便宜が与えられた。国王は、税金を徴収して収入をはかることと引きかえに、港の自然的、社会的、経済的条件をととのえ、与えたのであった。古代、中世を通じて、港は王権が支配するという原理があった。ベネチアやハンザの諸都市、あるいはアムステルダムのような商人の港が出現したのは、その王権と闘って勝ちとったもので、ロンドンがこの形に成長するのは、もっと後年のことである。

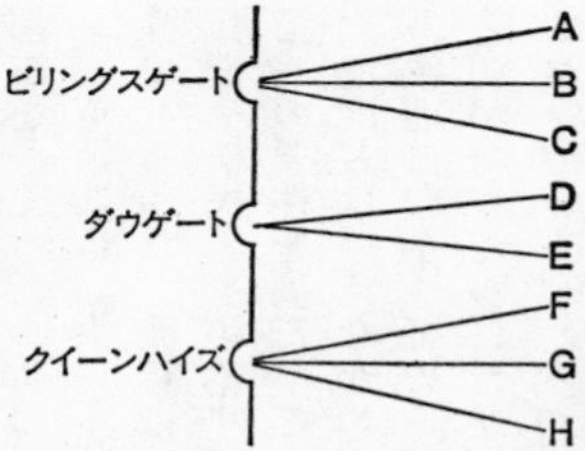

102　複数のギルドが使用する形態の図解

　ロンドンのキングス・カレッジのジェームズ・バード教授は、専攻の経済地理学的観点から、ロンドン港の研究を行ったことで知られている。[1]彼はまず、なぜこの地にローマ人が都市をつくったかについて述べている。その見解によれば、ローマ人が占拠していたブリテン（英国）は、大ローマ帝国がゴール（フランス）を通じて、西北に支配力を伸ばした最前線でもあった。彼らは、その占領地支配をつづけるための基地を必要とした。さらに、その兵士や植民者を補給するための港が必要であった。セントアルバンス及びコルチェスターが第一の要件を満たすことができたが、これらは「大ローマ帝国の権力のラインに接続する」大港湾とはいえなかった。ドーバーやリッチバラーは海峡に面する港であったが、そこから占領地に向かっての道路をつくることに困難があった。そこで、テムズの岸に基地を設ける必要があったわけだが、何故ロンドンが選ばれたかについては、多くの議論がある。ジェームズ・バードは、次のように考えている。

サウスワークの両岸は乾いた砂礫層をなしていて、船舶の接岸施設及び橋梁をつくるのに好条件であった。このあたりが潮入り江の上限であって、満ち潮の場合、河川の流れがゆるやかになり溯航に都合がよかった。河川の広さと水深とが、船団のオペレーションに十分の条件を持っており、ここから上流は河幅が急に狭くなっていた。さらに河川を通じて、上流の奥地に対する軍事行動が容易にできたこと。

このようにしてロンドンは、ローマ人の軍事的な拠点として、最も合理的条件をそなえていたが、それはこの都市が後年、世界の大港湾として発展する条件でもあったのである。

ジェームズ・バードは港湾の成立について、次のように説明する。彼は、ロンドン港を例にとりながら、これをエニーポート（anyport＝103）と名づけ、その普遍性を強調した。最初に原始的な船着き場があり、ついで延長された埠頭群が現れる。水際線に沿って商人

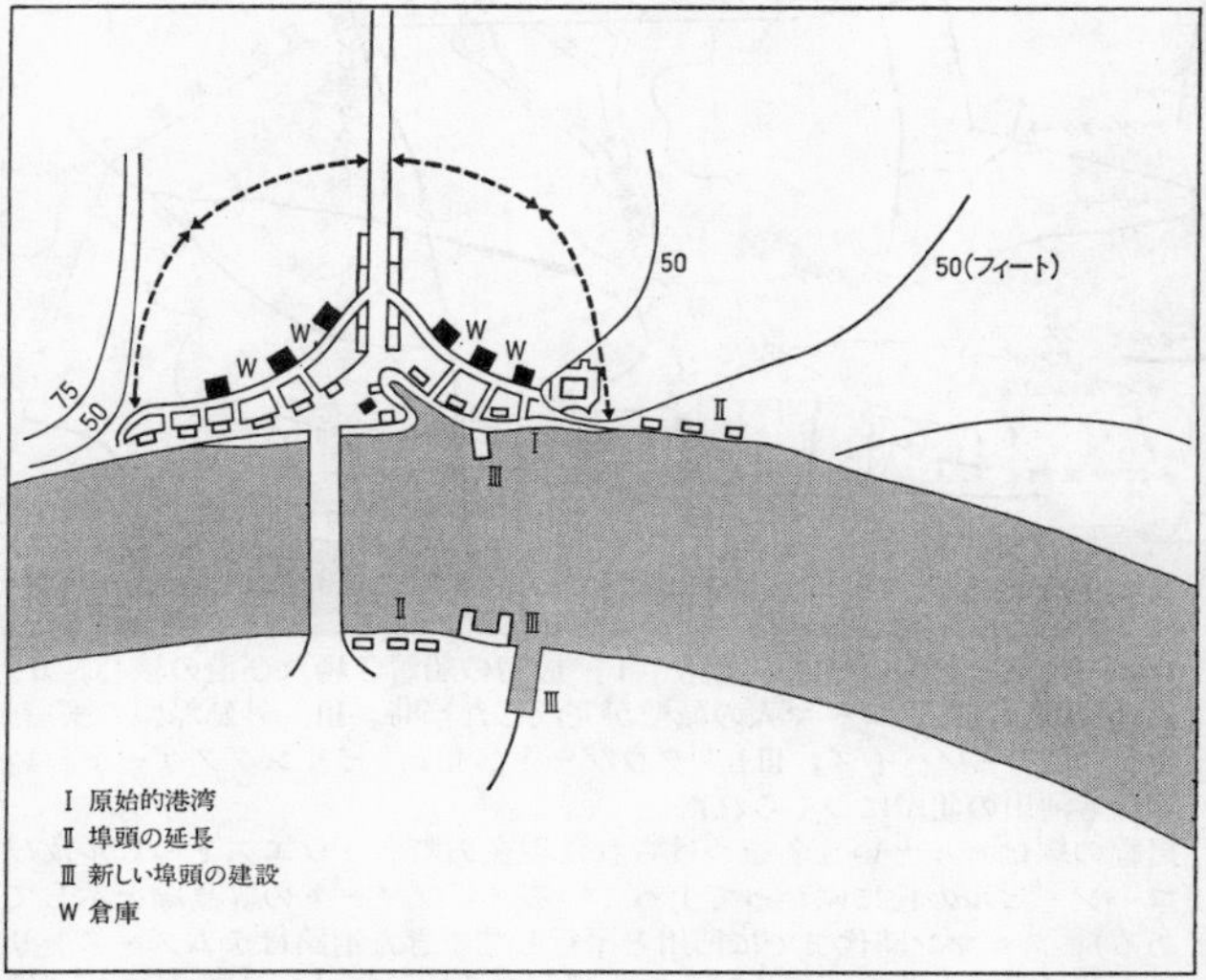

103　エニーポートの成立

の家や倉庫が建ち並び、水際線を連ねる背後の道路や奥地に向かっての道路がつくられる。背後に半円形の城壁が築かれ、これを守るための要塞や塔がつくられる。

この一般的な原理を、具体的にロンドンにあてはめて説明したのが、104の「ロンドン港の初期の開発」図である。二世紀の終わりに、ローマ人の城壁が出来上がり、現在のテムズ・ストリートの全域が、南東稜堡からリバーフリートに至るまで保護されていた。その後、ベイナーズ城とモントフィシェット塔が西の端に、ノルマンの塔が東の端につくられ、なかんずくノルマン・タワーは、テムズを上って来る外敵を防ぐのに重要な役割を果たしていた。ノルマ

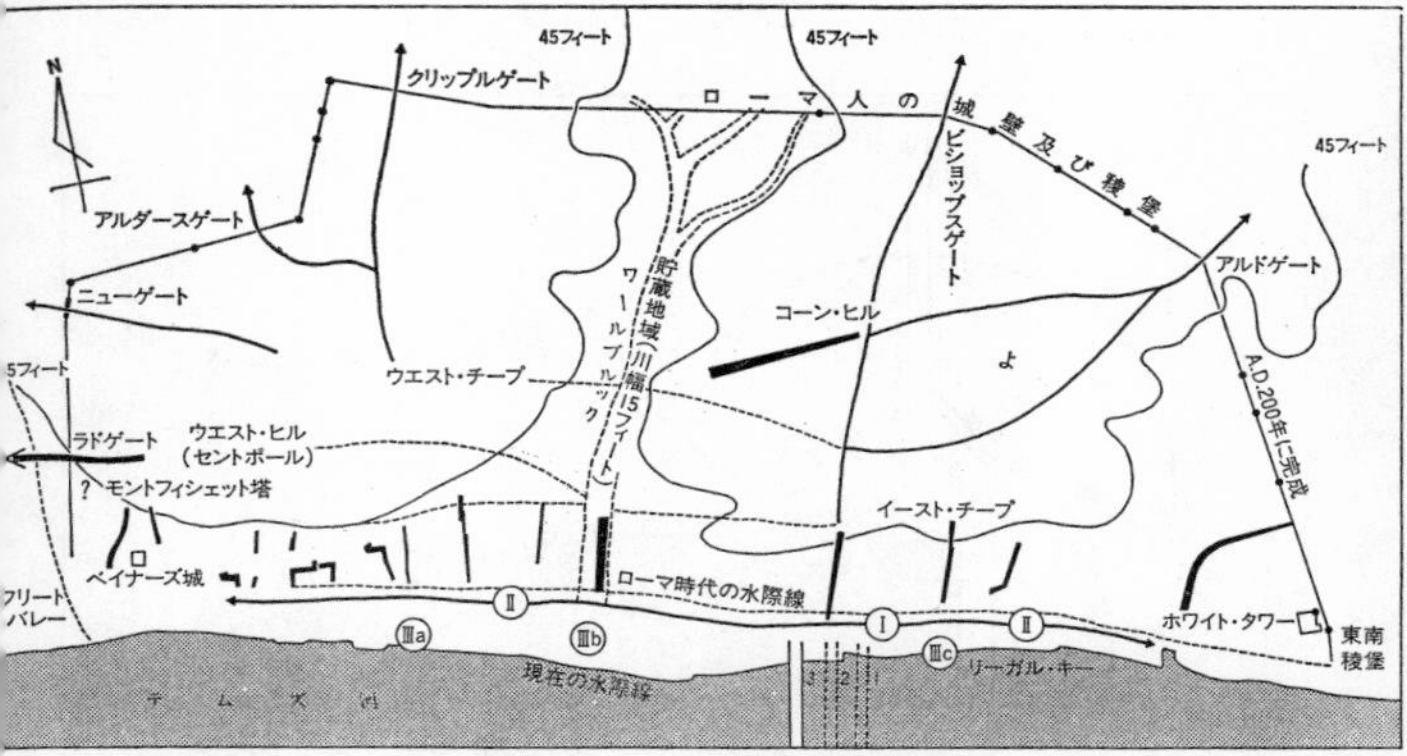

104　ロンドン港の初期の開発　Ⅰ．最初の船着き場及び港の核心。Ⅱ．外延埠頭の延長。ローマ人の城壁が完成した当時。Ⅲ．外延埠頭の築造。Ⅲa．クイーンハイズ。Ⅲb．ダウゲート。Ⅲc．ビリングスゲート。いずれも河川の北岸につくられた
黒幅の線はヒルという名をつけられた現在の町名。ウエスト・ヒル及びコーン・ヒルの丘に向かって上っている（45フィートの等高線を示してある）。ノルマン時代までに河川と平行してできた道路はテムズ・ストリート、イースト・チープ及びその西側への延長部分（チープcheapとは、名詞となって商人、貿易という意味を持っている）。ウエスト・チープ及びその東側への延長
1．サクソン時代の木橋。ローマ時代に作られた可能性もある。2．古いロンドン橋（1176―1832）。3．現在のロンドン橋（1831―？）

ン・タワーは後にロンドン塔となり、この塔の管理人が河川をも管理していた。そして、少しずつ河岸の埋め立てが行われ、クイーンハイズ、ダウゲート、ビリングスゲートがつくられた。この間に、テムズの両岸に少しずつ埠頭がつくられているが、これら外延的埠頭の完成に九〇〇年を要しており、その間に、対岸に向かって木製の橋がかけられた。

＊ローマ人が引き揚げてから三〇年後、紀元四四〇年にユトランド半島方面から、ジュート人、アングル人、サクソン人が侵入しブリテンの東部および南部の海岸地帯を占拠した。七九三年には、ノルマンの侵入（バイキング時代の始まり）があり、八六六年にはデーン人が、テムズ河をさかのぼって、組織的な侵入を始めた。(dtv-Atlas zur Weltgeschichte, 平凡社版『カラー世界百科』, 1978. pp.117, 131.)

ノルマンとは、ウェブスターの辞書によると、もともとノルマンディの人々、あるいは居住者を指していったが、特に一〇世紀にここを占拠したスカンジナビア人を総称していう。

＊＊ビリングスゲート（Billingsgate）とは、国王ビリンのゲートという意味である。ゲート（門）とは、港の最も古い初期的な概念であって、ギリシアのポロス、ローマのポルツスが水門を意味しているのと同じであり、わが国では古代、水門と書いてミナトと読ませた。中国では口、すなわち入り口という、やはりゲートというのと同じ概念であった。

クイーンハイズ（Queenhithe）とは、女王の船着き場という意味で、ハイズとは、河岸に木材を打ちこんでつくった船着き場のことをいう。

リーガル・キイ

ロンドンに来航する船が増加すると、間もなくビリングスゲートやその他の既設のハイズだけでは、船着き場が足りなくなった。この事態を決定的にしたのが、一四九二年のアメリカの発見、一四八八年の喜望峰をまわる航路の発見、それに続く東洋やアメリカ大陸との貿易であった。しかしそこに行きつくまでには、まだかなりの時間があった。

一五世紀の半ばころまでは、ヨーロッパの経済活動の中心はまだ地中海にあった。特に北イタリアの諸都市、南ドイツ、フランドルの商工業都市、北ドイツのハンザ諸都市で、手工業や商業が発達しつつあったが、ヨーロッパの金融市場には、フィレンツェのメジチ家が君臨しており、ロンドンの貿易の大半はイタリアやハンザの商人たちに握られていた時代であった。このころのロンドンは、まだ目立った大都市ではなく、せいぜいイタリアのベローナ、あるいは、スイスのチューリヒと同じくらいの水準にランクされていた。

しかしながら、このころからロンドンの貿易にある種の変化がおこりつつあった。鉛、錫、羊毛といった原料品の輸出から、毛織物の輸出への転換が始まっていたのである。一五世紀の半ばまでは、ロンドンは英国からの織物輸出の四〇パーセントに満たなかった。しかし、一六世紀の半ばにはロンドンが、益々増大する織物輸出の九〇パーセントを扱うようになり、織布は金額にして総輸出額の七五―八〇パーセントに達した。このころ、即ち一五世紀末から一六世紀の二〇年代にかけて、アントワープがヨーロッパの商取引の中心として栄え、ヨーロッパ最大の金融市場であったが、さきに述べたように、アントワープの繁栄は、間もなくアムステルダムに移るのである。

ロンドンを中心とする毛織物工業の発達とともに、さらに目ざましい変化がおこる。それは、王室の特許を得て特定の地域との貿易を独占した多くの株式会社の設立である。ポルトガルやスペインと異なって、英国は初め王室が直接海外の領土拡張や交易の発展に対して積極的に振る舞うことはしなかったが、ヘンリー七世（在位一四八五―一五〇九年）に始まるチューダー朝は、王権の海外への拡張と貿易とを一体として推し進める政策をとっている。一五世紀を通じて、ネーデルラント方面との交易にはいくつかのロンドン商人のグループがあって、マーチャント・アドベンチュアラーズと呼ばれていた。このギルド的な商業団体を使って、ブルグンディ、ブラバント*の支配者たちに対する王権の伸展をはかったのが、ほかならぬヘンリー七世であった。このようにして、ロンドンのマーチャント・アドベンチュアラーズは、一四八六年と一五〇五年に、正式に仲間組織（フェローシップ）として承認されている。

これに続いて、株式会社組織による次のような多くの特権的貿易会社がつくられた。

モスコビー（またはロシア）会社	一五五三年
マーチャント・アドベンチュアラーズ（新特許）	一五六四年
スペイン会社	一五七七年
エストランド会社	一五七九年
レバント会社	一五八一年
東インド会社	一六〇〇年
バージニア会社	一六〇六年
アルスター入植会社	一六〇九年
フランス会社	一六一一年
バーミューダ会社	一六一二年

ニューイングランドに対する

プリマス・アドベンチュアラーズ　一六二〇年
マサチューセッツ湾会社　一六二八年
プロビデンス島会社　一六二九年

こうして、株式会社が盛んに出来るようになると、ロンドンに株式取引や投機熱が急に高まってくる。その大部分が海外との貿易及び海運に関するものであった。すでに一六四〇年に至るまでの間に、セントキッツ、バルバドス、西インド諸島の植民地、新大陸におけるバージニア、メリーランドの植民地が定着し、カリブ海地方の砂糖、大陸での煙草の栽培が黒人奴隷を使用して行われ、ニューイングランドでは農業、林業、漁業及び貿易が始まっていた。

こうしたことは、必然的に海運の発展につながってくる。ラルフ・デービスによれば、一六二九年のイギリスの商船隊の総トン数は一一万五〇〇〇トンであったが、一六八六年には三二万三〇〇〇トンになっている。[2] これは、今日の大型タンカー一隻分のトン数であるが、当時の船舶が一〇〇トンか二〇〇トンくらいの小さなものであったことを考えると、三二万トンという数字はかなりのものである。

こうした動きの中で特に注目しなければならないのが、東インド会社である。長い年月にわたってインド貿易は、オランダの独占貿易の観があった。当時、香料の輸入は利益の多いものであったが、一五九九年にオランダは、香料の価格を一ポンドにつき三シリングから六シリングに引き上げ、すぐにまた八シリングに引き上げた。ロンドンの商人たちは、しばしばインドとの貿易を自分たちの手で始めたいと相談していたが、一五九九年末に、エリザベス女王（一世）が英国東インド会社への特許状にサインした。この会社は当初、一二五人の株主によって七万ポンドの資本金でスタートし、たちまちのうちにインドとの取引に成功を収めた。しばしば一〇〇パーセントの配当を行ったというから、すさまじいものである。

この会社はインド貿易を始めるにあたって、六〇〇トン一隻、三〇〇トン一隻、二〇〇トン二隻、一三〇トン一隻、乗組員四八〇人という当時としては飛び抜けた規模の商船隊をつくりあげた。ロンドンの古い埠頭地区は大型船を着けることが出来ないので、テムズのずっと下流の水深の深いブラックウォールに本拠地を置き、ここに造船所や乾ドック、倉庫、それに事務所や住宅をつくった。彼らはここを二〇〇年にわたって使用しており、後に東インド・ドック会社に引き継がれている。

もちろん東インド会社の成功は、すんなりと得られたわけではない。東インド地方のポルトガル勢力を制圧したオランダを、こんどはイギリスが制圧してインドに進出、そこでフランスの軍隊とも戦って勝利をおさめた。このため、商取引を目的としていたはずの英国東インド会社が、後には、二〇〇〇人の軍隊を持つようになり、軍事と商取引とが一体化した。前章で述べたように、彼らは後に中国にアヘンを売り込んで、莫大な利益をあげたが、その結果アヘン戦争を引きおこして香港島の領有にまで発展する。また特権的な英国東インド会社が自由貿易主義の波に破れ、その解体の中から一八六〇年に横浜へやって来て英一番館に拠ったジャーデン・マジソンの前身は、東インド会社の船医であったといわれる。

ロンドン港に話をもどすと、一六世紀末から一七世紀初めにかけ、ロンドン港の混雑ははげしくなり始めていた。その一つの原因をつくったのが、一一七六年から一二〇九年にかけ

105　石造りの古いロンドン橋（1630年ころ）の風景　対岸の橋のたもとからロンドン塔（図の右端）までがリーガル・キイであって、多くの船がビリングスゲートに集まっている

て出来た石造りのロンドン橋であった。これは、一つには河をのぼってくる外敵を防ぐための城壁の目的をもったもので、橋の上に105の図に見るような頑丈な建物が並んでいた。そして、アーチ型の橋脚が、大型船の航行をはばんだ。このために、ロンドン橋から上流のクイーンハイズやダウゲートが衰える。そんな関係から一五世紀の半ばから、この橋の存在が問題になりだしてはいた。この橋は一七世紀まで残るのであるが、とにかくロンドンの港が、ロンドン橋から下流に向かって発展する歴史的な原因となっている。彼らはこの下流地域をプールと呼び、ロンドン橋から上流をアッパー・プールと呼んでいた。

一六世紀末から一七世紀にかけては、ロンドンの商権と貿易とが飛躍的に伸びた時代である。栄光のエリザベス一世（在位一五五八―一六〇三年）の治世で、まず一五七六年にスペインがアントワープを封鎖したことによって、ヨーロッパ貿易と金融の中心が機能しなくなり、その機能が多分にロンドンに移された。英国王室の、アントワープ駐在財務官だったことのある、グレシャムの法則で有名なトーマス・グレシャムは一五七〇年にロンドンに王立取引所《ロイヤル・エクスチェンジ》を設立する。前記のように、一六世紀後半から株式組織による特許貿易会社が次々に設立される一方、エリザベス女王によって、外国商人への特権が禁止される。そして最終的に、一五八八年のスペイン無敵艦隊の敗北によって、英国の制海権が確立する。こうした一連の事態の背景として、この時代に毛織物の工場制手工業《マニュファクチュア》の成立と輸出の拡大という英国における初期資本主義経済の成立があったのである。D・C・コールマンによれば、一五〇〇年から一五五〇年までの間に、英国からの毛織物の輸出は約三倍に伸びており、ロンドンがその大部分を扱っていた。[3]

リーガル・キイとは法律によって定められた外国貿易の船着き場（キイ**またはケイ）であって、関税を徴収するすべての貨物は、ここで積み降ろししなければならないことになっていた。この制度は、エリザベス女王の即位の年に定められたもので、この埠頭地区はロンドン橋から当時、市のはずれにあったロンドン塔までの一四一九フィートの狭い地区に限られていた。ロンドン税関（一三八二年、この場所に設立）と、ビリングスゲートをその中に含むもので、二〇ばかりのキイから成っている。テムズの中流のプールに碇泊している船の貨物ははしけに積みかえられ、リーガル・キイに揚げられた。上流のアッパー・プールからの貨物は、ロンドン橋のアーチ型の橋脚下の急流をはしけで下って、そこで船積みされた。

この狭い船着き場は、たちまち非常な混雑におちいったので、間もなく、その下流や対岸にサファランス・ワーフ***がつくられた(106)。サファランス・ワーフとは、「黙許埠頭」という意味である。サファランス・ワーフは、テムズ北岸に七八六フィート、南岸に二八九一フィートの水際線を持ち、注目すべきことに、それぞれの船着き場（埠頭）の規模が著しく大

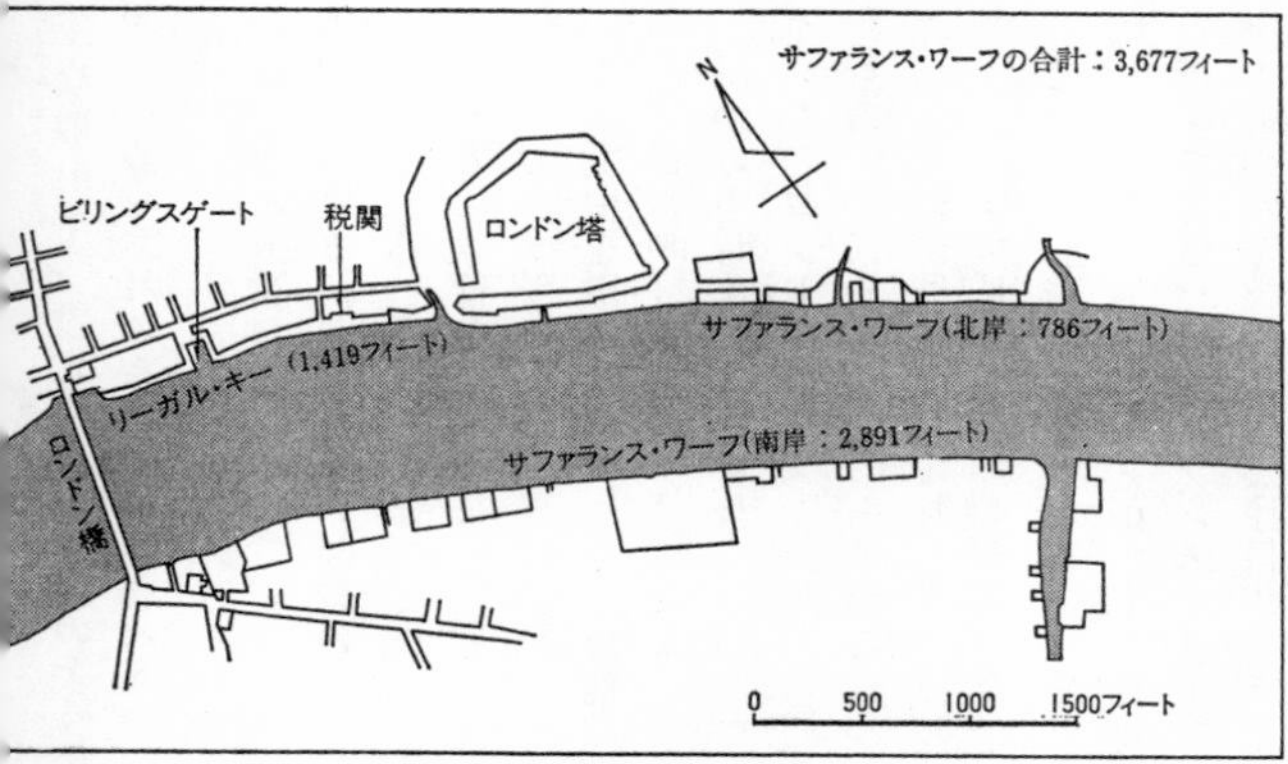

106　リーガル・キイとサファランス・ワーフ

きくなり、かつチェンバーレンズ・ワーフとか、シモンズ・ワーフとか、個人の名称を冠したことである。一六世紀半ばの版画を見ると、本来のリーガル・キイにも、いくつかの名称が記入されているが、ロンドン市に移管されたビリングスゲートあるいはフィッシュ・ワーフというような公共的なものが多く、王権あるいはロンドン市の強力な支配が読みとれる。これに反して、サファランス・ワーフは、私的埠頭の性格が強い。ここで、ロンドン港の、歴史的に有名な、ワーフィンジャーについて語らなければならない。

＊　ブルグンディ（Burgundy）とは、フランスの東南、ディジョンを中心とするスイス寄りの地方を呼ぶ名称で、昔からブドウ酒の産地として知られている。ブラバント（Brabant）とは、現在のオランダとベルギーの地方一帯をさす。昔は独立したブラバント公国と称していたが、一八三〇年以後ネーデルラント（北ブラバント）と、ベルギー（アントワープ・ブラバント）とに分割された。

**キイ（key）ケイ（quay）とも呼ぶ。主として英国で使われる言葉であって、キイとはもともと鍵を意味するが、転じて物が出たり入ったりするところから、着いたり離れたりするところを意味するようになり、埠頭をキイと呼ぶようになった。
***ワーフ（wharf）とは船舶を接岸して貨物の積み降ろしをする場所。かつては木造、石造であったが、現在はほとんどコンクリートで固めてある。海岸あるいは河岸と平行に造られている。

ワーフィンジャー

ワーフとは埠頭を意味し、ワーフィンジャー*とは、いくらか軽蔑の意味を含めた埠頭業者という意味である。

サー・ジョーゼフ・ブルッドバンクによれば、パブリック・ワーフィンジャーと呼ばれていたこれらの埠頭業者の起源はかなり早い時期にあるようだ[4]。ロンドン港の初期、即ちビリングスゲートやクイーンハイズだけが船着き場であったころ、多くの船舶はロンドン橋の下流のプールに碇泊し、貨物ははしけによって岸に揚げ降ろしされていた。貨物の量がふえるにしたがって商人たちは、自分自身の船着き場を持つことを考えた。その代表的な例は、ドイツの商人団を意味するイースターリングスとダウゲートとの関係であるが、これは商人ギルドが集団で利用した例である。

次の段階になると私的商人、即ちマーチャントが成長する。この場合、何人かの商人が一つの船着き場を使用するようになると、その貨物の船への積み降ろしや倉庫保管の埠頭業務を、特定の者に委託することに利益を感じるようになった。ブドウ酒とか羊毛とか、重いあるいは大量の貨物を扱う専門の技術が必要となってきた。貨物にはまた、保管施設としての倉庫も必要であった。こうしてワーフィンジャーが生まれるのである。

貿易商たちは、信頼できる者に作業を委託し、あるいは契約を結んで荷役を行わせ、その代償として一トンにつきいくらという料金、即ちワーフェージ**を支払った。

＊　ワーフィンジャー（wharfinger）　主として英国。ワーフィンガーとも呼ぶ。埠頭の所有者で、通常自ら荷役作業を行ったり、倉庫業を兼ねたりしている。
＊＊　ワーフェージ（wharfage）　貨物の埠頭通過料金。

ウォーターメンとライターメン

ワーフィンジャーの話のついでに、ウォーターメンとライターメンについても説明しておきたい。

テムズ河は、古くからロンドンの交通及び輸送の大動脈で、人や物の動きが多かった。そして、河をさかのぼって来る船の多くが、河すじの中流に錨をおろして碇泊したことは、すでに述べた。ロンドン税関は、最初から河の中流で貨物を積み降ろしすることを認めていたので、岸との間に、人や貨物の往復をするためにはしけが必要であった。

貨物を積むはしけをライターと呼び、人をはこぶ大型のボートをフェリーと呼んでいた。それで、ライターで貨物を運送する人々をライターメン、フェリーで人を運ぶ人々をウォーターメンと名づけるようになった。

ウォーターメンというのが、ロンドンの港で働く最初の独立した職業であったようである。一番古くから組織的な営業として知られているものに、テムズ河河口に近いグレーブセンドからロンドンに至るフェリー業があった。これは、大陸からドーバー海峡を渡り、ついで陸路ロンドンにやって来る商人たちを途中から船で運んだもので、ロング・フェリーと呼ばれ、一三世紀の終わりころの記録に、ロング・フェリーのウォーターメンが運賃を不当に高く取りすぎるということが記されている。

一三七〇年には、ウォーターメンに関する法規が定められ、ロンドンとウエストミンスター間のフェリーには三人以上乗せてはならないとか、テムズの南岸に船を放置してはいけないとか、各種の規制が行われている。ただしこのころの規制は、それぞれのウォーターメン個人に関するものであった。その後、きらびやかな王侯貴族の水上パレードが行われるようになり、しばしば水難事故などを生じたので、一五五三年にロンドン市は八人の思慮分別のあるウォーターメンを選んで、グリニッジからウインザー間の水上で営業しているウォーターメン及びライターメンの監督と資格の付与の権限を与えた。これは一種のギルド組織化であったと見られる。徒弟と親方の関係のもとで仕事が行われており、この関係はずっと後年にまで及んでいる。ウォーターメンは一八世紀の初めには会社組織として現れている。

陸上のポーターたち

水上に働くウォーターメンとライターメンがあったように、港の陸上で働く初期の労働者たちがあった。小さな帆船で貨物を運んだ古い時代の船内での貨物の荷役は、乗組員が行っていた。埠頭上での荷役は、ウォーターメンが行った。埠頭から商人の倉庫までの運送は、荷主が雇った馬車屋が行っていた。この関係はかなり後まで残ったようである。

港の貨物量が増大するにつれて、港湾の荷役及び運送を専門にする職業が現れた。これをポーターと呼んでいる。一番最初の記録があるのが、ビリングスゲート・ポーターである。これは、ビリングスゲートに揚げられた穀物を王室倉庫まで運ぶ仕事をしたもので、ロンドン市が任命する自由市民で、ある種の特権を古くから持っており、その数は三〇〇人から四〇〇人に達していたようである。

やがて、ギルド組織による四つの組合が現れるがその時期は明らかでない。一六〇七年にロンドン市が一二の主要会社の荷役のためのオフィスをつくろうとしたときに、その中の一つであるテークルハウス・ポーターが反対の陳情をしているので、このころすでに組織化が行われていたものと思われる。

ブルッドバンクによると、一八世紀の初めに四つの組織があり、第一のものをチケット・ポーターと呼んでいた。[5] 彼らは、ロンドンの自由市民であり、アメリカのすべての港からの輸入貨物及び輸出貨物の積み降ろしと、それを倉庫に入れる作業をしていた。彼らは、ロンドン市から身分を保証され、ガードルに金属製の監札《チケット》をつけていたことからこの名が出ている。

第二のものをフェローシップ・ポーターと呼んだ。彼らは、石炭、穀物、塩などの乾燥バラ貨物を意味するドライ・バルク貨物の荷役を行い、それを荷主の倉庫に入れる仕事を行った。

第三のものを、テークルハウス・ポーター、あるいはテークル・ポーター と呼んだ。彼らはチケット・ポーターの中から選ばれたもので、貨物の重量や大きさを計る、今日でいう検量の仕事であって、ポーターたちの中では、最も権威を持っていたようである。

第四のものをカンパニーズ・ポーターと呼び、バルチック、オランダ、フランス、スペイン、イタリア、ドイツ、トルコ及び喜望峰から先の国々から来る船の荷役を行っていた。

一八世紀の終わりごろになるとその組織はいよいよ拡大し、強力なものとなり、仕事の内容も細分化されてくる。特筆すべきことは、彼らがそれぞれの仕事の上での特権、即ちモノポリーを持ち、身分的に保証されていたという点で、後年のドッカーと呼ばれる不安定な職業ではなかったことである。

2　産業革命とドック会社

工業生産と世界市場の確立

イギリスの産業革命がいつ始まったかについては、アーノルド・トインビーが一八八〇年に、オックスフォード大学の講義で初めて設定した一七六〇年というのが、半世紀にわたって動かし難い論拠となっていた。ところが最近になって多くの反論が現れた。それは、蒸気機関の発明とか、力織機の開発であるとか、上べの現象だけにとらわれることなく、もっと深部にある経済社会の発展の法則、あるいは構造の観点からの分析をもとにしたものであった。ケンブリッジのフィリス・ディーンは書いている。

たとえば、アメリカのJ・U・ネフ教授は一九三四年に、イギリスの産業革命は、一八世紀の後半に突然現れたものではなく、すでに一六世紀の半ばころに、大規模工業及び技術的変革の出発点を求めている。その後、最近にいたるまで多くの議論を呼びおこしているが、たとえば、W・W・ロストウやシュムペーター夫人のように、一八世紀の貿易統計をたんねんに分析した結果、商品生産と商品市場との関係の確立、その自立的発展の構造の成立という意味で、その出発点を一八世紀の終わりに求めているものがある。[6]

こうして、産業革命とは、単なる技術の変革ではなく、経済社会の変革であるという考え方に変わってきたわけで、その背景には、イギリスにおける工業生産と世界市場の確立という厳とした事実がある。

筆者の手もとに非常に興味のある統計がある。それは、一七九七年のイギリス貿易統計である。[7]これによると、イギリスへの輸入の四三パーセントはヨーロッパから、五〇パーセントが西インド及び東インドからであった。一方イギリス自体からの輸出は、ヨーロッパへ三〇パーセント、北アメリカへ三二パーセント、西インドと東インドへ三八パーセントであった。北アメリカからの輸入は、主としてリバプールで扱っていたので、ロンドンでは輸入全体の七パーセントに過ぎなかった。これらの輸出の主軸をなすものは綿製品で、ほかに機械類などの生産財があった。また、ヨーロッパへの再輸出の八八パーセントは、西インド及び東インドから輸入された砂糖、コーヒー、茶、香料、絹などであった。

この統計が意味するのは、ロンドンが、これら世界の商品のヨーロッパにおける中心をなす市場を形成していたということである。英国は、世界の工場《ワーク・ショップ》であり、ロンドン金融市場は、貿易及び海運の中心的マーケットであったばかりでなく、植民地への開発資金の提供者でもあった。一九世紀を通じて支配的であったパックス・ブリタニカが、すでにこのころに成立している。

イギリスの植民地が、なぜポルトガル、スペイン、オランダ、フランスのような競争国にくらべて急速に発達したかについて、アダム・スミスはこう述べている。即ち、スペイン、ポルトガル及びフランスは、植民地で、本国よりもいっそう厳しい強権的支配をしたが、イギリスは、土地の相続を長子相続の場合に限るというような制限もなく自由な譲渡を認め、かつ植民地の生産物をできるだけ安価に買うことを利益とする排他的な会社（特権的独占企業）がなく、商業を特定の港または特定の免許をもった船舶に限定せず、あらゆる国民は、母国のあらゆる港と貿易をする自由を与えられていたからである、と。[8]

事実イギリスでは、一八世紀の半ばに特権的独占貿易の時代は終わって、重商主義《マーカンティリズム》から自由貿易主義の時代へと移り変わっていた。このことは、国内の産業資本の発展と世界市場の確立という事実を背景とするものであるが、それは海運と貿易に対して、また港湾に対して、決定的な影響を及ぼした。

まず注目すべきことは、このころ、古い海運と貿易の形態が分解して、新しい時代に入る。中世的な商人船主が自己分解して商人（荷主）と船主とがそれぞれ独立した「業」として成立するのである。ベネチアにおいて初めて純粋な形で成立した、王権の制約から独立した商人が、自分自身の船をもって貿易を行うという形は、そのままヨーロッパに引き継がれていた。シェークスピアの『ベニスの商人』あるいはデューマの『モンテクリスト伯』は、いずれも自分の持ち船の難破からストーリーが始まっている。これは、その当時の海上貿易の習慣を文学として表現しているものであるが、こうしたことは一八世紀の終わりから一九世紀の初めにかけて、一変してしまった。ラルフ・デービスが、英国海運の成立と発展を記した論文の中で、面白いことをいっている。

一八世紀のロンドンの多くの人名録は、この都市が偉大な海港であったことを示している。これらの小冊子には、海洋に依存するおびただしい職人や商人の職業のリストが示されている。――ロープ製造業、錨製造業、ブロック・メーカー、帆布製造業、シップチャンドラー、船舶保険業者、シップブローカー等々。ただ一つないものがある。それは船主（シップオーナー）である。――産業革命が、イギリスの貿易量をいちじるしく拡大した後に、船舶を所有するということが職業として成立した。一八一五年に至って初めて、〝ロンドン船主〟という名称が、人名録の中に現れた。[9]

サー・ブルッドバンクの『ロンドン港史』によれば、このころ、時を同じくして、西インド・ドック会社（一七九九年認可）、東インド・ドック会社（一八〇二年認可＝107）が私的なドック会社として成立している。[10]これは近世の特権的独占企業であった西インド会社、東インド会社が分解して、船主と商人（荷主）とに分かれてゆく過程で生じた埠頭会社であるが、港湾の発達史にとって特別重要な意義を持っている。筆者はこの年代をもって、ロンドンにおける資本主義的港湾産業の成立の時期とし、それ以後を近代港湾と規定し、それ以前

107　1840年代の東インド・ドック会社風景

を前期的港湾と定義している。もっとも近代港湾の成立には、その後の鉄道と蒸気船とが港において結びつく一九世紀の半ばまで、約半世紀を必要としているが、西インド・ドック会社、東インド・ドック会社の成立は、その転換点としての意味をもってくるのである。ドック会社の成立については、サー・デービッド・オウエンが、その理由を次のように述べている。

テムズ河の自然的条件は、潮の干満の差が少なく、河岸につくられた埠頭から貨物を本船に積み降ろしするのに適しており、港湾の自然の発達は、この河岸に沿って行われた。しかしながら、一八世紀を通じて、ここにある種の混乱を生じた。その害悪は、主として埠頭の所有者ワーフィンジャーが埠頭を独占し、そこで取り扱う貨物に対して法外に高い料金を課したことである。また、埠頭における貨物量は膨大となり、そこに積みあげられた結果、貨物と船舶との遅れがはなはだしくなった。テムズ河自体が手狭となり、船舶をつなぐ場所が不十分となったので、非常な不満がおこり、河岸を切り開いて埠頭をつくるべきであるという意見を生じた。河の中にはまた、非常に多くのはしけがあり、本船の航行をさまた

108　リーガル・キイ風景　先方にロンドン塔が見える。18世紀半ばごろ、埠頭の混雑はその極に達していた

げた。さらに陸上では、倉庫が足りなくなった。埠頭地区の狭い通りは、荷馬車でいっぱいとなり、通りをせき止める状態となった。それに加えて、貨物が盗まれたり破損したりして、そのことが、商人や公共の収入を減少せしめる結果となった。このような損害は、年間二五万ポンドから八〇万ポンドにも達したのであった。[11]

108に示す版画は、ジェームズ・バードの著書から引用したもので、一八世紀半ばのリーガル・キイの混乱を、よく描いている。

初期のドック体系

一九世紀初めの西インド・ドック及び東インド・ドックの建設から、一九世紀半ばのロイヤル・ドックスの建設に至るまでの約半世紀間が、初期のドック*体系が整備された時代である（109）。

西インド・ドックは、さきにも述べたように、一七九九年の西インド・ドック条例によって設立されたもので、五〇〇万ポンドの資本金は株式会社形式によって、多くの西インド商人たちによって出資された。そして、この条例によって、五ヵ年以内に建設を終わるべきこと、西インド方面の貨物及び船舶はすべてこのドックを使用すべきこと、ドックは必要な埠頭、倉庫その他の施設をととのえ、ドック地域は少なくとも三〇フィートの高さの石または煉瓦でつくった塀《へい》によって囲まれるべきこと、などが定められている。そして、当時、テムズ河の管理者《コンサーベーター》であったロンドン市長は、ドックの入り口から二〇〇ヤードの区域の水上管理権を、新しく任命したドック・マスターに移譲している。このようにして、ドック自体が、一つの独立したハーバーであるかのような様子を見せている。このドックの建設に対してワーフィンジャーたちの猛烈な反対があったが、ロンドンのマーチャントの力はすでに強大であり、反対をおさえることができた。また、労働側のポーターたちからは自分たちの仕事を奪うものであると反対があったが、ドック会社が雇うことで解決された。このとき初めて、土地と資本と労働という、近代的な経営の形が現れている。また直傭《パーマネント・レーバー》に対して、臨時雇い《カジュアル・レーバー》という形が現れ、後年の多くの港の労働組織の原形が出来上がった。とにかく、ドックの建設でマーチャントの不満は一応解決されることになるが、当時のテムズ河は、ワーフィンジャーの横暴という事態のほかに、河川自体に盗賊が横行し無政府状態におちいっていたようである。これについて、ブルッドバンクが書いている。

〝河の盗賊《リバー・ピレーツ》〟と称するものがあった。これは武装した盗賊集団で、夜間に出没し、しばしばはしけを破壊して品物を盗んだ。これに対して、陸上には〝夜の略奪者《ナイト・プランダーズ》〟というのがいた。彼らは、下層のウォーターメンから成っていた。また〝すり足のハンター《シャッフル》〟というのが、埠頭をうろつき回っていた。〝軽騎兵《ライト・ホースメン》〟というのは、船の乗組員であった。

〝重騎兵《ヘビー・ホースメン》〟というのは、ポーターや労働者から成っていた。〝泥ひばり《マッド・ラークス》〟という連中が、荷役作業にまぎれこんでいた。[12]

東インド・ドックは西インド・ドックとともに、初期ドック体系の中の重要なものであった。東インド・ドックは一八〇二年の条例によって設立されたものであるが、西インド貿易が多数の西インド・マーチャントによって行われていたのに対して、東インドの貿易は東インド会社という強力な組織が貿易を支配し、早くから下流のブラックウォールに根拠地を定めていた。一八世紀末には、彼らの大型船は七五〇トンにも達していたが、近くのグリーンハイズで積み荷を行い、揚げ荷はブラックウォールの河川の中流で行った。このような大船は、デットフォードから上流に行くことはなかったが、デットフォードは船舶も込んでおらず、盗賊の心配も少なかった。彼らは、優れた労働力を使用し、陸揚げされた貨物は、ロンドンの自社倉庫に収めた。

東インド・ドック会社の特権がなくなった後にもこうした商習慣は残っており、東インド・ドック条例によって改めてドックが掘り込まれた時にも、東インド及び中国貿易は、す

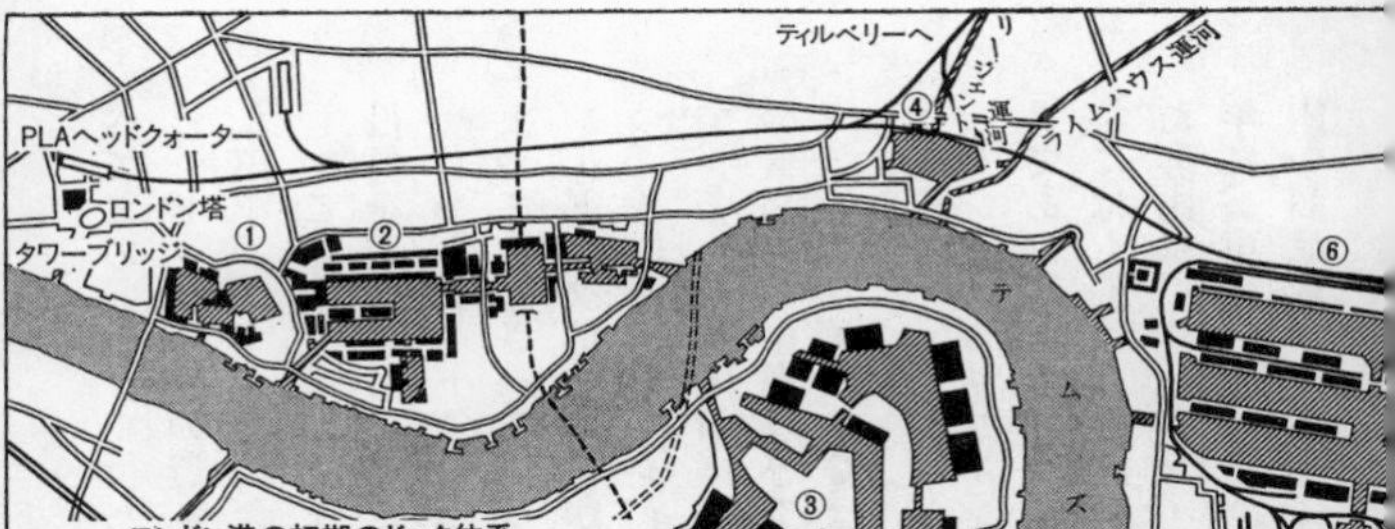
⑦
テムズ河
グランド・サレー運河
ロンドン港の初期のドック体系
19世紀のドック体系であって，今日ではすでに①～⑤は閉鎖されている。それぞれのドック会社に取引上の特権が与えられていた時代のドックである
①セント・カサリーン・ドック…1828年に設立され酒類および羊毛の集散地であった。すでに使用にたえなくなり埋め立てて公共用地となっている
②ロンドン・ドック…西インド・ドック完成の3年後(1805年)につくられたドックで，かつては，たばこ，米，ブドウ酒，ブランデーの取引に関する独占権が与えられていた（閉鎖）
③サレー商業ドック…かつて北ヨーロッパとの交易に使用され，木材，毛皮を輸入し，羊毛，砂糖，機械類を輸出した（閉鎖）
④リージェント・ドック
⑤東インド・ドック…1803年の東インド・ドック条例により設立された。かつて東インド・ドック会社のドックであった（閉鎖）
⑥西インド・ドック…1802年開設，西インド・マーチャントのドックであり，初期の対米貿易に使用された
⑦ミルウォール・ドック…1868年設立。ドック会社がその敷地とウォーターフロントを工場に貸す目的でつくられたが，工場はテムズ河の岸に進出し目的は失敗した

109　初期のドック体系

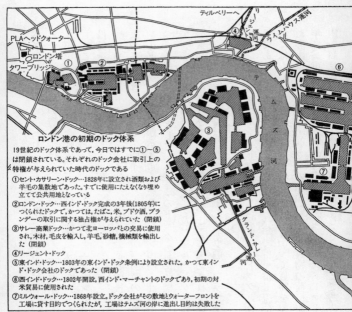

べてこのドックで行われることになり、違反者には五〇〇ポンドの罰金が科された。設立されたドック会社の資本金は二〇万ポンドで、三〇万ポンドまで増資が認められていた。強力な東インド・ドック会社は、ドック会社の設立についても難なく議会に認めさせている。そしてこの会社は、ロンドン・ドック会社のチェアマンもつとめ、西インド・ドック会社にも役員を送り込んでいた。

ロンドン・ドックは、西インド・ドック会社と前後して、一八〇〇年に承認された条例によって設立されている。西インド・ドックが、当時の郊外に位置していたのに対し、ロンドン・ドックはその名が示すように、ロンドン市内の商取引の中心にできるだけ近いところにつくることを目的としていた。このドックの設立に署名したマーチャントは、約二〇〇人で、多くの英国沿岸貿易、バルチック及びアルハンゲル貿易、スペイン西岸、ポルトガルとの貿易、地中海及びアフリカ貿易が、ここに集約されている。

またこのドックでは、たばこ、米、ブドウ酒、ブランデーの取引に関する特権が与えられている。

セント・カサリーン・ドックは、ロンドン・ドックとロンドン塔との間につくられたドックである。このドックの建造は一八二八年で、一番上流に位置し、入り口も狭いために、後年にはもっぱら下流のドックからはしけによって貨物を運び込んだ。このドックがつくられた理由は、ロンドン・ドックの埠頭の混雑と貨物の荷役が遅れがちであったこと、一八二七年に、東インド・ドックの特権が消滅し、東インド・マーチャントが出来るだけロンドン市内の商品取引の中心に荷を揚げようとしたことなどである。このドックは、ロンドン・ドックと共に、ブドウ酒など酒類の集散ドックで、この伝統は後年まで残った。また羊毛の集散地でもあった。

サレー商業ドックは、テムズの南岸ロザーハイズに、一七〇〇年につくられたホーランド・グレート・ウェットドックに始まる。このドックはワーフィンジャーの反対で、商業ドックとしての機能を持たず、倉庫をつくることも反対され、奇妙なことに風よけの並木が植えられていた。その後、英国海軍などによって使用されていたが、後に九つのドック・システムの集団として発展した。一八〇一年のグランド・サレー運河会社、一八一〇年の商業ドック会社（これは、付近のグリーンランド・ドックとノルウェー・ドックを買い取って設立された）、また一八〇九年にはバルチック・ドック会社がここに設立され、一八一一年にはイースト・カントリー・ドックが設立されている。このように、それぞれの企業がそれぞれの目的のためにつくったものを雑然と取りまとめたもので、体系としての統一を欠いていた。ここではヨーロッパ諸国との貿易が行われ、主として木材、毛皮を輸入し、羊毛、砂糖、機械類を輸出した。

　以上、初期の主なドックを挙げたが、これらのドックは純然たる帆船用のもので、古い商習慣に従って特定の地域、あるいは特定の商品を扱い、ロンドン市からその特権を認められていたが、特権が消滅した後もなお特定商品の商取引の市場としての性格を持ち、特権は慣行として残った。今日では、これら初期のドックはいずれも埋め立てられ、あるいは閉鎖されて昔日の面影はない。

＊ドック（Dock）　英国で始まった名称である。岸を切りこんで、陸地に水を引き入れた掘り込みの埠

頭である。ウェット・ドックともいったが、現在はあまり使われていない。英国でこのシステムを開発したときに、造船用のドックをドライ・ドックと呼んで区別した。ドックという言葉は、さらに英国流の海運を学んだ船長などが、これを「港」という意味に使用し、あるいは「岸」という意味にも使用することがある。

鉄道と蒸気船とドック

産業革命がもたらした大きな変化の一つは、内陸部の都市の発達である。ディーンは書いている。

一八世紀における国際貿易の拡大は、大都市及び工業中心地の発達の、第一の要因であった。経済のバランスが、農業ベースから、工業及び商業ベースに移行することが、産業革命の本質である。このプロセスの始まりは、一般に大都市の発達、及びそれがもたらすところの経済活動の特殊化に依存する。[13]

ロンドン、リバプール、マンチェスター、バーミンガム、グラスゴーなどのイギリスの大都市の発達は、まさにその現れであって、こうした大都市の間を結ぶ道路、運河、そして最終的に鉄道が現れる。鉄道は、大都市と大都市とを結び、港湾において、新しい海上輸送の担い手である蒸気船と結びつく。リバプールとマンチェスター間に初めて鉄道が敷設されたのは一八三〇年であったが、これは、港湾が古くから持っていた機能、フランス人が商品集散地《アントルポー》と呼ぶ商品の保管と市場機能のほかに、内陸に向けて大量の貨物を通過させる通過機能《トランジット》を、新しく加えることになった。これは、駅馬車と帆船の時代には存在しなかった機能である。それは、内陸の大都市における、生産と消費の発達を、海外の市場と結びつける鉄道と蒸気船によってもたらされたものであった。

ロンドンに初めて蒸気船が現れたのは、一八一五年であった。ただし、これはテムズを航行する小型の汽船で、大洋を横断する大型船に蒸気機関をとりつけることは、まだ実験の段階にあった。その後一八五七年には、五七隻の蒸気船がテムズを航行していた。これに続く五年間に、その数はほぼ四倍になった。一八四〇年に、ロンドンとブラックウォールの間に鉄道が開通した。また、今日イースターン・カントリーズ鉄道のノースウーリッチ支線は、一八四七年につくられている。

こうして、蒸気力が動力として輸送部門に普及しはじめたのは、明らかであった。この時以来、埠頭はさらに拡大した船型に適応するように大規模となり、古いドックは時代後れとなったので、一連の新しいドックが次のように開発された。

ロイヤル・ビクトリア・ドック　一八五五年
ロイヤル・アルバート・ドック　一八八〇年
キング・ジョージ五世ドック　一九二一年

これらのものを総称して、ロイヤル・ドックスと呼んでいる(110)。

ビクトリア・ドックは、ブラックウォール・リーチとギャレオンス・リーチとの間に、新しい時代に適応するためにつくられた、それまでにない大型のドックであった。リーチとは「地区」という意味である。埠頭の長さは一マイルにも達したが、これは船型の大型化に加

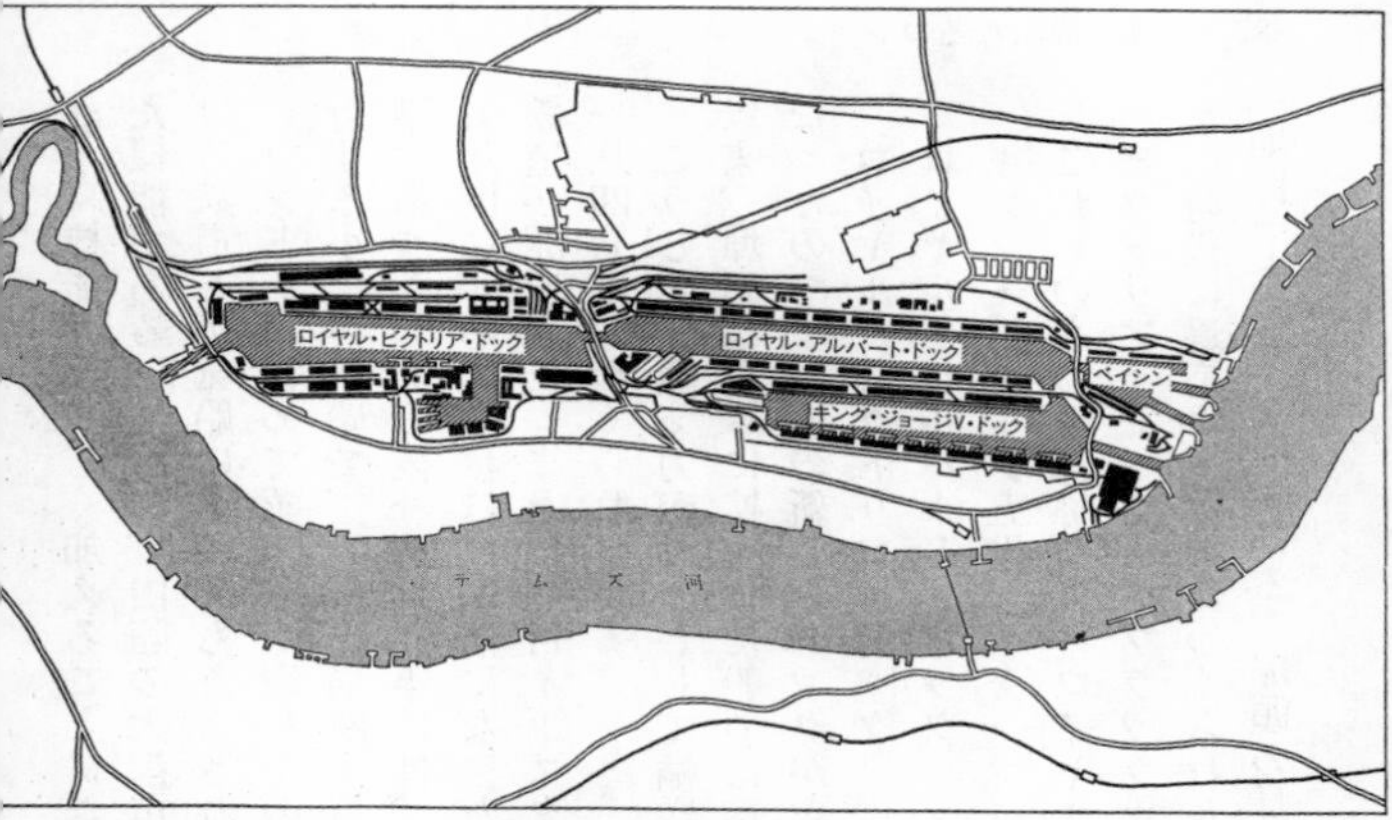

110　19世紀後半から20世紀初頭にかけてのドック体系（ロイヤル・ドックス）　ロイヤル・ビクトリア・ドック（1855）、ロイヤル・アルバート・ドック（1880）、キング・ジョージ５世ドック（1921）は総称してロイヤル・ドックスと呼ばれる。鉄道と蒸気船とが水際線で結びついた近代的埠頭であった。上流のドックのように取り扱い商品についての制限がなく、大型蒸気船を接岸し、上流のドックとの間ではしけ回漕を行う目的をもって多くのジェティが設けられている。ただしこれらのものは、今日では時代後れとなった。ジョージ５世ドックが一番水深が深く、5000トンないし１万5000トンの本船を接岸しうる

えて、入港船の増加に対処するものであった。たとえば、帆船時代にはどんなに大きくても、一五〇〇トンを超えることはなかったが、初めて大西洋を横断した蒸気船グレート・ウエスターン号は二三〇〇トンであった。このドック会社は、一八五〇年の国会条例によって設立されたもので、四〇万ポンドの授権資本が承認された。この時以来ドックの形態が一新して、単純な形の直線埠頭となり、北側の岸壁にはジェティ*と呼ぶT字形の接岸施設が設けられ、その内側ではしけ荷役が出来るようになっていた。新しいドック・システムは、特定の

地域との貿易船や特定貨物を扱う船舶のみに限定せず、どの船でも自由（フリー・クローズ＝自由条項）に入港することができるようにしたが、商品マーケットが上流のドックあるいは河岸にあるため、はしけ回漕が大きな役割を果たしていた。

さらに重要なことは、グレート・イースターン鉄道の支線が直接ドック地域に乗り入れたことで、これは鉄道と蒸気船とが埠頭で結びつくことを意味し、港湾の歴史の中で特に注目に値する。一七九九年の西インド・ドック会社の設立に始まり、一八五五年のビクトリア・ドックにおける鉄道と蒸気船の結びつきに至って、ここに初めて近代港湾が完成する。

ここで、海運の変化についても目を向けなければならない。船舶に蒸気機関を取り付けることは一八世紀の初めから研究されていたが、大洋を横断する大型の船に取り付けられたのは一九世紀の四〇年代からであった。キュナード社が、大西洋横断の定期航路を開設したのが一八四〇年であった。同じ年にP・O・ラインが地中海定期航路を開設している。また、ロイヤル・メール・ラインが、一八四二年に西インドとの定期航路を開設した。

東洋に対する定期航路の開設は、一八六九年のスエズ運河の開設以後である。すでに一八六五年に、ホルト兄弟によって、オーシャン・スチームシップ会社が設立され、ブルー・ファンネル・ラインの愛称をもって呼ばれていた。当時クリッパー船による航海では中国からヨーロッパに一〇〇〇トンの貨物を運ぶのに一二〇日ないし一三〇日かかったが、ホルト兄弟の第一船は三〇〇〇トンの貨物を七七日でイギリスまで運んだ。こうして、国際貿易での蒸気船の優位は動かしがたいものとなり、運賃は帆船よりも高かったにもかかわらず、中国からの茶の輸入が、まず汽船に移行した。

アルバート・ドックは、一八七五年の国会条例によって設立が認められている。一八七四年に、すでに合併を遂げていた上流のロンドン・アンド・セントカサリーン・ドック会社が、ビクトリア・ドックを東の方に延長して長さ約二マイルに達する新しいドックをつぎ足し、四マイル下流のギャレオンス・リーチに入り口をつくる計画をもっていた。この計画は船型の著しい拡大によって、ビクトリア・ドックが早くも陳腐化したためであった。このころ、ロンドンに入港する最大の船舶は、四五〇〇トンにも達していた。中世のヨーロッパでは、外洋を航海する船舶の平均トン数が一〇〇トン増えるのに、一世紀を要していたことを思い合わせると、隔世の感がある。新ドック開設当時、主ドックの水深は二七フィート、入り口の船待ちなどに使用するベイシンの水深は三〇フィートで、河水を常時ポンプで汲みあげることによってこの水深が維持された。アルバート・ドックは、ビクトリア・ドックの姉妹ドックで、このドックの開設を機としてロイヤル・ドックスの名称がつけられることになったが、ビクトリア・ドックの木材プールのような切り込みを持たず、またジェティのようなじゃまになる施設を排して明快な直線埠頭をつくり、上屋制度を完備し、はじめて電灯照明を行った。もちろん、鉄道側線を持ち、港湾のトランジット機能を完成したことが特記されなければならない。そして後に、一万トン級の船を入れるように改良されている。

アルバート・ドックの完成と共にティルベリー・ドック（111）計画が、持ちあがっている。これは、ロンドン・アンド・セントカサリーン・ドック会社の競争相手であったインド・ドック会社（すでにこのころ東と西は合併を終わっていた）が、さらに下流、ロンドン橋から二六マイル下流に、ロイヤル・ドックスよりも二倍の水深四〇フィートの深さを持つ

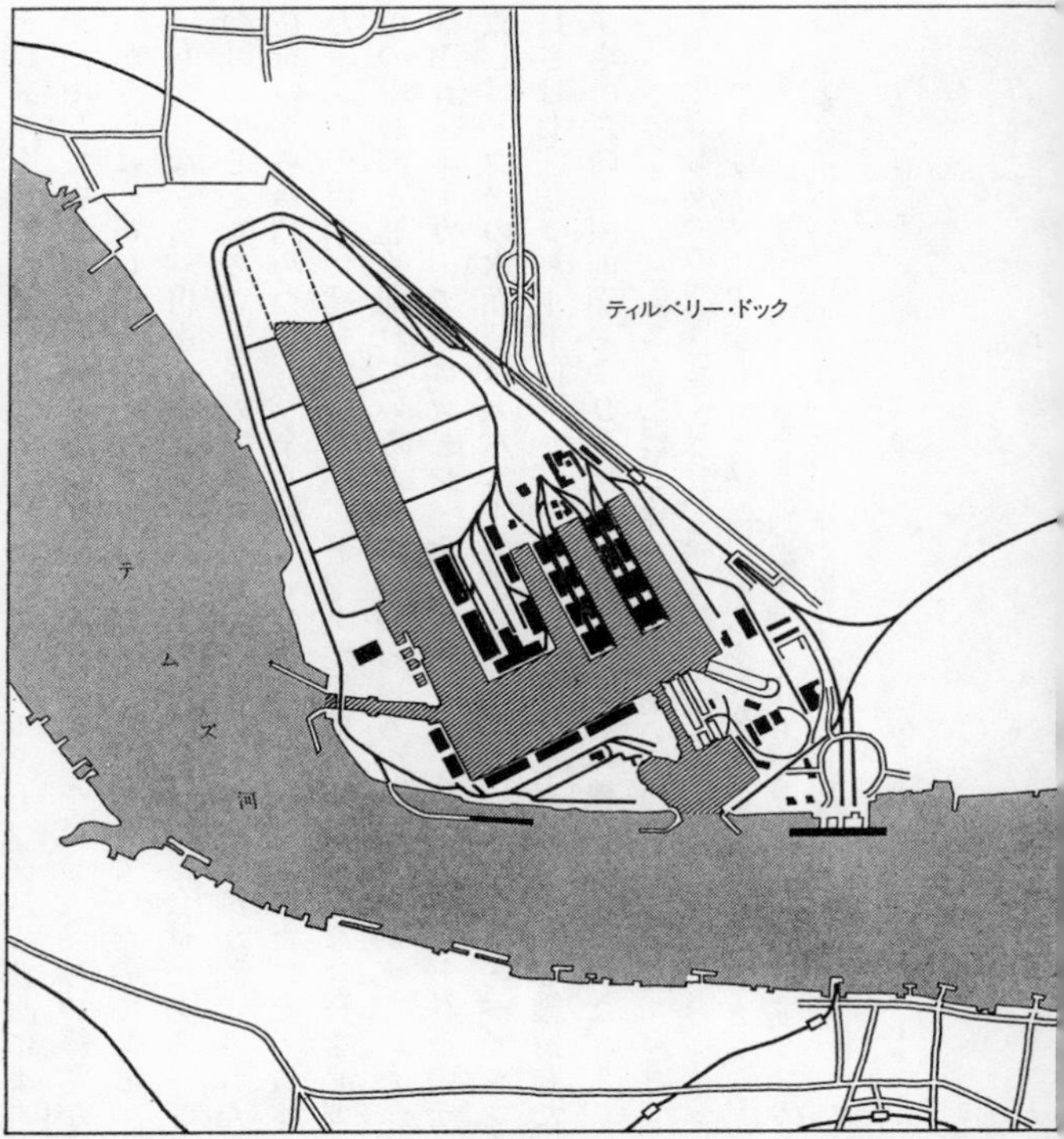

111　ティルベリー・ドック　左端の長大なドックは、第２次大戦後の物流革新にそなえて拡張されたドックで、コンテナ埠頭、木材（製材）埠頭その他がある。ただしこの埠頭にコンテナ船を出し入れするのにロック（水門）を通過する不便さから、米船は北海に面したフェリックストウを使用し、日本船はサウザンプトンを使用している

テムズの岸に計画したものであった。ロイヤル・ドックスの建設によって、東と西のドックを使用していた船が、次々に新ドックに移る傾向を見せ、会社の経営が次第に悪化しつつあったために、新しい大型ドックをつくる必要に迫られていたのである。

しかしながら、自由主義全盛時代の国会は、古い特権会社であるインド・ドック会社が新会社の中心となることを好まず、一八八二年にドック条例が制定されたときには、彼らの権益をいくらか認めつつも、全く新しい会社組織となっていた。その資本のストックは二八三万ポンドの巨額に達していたが、ドック建設のために莫大な経費を必要とし、かつロンドン市の中心部と遠く離れているために、いろいろの問題をかかえていた。当初開発された地域は四五〇エーカーで、ロンドン・ティルベリー・サウスエンド鉄道のティルベリー終点に位置し、ドックの水面積は五六エーカー、前面に広いタイダル・ベイシン**を持ち、水門《ロック》通路の長さは七〇〇フィートに達し、ドックの水深は三三フィートを維持した。各バース（船の接岸場所）の上屋前面および背後に、鉄道引き込み線が設けられた。

* ジェティ（jetty）　英国で発達した、T字形の突出した船着き場である。テムズ河の岸や、ロイヤル・ドックスの一部に多く見られる。

** タイダル・ベイシンとは、河川から本船がドックに入港するときに、ロック（水門）を通過するが、水門の開閉、あるいは本船の通過を待って、しばらく待機するところの入り江である。タイダルという名称がついているのは、潮の干満の影響を受ける場所だからである。

3　近代港湾の成立

産業資本と埠頭

筆者は、一九世紀初めのドック会社の成立から、中葉のロイヤル・ドックスの開発、即ち鉄道と蒸気船とが埠頭で結びつき、港湾の通過《トランジット》機能という新しい形態が出来上がることをもって、近代港湾の成立であると定義した。そして、その完成された資本主義的形態、つまり港が個々のドック会社によってではなく、全体としての機能を包括したポートオーソリティという公企業体によって経営されるようになった二〇世紀の初めをもって、近代港湾が一応完成したものと考えている。

この間の経過を語るには、ロンドン港の偉大なる変革について見なければならない。それは、港それ自体が資本主義的な経営に変わったばかりでなく、そうした新しい港をつくりあげていく産業資本の発達過程である。カール・マルクスはいう。

商品流通は資本の出発点である。商品生産と、発達した商品流通である商業は、資本の成立する歴史的前提をなしている。世界商業と世界市場は、一六世紀において、資本の近代的生活史を開始する。[14]

フリードリッヒ・エンゲルスは、マルクスの『資本論』の英語版を出版するにあたって、世界商業をworld-embracing commerce、世界市場をworld-embracing marketという表現を用いている。これは、一五世紀の大航海の時代、一六世紀の東洋（インド）及び新大陸（アメリカ）との交易を意味し、それは、ヨーロッパにおける各種の産業の発達をうながし、工場制手工業《マニュファクチュア》から、産業革命による近代工場への転換をなしとげる強力なテコとなった。この転換は、商人が原材料を供給して品物をつくらせる前期的な商人支配の形から、商人に依存しない、独立した工場主の出現、即ち商業資本が産業資本へ転化することを意味する。モーリス・ドッブは、この転換はイギリスでは早くも、一六世紀のスチュアート特許会社の設立によって始められたとしている。[15]

この転換が一般化するには、かなりの年数を要しているのであるが、少なくとも、一九世紀の半ばには出来上がっていたと見てよい。

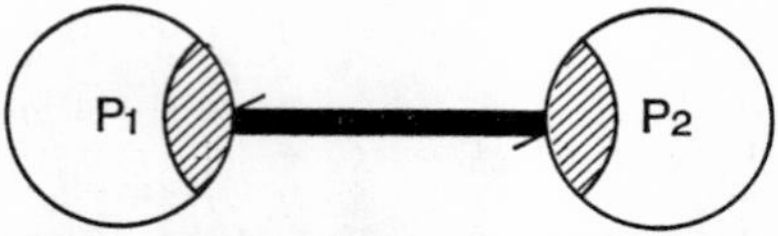

112　中世港湾における商業資本の循環図
斜線部分は埠頭を示す。P_1、P_2は港湾都市である

いまこの関係を112の図で説明しよう。

中世の港は、集散地《アントルポー》といわれた。それは、港に貨物を運んで来て蓄積し、港で取引をすることを意味している。

図に示したP_1、P_2はそれぞれ港湾都市であって、斜線部分は埠頭を意味し、P_1、P_2を結ぶ太い線は、貨物、即ち商品の流れを意味する。商品の流れと共に、貨幣の流れもまた存在する。それは売上代金の還流であり、この二つのものが資本の循環を形成する。

産業革命期以後、内陸における工業都市の発達によってこの関係は113のように一変した。

（一）P_1、P_2は、中世から存在する港湾都市であって、この中においても商業資本の循環は、依然として残っている。場合によっては、前時代よりも拡大さえするであろう。

（二）内陸に工業都市、I_1、I_2、I_3……が発達し、他の港においてもI_a、I_b、I_c……が出現する。相互の港において、貨物のトランジット機能が大きくなる。

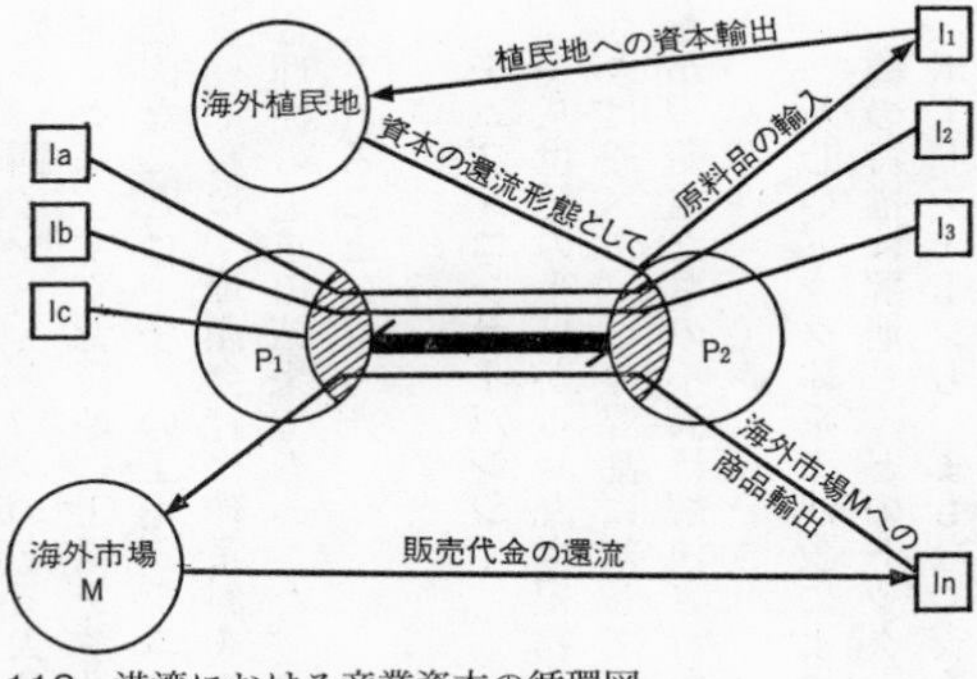

113　港湾における産業資本の循環図

（三）ある企業は、海外に直接投資をする。投下した資本の還流形態として、原料品などの輸入が行われる。

（四）ある企業I_nは、海外市場へ直接商品を輸出するようになり、商人ではなく、メーカーが直接貿易に進出する。この傾向は、産業資本が大きくなればなるほど拡大される。

（五）海外への資本輸出、海外からの販売代金の還流は、必ずしも港湾を通過しない。

こうした産業資本が港湾を包括してゆく形は、ロンドン港においては一九世紀の半ばに始まった。それは、港という概念が含む内容を著しく拡大する結果ともなった。ここに興味あるエピソードを紹介したい。西インド・ドックのある犬島と呼ばれるテムズの湾曲部につくられたミルウォール・ドックは、すぐ背後地に工場を誘致する目的をもってつくられたドックであった。ところが皮肉なことに、多くの工場がテムズの河岸に直接進出して、工場内に埠頭をつくったのである。それは、埠頭会社に作業料を支払わないですむこともあるし、本船と工場の直結という合理性の追求の結果でもあった。このために、港湾としてのロンドン港の範囲が、著しく拡大されることになった。

テムズ・コンサーバンシー

一八世紀の半ばから一九世紀初めにかけ、ロンドン港がひどい混雑に陥っていたことは、さきに述べた。この混乱に対して、荷主は自らのドックを建設することによって一応解決したが、船主たちの不満は解決されないまま残っていた。ブルッドバンクは書いている。

> 新しいドック体系の建設によって、これに対するマーチャントの不満は解決された。各種の特権は解消し、どのドックも自由に使用できるようになった。また不必要に高かったポートチャージも、まもなく安くなった。それゆえに、マーチャントの要望は、一応満足されたのである。しかしながら、海運の利益は十分に擁護されていなかった。一七九九年に、埠頭所有者《ワーフィンジャー》に資金を提供する目的で設けられた入港税は、そのまま残っていた。船主たちは、ロンドン市によって管理されていたテムズ河の航行条件に、大きな不満を持っていた[16]。

当時のロンドン港は、蒸気船の出現によって、新しい多くの問題をかかえていたのである。とくに河川の中流に群がり集まる帆船やはしけの群れが、スピードを増した蒸気船の航行のさまたげとなった。小型船やはしけは、蒸気船の航行によって生じる波のために被害を受けた。小型船の運航を行っていたウォーターメンと船会社との対立抗争が激しくなり、一八二三年には訴訟事件にまで発展している。

こうした両者の対立抗争の結果、一八三六年に国会は河川管理の強化のための調査委員会を設立し、その報告書にもとづいて一八五七年に、テムズ・コンサーバンシー条例を制定した。テムズ河の管理は、最初国王の権限に属し、ロンドン塔の管理人がその当事者であったが、リチャード一世の時代にこの権限がロンドン市に移管された。テムズ・コンサーバンシーの設立によって、ロンドン市はこの河川に対して持っていた司法権をも含む一切の権利を、コンサーバンシーに移管した。その権利とは、河川の両岸の土地や建物を購入あるいは維持し、法律によって河川の航行を調整すること、河川を管理し、維持しあるいは改造すること、などであった。ただし、河川の浚渫は海事協会《トリニティ・ハウス》が行い、河川の現状変更には、海軍省の許可が必要であった。

一八五七年に任命された委員《コンサーベーター》は、全部で一二人であった。これは、ロンドン市、海事協会、海軍省、商務省から派遣された人々から成っていたが、一八六四年にはさらに船主、はしけ、引き船業者、ワーフィンジャーから七人が追加され、一八七二年には公共衛生条例が施行されて、上流のオックスフォード市や上流、下流の関係各州からそれぞれ委員を追加して、三八人の大所帯となっている。

ロンドン・ポートオーソリティ

ロンドン・ポートオーソリティ(114)が、多くのドック会社とテムズ・コンサーバンシーとを吸収合併して、新しい港湾の管理主体として設立されたのは、一九〇八年であった。

一九世紀の末になると、ドック会社の経営が次第に悪化してきた。これにはいくつかの原因が考えられるが、その一つに、ヨーロッパ大陸の港湾が次第に発達し、ヨーロッパの商品市場としてのロンドンの地位が低下し始めたことがある。アントワープはすでに繁栄の時代を終わっていたが、ドイツの工業化の発達とともにハンブルクとロッテルダムとが急速に成長しつつあった。とくに、ロッテルダムは、ラインの下流マース河に位置し、ロンドンの直接の競争相手として登場した。またスエズ運河の開通によって、東洋からヨーロッパ大陸向けの貨物は、ロンドンを経由することなく、直接マルセイユに揚げられるようになったのである。

ロンドン港の内部にも問題があった。それは、ドック・システムという特殊な構造物が、量とスピードとを必要とする新しい時代の要請に十分に応じることが出来なくなりつつあったことである。船型はますます拡大しつつあったし、商品取引のサイクルはますます短縮され、時間に対する要請に古いドック・システムは対応出来なくなりつつあった。このため、各ドック間の競争が激しくなり、その結果おちつくところは、新料金の設定、あるいは作業料、保管料の引き上げというお定まりの悪循環に陥っていた。そして一八九九年に、ロンドン・ドックと西インド・ドックとの連合委員会が、国会に対して料金値上げの申請を行ったときに、国会はこれを拒否して王室調査委員会を設立した。この委員会が、一九〇二年に、多くのドック会社とテムズ・コンサーバンシーとを吸収し、ロンドン港の管理運営を行う主体を設立すべきであることを報告している。

サー・デービッド・オウエンが、この報告書から、次の引用をしている。

ロンドン港の諸条件に対するわれわれの調査の結果、われわれは、この港が多くの良好な自然的条件を持っていることを確信するに至った。これらのもののうちには、ロンドン港の地理的位置、その背後にある人口の持つ富とエネルギーの大きさ、外洋からの良好なアプローチ、航行に困難を感じないで、しかも各所に貨物を運び得る水流の豊かさ、河川

114　ポートオーソリティ　かつてのロンドン港の栄光を象徴するかのように、ロンドン塔の裏手、タワーヒルの頂上にそびえる、かつてのロンドン・ポートオーソリティの建物。ローマの占領時代から、テムズ河の流れを一望のもとに見はるかすこの丘は要害の地であった

の沿岸がドックの建造に適した性質をもち、また河岸があらゆる商業目的に使用し得ることがあげられる。これらの有利な条件に加えて、ロンドンは数多くのドックを持っている。これらのものは、ある場合には現代的要求を満たすに足りないレベルにあるが、なお将来の開発は可能である。

ロンドンの港湾としての欠陥、この点にわれわれの注意は集中したのであるが、それはいずれも物的環境から生じたものではなくて、より適切な行政及び財政の組織をつくることによって、容易に排除しうるものである。大洋を航行する船舶の船体及び吃水の急激な増大は、河川及びドックの双方について、かなり大規模の改革を必要としている。しかし、多くの機関や会社に力の分散が行われているために、適切な改良を加えていくことが不可能となっている。このためにこの港は、人口及び商業の新しい発展に歩調を合わせることができなくなっており、その地位は、イギリス国内あるいは外国の港に奪われつつある徴候がある。[17]

この委員会が述べているところは、ポートオーソリティ設立の本質をよく示している。最初の法律案は一九〇三年に国会に上程されたが、ドック会社などからの猛反対にあって難航した。しかし、一九〇八年にデイビッド・ロイド・ジョージが、ドック会社を説得し、二三〇〇万ポンドで買い取る商談が成立し、ポートオーソリティ設立に関するロンドン港条例が国会を通過した。この法律によって、ドック会社の事業と権限とがオーソリティに引き継がれた。

こうしてロンドンの各ドックは、ポートオーソリティが直接経営するようになり、今日でもロンドン港の労働者の大部分（約七〇パーセント）は、ポートオーソリティの直傭となっている。またテムズ・コンサーバンシーの事業と権限も、テディングトンから下流のものがすべて移管された。小型船、はしけの業務を組織していたウォーターメンズ会社も引き継がれた。しかしながら、税関、入国管理《イミグレーション》、衛生行政、水上警察などの業務は含まれていない。最初の理事会は、任命理事一〇人（主として行政機関から）、選挙理事一八人（港湾のユーザーから選出）合計二八人から成っており、多くの専門委員会に分かれて管理業務を行った。また、河川のワーフィンジャーたちの埠頭・倉庫業務は、そのまま私企業として残された。

このようにして、港債発行の権限（当初はロンドン港条例によって五〇〇万ポンドまでとされていた）を持つ公企業体が成立した。これは港の管理運営を、統一された一つの資本のもとで行うという、全く新しい形態を生み出したもので、これを基礎とした新しいポート、即ち「港湾」という概念もまた生まれたのであった。それは下流の多くの工場地帯までを含む範囲の土地、河川、ドックその他の施設、そこで行われる貿易及び輸出入業務と荷役作業、入出港する船舶、ここで働く多数の市民や労働者の生活といった多方面の業務を管理する独立したオーソリティであったのである。

Ⅷ　アメリカにおける発展——現代への展開

1　アメリカという国

南部と北部

建国二〇〇年祭でわいたアメリカで、何冊かの米国史が刊行された。コロンビア大学のジョン・ギャラッティの『アメリカ国民——合衆国の一つの歴史』第三版も、装いを新たにして出版されたが、これが最もわかりやすく、かつ面白かった。それは、歴史に対する研究の進歩や、解釈の新しさの故であると思われるが、しばらくその語るところを聞くことにしよう。彼はいう。

アメリカという国は、ヨーロッパとは全く異なったヨーロッパ的な国である。このパラドックスは、ヨーロッパ人がつくった非ヨーロッパ的な国であるという意味である。

非ヨーロッパ的というのは、アメリカが、ヨーロッパのような古代および中世を持たなかったという意味に解される。L・エリクソンというノルマン人が、まだコンパスのなかった時代に大西洋を渡り、北米ラブラドルの岸に達したのは西暦一〇〇〇年ころであったが、その発見の意義はヨーロッパの人々に知られなかった。新大陸発見のヒーローは、一四九二年にサン・サルバドルに上陸したコロンブスである。そのすぐ後の一四九九年に、イタリア人のアメリゴ・ベスプッチが、南米ギアナに上陸し、新大陸の名称は彼の名をとって、ドイツの地理学者マルチン・ワルトゼーミューラーによって「アメリカ」と命名された。そして、多くのヨーロッパ人が、新天地アメリカに殺到することになる。

一五一〇年代から一六〇五年にかけて、バルボア、コルテス、デ・ソト、コロナードなどのスペイン人によって、中南米から現在の米国西海岸にかけて征服と略奪が行われたが、それは十字軍的な性格が強かった。今日、米国の西海岸に残っているサンフランシスコ、ロサンゼルス、サンディエゴなどの地名は、スペイン統治時代の名残である。米国が、ヨーロッパの植民地市場として経済的意味を持つようになるのは、英国人がはじめたバージニアの定着農業からである。

グレート・ブリテンのアメリカ植民者は、最初は主としてイングランド人であって、その中にいくらかのドイツ人、スコットランド人、アイルランド人、オランダ人、フランス人、スウェーデン人、フィンランド人、ポルトガル人、その他の国々の人々が、ばらばらに交じっていた。これらの人々は、その国籍、社会環境、知識や趣味の点で少しずつ異なるが、明らかにヨーロッパ人として識別することのできる文化をもたらした。もちろん彼らは、その伝統を失わなかったにもかかわらず、彼ら、とくにその後継者たちは、旧世界に残してきた兄弟たちとは、全く異なったものとなった。こうして彼らは、われわれがアメリカ人と呼ぶものになったのである。[2]

私たちは、ここでさらにギャラッティのいうことに耳を傾けよう。初期の植民地は三〇〇〇マイル大西洋をへだてて、本国とのきずなを保っていたが、当時は航海そのものが危険を伴っていたし、冬期にはそれは全く途絶した。その意味で植民者にとって大西洋は本国との連帯を意味するとともに、また隔絶をも意味した。こうして多くの人々は、次第に本国および過去との関係を断ち切って、ひたすら新しい生活の建設に向かって前進するよりほかに道がなかったのである。入植者たちは多くの場合、他からの援助を求めることは困難で、自分自身に頼るほかなかった。飢えと孤独に耐えなければならなかった。こうしてアメリカ人がいう、頑固なまでの自己信頼《セルフ・リライアンス》と個人主義《インディビデュアリズム》とが生まれた。さらに彼らは、外出のときも仕事のときも、銃で自己を守らなければならなかったし、立ちはだかる森林や荒野あるいはインディアンとの闘いもあった。そして、彼らの前に立ちはだかる者に対する断乎とした闘争の気質が生まれた。こうした人々によってつくられた小さな開拓集団は、小さな地域社会、彼らのいうスモール・コミュニティを形成し、自治の習慣を生じた。王権や政府の干渉のないこうした小規模の集落が、アメリカ特有の文化の基礎をつくりあげたことは、否定できないであろう。

さらに、詳細にアメリカの初期の植民地の歴史をさぐると、明らかに南部と北部とに様相の違いをみることができる。ここにいう南部とはメリーランド、バージニア、カロライナ及びジョージアを指し、北部とはペンシルベニア以北の諸州を意味する。

まず南部についてみると、最初の入植者はロンドン会社の使用人であった。彼らは、この開拓会社との間に七年間の労働契約を結んでアメリカに渡ったが、会社の収益が思わしくなかったので、ロンドン会社はやとった人々を満足させるために、一人当たり五エーカー（一エーカーは約四〇〇〇平方メートル）の土地を、個人の所有地として与えた。この土地所有こそが、本国から資本と労働とを導入する最大の要因となったのである。

それはやがて、ヘッドライトと呼ばれる制度のもととなった。バージニアでは、入植者一人（ヘッド）に対して五〇エーカーという広大な土地を与える制度を定めた。ヘッドライトというのは一種の免許であって、他人の所有しない土地五〇エーカーを入手することが出来るという権利であった。入植者たちはこの権利を現実の資産とするために、新しい土地に境界をつくり、小屋を建て、土地を耕し、種をまいて農業を営まなければならなかった。しかしながらこの制度は、植民地の発展に大きな役割を果たし、英本国やヨーロッパの各地から多くの入植者を迎えることになった(115)。

115　バージニアに到着したイギリス船

この段階で、早くも労働力の不足を生じている。そのため年期奉公の制度がつくられ、通常五年の労働を終えるとこれをアウトフィットと呼び、一着の衣服、いくらかの農具、種子および銃、それに最も重要なものである土地を与えて、独立農民とした。

個人の土地所有制度が定着すると、やがて本国の資本家たちが、何万エーカーという土地を取得するようになった。当然のことながらその場合、はなはだしい労働力不足を生じた。オランダの船が初めて黒人奴隷をバージニアに連れてきたのは一六一九年で、これはジェームズタウンで競売に付されている。こうして、年と共に黒人奴隷の数が増加した。彼らはスペイン語で黒い人《ネグロ》と呼ばれ、ここに、南部における大土地所有と、黒人労働による資本主義農業の歴史が始まったのである。

南部の初期の入植者たちは、必要なものは何でも自分でつくり出す努力をしていたが、農耕用の〝すき〟のほかに、小銃、図書、焼き物類のように、本国から購入しなければならないものがあった。こうした必需品を買うために、バージニアの人々は、旧世界時代からなじんでいるあらゆる種類の農産物、ぶどう、インディゴー（青色染料）、棉、オレンジ、オリーブ、砂糖きびなどを栽培し、養蚕もした。しかし、本国との商品交換で最も利益の大きかったのは、たばこであった。

たばこの栽培は、初めのうちはバージニアでも土地を害するという理由で反対を表明、本国のロンドンでも国王ジェームズ一世及びロンドン会社が、喫煙の害を説いて反対した。しかし一六一七年までに、ロンドン市場では、たばこ一ポンドが五シリング以上の高値を呼ぶに至って、国王もロンドン会社も、たばこの栽培を奨励するようになった。こうして、バージニアのたばこの栽培とその輸出が、年ごとに拡大していった。

北部はどうであったろうか。

メリーランド以北の、初期の植民地でも、大部分の入植者たちは農業を営んだ。しかし、そこに育った社会は、南部とは全く異なるものであった。いうまでもなく、南部の砂糖きび、米、インディゴーのような熱帯または亜熱帯の植物は北部には育たなかった。南部が主要な輸出品としたたばこもまた、北部にはコネチカット渓谷の一部を除き育たなかった。麦類のような主食作物は、一七、一八世紀には英国ですらも国内産で需要をまかない、なお有り余っている状態で、ヨーロッパへの輸出の対象とはならなかった。

それでも北部の入植者たちは、自分自身の生活をまかなうために、農業を営まなければならなかった。彼らがインディアン・コーンと呼んだとうもろこしが、長い間、北部の主要な作物であった。今日、アメリカ合衆国の祝日となっている感謝祭《サンクス・ギビング・デイ》は、この土地へ入植した人々が、初めて実ったとうもろこしの収穫を神に感謝したことから始まっている。とうもろこしは、地味のやせた土地にもよく育ったし、エーカー当たりの収穫量は、他のいずれの穀物にも増して大きかった。栄養もあり、美味で常食に適し、かつ家畜にとっては最良の飼料となった。コーン・リキュールは、保管や輸送に適していた。

しかしながら人口の増加につれ、ペンシルベニアに小麦、ニューイングランドにライ麦、大麦、はだか麦が栽培されるようになった。また、野菜類やポテトなども栽培されるようになった。さらにニューイングランドでは、世界の三大漁場の一つであるニューファウンドランドが近く、漁業が発達したが魚もまたヨーロッパへの輸出品にはならなかった。

こうして、北部の生産物は、どれをとってもヨーロッパとの交易の対象にはならなかったのである。従って、西インド諸島の砂糖の輸出港に、英国の貿易船が群がり集まるといった風景は、北方には見ることができなかった。南部に比較して明らかにきびしい生活条件にあって、そこに生まれた社会組織もまた、南部とは異なるものであった。ニューイングランドでは、三六平方マイルの土地を一つの単位として、移住者のグループに与えられた。これをタウンシップと呼んだ。この共有のタウンの周りに、入植者たちは、自分たちの住居とわずかばかりの菜園を所有することができた。

一つの家族が、特別に肥沃な土地を占有することは許されなかった。新しい入植者は、タウンの人々の投票によって居住が認められ、共有地の中から住宅とわずかばかりの農地が与えられた。タウンの中心には、少なくとも教会と学校が建てられ、居住者は最初からタウン社会の一員であるという強い意識を持つようになった。

このように北部への入植者たちは、その余剰農産物を直接ヨーロッパから来る生活必需品と交換することができなかったので、必要なものはすべて自ら作り出すより致し方がなかったのである。長い冬の期間中、すべての農家は、それぞれの必需品を生産した。骨製のボタン、革製の半ズボン、麻の袋等々。ほとんどの農家が、数頭の羊を飼っていた。つむぎ車はどの家でも、テーブルや椅子と同じように、必ずなければならない物であった。麻織物もまた、広く農家でつくられていた。一七五〇年代のペンシルベニアの農家では、その九〇パーセントが自家製の織物をつくっていた。このほかに、大工、左官、鍛冶屋、その他の手工業職人が、タウンに住みついていた。

こうした生産形態から、次第に分業化と専業化が進んでいった。どの家族も同じように、すべての技術を修得するわけにはゆかないので、すぐれた技術をもった家族へ、たくさん注文がくるようになると、農業から離れて職人になることが出来る。また植民地の職人の給料は、ヨーロッパの職人よりも三〇パーセントから一〇〇パーセントも高かったので、ヨーロッパの優れた職人が続々とやって来た。北部の工業生産の端初がこのようにして始まる。もはや自家消費のためではなく、商品として販売するために多くの生産活動が始まった。建築業、造船業、鉄工業から、大工、左官、洋服屋、卸小売商、食料品店からダンスの教授にいたるまで、ありとあらゆる職業と生産活動とが発達した。必需品の自家生産から専業化へ、ついで資本主義的企業へと、北部の工業化の道程がつながってゆく。これが北部の発展のパターンであった。

北部にはいま一つ、経済発展の非常に大きな要素があった。それは、アメリカ、アフリカ、ヨーロッパを結ぶ三角貿易であった。たとえば、北部でつくられたラム酒をアフリカへ持って行って、奴隷と交換する。アフリカの黒人を西インドの砂糖園や南部の農場に売り、その代金で砂糖を買い込んで英国へ持ってゆく。こんどは、砂糖の売上代金で農器具や機械、その他生活必需品を仕入れてアメリカへ帰って来るという三角貿易、あるいは多角貿易が、北部の初期の貿易の形であり、彼らの資本蓄積の有力な源泉でもあった。

このためには、多数の船舶を必要とした。幸いにも、北部には造船に必要な良質の木材が手近にあったので、ボストン、サーレム、ニューヨーク、ニューポート、フィラデルフィアなどが、造船業の中心となった。また、ボストンが初期の北部の貿易の中心となった。使われた船はボストン・スキッパーで、ラム酒、干魚、木材、種子などを積んでアフリカへ行き、奴隷を船いっぱいに詰めこんで西インドへ行き、奴隷を売って砂糖を買い、それを英国へ持ってゆき、帰りの船が工業製品を持ちかえるというお定まりのパターンをくりかえした。こうしてボストンは北部で最大の港湾都市に成長した。一六九〇年にニューヨークの人口が四〇〇〇人のときに、ボストンは七〇〇〇人であった。五〇年後に、ニューヨークの人口が一万一〇〇〇人に達したときに、ボストンは一万六〇〇〇人であった。

ボストンからニューヨークへ

一七六八年のボストン港の版画を見ると、市内の商業の中心をなすメーンストリートが、そのまま真っすぐに海中に突き出て埠頭を形成し、これをロング・ワーフと呼んでいた。面白いことに、市内のメーンストリートの商店街が、そのまま埠頭の上に延長されて一列に並んでいる。これは一四、一五世紀のベネチアや、一七世紀のアムステルダムと同じように、貿易商人が倉庫を兼ねた自分の家の前に船を着けるという、商人船主時代の形式である。

海港としてのボストンの繁栄は、やがてニューヨークに移るのであるが、ニューヨークは、最初はオランダ人がつくった貿易のための要塞《フォート》から始まっている。オランダ西インド会社が、マンハッタンの南端に交易上の根拠地をつくって、これをニューアムステルダムと命名したのは一六二五年であった。最初に、ここにつくられたのは、オランダ西インド会社従業員の宿舎、これを守るための要塞（フォート・アムステルダム＝116）、それから、船を着けるための簡単な船着き場であった。英国がここを占拠したのは一六六四年で、やがてここはニューヨークと命名された。英国がここを占拠してから一五年後の一六七九年の版画がある。まだオランダの領有のころからそれほど変わっておらず、フォート・アムステルダムは、フォート・ジョージと名前を変えているが、現在のバッテリー・パークのフェリー・ターミナルからイースト・リバーへ回りこんだあたりに、二つの防波堤が、船着き場を抱きかかえるように河の中に突き出ており、これをグレート・ドックと呼んだ。防波堤は、木柵を打ちこんでつくられており、その内側は船を繋留できるようになっていた。ドックの背後には、オランダ風の住居がいっぱい建ち並んでいた。そして、これらを外敵から守るために、現在のハドソン河からイースト・リバーにかけて防禦柵がつくられていた。これは現在、ウォール街という名称にその跡を留めている。こうしたものが、世界的な大都市ニューヨークの出発点であった。

116　オランダが建設したフォート・アムステルダム（1623年）

　アメリカの海運が国際的に有力な地位を占めるようになるのは、一八世紀の半ば以降である。それまでは、オランダの商船隊とイギリスの商船隊とが強力であった。H・B・フェーガンによると、アメリカでつくられた最初の商船が進水したのは、一六三一年であった。[3] その後一七四五年には、ニューイングランドだけで漁船を除いて約一〇〇〇隻の船舶を持っており、三〇年後の一七七五年にはその数は二〇〇〇隻に増加した。同じ年に、マサチューセッツ州では、人口一〇〇人に一隻の割で船舶が保有されていた。このころから海運の中心として、フィラデルフィア及びニューヨーク、ことに後者の発展とその将来が注目され始めている。

植民地時代の南部の農業と北部の貿易とは、やがて一八世紀から一九世紀にかけての英国の近代工業と結びつくことによって、発展の基礎が固められたと見てよいであろう。この経済構造が出来上がるころ、まだ英国の植民地は東のアパラチア山脈によって発展をはばまれ、東部の細長い海岸線にとどまっていた。アパラチア山脈以西はインディアンの地であり、さらに西部のミシシッピ以西はスペインの領土であった。その後、フランスの勢力がミシシッピ渓谷を南下してきた。こうした国際情勢の中で、最終的にイギリスが勝利をなしとげるわけだが、その理由は、何といっても大帝国をつくりあげた英国の資本力と海軍の力、もっと本質的には、産業革命以後の英国の工業と海運・貿易であった。英国は世界の工場《ワーク・ショップ》であり、アメリカは原料を提供し、同時に英国製品の輸出市場を提供した。このような経緯の枠組みが、植民地時代にすでに出来上がっていたということが重要である。

アメリカと英本国とを結んだ海上ルートの中心は、次第にボストンからニューヨークに移りつつあった。この過程は、きわめて興味深い。

一七八九年のフランス革命は、ヨーロッパ中にある種の混乱をもたらした。この結果、スペインとフランスの商船隊が大西洋から後退した。オランダはまだ強力な海上勢力であったが、その海外に対する経営は主として東インドに向けられており、アメリカでは英国と争わないという方針をとっていた。こうして、大西洋における英国商船隊の優位が決定的なものとなったが、なおフランス、スペインの後退のあとをうけるには、十分の船腹をもっていなかった。このため、有名な航海条例*の規定をゆるめて、アメリカが海運に進出する足がかりができた。これが、外的な条件である。

内部的には、アメリカの独立戦争とパリ条約（一七八三年）によって得た、ナショナリズムと西部への発展があった。一八〇〇年代の初めに行われたフランスからのルイジアナの買収、ミズーリ渓谷の合併などによって、ミシシッピ航行の自由を得て、広大な領土（市場）と交通路とを確保したことは、その後のアメリカの発展にとって、計り知れない影響を及ぼした。さらに、南部に棉花の栽培が盛んになり、棉がイギリスに輸出されてランカシャーの綿業を支えるとともに、アメリカ内部でも北部に綿工業が発達し、アメリカの産業革命がそこから始まった。棉花は、ニューオーリンズからニューヨークに運ばれ、それが新しく興った繊維工業の原料となった。一八一六年に、ニューヨークとリバプールとの間に、ブラックボール・ラインによる定期航路が開設された。リバプールは、いうまでもなくその背後にマンチェスターやランカシャーを持つ産業革命の港である。こうして、両国の経済発展のパイプラインが形成された。

＊航海条例（Navigations Acts）とは一七世紀の五〇年代以後、英国国会が、オランダの制海権に対抗して採った措置である。オランダはスペインから独立して後、一万隻以上の商船隊をつくりあげ、アメリカの英植民地から英本国に運ぶ商品の大部分は、オランダ船によって運ばれるという状態になっていた。このため、英国国会は、アメリカの植民地との貿易を英国船によって行うべく、一六五〇年と一六五一年にわたってこの条例を制定し、植民地貿易からオランダ船を締め出そうとした。しかし、英国の商船隊が、まだ不足していたために、十分の効果をあげることが出来なかった。一六六〇年になって、英国の商船隊が、オランダと対抗出来るまでに成長したので、あらためてこの条例の実施を強化した。

2 マーク・トウェインのミシシッピ

ニューオーリンズ

アメリカ大陸にヨーロッパからの移民が定着し始めたころの内陸交通は馬か馬車か、人間の足に頼るほかなかった。当時の道路は、インディアン・トレールと呼ばれ、極めて不完全で河川には橋がなかった。このインディアン・トレールの道幅を広げて、馬車が通れるようにしたことから、アメリカの道路づくりが始まるが、そのころ、フィラデルフィアからニューヨークまで、馬車と船を乗り継ぐ急行便で三日間を必要とした。

この半面、アメリカとヨーロッパを結ぶ海上ルートは、すでにかなり発達し、ヨーロッパ向けの貨物の輸送は、国内向けの輸送よりも、むしろ便利かつ簡単であった。このような状態のもとでは、河川の交通が重要な意味を持っていた。通常、河岸に船着き場と倉庫が設けられていた。そして北部の植民地では、河川航行の上限である滝や早瀬の存在が、割合に海岸線に近いところにあった関係で、都市は海岸線に沿って発達した。これにくらべて中南部の植民地では、良好な港湾と奥地まで航行できる河川に恵まれていたので、海岸線に沿う都市の発達は北部ほど顕著でなく、むしろ河川に沿って多くの都市が発達した。このように、初期の植民地時代には、都市の形成自体が河川の航行条件に左右されるところが大きかった。

一九世紀の初め、西部への発展がミシシッピにまで達したときに、この大河のもつ経済的役割がクローズアップされた。その河口にニューオーリンズの都市が発達し、流域にはセントルイス、セントポール、シンシナチ、メンフィス、ピッツバーグのような商工業都市が発達する。ミシシッピ渓谷は、最初、五大湖方面から南下したフランスの勢力、さらにフランスの植民都市であったニューオーリンズから北上する勢力によって支配されていたが、一八〇三年、フランスからルイジアナを買収してから一八六一年の南北戦争に至る約六〇年の間に、新しいフロンティアとなったミシシッピ渓谷に、アメリカの経済生活と文化とが確実に築かれた。

この時以来、大陸を北から南に縦断するミシシッピは、アメリカの交通および輸送の大動脈となり、筏や底部が平らなフラット・ボートと呼ばれる河舟によって、木材や穀物がゆるやかに流れ下った。この渓谷の広大な土地に産する各種の産物がニューオーリンズに集まり、そこから輸出された。当時のフラット・ボートは、単純な構造のもので、一隻あたり二〇〇〇ドルあるいはそれ以上の価格の貨物を運んだ。ボートは通常、ニューオーリンズで解体され、材木として売却し、船主である農夫や商人は、売上代金をかかえて上流に向けて徒歩や馬に乗って帰った。後に蒸気船が出現すると、人や雑貨の輸送は、もっぱら独特の長い煙突をもった河蒸気船に依存するようになった。ある研究によると、一八〇七年にミシシッピを下った貨物の金額は五三七万ドルにも達し、一八一七年にニューオーリンズに下ったフラット・ボート及びバージ（はしけ）は、約二〇〇〇隻であった。

やがて、蒸気船の時代がやってくる。発明家ロバート・フルトンのクレルモン号が初めてニューヨークのハドソン河を走ったのは一八〇七年であったが、一八〇九年には早くも上流のオハイオ河に蒸気船が現れ、それ以来アメリカの初期の蒸気船は、主としてミシシッピ河で発達した。一八一一年には、ニューオーリンズからピッツバーグまでの定期航路が開設されている。さらに一八一五年には、ニューオーリンズからオハイオまでの航路が開かれた。一八二〇年までにニューオーリンズとルイスビル間に、六〇隻の蒸気船が走っていた。そして、一八五〇年代の初めには、二〇〇隻の蒸気船の定期航路があり、ニューオーリンズはリバプールやニューヨークとならぶ世界の大港湾となったのである。

マーク・トウェインの伝説

何年か前にアメリカ訪問の途次、サンフランシスコの本屋でT・H・ワトキンスの『マーク・トウェインのミシシッピ』という半ば写真集のような本を見つけて買った。副題に、「アメリカの最も偉大なる河の絵物語」と記してあった。[4] それは、一九世紀のロマンにみちた時代の有り様を、私たちの眼の前に再現してくれるものであった。

この本の中に、マーク・トウェインの「ミシシッピ河の生活」という一文が収録されており、彼は、こう書き出している。

私が少年のころ、ミシシッピ河の西岸にある私たちの村の友だちの間で、変わることのない一つの野望があった。それは、蒸気船の乗組員になることであった。私たちは、このほかにもいくつかの移り気な野望をもつことがあったが、それはあくまでも一時的なものであった。サーカスがやって来て、そして去って行った後で、それは私たちのすべてに道化《ピエロー》になることを熱烈に思わせた。私たちの村に初めて黒人の音楽の見せものがやって来ると、みんなは、自分たちもあんな生活をしてみたいと思い悩んだ。時々私たちは、もし良い生活ができるならば、神は私たちが盗賊になることを許すことを希望した。こうした野望はその都度消え失せたのであったが、蒸気船の乗組員になろうという希望だけは、常に残っていた。

〝蒸気船が来た〟という黒人の叫びに、村中が埠頭にかけつけて、飾りのついた二本の高い煙突のある外輪船（117）の偉容に見入った有り様を、彼は幼心の強烈な印象として、書き綴っている。それは、大きな驚きであったにちがいない。こうして、後に彼はミシシッピの河蒸気のパイロットになるのであるが、それは決して楽な仕事ではなかった。彼は、こうも書いている。

117　1848年のテネシー州メンフィスの風景スケッチ

私は、そのころの単純な考えから、偉大なミシシッピ河の一二〇〇ないし一三〇〇マイルを学ぶという、小さな仕事に入った。もし私が、このためにどれだけ多くの能力が要求されるかということを知っていたならば、私はこの仕事に入る勇気を持つべきではなかったであろう。[6]

ちなみに、マーク・トウェインの本名は、サムエル・ラングホーン・クレメンス（一八三五―一九一〇）というが、彼のペンネームのマーク・トウェインとは、マーク2という水深をはかるパイロットの呼び声であって、この大きな河の当時のパイロットたちは、五マイル・ポイントとか、一〇マイル・ポイントとか、目標になる地形を定めて、距離の目測を行うとともに、たえず変化する河底にも注意しなければならなかった。今日の水路図のようなものはなかったので、錘をつけた紐を水中におろして、実際に水深を測らなければならなかったのである。それは、極めて孤独な仕事であった。

彼の時代は、ミシシッピの牧歌的な「良き時代」であった。やがて、鉄道が河川交通にかわる時代がやってくるが、鉄道が大陸を横断するようになるにはかなりの年月が必要であり、その前に、歴史的な西部開拓の物語が展開される。ルイジアナの買収の後に、ジェファーソン大統領はミズーリ河の上流の探検を、彼の部下に命じている。まだ、運河と河川交通が主流をなしていた時代で、この探検の目的は、ミズーリ河をさかのぼって、この河の上流と太平洋岸の河川の上流とを結ぶ交通路の探索にあった。ミシシッピの支流であるミズーリ河は大きな河で、よほど上流まで航行できるのである。

鉄道の時代来る

118　1852年のニューオーリンズ風景　この時代にすでに世界の大港の一つになっている。なんといっても、アメリカの母なる河ミシシッピの河口に位置して栄えたということが、河川交通の華やかなりし時代を象徴している

　アメリカの最初の鉄道は、一八三〇年のボルチモア―オハイオ間の鉄道であるとされている。最初の大陸横断鉄道が建設されたのは、南北戦争が終わって間もなくの一八六九年に、ネブラスカのオマハから西に向かって延びてきたユニオン・パシフィック鉄道と、カリフォルニアのサクラメントから東に向かって延びてきたセントラル・パシフィック鉄道とが、ソルトレークの北プロモントリーで接続したときに始まる。北部の諸州、特にニューヨークでは、一八三〇年代から四〇年代にかけていくつもの鉄道が建設されている。一八七〇年から一九一〇年にかけてはそのピークともいうべき時代で、一〇年間に六万四三〇〇キロ

119　ニューオーリンズ埠頭に到着する旅客の群れ

メートルないし八万キロメートルが建設された。このようにして、大陸横断の鉄道が次々に出現した。

ユニオン・パシフィック以外にも、サンタフェ鉄道のカンサスシティからの線路と、サウザン・パシフィック鉄道のカリフォルニアからの線路が、一八八一年三月にニューメキシコのデミングにおいて結ばれた。一八八三年の一月にはサウザン・パシフィックの、カリフォルニア—ニューオーリンズ間が営業を開始した。アメリカ人が、ノースウエストと呼ぶ北西部の開拓路線であるノーザン・パシフィック鉄道は、一八八三年の九月に完成した。同じく、ノースウエストに向けてユニオン・パシフィック鉄道を建設中であったオレゴン・ショート・ラインとオレゴン鉄道とが、オレゴン州のハンチングトンにおいて一八八四年の一一月に結ばれた。サンタフェ鉄道の、シカゴ—カリフォルニア間の直通路線が一八八八年の五月に完成した。五大湖とピュジェットサウンドとを結ぶグレート・ノーザン鉄道が、一八九三年の一月に完成した。シカゴ・ミルウォーキー・セントポール鉄道の太平洋線が、一九〇五年に完成した。

鉄道建設には莫大な資金を要したが、各州は、河川交通の時代に運河建設に資金を使い果たしていたので、鉄道への投資ができなかった。そのため鉄道建設は、株式会社組織に依存するほかなく銀行が融資すると共に、連邦政府は鉄道債の発行を認め、また鉄道線路の両側の広大な土地を無償で鉄道会社に与えた。これらの土地から、石炭や石油などがとれるようになり、それは今日のアメリカの鉄道会社の有力な資産となっている。これらの鉄道は、融資を行った財閥の名をとってモルガン・ロードとかハリマン・ロードとか呼ばれるようになった。

港の話がテーマなのに、鉄道について長々と述べてきたのは、今日のようなコンテナの時代になると、アメリカの港、特に西部の諸港にとっては鉄道がその生命線で、今日のインターモーダルと呼ばれる海陸一貫輸送の内陸における主役をなしているからである。

3　ニューヨーク物語

ニューヨークの発達

かつて筆者は旧著『近代港湾の成立と発展』の中で、次のように書いたことがある。

> ロンドン港の研究が、港湾の歴史的発展の過程をみるうえから、きわめて重要な意義をもっているのと同様に、現在世界最大の港となったニューヨーク港の研究は、発達した港湾の経済的機能と、その組織形態とを知るうえにおいて、きわめて重要な意義をもっていると考えられる。またそれはアメリカ的な資本主義の特殊な性格を、そのまま港湾の発達の過程に表現しているものとして注目されるのである。[7]

筆者が、この港を歴史的に世界の最も重要な港として挙げたのは、世界の貿易、海運及び金融の中心が、第一次世界大戦後、ロンドンからニューヨークに移ったということばかりでなく、ここに歴史的に最も新しい、港湾の生産関係が生まれたということによるものであった。港湾の生産関係とは、だれが港に投資し、だれが港を所有し、あるいは管理し、どのように経営され、誰がどのように働き、その利益がどのように分けられているかということである。こうした点で、ニューヨーク港は全く新しい様式を打ち出しているのである。

さらに、二五年前には考えてもみなかった新しい技術革新が、この港から始まっている。それは、コンテナとコンピュータである。一九六四年に筆者たちがニューヨーク港のニュージャージー側にあるエリザベス・ピーヤのシーランド社のターミナルを訪ねたときに、すでにこの二つが実働していた。当時筆者たちはよくわからないままに、これが将来の海上運送や国際貿易に革命をもたらすものであるという意識だけを得て帰った。現在、貿易情報システムと呼ばれている国際貿易や海上運送業務のコンピュータによる処理方式は、一九五七年にブルックリンの陸軍港湾輸送司令部で始めた、軍の戦略物資の海上輸送システムの開発プロジェクトが出発点になっている。このようにニューヨーク港は、今日の世界の港の中で最も技術革新の進んだ港である。この点について述べる前に、ニューヨーク港の発達史を見ておくことにする。

アメリカ合衆国における資本主義経済の発達は、一七七五―八三年の独立戦争、一八六一―六五年の南北戦争の後に急速な展開を見せている。この時代までのニューヨーク港は、いわば商業資本の港であった。その基本的なパターンは、チャールストンなど南部の港から棉花を持って来て、その一部を港の背後地で消化し、大部分は英国のリバプールに輸出することであった。英国からは綿製品や機械類などを輸入し、これを北部と南部に販売した。こうして、ニューヨークがアメリカにおける綿製品取引の中心となった。また、ニューヨークに初めて機械紡績工場が建てられたのは一七八八年で、綿布工場は一七九一年にニュージャージーに現れている。このように、初期のアメリカの綿業の中心も、ニューヨークにあった。その後、原料の産地に近い中、南部の大西洋岸に移ったが、製品の輸出は確実にニューヨークから行われた。これは、海運マーケットとしてのニューヨークの優位性によるものと考えられる。スールとビンセントが書いている。[8]

南部の棉花栽培は、棉の輸出よりも栽培の方に多くの利潤を得ることができたので、南部の港から直接棉花を輸出しなかった。ヨーロッパから機械その他工業製品を積んでニューヨークに来る船は、復航貨物として棉花を積んで帰ることを希望した。ニューヨークの商人たちは棉花を生産することはできなかったが、船を持ち、貿易取引に熟練し、イギリスから工業製品を輸入して、これを中部、南部、西部に売るとともに、全国から商品を買い集めて輸出することに特別の便宜と手段とをもっていた。とくにウォール街が、彼らに貿易資金を提供したことは、このような形の取引をつくりあげた最も有力な原因であった。

120　マンハッタン西部ウエスト・ストリートの19世紀末全盛時代の風景　これらのピーヤは今日では42番街のサークル・ラインや観光船ピーヤなどが使われているにすぎず、南部では再開発の結果姿を消したものもある

このことが、実は、植民地時代から産業革命期にかけてのニューヨーク港が、ボストン、プロビデンス、フィラデルフィア、ボルチモア、チャールストン、それにニューオーリンズなどの有力な港にくらべて、とびぬけて大きな発展をとげた経済的理由であった。その背景には、自然の地形が、港湾として極めて有利な条件をそなえていること、あるいは一八一八年以来、リバプールとの間に定期航路をもっていたことなどが発展の基本的条件としてあった。

この時代、埠頭はマンハッタン南部のイースト・リバーに沿ったサウス・ストリートを中心とし、次いで西側のハドソン河に面したウエスト・ストリート（120）に延びていった。それは、快速帆船のニューヨーク・クリッパーがこうした埠頭に群がり集まって、強力な勢力を持っていた時代で、前期的な商人船主の時代であった。商品の売買は埠頭のすぐ背後の、通りに面したコーヒーハウスで行われ、多くの商館が建ち並んでいた。長さ四五〇フィート、幅五〇フィートくらいの埠頭は、その両側に、クリッパー船を一隻ずつ着けることができた。今日ではその多くがすでに姿を消している。

アメリカ合衆国の東北部、ノースイーストと呼ばれるニューイングランド地方、特にニューヨーク、ペンシルベニア、ニュージャージーは、早くからアメリカの工業の中心をなしていた。ニューイングランドの水力と、ペンシルベニアの石炭とを基礎エネルギーとして、各種の工業がこの地方に発達する。後に大きな炭田が中部及びロッキー山脈の東部に、石油が南部に発見され、五大湖の西岸に鉄鋼業が発達し、これらを鉄道のネットワークが結合した後にも、ノースイーストには付加価値の高い電気、機械工業、食品加工、繊維、化学、金属工業が発達する。一九世紀の終わりから二〇世紀の初めにかけて、モルガンによるＵＳスチール、フォードによる自動車工業が創設され、この時代に強力な財閥の出現、独占と集中のめざましい進展があった。

海運の変化

海運にも、大きな変化が始まっていた。一九世紀の後半から、大洋を航海する蒸気船の時代が始まる。この先頭を切ったのは英国であって、有名なグレート・ウエスタン及びシリウス号が、初めてニューヨークに姿を見せたのが一八三八年であった。一八四五年には、エドワード・コリンズによるニューヨークとリバプール間の定期航路が開設された。しかしこのころまで、ニューヨークに入港する船舶の大半は、ヨーロッパの船であった。

一九世紀の後半から二〇世紀にかけて、これまでマンハッタンに限られていたニューヨーク港に、大きな変化が始まった。まず、帆船から蒸気船にかわり、船型が大型化するにつれ

121　1873年のニューヨーク港　手前の川がイースト・リバー。マンハッタンを隔てて向こう側がハドソン河。すでに蒸気船の時代に入っていたが、帆船の勢力もまだ強かった。手前の工事は、おそらくブルックリン橋の基礎工事現場であろう

て、さらに大型の新しい埠頭を必要とするようになった。また、鉄道建設ブームの後をうけて、多くの鉄道会社が、対岸のニュージャージー側にたくさんの埠頭を建設し、ポートサービスを始めたことである。

こうして、船型の大型化と鉄道貨物の著しい増加のために、港湾の改修が必要であったにもかかわらず、連邦政府もニューヨーク市も、港湾については冷淡であった。主要水路の浚渫は、一八三四年に始まっていたにもかかわらず遅々として進まなかった。一八七〇年に政府機関としてデパートメント・オブ・ドックス（港湾局）が設立されてから、ようやく計画的に工事が進みはじめた。ニューヨーク港の水際線は、五七八マイルに拡張され、新しくつくられるピーヤは、長さ七一〇フィート、幅九〇フィートを標準とするようになった。港湾改修のために、一八五一年から一九一八年までに連邦政府は二九四三万ドル、ニューヨーク市は一八七〇年から一九一八年までに、一億五〇〇〇万ドルを支出している。

鉄道についても語らなければならない。

ニューヨークにおける最初の鉄道は、一八三一年に認可を得た、ニューヨークとハーレムとを結ぶハーレム鉄道であったが、これは鉄道馬車であった。間もなく、蒸気機関車が使われるようになり、マンハッタンを北へ向かって延び、一八四四年にはホワイトプレーンまで、一八五二年にはオールバニーまで達した。一八四六年にはハドソン河鉄道会社が設立され、ニューヨークとオールバニーの対岸グリーンブッシュとを結んだ。これら初期の鉄道は、ハドソン河を航行する蒸気船と競争関係にあったが、やがて有名なコーネリアス・バンダービルトが資金を提供して、それらの鉄道を統合、支配し、ニューヨーク・セントラル鉄道をその傘下に収めた。彼は、こうしてニューヨークからシカゴに至る多くの鉄道を支配、その延長は二万二五〇〇マイルに達したのであるが、これらの北部ルートを総称して、バンダービルト・ロードと呼ぶようになった。

122　1877年ころのニューヨーク港荷役風景

いまひとり重要な人物が現れる。それはJ・P・モルガンで、一八七〇年に、ウォール街の指導的財界人であったが、鉄道事業にも資金を提供し、東部および南部のモルガン・ロードと呼ばれた一万八〇〇〇マイルに及ぶ鉄道を支配した。さらに、中部及び南部を支配したハリマン・ロードがあるが、金融機関による鉄

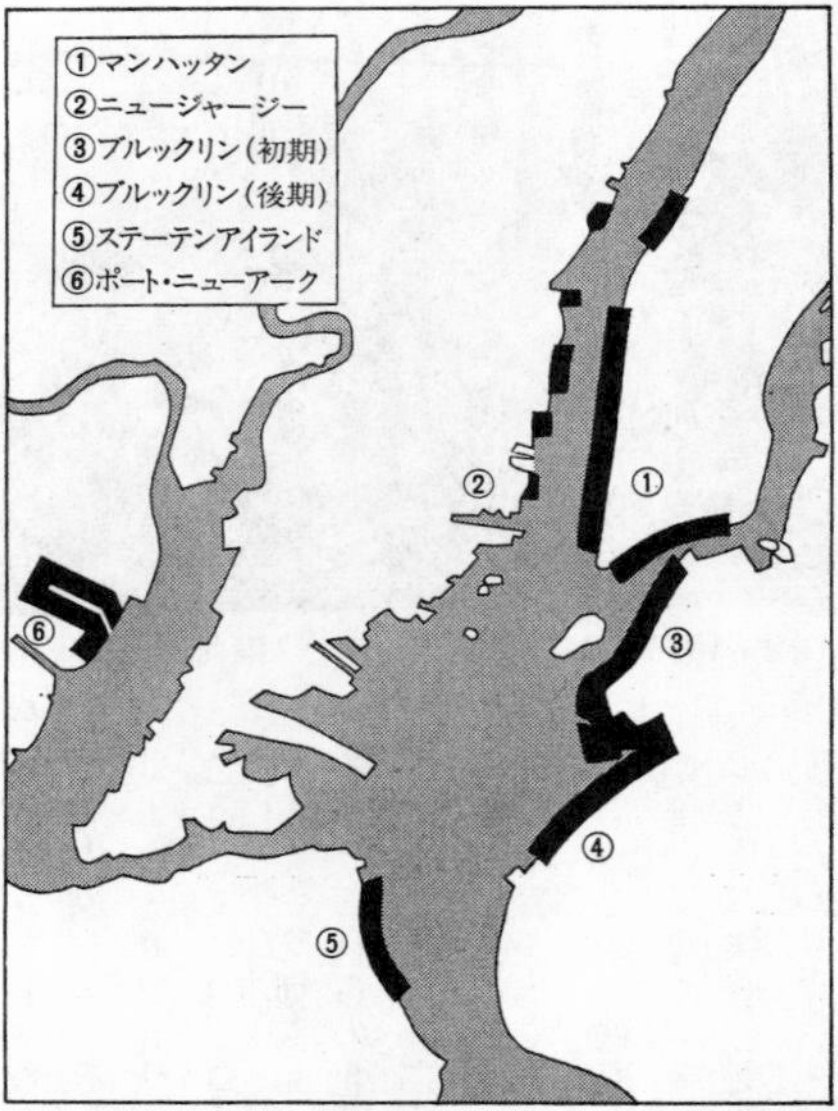

123　ニューヨークの雑貨埠頭（1950年代）　ニューヨーク港における埠頭施設の発展はほぼこの数字の順序で行われている。⑥のポート・ニューアークは、現在ではコンテナ・バースがさらに拡大され、エリザベス・ピーヤの全面が使用されている

道の集中と独占が形成された。

鉄道会社の埠頭

それらのうち、直接ニューヨーク港に関係する鉄道は、ニューヨーク・セントラル鉄道、ボルチモア・オハイオ鉄道など一七社に及び、その後、吸収合併などが行われ、名称も変わっているが、多くのものがハドソン河のニュージャージー側に面したところに自らの埠頭を

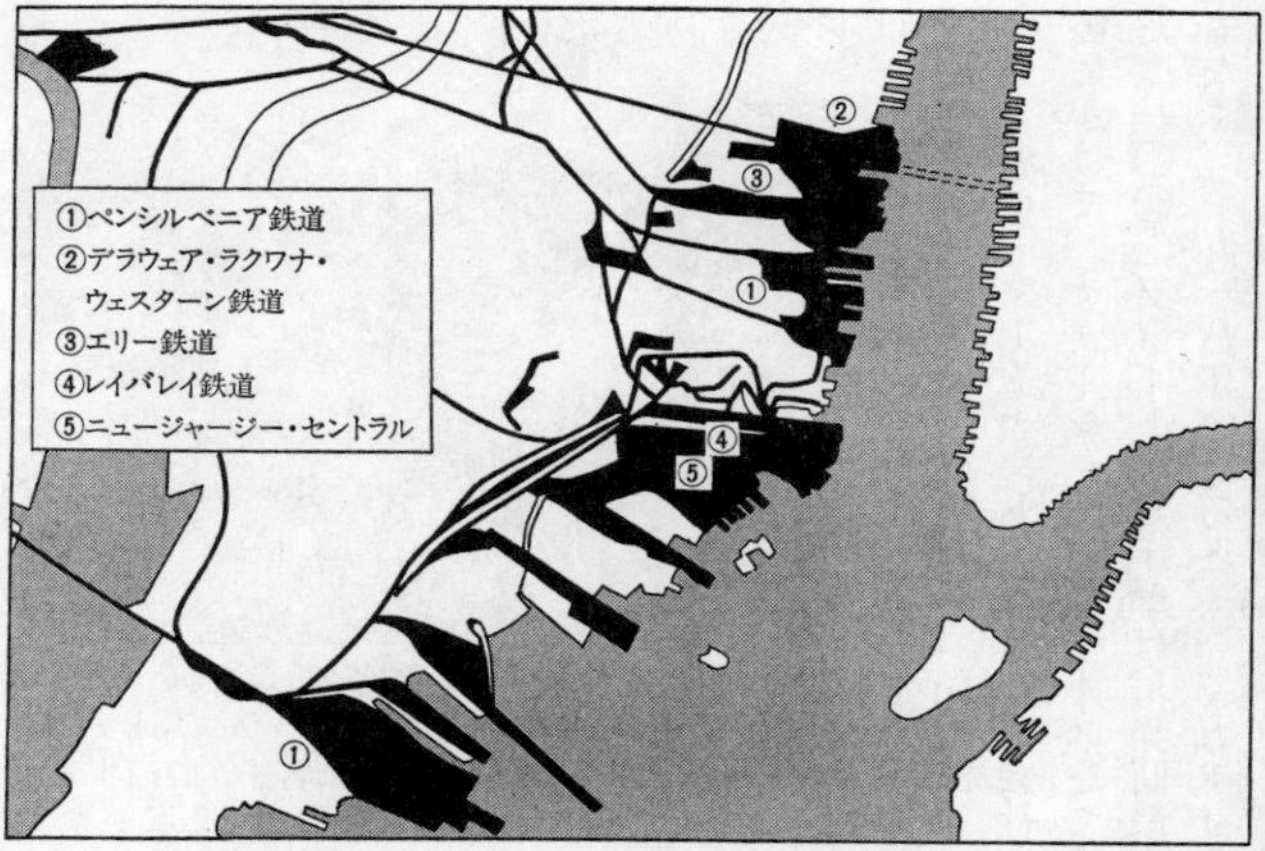

124　ニューヨークのニュージャージー側の鉄道埠頭（1950年代）　現在これらの鉄道埠頭はその数が非常に減少して、わずかに2～3ヵ所になった。米国でも、鉄道輸送が自動車による道路輸送に代わったことを示している

つくった。こうした港に対する鉄道の進出は一八五〇年代から始まっているが、一八七〇年から一九一八年にかけてニューヨーク・セントラル鉄道を除く他の多くの主要鉄道がニュージャージー側に埠頭をつくり、マンハッタンとの間の水上連絡を始めた。彼らは、港湾での貨車の水上輸送の施設を持ち、多くのカーロード（貨車運搬船）、フェリーボート（渡し船）、タグボート（引き船）、フローティング・クレーン（浮き起重機）、バージ（はしけ）を持っており、ニューヨーク・セントラル鉄道は、奥地から運んできた穀物を、直接船積みするためのグレーン・エレベーター（穀物サイロ）を持っていた。

一九〇八年から一九一〇年にかけ

125　ニューヨーク港の旅客ターミナル　マンハッタンのハドソン河に面した古いウエスト・ストリートの岸にある。世界の豪華客船が碇泊する

て、ペンシルベニア鉄道とハドソン・マンハッタン鉄道とが、ハドソン河地下にトンネルを掘って、旅客の輸送を始めた。また、これよりさきの一八八三年に、イースト・リバーに、ブルックリン橋がかけられて、マンハッタンのビジネスや港湾、海運業務が、ブルックリンやニュージャージーに拡大してゆく契機となった。このころからマンハッタンの工業と労働人口が、ニュージャージーとロングアイランド方面に分散を始めている。

ニュージャージー側の港の発達とともに、ブルックリンの発達もまた注目されるところであった。ニューヨーク港の近代港湾としての基礎は、一九世紀の後半から二〇世紀の初めにかけて確立したと見ることができるが、特に第一次世界大戦による発展が著しかった。モルガンは、USスチールの子会社として、インターナショナル・マーチャント・マリーン会社を設立し、ノースリバーの一二番街から、三二番街にかけて、チェルシー・ピヤーズをつくり、ここに、一〇〇〇フィートのピーヤが現れた。一〇〇〇フィート・ピーヤは、当時最大の船舶を繋留することができたのであるが、間もなく、一九一八年になると一一二五フィートのピーヤが必要となった。これらの大型埠頭

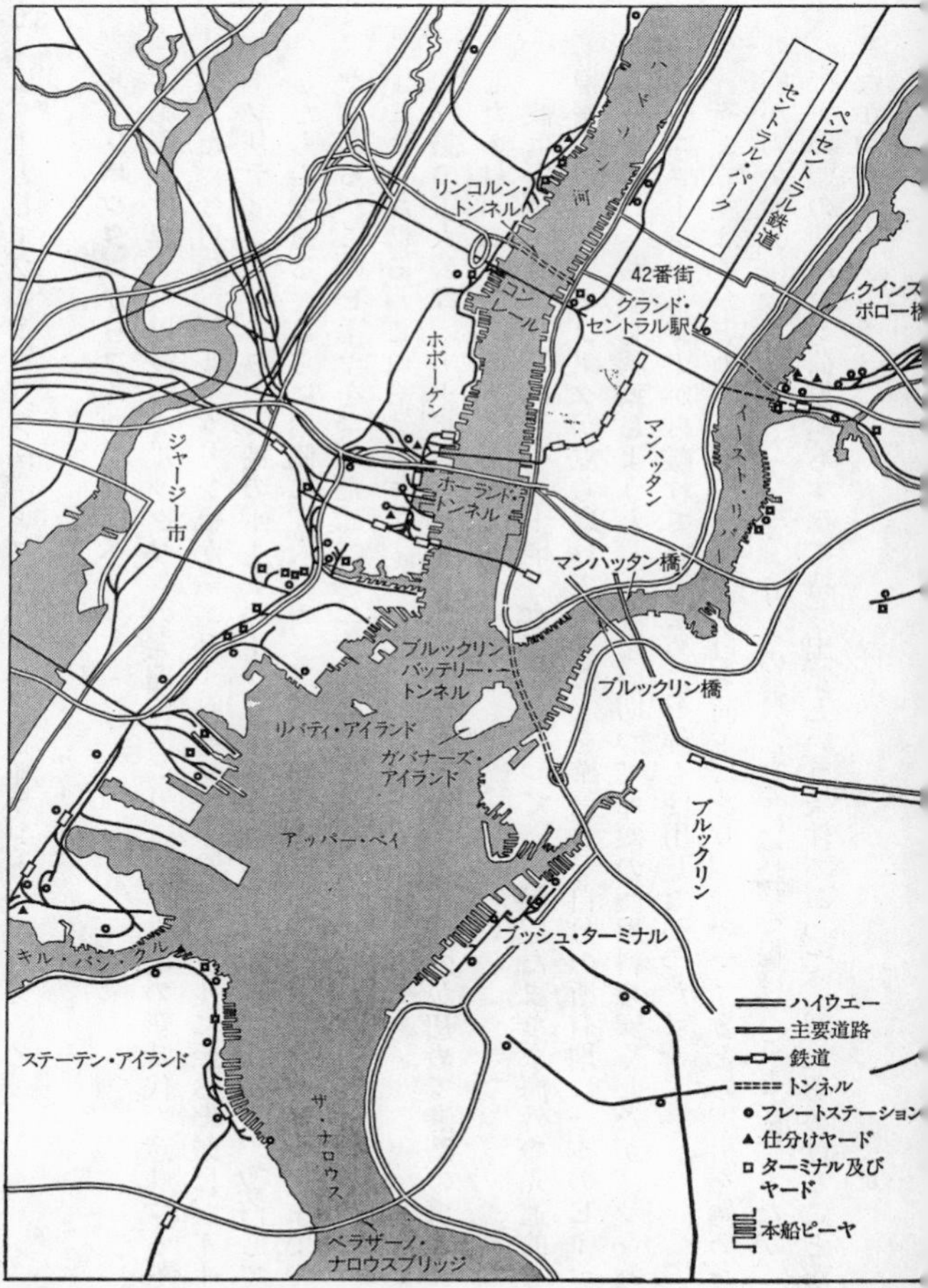

ハドソン河
ペンセントラル鉄道
セントラル・パーク
リンコルン・トンネル
42番街
クインズ
ボロー橋
コンレール
グランド・セントラル駅
ホボーケン
マンハッタン
イースト・リバー
ジャージー市
ホーランド・トンネル
マンハッタン橋
ブルックリン
バッテリー・トンネル
ブルックリン橋
リバティ・アイランド
ガバナーズ・アイランド
アッパー・ベイ
ブルックリン
ブッシュ・ターミナル
キル・バン・クル
ステーテン・アイランド
ザ・ナロウス
ベラザーノ・ナロウスブリッジ
ハイウエー
主要道路
鉄道
トンネル
フレートステーション
仕分けヤード
ターミナル及びヤード
本船ピーヤ

126　ニューヨーク港の現状

は、主としてブルックリン南部とステーテン・アイランドに現れている。

マンハッタンからブルックリンへ

第一次世界大戦以後のブルックリンの発達は、ニューヨーク港の新時代を意味するものであった。今日の、ブルックリン橋からエリーベイシン・ターミナルに至る埠頭は、ポートオーソリティ(ニューヨーク港のポートオーソリティについては後述)が新しく改修して提供したものである。さらに南側に、大型の一二二〇フィートから一三五〇フィートまでのピーヤがある。このピーヤを含めた二〇〇エーカーの土地と一八のピーヤを持ったブッシュ・ターミナルがある。これをめぐって、一つのエピソードがある。

物語の主人公は、アービング・ブッシュという人物である。彼が初めて港湾の事業に関係したのは、二一歳のときであった。

彼は南ブルックリンに若干の土地と水際線を持っていたが、たまたま海外の先進的な港を視察して、ニューヨークが立ち遅れていることを確信し、自分の所有地に一本のピーヤをつくり、ここへ船舶を誘致しようとした。思い切って埠頭の使用料を安くしたが、マンハッタンやニュージャージーから離れているために、誰も使用しなかった。

そこで彼は、一隻の船をチャーターし自ら荷主になり、ジャマイカとの取引を始めた。何回かの失敗の後、ようやくブルックリンの彼の埠頭に貨物を揚げることができたが、それは、埠頭の使用料も荷役料もすべて持ち出しという条件であって、収入をあげることが出来なかった。

そこへ第一次大戦が始まった。ニューヨーク港は、たちまち能力いっぱいの状態となった。あまつさえ、ドイツ軍のUボート作戦が始まった。これに対抗するためには、船団を組んで軍艦がこれを護衛して航海する作戦がとられたが、そのためには、一ヵ所に多くの輸送船を集めておき、Uボートの情報を検討しながら、兵員や物資を一度にさっと積み込む必要があった。従って、陸上にもまた物資を蓄積しておく広いスペースが必要であった。こうした機能を持つ埠頭は、それまで考えも及ばなかったもので、そうした条件を満たすところはブルックリン以外にはなかったのであった。

連邦政府はニューヨーク港戦時輸送本部を設置し、ブッシュ氏を議長に選んだ。埠頭の増設が行われ、ブッシュ・ターミナルのすぐ横に陸軍の輸送基地がつくられ、ここが戦時輸送の基地となった。太平洋のオークランドが第二次世界大戦で軍の輸送基地となり、第二次大戦後、太平洋岸最大のコンテナ・ポートに発達したのと同じ理由で、ブッシュ・ターミナルも戦後大いに発展し、背後に広い工場地区を持ち、ここで加工をする新しい時代の埠頭として発達したのであった。

ポート・ニューアーク計画

一九六〇年代にコンテナの海上輸送システムが登場すると、ニューヨーク港はさらに一段と新しい形を加えた。それは、127図に見られるように、ニューアーク・ベイのバウンド・クリークの南側七〇三エーカーの巨大な湿地帯に、ポートオーソリティが建設を始めたポート・ニューアーク計画であった。これまでの埠頭あるいはピーヤの概念とは全く違う新しい様式の世界初の最も合理的なコンテナ専用埠頭である。このうち、ニューアーク埠頭は三七バース、年間貨物扱い高六〇〇万トン、エリザベス・ピーヤは二四バース、年間扱い高五〇〇万トンを計画し、当初の資金計画は、両者を合わせて二億七五〇〇万ドルであった。

この埠頭の特色は、これまでのフィンガー・ピーヤ様式でなく、だだっ広い四角な埠頭で、フレートステーション、コンテナ・ヤードをめぐる広大なオペレーション・エリアを持っていることである。埠頭の構造が全く新しいシステムにもとづいているばかりでなく、埠頭のすぐ後ろを、ニュージャージー・ターンパイクと呼ばれている州際高速道路が走っている。この高速道路によって、埠頭からトレーラーで引き出されたコンテナは、そのまま高速道路の全米ネットワークに乗ることができる。またこの地区は、米大陸を横断して来た鉄道のヤードが密集している地域であって、コンテナはここで鉄道に移しかえられ、全米に配送することができるし、逆に、道路によっても鉄道によっても、全米から集まったコンテナを、この埠頭で船積みして輸送するのに特別の合理的な便宜をもっている。

さらにいま一つ注目すべきことは、高速道路をはさんで埠頭のすぐ後ろが、ニューアーク国際空港となっていることである。これもポートオーソリティの施設で、ニューヨークでは一番古い空港であったが、ケネディ空港ができた後は、主として貨物を扱う目的をもって、新しい設計のもとにサテライトやカーゴ・ターミナルがつくられた。このように、この地区の港湾計画は、海、陸、空の複合一貫輸送、アメリカ人がいうインターモーダル・トランスポーテーションを最初に実現したものとして、現代の港湾の技術革新の世界的なリーダーとしてのニューヨークの権威を示したものである。

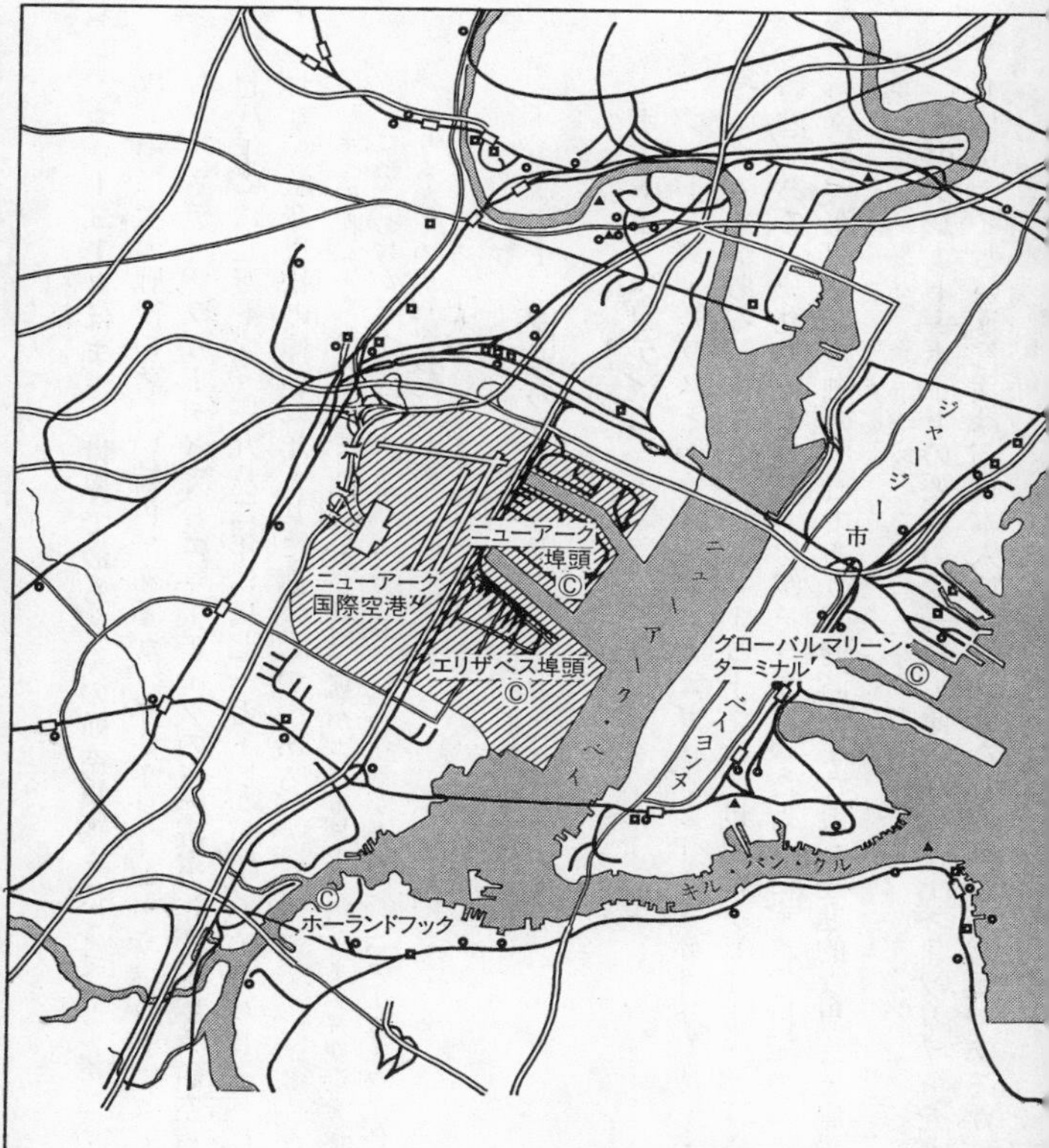

127　ニューヨーク港コンテナ・ポートの核心部

ニューヨークはまた、世界で最も多くの航空貨物を扱っている港である。* 航空機の発達は、第二次大戦後の著しい特色であるが、ポートオーソリティが持っている三つの空港のうち、ケネディ、ラガーディア、ニューアークの三空港の年間輸出入航空貨物扱い高は、一九七八年に六七万トン、一九八二年には七一万トン、一九八六年には一三〇万トンにも達しており、航空貨物の伸びは年と共に拡大しつつある。

* 現在（一九八九年）では、日本の成田空港がニューヨークのケネディ空港を抜いたが、ニューヨークにはこのほかに、ニューアーク、ラガーディアの空港があって、ニューヨーク全体とすれば、まだ東京よりも多くの貨物を扱っている。

4 世界のグレート・ポート

ポートオーソリティ

ジェームズ・モリスという人が書いた『ザ・グレート・ポート』というニューヨーク港についての本があるが、まさに、ニューヨークは、世界のグレート・ポートと呼ぶにふさわしい港である。[9] 一九世紀のロンドンがそうであったように、二〇世紀のニューヨークは、世界の貿易、海運及び金融の中心であり、港湾もまた最も先進的な思想と施設とをもったのである。

そのグレート・ポートの要素の第一に、筆者はポートオーソリティを挙げたい。ポートオーソリティという言葉は、日本人にはあまりなじみのない言葉であるが、日本の港湾局とは全く異なった公企業体である。世界中でこれほど巨大かつ先進的なポートオーソリティは、他に見られない。それは、まさに組織された巨大な港湾資本であり、企業資本であるが故に、そこから革新的な思想と技術革新を生み出すことができる、という性質を持っている。

このオーソリティは、第一次世界大戦後の一九二一年四月に、ニューヨーク州とニュージャージー州とが、ニューヨークの港湾の統一的管理と統一的開発を目的として設立した公企業体である。マービン・フェヤーが『アメリカの港湾管理論』の中で、これを次のように特徴づけている。

> 近年、著しく普遍化した概念は、港が特定の都市、あるいは港湾地域の経営体（ビジネス・エンタープライズ）であるという考え方である。この考え方は、港が地方公共団体等によって、ある程度のコントロールを受ける個々の企業の集団であるという思想とは、かなり違っている。この統一された経済活動という概念は、動力、光熱、ガス、水道、都市交通を一つに結合しようとする、経済的ないしは効果的考え方から出発している。このことは、地域全体の開発と発展のために、港湾区域の行政と管理とを行って成功した事例によって促進された。また、今日の多くの港が何百万ドルもの投資を必要とし、それに必要な資金を得る必要があることからも、理由づけられた。巨額の資金を投下して、公共の利益のために、特定の施設を運用する事業であるので、港湾の運営と開発とを全体的に統轄する、責任ある機関が、それ故に必要である。[10]

ポートオーソリティ設立の直接の動機となったのは、第一次大戦中に生じた港湾運送料金をめぐる紛争である。これは、ニューヨーク・ハーバー・ケースと呼ばれているが、マンハッタン側とニュージャージー側の料率の違い、これに鉄道会社もからんで港湾の運送が混乱した。特に、業者の非常に高い運送料金が、荷主や船主たちの久しい不満であった。こうした港湾運送料金問題のほかに、港の施設の拡充のためにあらたに莫大な投資を必要とし、これを誰が提供するかという切実な問題をも抱えていたのであった。

設立されたポートオーソリティは、ロンドンの例にならって、一二人の理事《コミッショナー》によって運営され、コミッショナーは、双方の州から六人ずつ任命された。コミッショナーの集まりをボードと呼び、コミッショナーは港に関係する企業や金融機関から選ばれ、ニューヨークの財界自体が港の管理をするという形をとっている。

両州が調印した協約書の前文は、ニューヨークが、その周囲の土地をも含めて一つの商業センターないしは地区として統一しなければならないほど成長したことを述べ、その港が貿易を行うのに最良のターミナルとしての輸送その他の施設を持たなければならないこと、また将来の開発のために大きな資金を必要としていること、このためにポートオーソリティの設立を必要としていることを強調している。また協約書は、ポートオーソリティが、ターミナル及び輸送施設の購入、建設、貸与及び運営の権限を持ち、料率を定め、起債によって資金を得ることが出来るとしている。またポートオーソリティは、国や都市からの資金の提供を受けないで、自らの事業収入によって支出をまかない、必要があるときには、市中銀行から借り入れが出来る。

一九八六年の年次報告書によれば、今日のポートオーソリティの経常収支及び資産、負債は、次のようになっている。

一九八六年経常収支　（万ドル）

経常収入	一一億六九〇〇
経常支出	九億三七〇〇
純収入	三八〇〇

経常収入と支出との差額は、二億三二〇〇万ドルであるが、純収入三八〇〇万ドルを得るまでに施設の減価償却、利子支払い、資本収支その他の項目があって、このバランスとなっている。次に、ポートオーソリティの資産を見ると、左のようになっている。

一九八六年末の資産、負債　（万ドル）

資　産	五二億九〇〇〇
負　債	三二億六五〇〇
純資産	二〇億二四〇〇

右の数字のうち、資産の五二億九〇〇〇万ドルは、施設総額五三億八七〇〇万ドルから、減価償却額を差し引いたものである。また負債は、債務二八億ドルのほかに、港債、手形、

証書、従業員の退職金及び年金引当金その他を含むものである。

海・空・陸の複合港湾

ニューヨーク港の中心は、自由の女神ということになっている。そこから、二五マイルの半径で円を描いた内側が、ポート・エリア、即ち港湾区域なのである。とてつもない広さであって、港という概念が日本などとはよほど違うのである。明治以来、政府資金によって営々とつくりあげてきた日本の港では、あたかもその国有財産に固執するかのように、船の着く埠頭地区しか港といわないのである。行政的にいえば、現在の運輸省の所管以外は、港ではないのである。日本の場合には、港という概念が、非常に狭い範囲内の物的施設に限られているのが特色である。

ニューヨーク港はとにかく広い。この広さは時間にも関係がある。オランダ人がマンハッタンの南部を買い取ってここに砦《フォート》を築き、ニューアムステルダムを建設したのが一六二六年であったから、約三六〇〇年の昔である。ロンドン港の二〇〇〇年の歴史にくらべると短いが、近々一〇〇年にすぎない日本の近代港湾の成立の歴史から考えると、三六〇年というのは長い年月である。

しかも、日本には、中世の商人資本による都市や港の建設が皆無に近かった。わずかに堺の港がそれに当たるが、大坂夏の陣で滅びてしまった。鎖国により外国貿易や大船の建造が禁止され、ひたすら商人資本の蓄積が抑圧されていた長い年月ののち、再び日本が開港したときには、すでに世界の大勢は商人船主の時代が終わって、海運が独立した業として成立していた。そして日本の政府は、海運を伸ばすために、若干の軍事的目的をも持ちながら、港をつくったのである。船と港、これが基本的な思想であった。最近、運輸省に移管されたアメリカのマリタイム・アドミニストレーション（海事局）が久しく商務省に属していたことを知っている人は少ないであろう。これは、商人船主の時代、海運が貿易に従属していた時代の伝統であると考えられる。日本とアメリカとでは、港に対する考え方がよほど違うのである。

余談になったが、とにかくニューヨーク港の三六〇年を概括すれば、最初はマンハッタン南部のイースト・リバー沿いのサウス・ストリートが栄え、一九世紀にはハドソン河に面したウエスト・ストリートが中心になった。第一次世界大戦によってブルックリン南部が開発され、時計の針がまわるようにステーテン・アイランドからベイヨンヌに、そしてコンテナ時代となって、画期的なポート・ニューアーク計画が実現したのであった。このニューヨーク、ニュージャージー両州にまたがる水際線は、今日では実に延べ七五〇マイルに達している。

その背後に、三つの主要空港、三つのヘリポート、六つの幹線鉄道のターミナルがあり、これらの地域は、橋とハイウエーとトンネルと地下鉄によって、みごとに結ばれている。湾内には、三〇〇〇隻に及ぶタグボート、はしけ、カーフロートその他の港内艇があり、ザ・ナロウスと呼ばれる海峡を通って、大西洋から四〇分に一隻の割で、本船が入港している。

ニューヨークは、世界で最もにぎやかな港の一つであって、世界の主要航路がここに集まっている。ヨーロッパ、南アメリカ、地中海、そして太平洋。ここから太平洋に向かった最初の船は、一九世紀の半ばに広東に向けて航海したエンプレス・オブ・チャイナであった。一八四八年のゴールドラッシュ時には、ニューヨークから一四〇隻の船が南米をまわってカリフォルニアに向かい、三七隻の船はパナマ地峡に一万一〇〇〇人の人々を上陸させたが、彼らは飢えと熱病のため、太平洋岸に向かう途中で半ばが死んでいる。パナマ運河の開通は、一九一四年で、ニューヨーク航路といえばアジア及び日本からの花形航路となり、アメリカの輸出入の三分の一が、この港で扱われるようになった。

しかしながら最近になって、また新しい要素が加わった。それは、鉄道である。鉄道は、さきに述べたように、二〇世紀の初め、大陸横断のネットワークの多くがハドソン河のニュージャージー側に達した。近年、州際高速道路の完成と自動車運送の発達によって鉄道が斜陽化したことはご多分にもれないが、最近、コンテナの複合運送の発達によって再び脚光をあびつつある。それは、アジア及び日本から太平洋を越えて海上輸送されたコンテナを、そのまま西海岸の港から列車でニューヨークまで運ぶ方法である。パナマ経由のいわゆるオールウォーターよりも、この方が量的にはるかに多くなった。パナマ運河通過に対する物的制限と時間がかかりすぎるというマイナスもある。

たとえば、アメリカン・プレジデント・ラインズ社が開発したライナー・トレーン方式によると、コンテナはもとより、鉄道の台車《フラットカー》、それにトレーラーのシャーシーまですべて船会社が提供し、船会社は、鉄道会社に対して機関車の使用料とレールの使用料を払うだけで、一〇〇両くらいのフラットカーにコンテナを二段積みし、四両ないし五両のディーゼル機関車の重連で、ロッキーを越える壮観は、まことに目を見張るものがある。この海陸一貫の大陸横断輸送をランドブリッジあるいはミニブリッジ*といっているが、ニュージャージー側の終着鉄道ヤードで通関をすませて、輸入者に配送される。この陸の港が、最近とみに賑わっている。「横浜＝ニューヨーク一一日」などというセールスポイントが出来上がったのも、最近のことである。

いま一つ、ニューヨークにとって重要なのは、先にも少し触れた空の港である。世界のどの都市よりも多くの航空路線が集まっているのがニューヨークである。

イースト・リバーの上流にあるラガーディア空港は、一九三九年に開かれた世界で最初の空のパッセンジャー・ターミナルであった。戦後、世界を旅行する人の流れは船から航空機に移ったが、ここはその最初のものであった。トランスコンティネンタル・アンド・ウエスターン・エアーがシカゴとニューヨークとの間に定期便を設け、一九四〇年から四七年にかけてはパンアメリカンがここからアゾレス及びリスボンへボーイング三一四を飛ばしていた。空港には、美容室、食料品店及び銀行が設けられ、大きなパッセンジャー・ラウンジがあり、今日の空の玄関の原型が、ここに出来上がっていた。ラガーディアとは、時の市長の名前である。パンアメリカン社が、その主要な大西洋の空路をつくりあげたのも、この空港からであった。

ジョン・Ｆ・ケネディのイニシアルをとって、ＪＦＫとニューヨークっ子が呼んでいるケネディ空港が開設されたのは一九四八年で、五マイルの長さの海岸の湿地帯を埋め立ててつくられた。面積五〇〇〇エーカーというから、マンハッタン島の四二番街からバッテリー・パークまでの面積とほぼ等しい。世界の三〇以上の航空会社がここを使用し、日常、四万五

○○○人が働いている。今や、自由の女神やロックフェラー・センターなどと共に、ニューヨークの観光名所の一つで、筆者たちも、何回となく自動化されたパンアメリカン社のカーゴ・ターミナルを見せてもらっている。

この二つの空港よりもっと古いのが、ニューアークの空港である。一九二七年のリンドバーグの大西洋横断飛行のころから存在したもので、一九三〇年までに四つの航空会社がここを利用していた。コンテナ時代となり、みごとに改装されたこの空港が、ニューアーク港の広大なコンテナ・ターミナルのすぐ背後にあり、州際道路と直結し、かつ多くの鉄道ヤードにかこまれていることによって、海陸空の複合運送の拠点として、注目され始めている。

空港というのは、文字が示す通り、税関や入国管理、動植物検査、検疫など、海港のひと通りの業務を圧縮した形で持っている空の港であって、ニューヨークでは、海港と空港、それに陸の港としての鉄道ヤードの三つのものが、それぞれバランス良く機能しているのが特色であって、広い範囲を港の区域としなければならない理由の一つが、そこに見いだされるであろう。従って、ポートオーソリティとしては、これらのものをつなぐ交通体系をととのえることが、任務として浮かび上がってくる。道路、橋、トンネル、地下鉄等々への莫大な投資を必要とする。海港や空港への投資と共に、企業会計の原則からしてこれらの投資をカバーするために、収益性の高い、いろいろの事業をしなければならない。こうして今日の、ニューヨーク・ニュージャージー・ポートオーソリティの、広汎な事業体系が生まれているのである。

＊ ランドブリッジとは、アメリカの西海岸から東海岸へ、あるいはその逆を鉄道輸送して、さらに海外

に向かって輸送するシステムである。ミニブリッジとは、ランドブリッジから海外部分をなくした、東から西へ、西から東へ、アメリカ大陸を横断する鉄道輸送のシステムである。このほかに、マイクロブリッジというのがあって、これは、終点が大陸の内部にとどまるものをいう。この表現は、近々一〇年くらいの間に、海と陸、あるいは海と空との一貫複合運送の発達によって生まれた専門用語である。

128　ニューヨーク、エリザベス・ピーヤのコンテナ・ターミナル

コンテナとコンピュータ

ニューヨークは、世界のコンテナ・ポートであることを自負している。まさにその通りであって、フルコンテナ船によるコンテナの国際海上輸送システムが、ここから始まった。またコンテナのオペレーションには、コンピュータによる情報処理が必要である。それも、ここから始まっている。これらの歴史的集積の上に、今日のニューヨーク港があるのだが、それをたどるにはこの港の貨物の性質から理解してゆく必要がある。

いまから二〇年以前、ロッテルダム港の年間貨物扱い高が七〇〇〇万トンであったときに、ニューヨーク港は九〇〇〇万トンで、名実共に世界一の港であった。ところが今日では、ニューヨーク港は貨物の扱い高に関する限り、ロッテルダムや横浜、神戸などよりも、下位にある。それは、ニユーヨークが、石油や鉄鉱石のような大量貨物が少なく、大部分が雑貨、即ちジェネラル・カーゴで占められているためである。ところが、このジェネラル・カーゴこそが、コンテナ化の最も大きな対象となっているものであり、それは数多くの個品が集まったものなので、一つ一つの貨物情報の集積量も膨大なものとなる。このことは、コンピュータ利用の最も有力な物的基礎をなすものである。ニューヨークが世界のコンテナ・ポートであるという意味がよく理解できる。

ところで、一九六六年に初めてロッテルダムに二〇〇個積みの小さなフルコンテナ船フェヤランド号を就航させたシーランド社のミッチェル・マッケボイ氏が、ロンドンで行った有名な演説の速記録のコピーがある。この時のヨーロッパ船主たちの衝撃は非常に大きなものであったが、そのヨーロッパの船主たちの前で行ったマッケボイ氏の演説もまた、非常に衝撃的なものであった。彼はそこで、コンテナのオペレーションについてのシーランド理論を語り、コンテナとコンピュータ利用の原理を、分かりやすく説いている。まず、コンテナのオペレーションについて、彼はこう語っている。

私が少年のころ、私の母親は、私に買い物のメモを持たせて、よくラングドン氏の店へ、使いに出しました。ラングドン氏は、私から買い物のメモを受け取って、一つの棚から品物を持ってきます。そしてまた、次の棚から品物を取り出して、持ってきます。こうして、最後にひとまとめにして、私に渡すわけであります。私は、お金を払って、それを自宅に持って帰ります。

これは、もう何年も以前に出来上がった、単純なプロセスであります。今日では、スーパーマーケットの考え方が、これにかわりました。そこでは、主婦が店のドアをあけて中に入り、買い物コンテナをとりあげ、通路をあちらへ行き、こちらへ行きして、このオペレーターの買い物作業は、非常に労力を要しますが、ともかく買い物のリストを提供することなく、すきな物を直接手に入れることができます。こうして彼女は、買い物をした商品のほかに、もっともっと多くのものを得るわけです。[11]

マッケボイ氏は、コンテナのオペレーションは大がかりな事業で、全肉体的な、物理的に動きまわる仕事であると説明する。彼はコンテナの回転理論、品物を詰める場合のＦＷＣ原則を述べる。ＦＷＣとは、フル・ウエイト・アンド・キュービックという意味で、いつでも重量制限いっぱい容積いっぱいの品物を詰めること、そのためには、重い物と軽い物との混載を研究せよと説いている。この理論は明らかに、トラック業者の理論である。シーランド社とは、もともとアメリカ南部のトラック業者で、陸上のコンテナ輸送を海上にまで延長したユニークな企業である。今日でも彼らは、コンテナ船をコンテナ・シップと呼ばないで、トレーラー・シップと呼んでいる。また、船長のこともキャプテンと呼ばないで、チーフ・ドライバーと呼んでいる。この面白さは、頑固なまでに自己主張をするアメリカ人気質ともいうことができるが、アメリカのコンテナ・システムの発達は陸上から始まっている。一九六七年に筆者たちが初めてコンテナ調査団をアメリカに送ったときに、海上はまだ在来船の時代であったが、陸上はすべてコンテナ化していた。わが国のコンテナ・システムは海上から始まって、陸上に及んでいる全く逆のコースをとっている。こうした関係で、アメリカでは、陸上から海上へコンテナ・システムが発達する歴史的背景があったのである。

マッケボイ氏はさらに、港湾でのコンテナの船積みについて、決して時間におくれないこと、船積み費用の徹底したコストダウンについて語っている。そのために、専用のコンテナ・ターミナル*を設け、高速ガントリー・クレーンを設置する必要がある。陸上と海上とのコンテナの移動について、シーランド社は独特のシャーシー・システム**方式をとっている。これは、本船からコンテナを直接トレーラーのシャーシーの上に降ろし、そのままヤード***に保管するか、走ってゆくというやり方である。このためには広いヤード面積を必要とするが、ヤード内でのコンテナのトレーラーへの積み降ろしの時間と経費をはぶき、かつオペレーションのスピードが非常に大きいのが特色である。

コンテナの海上輸送の経済的効果については、一九五〇年代末に、ワシントンＤＣにあるアメリカ国立科学アカデミーの海運部会が膨大な調査とテストを行っている。このとき、積み荷の形態を在来の個品貨物、荷台《パレット》に乗せられた貨物、コンテナの三種類にわけ、一作業班で一時間に行う積み降ろしの作業量を比較している。コンテナの優位は明確であった。当時はまだ、フルコンテナ船も高速のコンテナ・クレーンも出現していない時代であったが、このときの実験の数値を、今日の発達したシステムの数値に換算すると在来荷役の七〇倍、ないし八〇倍にも達している。そして、これを比較作業率＝ＲＣＨＲ、即ちレラティブ・カーゴ・ハンドリング・レートと呼んだ。さらに、コンテナの移動スピードについても、比較移動率＝ＲＣＭＲ、即ち、レラティブ・カーゴ・ムービング・レートという概念をつくりあげ、この二つを掛け合わせることによって、今日の物流の基礎概念が出来上がったのである。物流の基礎概念とは、「量と速度との積」をいかに拡大するかということを意味する。マッケボイ氏は、さらに、コンピュータについても語っている。

五〇個のコンテナをもって、ハイウエー輸送に従事している小さなトラック業者は、正確にこれを運営することができます。彼はこのことを、Vレッジャーという方法でやるわけです。南部におきまして、Vという会社とCという会社が、農民に贈り物として小さな帳面（レッジャー）を与えます。農民は、いつもこの帳面をポケットの中に入れていて、どれだけの飼料を購入したか、どれだけ借りがあるか、何頭の豚に飼料をやらなければならないかというようなことを、いつでも答えることができます。小さなトラック業者は、これと同じ方法で、五〇個のコンテナが、常にどこにあるか、中に何が入れられているか、収入はどれだけか、コストの概要はどうであるかを知っています。そして、コンテナNO・5が、もう二日配送が遅れると、NO・5の利益は、窓から転がり出てしまうことを知っています。

もし五〇〇個のコンテナがある場合には、二人か三人の事務員の手で、そのデータをカードに記入することで、この仕事ができます。五〇〇個のコンテナであるならば、あなたがたは、高給の技術職員でなくとも、訓練された少数の事務員の手によって、運営することができます。ところが、その数が二倍、三倍になりますと、一般的に申しまして、五〇〇〇個から一万個になりますと、そのコントロールには機械を使用しなければなりません。——記憶装置が、いまコンテナがどこにあるか、どのように動いているか、いつ帰って来るかというようなことを教えてくれます。現在、この装置は非常に高価なものでありますが、非常に大きな効果をもたらします。そしてこの機械は、ここにやってくるコンテナの船積みのルートをつけてくれます。この機械は、コンテナの重量を記録し、ヤードのパーキングの場所を知らせます。この機械は、埠頭において、未熟練労働者でも作業ができるように、作業の割りつけを行い、デリバリー・バンの航海、あるいは輸送の記録を行います。また先週あるいは先月、一、二、三、四のトレーラーがどういう仕事をしたかというような、その他いろいろのデータを提供してくれます。

今日では、こうしたことは、あたりまえのことになっている。しかし、この講演が、一九六六年に行われたことを想起していただきたい。いまから約二〇年以上も前で、世界中がそうしたことを夢にも思っていなかった時代である。その先進性は、全くすばらしいの一語につきるであろう。

* コンテナ・ターミナル（container terminal）とは、通常コンテナ埠頭のことを指していう。
** シャーシー・システム（chassis system）トレーラーの台車（フレーム）の上にコンテナを直接のせて走るシステムで、シーランド社が主としてこのシステムによっている。クレーンから直接シャーシーにコンテナを受けてそのままヤードに置き、あるいは走行するので時間のメリットがある。
*** ヤード（yard）は、コンテナ・ヤードともいう。通常コンテナ埠頭の中で、コンテナを一時仮置きする構内をいう。

貿易情報システムへの展開

貿易に対するコンピュータの利用はまずこのようにして、コンテナのオペレーションから運送業務の管理システムとして現れた。世界の海運国がコンテナ・システムを採用すると、各船会社が同時にコンピュータの導入を行い、船会社のコンピュータ利用が普遍的な形となった。これが、まさに本来の貿易業務の面へ展開しつつあるのが今日の情勢であるが、そのルーツはまたニューヨークにある。それは、一九五七年にブルックリンの陸軍港湾輸送司令部で開発を始め、一九六三年に太平洋岸で一部稼働を始めた軍の輸送情報システムである。

米軍が、第二次世界大戦及び朝鮮戦争を通じて一番困ったことは、必要なときに必要な場所へ必要な物資をどうしても送りとどけることができない、ということであった。一九五七年になって、軍の作戦上もはやコンピュータを無視することができない段階に達したという認識のもとに、軍需物資の輸送システムの開発を始めた。筆者は幸いにも、この最初のプロジェクトを記した資料を、ワシントンDCの国立科学アカデミーから入手、日本語への翻訳の許可をも得たのでこれを翻訳し、一九六七年に港湾経済研究所から他の論文とともに、『コンテナ・オペレーションの経済理論』として出版した。[12]

このときの米軍のプロジェクトで、いくつかの原則的に注目すべきものがあった。第一に、このシステムにおける港湾の地位である。ここで港湾輸送司令部というものが、軍の司令部や他の港湾の輸送司令部とシステム上でリンクしているのは当然であるが、国内の軍需物資納入業者及び海外の司令部からの情報をも集中的に管理していることである。これは港湾というものが将来、国際的に、情報交換のネットワークを形成するであろうということである。また、貿易情報がメーカーから出ているということである。これは、将来の貿易情報システムのありかたを暗示するものであった。そしてこれが、筆者の港湾情報センター論の出発点となった。

第二に注目すべきものは、標準化の実現であった。すべての関係者、軍需物資のメーカーから内陸の契約運送業者及び軍貨を運送する船会社が、軍の標準システムを使用することが義務づけられていることである。これはアーミー・スタンダーズと呼ばれ、システムの標準化への大きな前進であった。

第三に注目すべきは、システムの検討に際して多くの船積み書類が集められ、その内容、正確にいえばデータエレメンツという情報処理の最小単位、たとえば荷主名であるとか船社名であるとか、品名であるとか、そうした多くの単位情報が抽出され、それらの情報が編集されていることである。これは後に、輸出の書類作成業務、筆者たちがドキュメンテーション・システムと呼んでいるものの、最初の可能性の研究、即ち専門用語でいうフィージビリティ・スタディであった。

この最後のものは、すぐにも民間の輸出入業務に展開できるものであったので、カリフォルニア大学などで研究が行われた。筆者たちは一九六四年に、サンフランシスコでそのコンピュータ処理のための標準貿易書式の試案を入手している。これは、国際的にも急速に研究が始まっており、特にヨーロッパのEC諸国では、六〇年代に関税障壁を撤廃し、国境におけるトラックの相互乗り入れの自由を実現したあとで、貿易手続きの簡易化にとり組んでいる。国連の欧州経済委員会（ECE）でも、貿易簡易化のための専門家会議が組織された。

この専門家会議は初めのうちに貿易書式の標準化に取り組んでおり、一九七〇年にはECEレイアウト・キー（一番基礎になる書式）のレイアウトが出来上がり、一九七三年に、正式に国際的に承認された。このキーは今日では、国連レイアウト・キーと呼ばれている。

筆者が英国の政府機関のすすめで、初めてこの会議に出席したのは一九七二年の秋で、このときにはすでに貿易書類のコンピュータ処理の方向へ進んでおり、一九七三年から正式の日本代表団が出席するようになった。この会議のリーダー役をしたのが、実はニューヨークであった。筆者の記憶に間違いがなければ、ニューヨークに、NCITD（ナショナル・カウンシル・オン・インターナショナル・トレード・ドキュメンテーション）という団体が運輸省の指導のもとに組織されたのが一九六八年であったと思う。この団体が一九七一年に、国際貿易書類のコンピュータ処理による効果を調査して、『手作業の書類事務か、それとも自動化による利益か』という報告書を出した。そのハイライトが、次のようにまとめられている。

㈠　四六種類の異なった業態の企業及び政府機関が、常時国際貿易に従事している。

㈡　このうち、二八種類のものが、単一商品の輸送業務を行っている。

㈢　全部で、一二五の異なったタイプの書類が、正規にあるいは特別に、使用されている。

㈣　一シップメント、即ち単位当たりの輸出入業務に対して、平均四六種類の異なった書類が使用され、三六〇枚以上の複写がとられている。

（五）アメリカの貿易において、年々八億二八〇〇万枚の書類がつくられていると推定され、これらのものはさらに六五億枚の複写を産出している。
（六）平均的な単位輸出入業務の処理に、六四人／時を必要とし、うち輸出業務に三六・五人／時、輸入業務に二七・五人／時が必要である。
（七）アメリカにおける年間の書類作成のために、一〇億人／時を消費しているが、これは一億四四〇〇万日の作業に匹敵し、六九万作業年に相当する。
（八）貿易の、単位輸出入業務当たりの平均書類作成費は三五一・〇四ドルであり、輸出については三七五・七七ドル、輸入については三二〇・五八ドルである。
（九）最近の貿易量から推計して、書類作成に要する総費用は年間六五億ドルに達する。これは、アメリカの輸出入総額の七・五パーセントに達する。[13]

この報告書が出されたすぐ後で、NCITDはCARDIS（カーゴ・データ・インターチェンジ・システム）という概念をつくりあげた。その最初の報告書は、一九七五年にECEの専門家会議で各国に配付されたが、これは輸出者が必要データをCARDISセンターに入力し、あとは貨物の移動につれて必要データをその都度入力あるいは更新する。輸出者から相手国の輸入者に至るまでのすべての業界の関係者が、センター（データベース）に入力されたデータを引き出して使用するという膨大なネットワーク・システムで、書類作成費を現在の五〇パーセント以下にすることを目的とし、すでに実働の段階に入りつつある。

このシステムはその名前のように、輸出者から輸入者に至るまでの貨物処理に関するシステムであるが、それがさらに拡張されて、商取引の引き合いから信用状の開設、代金の決済、さらにマーケティングの領域にまで拡張されたときに、真の貿易情報システムとして成立する。時代は、そのような方向に進み始めており、近年のコンピュータと電子通信技術の発達によって、実現の可能性は益々大きくなってきた。そして、港湾というものが、米軍の輸送システムに端的に現れているように、内陸の生産者と海外の市場とを結ぶ、資本の回転を促進するところのメディアであり、国際貿易の情報のネットワークを形成するという方向が、まさにニューヨーク港において示されていることは、注目すべき事態である。この事態は、マービン・フェヤーの理論も、すでに過去のものとなったことを示すものである。

さらにつけ加えると、ＣＡＲＤＩＳというのは全く理想的な、実に膨大な情報システムで、他の国々はもとよりのこと、アメリカにおいてすらもその実施の環境が十分に成熟していない。それで世界はとりあえず、電気通信業務の国際的標準化から始めようとしている。

これには、ワシントンＤＣにあるＴＤＣＣ（トランスポーテーション・データ・コーディネーティング・コミッティ）が開発したＥＤＩ（エレクトロニック・データ・インターチェンジ）を基礎にしたＥＤＩＦＡＣＴ（エディファクト）というルールによるもので、国際電気通信の標準化に向かって進み始めた。

これは、正確さ、簡便さ、スピード、それに何よりも著しいコストダウンを伴う、非常に大きな技術革新である。あたかも、一九八八年一月から新しい国際標準商品分類コードを、世界各国で使用することになった。これはハーモナイズド・システムと呼ばれるもので、これまで税関だけで使用していたものを、他の一般の官庁及び商取引業務にまで拡張しようとするものである。すでに通信衛星回線の国際的ネットワークは出来上がっており、世の中は急速にこの方向に向かって進み始めている。

エピローグ　日本の港と現代の技術革新

現代の日本の港

これまで本文の中で、現代の日本の港については、ほとんど触れていない。そこで最後に、この問題に触れたい。

わが国は、アジア、特に中国と同じように「中世の谷間」で成長した商業資本の港がない。一時、堺の港がヨーロッパ的な商業資本の港として発達しかけたが、その後消滅してしまった。従って、いまから一三〇年前に外国に向かって開港したとき、ヨーロッパの港湾に見られるような資本の蓄積は何もなかった。それで国の財政資金によって港がつくられ、海運が育てられたことは前に述べた。

このために日本の港は、欧米と全く異なったものとなった。主要な港はすべて国有財産であり、民間企業が自ら投資して、特定の埠頭を占有することが、ほとんど不可能となった。このことは、港湾産業の資本主義的発展を著しく阻害するものであった。外国に見られないような複雑な業界の組織、その零細性は、久しく問題とされたところである。

さらに今一つ、わが国が開港したとき欧米ではすでに商人船主の時代が終わり、古い資本が分解して、貿易と海運とがそれぞれ独立し終わった時代であった。初期の明治政府の高官が、「海に火輪を」と叫んだ時代である。「港とは船を着けるところである」という非常に狭い考え方で港がつくられ、かつ運営された。外国では、内陸を包み込んだ一つの都市機能をもつのが港であるのに対し、日本では、港とは船を着けるための物的施設であるという考え方が、長い間、官庁や関係者を支配してきたのである。このような伝統のところに、現代の技術革新が始まって、多くの矛盾をかかえるようになったのである。その詳細については別に述べる機会もあると思うが、最も大きな問題は、港湾のコスト高ということである。

今日の国際化という概念の中には、経済学的な価値、あるいは生産性の国際的な平準化の要請があることを忘れてはならないであろう。アメリカが要求している農産物市場の自由化、あるいは流通機構の簡素化という問題の背後に、この経済原則があることを忘れてはなるまい。港湾のコストもまた、現在、国際的な平準化が求められているのである。

こうしたことを頭に入れて、現代の港湾の技術革新の状況を横浜港を例にみることにしよう。

海運の技術革新

最近の海運の技術革新の花形は、何といっても大型、自動化、高速のコンテナ船である。たとえば、さきごろ太平洋航路に導入されたAPL社のC9シリーズについてみると、四万九〇〇〇D／W（デッドウエート、重量トン）、長さ二六〇メートル、経済速力二五ノットというすばらしさである。しかも、この船のエンジンは回転は低速でありながら力の強い特別設計のエンジンで、バンカーCという安い燃料を使って航海できる。その出力は電力換算三万一八〇〇キロワットで、小さな都市に電灯をともすだけの力を持っている。あらゆる部分を自動化している。そのキャビンは最新の技術をとり入れ、キイ・コンソールの配列は、船のキャビンというよりも、航空機のコックピットに似ている。最新の無線通信施設を持ち、サテライト航海を行うので、常に定められた航路から離れることがない。四〇フィート・コンテナ一二四七個積みで、二〇フィート換算（TEU）によると二四九四個になる。これまでの平均的コンテナ船よりも、三〇パーセントないし三五パーセント多く積むことが出来る。

こうした船舶の技術革新は当然、埠頭の技術革新を伴う。第一に船の大きさの変化である。バース（船席、埠頭の本船接岸場所）の水深は四三フィートないし四六フィート、バースの延長は九八〇フィートを必要とする。この九八〇フィートのバースいっぱいに本船が接岸している威容は、まことに目をみはらせるものがある。

すばらしいのは、コンテナの積み降ろしに使用するクレーンである。高さは一六四フィート、水平に延ばしたブーム（腕）の長さは二六〇フィートに達する。このクレーンは、コンピュータ制御の最新のもので、四〇フィートないし四五フィートのコンテナを、六〇分間に三七個積み降ろしすることが出来る。これまでの常識からすれば、高速コンテナ・クレーンによる積み降ろしの速度は、一サイクル二分間、即ち六〇分に三〇個というのが限度であった。それでも、在来の個品荷役の約七〇倍の能率である。この速度をさらに上回っているので、コンテナ・ヤードのオペレーションが間に合わぬくらいである。とにかく現代の埠頭は、大型機械が高速運転をしているので、普通の人が近よることは出来ない。市民が見物などに出かけたら、叱り飛ばされるのが落ちである。

技術革新は、コンテナ埠頭ばかりではない。われわれの身近な例をとってみても、穀物類の荷役は久しい以前からサイロに移っているが、現在のサイロの平均的吸い上げ能力は、一時間に八〇〇トンに達している。本船の二つのハッチで同時に作業をすれば、一時間の荷役能力は一六〇〇トンないし二〇〇〇トンということになる。石油バースにおける本船ポンプによる一時間の原油荷揚げ能力は、会社によっても異なるが一つの例を挙げると、経済作業量は七〇〇〇キロリットルないし七五〇〇キロリットルである。鉄鉱石のアンローダーは、最近の一つの例によると一つかみ二五トン、一時間の処理能力一五〇〇トン、これが三基設けられていると一時間四五〇〇トンの能力を持っている。その他、これに類する例は至るところにある。

こうして現代の大港湾というのは、精密に組織された総合的大工場ということができるであろう。人間の国際的移動は、すでに航空機に移ってしまった。それだけ市民が港に接する機会は少なくなっている。かつてのヨーロッパへの旅行を考えてみよう。新橋から特別仕立ての汽車にのって横浜の欧州航路の埠頭にやって来る。そこで家族や多くの見送りの人にかこまれ、万歳、万歳という声に送られて出港した。東シナ海、インド洋、スエズ、地中海を通って、マルセイユに上陸する、長い長い船の旅であった。外国へ行くこと、いわゆる洋行は限られた人々の一生に一度、あるかないかの幸運であった。マルセイユの港で、ついにヨーロッパに来たといっては涙を流し、この港から帰るときにも、二度と来ることはあるまいと別れを惜しんで涙を流した。しばらく以前にマルセイユの港へ行ったときに、メッサージエリー・マリティム社の年老いたフランスの船乗りが、そうしたことを語ってくれた。港にはそういう、人々の心をかき立てる何かがあったのである。

今日では、こうしたことはなくなってしまった。石川達三が『蒼氓』で描いて見せた、移民風景もなくなった。小さなカーフェリーの発着する港はまだ良い方で、多くの港から人々の海の旅というものがなくなった。瀬戸内のような特殊の例をのぞけば、港というものがすさまじい物流の拠点と化し、機械が人間のかわりをし、多くの人間が港から去ってしまったのである。人は、港にロマンがなくなったという。それも一理あるであろう。

港湾管理者は、「市民と港」という新しい課題に取り組まねばならなくなった。市民パワーが海をかえせという要求をつきつけるからである。港祭りをしたり、多くの遊覧船を港に浮かべたり、海釣り桟橋や公園やテニスコートをつくったり、港で花火大会をやったり、薪《たきぎ》能《のう》まで催して、市民サービスにつとめている。しかしそのいずれをとっても、港の本来の機能から生まれたものではないのである。市民と港との背反は、これによって本質的にみたされることはない。港の技術革新が進めば進むほど、背離は、益々大きくならざるを得ないであろう。

かつてアメリカで、『機械と人間』という写真集が出版されたことがある。それは、港湾労働が人間の肉体労働からいかにして機械に変わっていったかということを、写真によって示したものであった。この本が出版されたのは、たしか六〇年代の末か七〇年代の初めであったと記憶しているが、その後で機械化はさらに一層急速なスピードで進んでいる。

港湾の労働というものは、もともと非常に特殊な労働である。船内労働というのは、船が入港しないと仕事がない。労働時間と労働量とが一定ではない。また扱う貨物によって、労働の質が違ってくる。コンテナ船が出現する以前は、みなそうであった。かつて筆者は運輸省港湾局の委託をうけて、横浜に入港する在来貨物定期船二八〇隻の、一ヵ月間にわたるハッチ（船倉）ごとの作業の実態調査をしたことがあった。タテ軸に作業量（トン数）をとり、ヨコ軸に時間をとり、それぞれのハッチ内の作業量と時間とを、グラフの上にドット（点）で表したことがある。この時、作業量と時間とが一致するものが、一つもなかったことを覚えている。また、ロサンゼルスのカリフォルニア大学で、船内労働の強度についての実態調査をしたことがある。ダグラス・バッグを使って労働者の酸素の消費量をはかり、一五分ごとに脈拍や血圧を調べる大がかりなフィールド・スタディであったが、この時に計算された労働強度が、最高の労働強度に当たる森林伐採に匹敵するものから、工場での機械部品組み立てのような低い労働強度に至るまで、非常に広い範囲に分散していたのである。この船内労働を軸にして、沿岸の作業とか、倉庫内の作業とか、はしけ労働などが組織されていたのが、ひと昔前の港の姿であった。従って非常にたくさんの人々が港で働いていた。そして、港での作業に適応するため、労働者はそれぞれの組をつくり、重量物の扱いを得意とするもの、バラ穀物の扱いを得意とするもの、長尺物を得意とするもの、個品雑貨を得意とするものなど、貨物と作業の性質によって別々の作業班（組）をつくり、組の親方が、仕事のないときにはメシを食わせてやるという部屋組織が出来上がっていた。

仕事のないときには、労働者は賃金をもらわないかわりに、部屋で生活する権利があった。これはわが国の独特の制度であって、戦後、部屋制度が残っていたのは、土建業と港湾だけであるといわれていたが、労働者の人権の点から良くないということで、今日ではなくなってしまっている。

港湾労働の質を変えたのは、機械の導入による労働の質の均一化であった。フォークリフトやクレーン、ベルトコンベヤーなどの導入があった。穀類は、久しい以前から直接サイロに吸い上げられるようになった。石油はパイプラインで、鉄鉱石や石炭のようなものは大型アンローダーによって、直接陸揚げされるようになった。そこへ、コンテナ時代がやって来たのである。北米航路などでは、すでに貨物の九〇パーセントがコンテナ化している。このために、多くの労働者が港から去った。そしてそれだけ、港と人間との関係が希薄になったということが出来る。

情報化時代と港湾

機械化の次の段階は、情報化というコンピュータによる業務処理として現れている。これがまた、港に大きな変化をもたらしつつある。かつて、港の主人公は船会社であった。大手船会社の港の支店を中心に、にぎやかに作業の組織がつくりあげられていた。本船の入港にそなえての貨物の集荷、多くの船積み書類の作成、保険会社や銀行との取引、傘下の作業会社に対する仕事の手配から、水や燃料の用意、船用品の購入、さては船員を迎えるための準備に至るまで、たくさんの仕事があった。船会社は、港に目立って大きなビルを建て、偉容をほこっていたのである。

コンピュータ・システムの発達によって、これが大きく変化しつつある。まず、ブッキングという貨物の集荷業務が、ほとんど東京の本社に移ってしまった。船積み書類の作成が本社のコンピュータによって行われるようになった。清酒の一升ビンをかかえて、徹夜で船荷証券をつくったなどという話は、ついこの間までよく耳にしたが、今日では全く聞けなくなった。保険業や銀行との取引も、書類作成業務のコンピュータ化、即ちドキュメンテーション・システムの出現によって、本社で処理されることが多くなった。現在、ドキュメンテーションは、主として海貨業者《フレート・フォワーダー》の仕事であるように考えられているが、これは、フレート・フォーワーダーの自己主張を意味するものであって、システム化の発展次第では、フレート・フォーワーダーを通りこして、貿易情報の七〇パーセントを提供する荷主のシステムに変わる可能性もある。わが国では、まだそこまでいっていないが、アメリカでは、ＣＡＲＤＩＳのように、巨大なデータベースを持つ荷主主体のシステムがつくられているのである。

このようにして、港における船会社支店の仕事が非常に少なくなった。商社もまた港における取引がなくなったということで、港から撤退するものが現れ、港における船会社の地位がゆるぎ出した。かわって、自動車の輸出に見られるような、メーカー荷主が自己のシステムを強力に港に実現している。

港はどこへ行こうとしているのか。わが国では、少なくとも昔の泥臭さはなくなりつつある。この泥臭さをなつかしがる人も、さらにクールなシステム化を望む人も、しばし現実の動きを、注意深く眺めることが必要であろう。

解説　人間と水辺空間の壮大な物語

陣内秀信

この本は、世界の港の歴史を大きな視野から自在に論じた異色の著作である。二〇世紀の終盤から、世界の都市が新たな時代のニーズ、価値観に合わせ再生への道を歩むなか、特にその歴史的な港湾空間をうまく活用し、見事な蘇りを示しつつあるだけに、「港」の本来の姿、仕組みをこうしてダイナミックに描いて見せる本書の価値は大きい。

そもそも、人類がつくった都市の歴史を考えるには、「港」の存在が重要である。世界の多くの都市が海辺、あるいは川沿いに形成され、舟運によって発達、繁栄することができたことを思い起こしたい。近代になって鉄道、自動車が登場する前は、物資を大量に安く、安全に輸送するには、舟運が圧倒的に有利だったのだ。飛行機が普及する以前は、外国に旅行するにも、陸続きでない限り、船を使わざるを得なかった。

従って、人類の歴史のなかで、船が往来し、人とモノと情報が集まる「港」、そしてその周辺の空間は長らく都市の主役の座を占めてきたと言えるだろう。だが、近代になると、事情が大きく変化した。時代の価値観は、水の都市から陸の都市へと大きくシフト。その一方で、船が大型化し物流の規模も大きくなった港湾空間は外へ外へと出ていく。人の暮らし、都市の賑わいと「港」は切り離される傾向にあった。とすれば、港町のロマンも昔話にならざるを得ない。

こうした事情もあって、陸の価値観が支配的な時代が続くなか、世界の港町、あるいは港湾の歴史的発展を体系づけるような学術的研究が未発達な状態だった、というのもよくわかる。そのなかで、ひときわ独自の輝きを放つのが本書なのである。

＊

世界にもおそらくモデルとなる類書が見当たらないなか、著者独自の港湾研究への構想が生まれ、その歴史的発展を体系的に記述すべく、試行錯誤が重ねられたのだろう。『港の世界史』と題する書物だが、その扱う範囲、著者の関心は単なる「港」を超えて驚くほど広くて大きい。古代から現代までの世界の港の発達と、それを促す生産、流通関係などの歴史を描くことで、それぞれの時代の港の発展の法則性を探求したい、と述べる著者は、各時代の代表的な港、港町を論ずるのに、まずはその背景となる文明の特徴、そして領土の拡大、植民地政策、支配・統治の構造などに深い考察を向ける。こうして、政治、社会、経済の仕組みの説明にも大きなエネルギーを注ぎながら生産、流通関係などの歴史を存分に記述した上で、モノが集積する「港」の状況や姿を描くのである。まさに港の歴史を通じて、文明の歴史、民族や国家、そして都市の歴史を論ずるというスタイルになっている。その構想のスケールの大きさに圧倒される。

研究の方法としては、幅広い学問分野の文献・資料を渉猟《しょうりょう》すると同時に、港、港湾の現場を訪ね、自分の目で観察し、また専門家との交流から多くの示唆を得ているのがよくわかる。著者のユニークな研究を生んだ背景を略歴から想像するならば、いわゆる大学に籍を置く学術的な立場の研究者とは異なり、新聞社のジャーナリストとしてのキャリアを積んだ後、港湾経済研究所を自ら設立し、日本港湾経済学会の常任理事をつとめるなど、港湾関連の実践的な仕事を担いながら、自身の港湾の歴史研究を推し進めたと思われる。それだけに、本書の記述のスタイルも、アカデミックな型にはまらず、知的好奇心を発揮して次々に展開していく面白さがある。

欧米の動きを丁寧に追跡する著者は、一九六〇年代の初めから「物流」という言葉がさかんに使われるようになったことに注目する。陸上輸送から始まったその発想が、次に海上輸送に展開し、世界の港の様相が変化したという。コンテナの海上輸送が新たな時代を切り開き、コンテナ・ポートが出現した。その先端を切り開いたのがアメリカであり、ニューヨークだった。

本書の原本は、一九八九年に朝日新聞社から出版されている。だが、内容を読む限り、著者らの現地視察、調査が精力的に行われたのは、一九六〇年代が中心だったと思われる。まさにその中盤から後半にかけての時期、コンテナの海上輸送、コンテナ・ポートの出現で、港の革命が起きた。コンピュータを駆使する貿易および輸送業務の情報システムを組み込んで登場したニューヨークのコンテナによる究極の新しい港湾空間に高い評価が与えられる。

しかし、そこに歴史のアイロニーがある。こうして機械化、情報化が進み、港が進化するにつれ、港湾労働者が港から去り、港と人間の関係が希薄になった。船会社も商社も港にいる必要がなくなった。「港はどこへ行こうとしているのか」、と著者が自問自答する形で本書は結ばれる。

＊

歴史のロマンを探求した書としての魅力をもつこの本だが、港の歴史に関しては、基本的に進歩史観に立つ。それは港湾調査の業務を担いその仕組みの進展を研究する専門の立場からすれば、当然のことであろう。この視点に立つからこそ、世界の貿易、物流を担う代表的な港町が、ヴェネツィアからアントワープ、アムステルダム、そしてロンドン、ハンブルク、さらにアメリカに移って、ボストン、フィラデルフィアからニューヨークへと覇権が移動した進化のプロセスが実によく解き明かされる。

私自身も学生時代、一九七〇年代の前半にヴェネツィアに留学した経験も影響して、港町、貿易、海洋都市といった領域に早くから関心をもつことになった。ヴェネツィアに加え、アマルフィ、ピサ、ジェノヴァを取り上げ、『イタリア海洋都市の精神』（講談社、「興亡の世界史」08）という一冊にまとめたこともある。

私の専門は建築史、都市史であり、建物、施設、空間、景観など、形あるものを通じて場所や地域の歴史を描き出す仕事をしてきた。港と都市の関係に興味がある。自然地形と関係しての港の立地条件に関心がある。生産、流通、物流の仕組みと密接に結びつけて港を論ずる著者・高見氏の立場はソフトウェアーによりウェートを置くのに対し、私はハードウェアー寄りということになろう。それだけに、港を生み、支え、発展させた政治・経済・社会との関係から物流と港の在り方を論ずるこの本の記述には、私にとって学ぶ点が多い。
同時にまた、都市と港の関係に注目する私の立場からすると、「港はどこへ行こうとしているのか」という問いに対しては、次のようなまた違った歴史のロジックを示すことができると考える。

＊

そもそも港は重要な役割を担い、都市の中心近くにあり、その周辺には様々な活動が集中し、人々の賑わいに満ちていた。これこそが前近代の「港町」であった。人々の暮らしの場と港は、どんな都市でも近かった。

ところが一九世紀、産業革命の進展を背景に、船は大型化し、港湾空間を効率よく再編するためのダイナミックな動きが生まれ、やがて本書でも詳しく論じられるように鉄道ともリンクし、物流に特化した港湾空間が形成されるようになった。それこそが進化過程の現れとみられる。従来の、水が人々と多様かつ密接に結びついていた港町の在り方が弱まり、都市内の船の交通が減り、物流の機能は、完全に既存の都市の外の隣接地に追い出されることになった。こうして「港湾都市」というべきものが誕生し、従来の港町のイメージとは違う、人間の暮らし、営み、文化とは切り離された特殊空間が大規模、かつ集中的に形成されたのだ。しばしばそれは、大規模な埋め立てをともなう土木事業によって実現した。ここまでの港湾の進化過程については、本書が存分に論じている。

ところが、時代は変わり、こうした物流に特化した港湾空間は、一九六〇年代後半以後のコンテナ化という物流革命によって完全に不要になった。大規模なコンテナ埠頭がさらに外側に建設されたことで、従来の港湾空間が役割を失い、空洞化したのだ。特に、欧米の一九世紀から二〇世紀前半に形成されたこのような物流空間は、石造、煉瓦造、そして本格的な鉄筋コンクリート造の堂々たる倉庫、上屋、構造物が集積し、存在感がある。だが存在意味を失ったそれらの建物が、長く使われず放置される状態が続き、周辺環境も荒廃して治安も悪くなり、都市のなかの厄介ゾーンにもなりかねなかった。それを解決すべく、ここからいわゆる「ウォーターフロント問題」が登場することとなった。

この問題にいち早く取り組んだのも、やはりアメリカだった。ボストンの港近くのクインシー・マーケット周辺、本書にも触れられるニューヨークの古い港、サウス・ストリート・シーポートの再生など、先駆的な事例として一九七〇年代から大いに話題になった。本書の著者は、港が機能していたその前の時代を扱うため、新たに浮上した「ウォーターフロント問題」には一切、触れていない。港、港湾空間を巡る世界は、まさに七〇年代を転換点として大きく舵を切ったと言えるのだ。

それだけに、本書に花形として登場する世界の覇権を握ったヴェネツィア、アムステルダム、ロンドン、ハンブルク、ニューヨーク等の港町が、かつて荷を積む船が行き来した港湾空間を舞台に、その後、どのような都市再生の動きを見せてきたのかを観察することも、実に興味深いテーマとなるはずだ。

＊

ごく簡単にスケッチしてみよう。本書で、早い時期に中世から近代への転換を遂げたと評価されるヴェネツィアでは、ラグーナに浮かぶ都市の全体に港の機能が広がっていた。だが、一九世紀中頃、都市の西南端の埋立地に新たな港湾施設ができると、大運河沿いの貴族の館を転用したホテルの建物も、遠方からの物資を運び込む物流の役割から解放され、その前面に快適に食事ができる水上テラスを張り出すことが可能になった。今見る華麗な水都のイメージは、むしろ近代に誕生したともいえるのだ。

オランダ東インド会社の活動などを通じ、一七世紀の世界の貿易と金融の中心になったアムステルダムでは、内部を巡る運河に沿った建物は、下に人が住む一方、上部は倉庫にあてられ、頂部の滑車で荷を上げていたことを本書は詳しく論じるが、実は一九世紀終盤には、物流の空間が海の側の外部に移動したことから、本来、荷揚げに使われた運河の水面、岸辺の空間は、新たな時代のライフスタイルに合った空間に転身した。水都を彩る水上に浮かぶハウスボートも、屋外のカフェテラスもこうして誕生したのだ。

続く一八世紀中頃に、海運の発達による自由貿易主義の時代への移行、産業革命の追い風を受けて、アムステルダムに代わって世界の港町の覇権を握ったのがロンドンだった。著者・高見氏は、一九世紀初めから、テムズ川に沿った土地に舟入を掘り込んだドックとその運営会社が登場し、鉄道と蒸気船とが埠頭で結びつく港湾の新たな形態が生まれたこと、また、個々のドック会社によってではなく、全体としての機能を包括したポートオーソリティという公企業体によって運営されるようになったことに注目し、それこそが近代港湾成立のメルクマールだったと強調する。だが、そのドックの形式も、スピードと規模を競う次の段階には、時代遅れの産物となり、ロッテルダムやハンブルクにその座を脅かされるようになったのだ。

第二次大戦後、特に一九六〇年代半ばからのコンテナ化の進展とともに役割を終えたドック群だが、衰退・荒廃を乗り越えて、一九八〇年代に開始された有名なドックランズの再開発で息を吹き返した。初期の頃は、新たに現代建築が登場するイメージが強かったが、その後は、古い価値ある倉庫、港湾施設をコンバージョンし、魅力的な空間となって人々を惹きつけている。

そして、近代港湾の進化の頂点を示すものとして著者が評価するニューヨークが、この半世紀の間に歩んだウォーターフロント再生の軌跡をたどるのも実に興味深い。本書にも登場するイースト川沿いの古い港、サウス・ストリート・シーポートが、八〇年代前半に古い桟橋を残し、新たな水辺の商業・文化施設を建設すると同時に、海洋時代の記憶として古風な帆船を停泊させ、人気スポットとなった。後の段階では、コンテナ化で本来の物流機能を失ったニューヨークの広大な港湾空間全体が、都市再生の重要なターゲットになっていく。まずは、マンハッタンの水辺、さらにブルックリンへと展開し、汚く危険だった水辺のイメージを大きく塗り替えた。ハドソン川沿いには、快適な水辺のプロムナードが延々と実現し、その内側にかつて港湾機能と結びついて建設されながら、役割を終え廃線となっていた高架鉄道の跡がハイラインとして保存再生され、快適な空中プロムナードとして市民に大人気の場所になっている。

このように、世界の先進国のあちこちで、役割を終えていた元の港湾空間が新たな生命を得て、二一世紀の都市に欠かせない最も価値ある場所として市民生活を支える舞台となっているのだ。本書の著者が港湾調査を精力的に展開した六〇年代には、やがて訪れる転換のシナリオはまだ、その兆しも見えていなかったに違いない。最先端のコンテナ・ポートを絶賛しつつも、港の行く末を心配した著者にとって、今の世界各地で見られる都市づくりの面からの港町復権の情景は、どのように目に映るのだろうか。

＊

世界の都市を巡る最も旬なテーマは水辺空間の再生である。観光として訪問したいと思う格好いい場所にも、こうして蘇った元港湾空間としての、いわゆるウォーターフロントと呼ばれる水辺の場所が多いはずだ。高見氏の思いの詰まった壮大な「港の世界史」の物語を読むと、今再び人々を虜にしている世界各地の水辺空間の港時代の過去の姿と、それを生んだ背景とがリアルに理解できるはずである。

（法政大学特任教授）

117 1848年のテネシー州メンフィスの風景スケッチ▶T. H. Watkins, *Mark Twain's Mississippi*, American West Publishing Co., Palo Alto, California, 1974.
118 1852年のニューオーリンズ風景▶Ibid.
119 ニューオーリンズ埠頭に到着する旅客の群れ▶Ibid.（1888年Harper's Weeklyより）
120 マンハッタン西部ウエスト・ストリート▶John Grafton, *New York in the Nineteenth Century*, New York, 1977.（1877年Harper's Weeklyより）
121 1873年のニューヨーク港▶Ibid.
122 1877年ころのニューヨーク港荷役風景▶Ibid.
123 ニューヨークの雑貨埠頭▶Benjamin Chinitz, *Freight and the Metropolis*, Harvard University Press, 1960.
124 ニューヨークのニュージャージー側の鉄道埠頭▶Ibid.
125 ニューヨーク港の旅客ターミナル▶ニューヨーク・ニュージャージー・ポートオーソリティ提供.
126 ニューヨーク港の現状▶同上.
127 ニューヨーク港コンテナ・ポートの核心部▶同上.
128 ニューヨーク，エリザベス・ピーヤのコンテナ・ターミナル▶同上.

88 英国，イースト・インディアマンの出港風景▶Gerald S. Graham, *A Concise History of the British Empire*, Thames and Hudson, London, 1972.
89 インドのスラートにおける英国ファクトリー▶Ibid.（1727年の版画による）
90 1767年のボンベイにおける英国東インド会社の軍隊▶Ibid.
91 同砦風景▶Ibid.
92 1890年のカルカッタ港風景▶Ibid.
93 黄浦江の流れの変遷と港口の位置の変化▶上海港史話編写組編『上海港史話』上海人民出版社，上海，1979.
94 清の道光年間（1821—1850）の上海港▶『上海』上海人民美術出版社，上海，1984.
95 沙船碇泊図▶中国交通部水運規劃設計院提供.
96 清明上河図▶王钟嶙，前掲書（原画は北京故宮博物館蔵）.
97 1853年の上海港略図▶上海港史話編写組編，前掲書.
98 上海港見取り図（1937年）▶同上.
99 御開港横浜之全図▶横浜開港資料館蔵.
100 横浜絵図面▶同上.

Ⅶ 偉大なるロンドン——近代港湾の成立

103 エニーポートの成立▶James Bird, *The Major Seaports of the United Kingdom*, Hutchinson & Co., London, 1963.
104 ロンドン港の初期の開発▶Ibid.
105 石造りの古いロンドン橋（1630年ころ）の風景▶Ibid.（Matthew Merianの版画による）
106 リーガル・キイとサファランス・ワーフ▶Ibid.
107 1840年代の東インド・ドック会社風景▶G. S. Graham, op. cit.
108 リーガル・キイ風景▶J. Bird, op. cit.
109 初期のドック体系▶ロンドン・ポートオーソリティ提供.
110 19世紀後半から20世紀初頭にかけてのドック体系▶同上.
111 ティルベリー・ドック▶同上.

Ⅷ アメリカにおける発展——現代への展開

115 バージニアに到着したイギリス船▶G. S. Graham, op. cit.
116 オランダが建設したフォート・アムステルダム▶ニューヨーク・ニュージャージー・ポートオーソリティ提供.

Freien und Hansestadt Hamburg, Archiv für Deutsche Heimatpflege, G. m. b. H., Köln, 1967.

65 ハンブルク市の成立と原始エルベ河▶Ibid.

66 北エルベの治水事業①▶Carl Will, *Hamburg im Hafen, Hamburger Heimatbücher*, Gesellschaft der Freunde des Vaterländischen Schul- und Erziehungswesens, Hamburg, 1961.

67 北エルベの治水事業②▶Ibid.

68 ブンテホイザー築堤工事▶Ibid.

69 1300年のハンブルク▶E. von Lehe, op. cit. 付録図.

70 1650年のハンブルク▶Ibid. 付録図.

71 1644年に描かれたハンブルク▶Ibid.（1644年Arnoldus Pitersenによって描かれた絵）

72 1685年のハンブルク▶Ibid.

73 1644年のビンネン・ハーフェン▶C. Will, op. cit.

74 1600年のハンブルク商品取引所▶E. von Lehe, op. cit.

75 19世紀末のハンブルク港風景▶ハンブルク駐日代表部提供.

Ⅳ　大航海の時代

77「鄭和航海図」▶向達『鄭和航海図』中華書局，北京，1982.

78 鄭和の時代に描かれたというアフリカ南端の地図▶Eric Newby, *World Atlas of Exploration*, Mitchell Beazley, London, 1975.

79 大航海時代のポルトガル，スペインの遠征ルート▶G.バラクラフ，前掲書.

80 ポルトガルの南下▶E. Newby, op. cit.

82 16世紀のセビリア▶J. H. Parry, *The Spanish Seaborne Empire*, Hutchinson & Co., London, 1966.

Ⅴ　アムステルダムの貿易と海運

83 14世紀半ばのアムステルダム▶A. M. Van de Waal, *Amsterdam*, H. D. Pfann, Amsterdam, 1968.

84 1482年のアムステルダム▶Ibid.

85 1797年のビーゲンダムと市庁舎▶Ibid.

86 1730年のアムステルダム港風景▶Ibid.

Ⅵ　インド・太平洋のライバルたち

87 インド・太平洋のライバルたちの航路▶G.バラクラフ，前掲書.

36 春秋戦国時代の航海ルート▶秦皇島港史編集委員会『秦皇島港史』人民交通出版社，北京，1985.
37 漢の武帝の海上北巡碣石ルート▶同上.
38 唐代海運概要図▶王钟嶙『中国の古代海港発展の概要』中国交通部水運規劃設計院，北京，1985.
39 元代の直沽港への川と海のルート▶天津港史編輯委員会編『天津港史』人民交通出版社，北京，1986.
40 元代海洋運漕船——漕船▶前掲『秦皇島港史』.
41 元代海洋運漕船——沙船航行図▶同上.
42 平州港見取り図▶同上.

Ⅲ　中世の谷間から

43 18世紀初めのベネチアの運河の船着き場▶J. G. Links, *Venice*, (Views of Venice, Canaletto画), Dover Publications Inc., New York. 1971.
44「丸い船」といわれたベネチアの商船の復元図▶Enrico Scandurra, “The Maritime Republics：Medieval and Renaissance Ships in Italy”, in G. F. Bass (ed.), op. cit.
45 岬の税関▶ベネチア港湾局提供.
47 12世紀のベネチアの古地図▶Terisio Pignatti, *Venice*, Thames and Hudson, London, 1971.
50 ベネチアのガレー船▶E. Scandurra, op. cit.
51 ベネチアのガレーラ・グロッサ▶Ibid.
52 ハンザ同盟の通商路▶Hans Konrad Röthel, *Die Hansestädte*, Prestel-Verlag, München, 1955.
53 1350年のエルビンクの紋章に描かれたコグ船（ハンザの商船）▶Ole Crumlin-Pedersen, “The Vikings and the Hanseatic Merchants：900-1450”, in G. F. Bass (ed.), op. cit.
54 14世紀の北ヨーロッパの貨物船▶Ibid.
55 1493年のリュベック▶Karl Pagel, *Die Hanse*, Georg Westermann Verlag, Braunscheig, 1962.
57 15世紀のビスビー▶Ibid.
58 17世紀のリガ▶Ibid.
59 16世紀ころのアントワープ風景▶アントワープ市提供.
60 中世早期のブレーメン風景▶ブレーメン港在日代表部提供.
61 16世紀のマルセイユ▶マルセイユ港湾局提供.
64 1568年のハンブルク港風景▶Erich von Lehe, *Heimatchronik der*

図版出典一覧

Ⅰ　古典古代

2 ウル遺跡平面図▶糸賀昌昭「都市国家の誕生」，三笠宮崇仁編『古代オリエントの生活』「生活の世界歴史」1，河出書房新社，1976.

3 ニップルの都市構造▶同上.

4 メソポタミアの船▶George F. Bass, "The Earliest Seafarers in the Mediterranean and the Near East", in G. F. Bass (ed.), *A History of Seafaring*, Thames and Hudson, London, 1972.

13 ハリカルナソス（ボードラム）港概念図▶H. M. Denham, *The Aegean, A Sea-Guide to Its Coasts and Islands*, New Enlarged Edition, John Murray, London, 1975.

14 ピレウスの略図▶Ibid.

15 ピレウスの船庫復元図▶Joseph W. Shaw, "Greek and Roman Harbourworks", in G. F. Bass (ed.), op. cit.

19 南トルコのカスの港▶H. M. Denham, op. cit.

21 フェニキア人の港（コソン・モティアの発掘の結果を作図したもの）▶G. F. Bass, op. cit.

22 航空写真による古代カルタゴの港の想定復元図▶J. W. Shaw, op. cit.

23 大ローマ帝国の港湾▶G.バラクラフ『朝日＝タイムズ世界歴史地図』朝日新聞社，1979.

24 プテオリの復元図▶J. W. Shaw, op. cit.

25 プテオリの防波堤の上部の構造▶Ibid.

26 オスチア港の復元図▶Ibid.

Ⅱ　中国の古代水運と港湾

30 黄河流域新石器時代の仰韶文化，龍山文化遺跡の分布図▶譚其驤主編『中国歴史地図集』第一冊，地図出版社，上海，1982.

31 春秋時代，黄河中流域（秦・晋）の概念図▶同上.

32（上）杭州水田畈出土の櫂（下）呉興銭山漾出土の櫂▶王钟嶙提供『水運文物』北京，1985（いずれも原物は上海博物館所蔵）.

33 商代銅鼎花紋▶同上（同）.

34 河南汲県山彪鎮出土の戦国時代の銅器に描かれていた陸上と水上の戦闘▶同上.

35 隋代大運河概要図▶同上.

7 高見玄一郎『近代港湾の成立と発展』東洋経済新報社, 1962, p.99.
8 George Soule and Vincent P. Carosso, *American Economic History*, Dryden Press, New York, 1957.
高見玄一郎, 前掲書, p.126.
9 James Morris, *The Great Port, A Passage through New York*, A Helen and Kurt Wolff Book, Harcourt, Brace & Wold, New York, 1969.
10 Marvin L. Fair, *Port Administration in the U. S.*, Tulane University, 1954.
高見玄一郎, 前掲書, p.109.
11 高見玄一郎『アメリカ港めぐり』港湾経済研究所, 横浜, 1968, p.204.
12 高見玄一郎訳『コンテナ・オペレーションの経済理論』港湾経済研究所, 横浜, 1967.
13 National Council on International Trade Documentation (NCITD), "Paperwork or Profits"in *International Trade*, New York, 1971, pp.4-5.
〈上記以外の参考文献〉
Benjamin Chinitz, *Freight and the Metropolis*, Harvard University Press, 1960.

2　Ralph Davis, *The Rise of the English Shipping Industry in the Seventeenth and Eighteenth Centuries*, Macmillan & Co., London, 1962, pp.10-15.
3　D. C. Coleman, *Revisions in Mercantilism*, Methuen & Co., London, 1969.
4　Sir Joseph G. Broodbank, *History of the Port of London*, Vol. I, Daniel O'Connor, London, 1921.
5　Ibid., Vol. II, p.425.
6　Phyllis Deane, *The First Industrial Revolution*, Cambridge University Press, London, 1976, p.3.
7　Ibid., p.56.
8　A・スミス，前掲岩波文庫第3巻，pp.276-325.
9　R. Davis, op. cit., p.81.
10　J. G. Broodbank, op. cit., Vol. I, p.207.
11　Sir David J. Owen, *Ports of the United Kingdom*, London, 1939.
12　J. G. Broodbank, op. cit., Vol. I, p.83.
13　P. Deane, op. cit., p.68.
14　Karl Marx, *Capital, A Critical Analysis of Capitalist Production*, (English Edition by Friedrich Engels), Vol. I, Progress Publishers, Moscow, 1965, p.146.
　邦訳『資本論』向坂逸郎訳，岩波文庫第1巻，1969，p.255.
15　M・ドッブ，邦訳前掲書，p.183.
16　J. G. Broodbank, op. cit., Vol. I, p.163.
17　D. J. Owen, op. cit.

Ⅷ　アメリカにおける発展——現代への展開

1　John A. Garraty, *The American Nation, A History of the United States*, Third Edition, Harper & Row, New York, 1975, p.31.
2　Ibid., p.30.
3　Harrison B. Fagan, *American Economic Progress*, J. B. Lippincott, Chicago and Philadelphia, 1935, p.116.
4　T. H. Watkins, *Mark Twain's Mississippi, A Pictorial History of America's Greatest River*, American West Publishing Co., Palo Alto, California, 1974.
5　Ibid., p.82.
6　Ibid., p.81.

of Minnesota Press, Minneapolis, 1976, p.33.
2 Ibid., p.34.
3 Eric Newby, *World Atlas of Exploration*, Mitchell Beazley, London, 1975, p.126.
4 Gerald S. Graham, *A Concise History of the British Empire*, Thames and Hudson, London, 1972, p.40.
5 H. Furber, op. cit., p.264.
6 Ibid., p.126.
7 A・スミス，前掲岩波文庫第3巻，pp.398-399.
8 Nigel Cameron, *Hong Kong the Cultured Pearl*, Oxford University Press, Hong Kong, 1978, p.11.
9 G. B. Endacott, *A History of Hong Kong*, Oxford University Press, London, 1964.
10 上海港史話編写組編『上海港史話』上海人民出版社，上海，1979.
11 天津港史編輯委員会編『天津港史』（古近代部分），人民交通出版社，北京，1986，p.24.
12 上海港史話編写組編，前掲書，p.15.
13 同前，pp.18-20.
14 朱新予主編『浙江絲綢史』浙江人民出版社，杭州，1985，p.100.
15 Ellen Thorbeck, *Shanghai*, North-China Daily News & Herald, Shanghai, 1941.
16 胡縄『鴉片戦争から五四運動まで』紅旗出版社，北京，1982，p.64.
17 黄葦『上海開埠初期対外貿易研究』上海人民出版社，上海，1979，附録統計.
18 横浜歴史年表編纂委員会『横浜歴史年表』横浜市，1951，p.92.
19 萩原進『中居屋重兵衛』有隣堂，1978，p.163.
20 石井孝『港都横浜の誕生』有隣堂，1976，pp.92-93.
21 同前，pp.93-94.
22 前掲『横浜歴史年表』，p.94.
〈上記以外の参考文献〉
The Times, *Atlas of World History*, Revised Edition, Times Books, London, 1986.

Ⅶ 偉大なるロンドン——近代港湾の成立

1 James Bird, *The Major Seaports of the United Kingdom*, Hutchinson & Co., London, 1963.

1975, p.59.
9 沈福偉「鄭和宝船隊の東アフリカ航程」,『鄭和西洋航海に関する論文集』前掲書，p.166.
10 A・スミス，前掲岩波文庫第3巻，p.264.
11 井沢実『大航海時代夜話』岩波書店，1977，p.3.
12 同前.
13 J. H. Parry, *The Spanish Seaborne Empire*, Hutchinson & Co., London, 1971, p.117.
14 Ibid., pp.117-118.
15 A・スミス，前掲岩波文庫第3巻，p.270.
〈上記以外の参考文献〉
H. V. Livermore, *A New History of Portugal*, Cambridge University Press, London, 1967.

V　アムステルダムの貿易と海運

1 Hermann Kellenbenz, *The Rise of the European Economy, An Economic History of Continental Europe 1500-1750*, Weidenfeld and Nicolson, London, 1976, p.104.
2 Ibid., p.129.
3 Ibid., p.130.
4 C. Wilson, *The Dutch Republic*, London, 1968.
邦訳『オランダ共和国』堀越孝一訳，世界大学選書26，平凡社，1971.
5 Johan Huizinga, *Nederland's beschaving in de zeventiende eeuw*, Jena, 1933.
邦訳『レンブラントの世紀――十七世紀ネーデルラント文化の概観』栗原福也訳，創文社，1976（第4版），pp.26-27.
6 H. Braat,「オランダにおける港湾発展の300年」，1969年横浜のホテル・ニューグランドにおける講演（高見玄一郎訳，港湾経済研究所，横浜，1969）.
〈上記以外の参考文献〉
Maurice Dobb, op. cit.

Ⅵ　インド・太平洋のライバルたち

1 Holden Furber, *Rival Empires of Trade in the Orient, 1600-1800*, Europe and the World in the Age of Expansion, Vol. Ⅱ, University

4 G. A. J. Hodgett, op. cit., p.72.

5 Alfred Murr, *Export/Import Traffic Management and Forwarding*, Cornell Maritime Press, Cambridge, Maryland, 1967.

6 Maurice Dobb, *Studies in the Development of Capitalism*, First Edition, Routledge & Kegan Paul, London 1946.

邦訳『資本主義発展の研究 I』京大近代史研究会訳，岩波現代叢書，1954，p.50.

7 羽仁五郎『都市の論理』勁草書房，1968，p.228.

8 アダム・スミス，前掲岩波文庫第2巻，p.452.

9 Karl Pagel, *Die Hanse*, Georg Westermann Verlag, Braunscheig, 1962, p.152.

10 Hans Konrad Röthel, *Die Hansestädte*, Prestel-Verlag, München, 1955, pp.55-58.

11 モーリス・ドッブ，邦訳前掲書，p.114.

12 Erich von Lehe, *Heimatchronik der Freien und Hansestadt Hamburg*, Archiv für Deutsche Heimatpflege G. m. b. H., Köln, 1967, p.39.

13 Ibid., p.40.

14 M・ドッブ，邦訳前掲書，p.67.

15 M. Dobb, *Studies in the Development of Capitalism*, Revised Edition, 1978, p.255.

Ⅳ 大航海の時代

1 J. H. Elliott, *Imperial Spain 1469-1716*, Edward Arnold, London, 1969.

2 G. A. J. Hodgett, op. cit., p.113.

3 森本公誠「ムスリム商人の活躍」，嶋田襄平編『東西文明の交流3 イスラム帝国の遺産』平凡社，1970，p.63.

4 宮崎市定『世界の歴史』6「宋と元」中公文庫，1978，p.471.

5 紀念偉大航海家鄭和下西洋580周年準備委員会・中国航海史研究会『鄭和西洋航海に関する論文集』第一集，人民交通出版社，北京，1985. 王大勇，前言より.

6 朱晨光「鄭和の西洋航海の目的に関する考察」，同前，p.2.

7 王兆生「鄭和の西洋航海のいくつかの問題に対する試論」，同前，p.145.

8 Eric Newby, *World Atlas of Exploration*, Mitchell Beazley, London,

London, 1975, p.204.
41 Frederick Van Doorninck, “Byzantium, mistress of the Sea : 330-641”, in G. F. Bass (ed.), op. cit., p.134.

Ⅱ 中国の古代水運と港湾

1 中国交通部海洋運輸管理局・内河運輸管理局編『中国の対外開放港湾』人民交通出版社，1985.
2 貝塚茂樹『中国の古代国家』中央公論社，1984.
3 呉慧『中国古代商業史』第一冊，中国商業出版社，北京，1983, p.128.
4 同前，p.129.
5 傅筑夫『中国封建社会経済史』第一巻，人民出版社，北京，1981, pp.270-273.
6 貝塚茂樹『中国古代再発見』岩波新書，1979，p.37.
7 王钟嶙「中国の古代海港発展の概要」(1985年5月，北京で行われた中日学術交流会提出論文).
8 王钟嶙提供『水運文物』(コピー)，1985年5月の前記学術交流会後送付.
9 王钟嶙，前掲論文.
10 貝塚茂樹『中国の古代国家』前掲書，p.162.
11 王钟嶙提供，前掲コピー.
12 同前.
13 Sun Zhen and Howard Coats, *The Grand Canal of China*, South China Morning Post, New China News, Hong Kong, 1984, p.78.
14 項観奇『悠久の古代歴史』山東教育出版社，済南，1984.
15 秦皇島港史編集委員会『秦皇島港史』人民交通出版社，北京，1985, p.35.

Ⅲ 中世の谷間から

1 Adam Smith, *An Inquiry into the Nature and Causes of the Wealth of Nations*, Edwin Cannan's Edition (The Modern Library), New York, 1965.
邦訳『諸国民の富』大内兵衛，松川七郎訳，岩波文庫第2巻，1960, p.466.
2 G. A. J. Hodgett, op. cit.
3 塩野七生『海の都の物語』中央公論社，1980.

18　プラトン『プラトン全集12　ティマイオス　クリティアス』岩波書店，1975，ティマイオス・種山恭子訳，pp.22-23，クリティアス・田之頭安彦訳，pp.224-225.
19　N. G. L. Hammond, op. cit., pp.67, 68.
20　太田秀通，前掲書，p.58.
21　ホメーロス『イーリアス』呉茂一訳，岩波文庫上，1953，pp.205-206.
22　ホメーロス『オデュッセイアー』呉茂一訳，岩波文庫上，1971，pp.191-192.
23　同前，p.219.
24　同前，p.221.
25　同前，p.221.
26　Michael B. Sakellariou, “The Formation of the Greek World”, *History of the Hellenic World*, op. cit., pp.22-73.
27　太田秀通，前掲書，p.79.
28　太田秀通，前掲書，pp.101-102.
29　J. B. Bury, *A History of Greece*, The Modern Library, New York (このライブラリーに収められたのは，Buryの1913年版の論文である)，p.56.
30　N. G. L. Hammond, op. cit., p.109.
31　Joseph W. Shaw, “Greek and Roman harbourworks”, in G. F. Bass (ed.), op. cit., p.91.
32　ホメーロス『オデュッセイアー』前掲書，pp.294-295.
33　Peter Throckmorton, “Romans on the sea”, in G. F. Bass (ed.), op. cit., pp.66-67.
34　弓削達『地中海世界とローマ帝国』岩波書店，1977，p.56.
35　P. Throckmorton, op. cit.
36　Ibid.
37　Edward Gibbon, *The History of the Decline and Fall of the Roman Empire (1776-88)*, Edited by J. B. Bury, 7 Vols., 1895.
　邦訳『ローマ帝国衰亡史』村山勇三訳，岩波文庫第6巻，1955，p.75.
38　Gerald A. J. Hodgett, *A Social and Economic History of Medieval Europe*, Methuen & Co., London, 1972, p.43.
39　Ibid., pp.48-49.
40　Steven Runciman, *Byzantine Civilization*, Methuen & Co. Ltd.,

注および参考文献

I　古典古代

1　George A. Christopoulos, *History of the Hellenic World*, I Prehistory and Protohistory, EKDOTIKE ATHENON S. A., Athens, 1974, pp.53-54.

2　Paul Auphan, *Histoire de la Méditerranée*, La Table Ronde, Paris, 1962, p.22.

3　*The Bible*, A New English Translation, Oxford University Press, Cambridge University Press, 1970, p.2.

4　George F. Bass, "The Earliest Seafarers in the Mediterranean and the Near East", in G. F. Bass (ed.), *A History of Seafaring, Based on Underwater Archaeology*, Thames and Hudson, London, 1972, p.89.

5　三笠宮崇仁編『古代オリエントの生活』「生活の世界歴史」1，河出書房新社，1976，pp.81-93.

6　Joseph W. Shaw, "Greek and Roman Harbourworks", in G. F. Bass (ed.), op. cit., p.89.

7　三笠宮崇仁編，前掲書，pp.76-77.

8　J. R. Kupper, "Northern Mesopotamia and Syria", in Cambridge University Press, *The Cambridge Ancient History*, Paperback Edition, Volume II Part 1, Cambridge, 1980, p.25.

9　太田秀通『東地中海世界――古代におけるオリエントとギリシア』岩波書店，1977，pp.21，23.

10　Stylianos Alexiou, *Minoan Civilization*, Heraclion, 1970, p.131.

11　G. F. Bass, op. cit., p.14.

12　P. Auphan, op. cit., p.22.

13　G. F. Bass, op. cit., p.12.

14　N. G. L. Hammond, *A History of Greece to 322 B. C.*, Book 1, The Early Civilizations of Greece and the Great Migrations (c. 6000-850), Oxford at the Clarendon Press, London, 1967, p.21.

15　S. Alexiou, op. cit., p.131.

16　G. A. Christopoulos, op. cit., pp.228-229.

17　Hans G. Wunderlich, *Wohin der Stier Europa trug*, Rowohlt, 1972. 邦訳『迷宮に死者は住む』関楠生訳，新潮社，1975.

KODANSHA

本書の原本は、一九八九年に朝日新聞社より刊行されました。

本書は、令和三年九月二四日に著作権法第六七条の二第一項の規定に基づく申請を行い、同項の適用を受けて刊行されたものです。

高見玄一郎（たかみ　げんいちろう）
1910年，福岡県生まれ。旧制浦和高校を中退し，日本国際問題調査会主査，京城日報社参事，論説委員を務め，戦後は神奈川新聞社論説委員，横浜市立大学講師を経て，1965年に港湾経済研究所を設立（1984年に横浜港湾経済研究所と改称）。米国NCITD名誉会員，日本港湾経済学会常任理事を務めた。著書に『近代港湾の成立と発展』『東の海つ道――古代三浦のロマンを語る』ほか。

講談社学術文庫

定価はカバーに表示してあります。

港《みなと》の世界史《せかいし》
高《たか》見《み》玄一郎《げんいちろう》

2021年11月9日　第1刷発行

発行者　鈴木章一
発行所　株式会社講談社
東京都文京区音羽2-12-21 〒112-8001
電話　編集（03）5395-3512
販売（03）5395-4415
業務（03）5395-3615

装　幀　蟹江征治
印　刷　豊国印刷株式会社
製　本　株式会社国宝社
本文データ制作　講談社デジタル製作

2021　Printed in Japan

ISBN978-4-06-526053-1

「講談社学術文庫」の刊行に当たって

これは、学術をポケットに入れることをモットーとして生まれた文庫である。学術は少年の心を養い、成年の心を満たす。その学術がポケットにはいる形で、万人のものになることは、生涯教育をうたう現代の理想である。

こうした考え方は、学術を巨大な城のように見る世間の常識に反するかもしれない。また、一部の人たちからは、学術の権威をおとすものと非難されるかもしれない。しかし、それはいずれも学術の新しい在り方を解しないものといわざるをえない。

学術は、まず魔術への挑戦から始まった。やがて、いわゆる常識をつぎつぎに改めていった。学術の権威は、幾百年、幾千年にわたる、苦しい戦いの成果である。こうしてきずきあげられた城が、一見して近づきがたいものにうつるのは、そのためである。しかし、学術の権威を、その形の上だけで判断してはならない。その生成のあとをかえりみれば、その根は常に人々の生活の中にあった。学術が大きな力たりうるのはそのためであって、生活をはなれた学術は、どこにもない。

開かれた社会といわれる現代にとって、これはまったく自明である。生活と学術との間に、もし距離があるとすれば、何をおいてもこれを埋めねばならない。もしこの距離が形の上の迷信からきているとすれば、その迷信をうち破らねばならぬ。

学術文庫は、内外の迷信を打破し、学術のために新しい天地をひらく意図をもって生まれた。文庫という小さい形と、学術という壮大な城とが、完全に両立するためには、なおいくらかの時を必要とするであろう。しかし、学術をポケットにした社会が、人間の生活にとってより豊かな社会であることは、たしかである。そうした社会の実現のために、文庫の世界に新しいジャンルを加えることができれば幸いである。

一九七六年六月　　野間省一

外国の歴史・地理

池内　紀著
悪魔の話
ヨーロッパ人をとらえつづけた想念の歴史。彼らの不安と恐怖が造り出した「悪魔」観念はやがて魔女狩りという巨大な悲劇を招く。現代にも忍び寄る、あの悪夢を想起しないではいられない決定版・悪魔学入門。

2154

ウィリアム・H・マクニール著／清水廣一郎訳
ヴェネツィア 東西ヨーロッパのかなめ 1081～1797
ベストセラー『世界史』の著者のもうひとつの代表作。十字軍の時代からナポレオンによる崩壊まで、軍事・造船・行政の技術や商業資本の蓄積に着目し、地中海最強の都市国家の盛衰と、文化の相互作用を描き出す。

2192

パット・バー著／小野崎晶裕訳
イザベラ・バード 旅に生きた英国婦人
日本、チベット、ペルシア、モロッコ……。外国人が足を運ばなかった未開の奥地まで旅した十九世紀後半の最も著名なイギリス人女性旅行家。その幼少期から異国での苦闘、晩婚後の報われぬ日々まで激動の生涯。

2200

南川高志著
ローマ五賢帝 「輝ける世紀」の虚像と実像
賢帝ハドリアヌスは、同時代の人々には恐るべき「暴君」だった！「人類が最も幸福だった」とされるローマ帝国最盛期は、激しい権力抗争の時代でもあった。平和と安定の陰に隠された暗闘を史料から解き明かす。

2215

川北　稔著
イギリス 繁栄のあとさき
今日英国から学ぶべきは、衰退の中身である──。産業革命を支えたカリブ海の砂糖プランテーション。資本主義を担ったジェントルマンの非合理性……。世界システム論を日本に紹介した碩学が解く大英帝国史。

2224

本村凌二著
愛欲のローマ史 変貌する社会の底流
カエサルは妻に愛をささやいたか？　古代ローマ人の愛と性のかたちを描き、その内なる心性と歴史の深層をとらえる社会史の試み。性愛と家族をめぐる意識の変化は、やがてキリスト教大発展の土壌を築いていく。

2235

学術文庫版

興亡の世界史 全21巻

編集委員＝青柳正規　陣内秀信　杉山正明　福井憲彦

アレクサンドロスの征服と神話……森谷公俊
シルクロードと唐帝国……森安孝夫
モンゴル帝国と長いその後……杉山正明
オスマン帝国500年の平和……林 佳世子
大日本・満州帝国の遺産……姜尚中・玄武岩
ロシア・ロマノフ王朝の大地……土肥恒之
通商国家カルタゴ……栗田伸子・佐藤育子
イスラーム帝国のジハード……小杉 泰
ケルトの水脈……原 聖
スキタイと匈奴 遊牧の文明……林 俊雄
地中海世界とローマ帝国……本村凌二
近代ヨーロッパの覇権……福井憲彦
東インド会社とアジアの海……羽田 正
大英帝国という経験……井野瀬久美惠
大清帝国と中華の混迷……平野 聡
人類文明の黎明と暮れ方……青柳正規
東南アジア 多文明世界の発見……石澤良昭
イタリア海洋都市の精神……陣内秀信
インカとスペイン 帝国の交錯……網野徹哉
空の帝国 アメリカの20世紀……生井英考
人類はどこへ行くのか……大塚柳太郎　応地利明　森本公誠　松田素二　朝尾直弘　ロナルド・トビ ほか

いかに栄え、なぜ滅んだか。今を知り、明日を見通す新視点！